“信息化与工业化两化融合研究与应用”丛书编委会

信息化与工业化两化融合研究与应用

交通系统的信息融合研究

严新平 著

科学出版社
北京

内 容 简 介

本书以经典信息融合理论方法和多传感器信息融合系统为基础，论述了信息融合在交通系统中的应用。全书内容分为信息融合的发展、基本方法和在交通系统中视觉增强、行人识别、车路协同、驾驶疲劳识别和水上交通风险识别等方面的应用。特点是兼顾理论的指导性、方法的科学性和应用的可行性，不仅阐述信息融合理论的基础方法，同时结合研究案例，对信息融合在交通系统的应用进行了较为深入的探讨。

本书适合从事交通运输领域的教学科研人员、工程技术人员、研究生和本科生使用和参考。

图书在版编目(CIP)数据

交通系统的信息融合研究/严新平著．—北京：科学出版社，2016

(信息化与工业化两化融合研究与应用)

ISBN 978-7-03-047711-8

Ⅰ. 交… Ⅱ. 严… Ⅲ. 交通信息系统-信息融合-研究 Ⅳ. U495

中国版本图书馆 CIP 数据核字(2016)第 049375 号

责任编辑：魏英杰 / 责任校对：桂伟利

责任印制：徐晓晨 / 封面设计：陈 敬

科学出版社出版

北京东黄城根北街 16 号

邮政编码：100717

http://www.sciencep.com

北京教图印刷有限公司 印刷

科学出版社发行 各地新华书店经销

*

2016 年 3 月第 一 版 开本：B5(720×1000)

2016 年 3 月第一次印刷 印张：18

字数：360 000

定价：120.00 元

(如有印装质量问题，我社负责调换)

“信息化与工业化两化融合研究与应用”丛书序

传统的工业化道路，在发展生产力的同时付出了过量消耗资源的代价：产业革命 200 多年以来，占全球人口不到 15%的英国、德国、美国等 40 多个国家相继完成了工业化，在此进程中消耗了全球已探明能源的 70%和其他矿产资源的 60%。

发达国家是在完成工业化以后实行信息化的，而我国则是在工业化过程中就出现了信息化问题。回顾我国工业化和信息化的发展历程，从中国共产党的十五大提出“改造和提高传统产业，发展新兴产业和高技术产业，推进国民经济信息化”，到党的十六大提出“以信息化带动工业化，以工业化促进信息化”，再到党的十七大明确提出“坚持走中国特色新型工业化道路，大力推进信息化与工业化融合”，充分体现了我国对信息化与工业化关系的认识在不断深化。

工业信息化是“两化融合”的主要内容，它主要包括生产设备、过程、装置、企业的信息化，产品的信息化和产品设计、制造、管理、销售等过程的信息化。其目的是建立起资源节约型产业技术和生产体系，大幅度降低资源消耗；在保持经济高速增长和社会发展过程中，有效地解决发展与生态环境之间的矛盾，积极发展循环经济。这对我国科学技术的发展提出了十分迫切的战略需求，特别是对控制科学与工程学科提出了十分急需的殷切期望。

“两化融合”将是今后一个历史时期里，实现经济发展方式转变和产业结构优化升级的必由之路，也是中国特色新型工业化道路的一个基本特征。为此，中国自动化学会与科学出版社共同策划出版“信息化与工业化两化融合研究与应用”丛书，旨在展示两化融合领域的最新研究成果，促进多学科多领域的交叉融合，推动国际间的学术交流与合作，提升控制科学与工程学科的学术水平。丛书内容既可以是新的研究方向，也可以是至今仍然活跃的传统方向；既注意横向的共性技术的应用研究，又注意纵向的行业技术的应用研究；既重视“两化融合”的软件技术，也关注相关的硬件技术；特别强调那些有助于将科学技术转化为生产力以及对国民经济建设有重大作用和应用前景的著作。

我们相信，有广大专家、学者的积极参与和大力支持，以及丛书编委会的共同努力，本丛书将为繁荣我国“两化融合”的科学技术事业、增强自主创新能力、建设创新型国家做出应有的贡献。

最后，衷心感谢所有关心本丛书并为其出版提供帮助的专家，感谢科学出版社及有关学术机构的大力支持和资助，感谢广大读者对本丛书的厚爱。

中国工程院院士

2010 年 11 月

序

交通运输是国民经济重要的基础性、先导性、服务性行业，是社会生产、生活组织体系中不可缺少及不可替代的重要环节。《国家中长期科学和技术发展规划纲要(2006-2020)》中明确提出，发展交通系统信息化和智能化技术，提高运网能力和运输效率，实现交通信息共享和各种交通方式的有效衔接，提升交通运营管理的技术水平，促进交通运输向安全、节能和环保的方向发展。

通过信息化、智能化技术推动建立安全、便捷、高效、绿色的现代交通运输体系既是当前国内外交通运输领域的科技前沿，又是国内外新型交通运输系统建设的重要内容。

信息融合技术已经成为现代交通发展不可或缺的关键技术。世界上信息融合技术已有40余年的发展历程，先后应用于各个领域，获得了广泛的社会效益。自20世纪90年代信息融合技术逐渐引起了我国相关单位和科研人员的高度重视。相比欧美等发达国家，虽然我国将信息融合理论及技术应用于交通领域的研究起步较晚，但近年来在该领域取得了一系列令人瞩目的成就。

严新平教授及其团队在国家重点基础研究发展计划(973计划)、国家高技术研究发展计划(863计划)、国家自然科学基金等项目的支持下，围绕交通运输系统，开展了大量信息融合理论和方法的研究，探索了交通运输系统的信息融合若干关键技术，并在工程实践中得到了成功应用。其中，严新平教授主持完成的以信息融合为技术手段，面向营运船舶远程故障诊断的“船舶动力装置磨损状态在线监测与远程故障诊断技术及应用”项目荣获2012年国家技术发明二等奖。因此，严新平教授及其团队在交通信息领域多年的学术辛勤耕耘为本书的内容奠定了坚实根基。

本书兼顾理论的指导性、方法的科学性和应用的可行性，不仅阐述了信息融合的理论基础方法，同时以项目研究成果为基础就信息融合技术在交通视觉增强、行人识别、车路协同系统、车辆主动安全，以及水上交通风险评估等的研究与应用进行了系统深入的论述。

我相信本书的出版对推动我国信息融合在交通领域的研究和应用，丰富我国智能交通发展的理论研究和案例实践，具有重要意义。我对严新平教授及其团队在求知过程中所表现出的探索精神和创新能力感到由衷的欣慰，并乐于为其作序。

张军

北京航空航天大学教授

中国工程院院士

前　言

交通是现代社会生存的基础和文明的标志，伴随着人类生活和生产的需要发展而来。《周易》云："伏羲氏刳木为舟，剡木为楫。"早在七千年前的中国，先民们沿江而居，便开始使用舟楫浮渡江河，探索未知，传播文明。"南船北马"也说明中国古代交通方式南方以船为主，北方以马为主。而驯马则是陆上交通的雏形，此后出现的马牛拉车促进了道路的人工修筑，直至西汉时期出现的"丝绸之路"。从民间谚语"要致富，先修路"，到我国目前实施的"一带一路"、"京津冀协同发展"和"长江经济带"等国家战略的相续发布，都揭示了交通从古至今一直具有的重要地位和价值。

交通的发达程度是衡量一个国家经济和文明建设进程的重要航向标，也是事关百姓民生的重要问题。自改革开放以来，受益于中国经济的快速增长，我国交通发展迅猛。截至2014年年底，我国机动车保有量突破2.64亿辆，高速公路和轨道交通总里程已超越美国，我国交通实现了跨越式发展。当前，交通已成为国民经济发展的命脉，是国家发展的重要载体，关乎每个人的健康、安全和高效出行。

信息融合作为一门跨学科的综合信息处理理论，涉及系统论、信息论、控制论、人工智能、计算机和通信等众多领域和学科。近年来，信息融合理论及技术无论在军事还是民事领域的应用都极为广泛，例如复杂工业过程控制、机器人、自动目标识别、交通管制、惯性导航、海洋监视和管理、农业、遥感、医疗诊断、图像处理、模式识别等。交通系统是由基础设施、运载工具、运行环境和人(或货物)构成的复杂系统，这一系统的特征、状态、变化态势都需要信息技术的支撑。随着智能交通系统的发展，信息融合技术逐步应用于交通系统的各个环节，已成为智能交通领域的核心理论及技术。交通的发展离不开信息，面对海量信息，如何充分利用有效信息服务于交通管理是当前研究的热点问题。实践证明，信息融合技术可以解决交通系统各要素的探测、跟踪和目标识别等问题，能够调节系统的运行状态，提高交通系统的可靠性和鲁棒性；增强数据的可信度及精度，扩展交通系统的时间、空间覆盖率；增加交通系统的实时性和信息利用率等。

多年来，我们在承担国家973课题"城市生命体承载系统的健康识别和调控理论与方法研究"与"社会公共事件的交通组织与紧急疏散救援研究"、国家支撑计划"驾驶人培训考试改进技术与装备研发及应用研究"、国家自然科学基金面上项目"船舶主机能效与通航环境动态响应关系研究"，以及国家863计划"船-标-岸协同下的水上交通状态感知与交互"等科研项目的研究中，深感信息融合理论在解决交通系统有关问题中的重要作用。从1998年起，我们开设并讲授《信息融合理论与方法》研究生课程。从2001年起，我们联合海峡两岸的学者发起了"海峡两岸智能交通运输系统学术研讨会"，已经成功在举办14届；2011年又联合美国和加拿大学者组织发起了"交通信息与安全(International Conference on Transportation Information and Safety，ICTIS)"国际会议，已成为每两年一次海内外学者研讨交通领域信息和安全问题的国际会议。为此，在总结多年的研究成果、教学实践的基础上,形成了本书的内容构架。

本书从信息融合的内涵特点、理论方法,以及在交通领域中的关键技术和应用等方面进行了深入研究和论述。全书共 8 章。第 1 章主要介绍信息融合的起源、基本概念、发展现状及未来发展趋势。第 2 章主要介绍信息融合的理论基础,包括聚类分析、主成分分析、支持向量机、不确定性理论和证据理论等信息融合方法。第 3 章主要介绍多传感器信息融合系统设计,阐述多传感器信息融合原理和特点、传感器的基本特征及多传感器信息融合系统的功能和结构模型。第 4 章主要论述信息融合在交通视觉增强中的应用,包括交通视觉增强方法概述和基于多传感器信息融合的交通视觉增强方法。第 5 章主要论述信息融合在行人识别系统的应用,包括激光雷达与摄像机融合预处理、基于激光雷达的信任识别方法,以及基于摄像机的行人识别方法。第 6 章主要论述信息融合在车路协同系统的应用,包括车路多源信息融合感知技术框架、车路协同系统的信息融合方法、车速自适应控制技术,以及车辆状态与轨迹跟踪仿真实例。第 7 章主要论述疲劳驾驶识别的信息融合。第 8 章主要论述了信息融合在水上交通系统风险识别的应用,包括水上交通系统概述、不确定性条件下的通航风险识别方法、面向避碰规则的船舶智能避碰算法,以及水上交通安全预警方法。

本书是在团队完成的有关科研项目基础上提炼而成,汇聚了该领域众多科研成果和教学实践。特别是我和我指导的博士研究生陈先桥、马晓凤、毛喆、张笛和贺宜,以及博士后合作人员刘钢和马志博士共同研究的总结。

全书由我制订写作提纲、定稿和统稿,马晓凤副教授和贺宜博士协助做了组织工作。本书分为 8 章:第 1 章(严新平),第 2 章(马晓凤),第 3 章(严新平、贺宜),第 4 章(陈先桥、严新平),第 5 章(刘钢),第 6 章(马杰),第 7 章(毛喆),第 8 章(张笛、严新平)。

在本书的编写过程中,参考了国内外从事信息融合研究工作者的相关资料。同时,本书的一些观点也来源于国家水运安全工程技术研究中心、武汉理工大学智能交通系统研究中心等单位师生们的研究成果。本书得到了中国工程院院士、北京航空航天大学党委书记张军教授的鼓励和肯定,张教授还为本书作了序。本书的出版得益与科学出版社首席策划魏英杰的大力帮助。本书获得了“信息化与工业化两化融合国家出版基金资助”。在此,一并表示由衷的感谢!

信息融合技术正处于不断地发展完善之中,交通系统也有智能车(船)、大数据等新领域、新方法的不断发展,理论和应用都在不断创新。由于学识水平有限,本书有很多不完善的地方,恳请读者批评指正。

严新平

2015 年 6 月 30 日于武汉

目　　录

第一章　绪　　论

1.1　引　　言

随着信息技术的发展，信息表现形式越来越多元化和复杂化，信息容量和信息处理速度等要求已大大超越了人脑的信息处理能力。种类繁杂的信息意味着增加了待处理的信息量，随之带来的问题是信息与信息之间的冲突和不协调。为此，信息融合技术应运而生。融合是指采集并集成各种信息源、多媒体和多格式信息从而生成完整、准确、及时和高效的综合信息过程。信息融合（information fusion）是针对一个系统中多种信息源或信号源这一特定问题而展开的一种新的信息处理技术，是用来解决多源数据与信息的关联、相关和组合等的处理技术，旨在比仅利用单信息源或非协同利用部分多源信息获得更精确和更稳健的性能，以实现对研究实体的精确定位及其特性估计。作为一门跨学科的综合信息处理理论，信息融合涉及系统论、信息论、控制论、人工智能、计算机和通信等众多领域和学科。

交通运输学科作为一门古老的学科，是人类社会生产和生活中一个不可缺少的重要环节，是国民经济的重要组成部分，更是整个社会机制中的重要纽带[1]。随着社会的发展，人们对于交通运输的需求日益增长，迫切需要新技术来解决当前不断涌现的交通问题和开发具有安全、高效和绿色的交通系统。同时，交通运输也是一门发展中的交叉学科，与运输工程学、道路工程学、汽车工程学、电子工程学、系统工程学、人机工程学、心理学和经济学等学科密切相关，其内容包含自然科学和社会科学的成分，且在不断地丰富中[2-5]。交通的发展离不开信息，面对海量信息，如何充分利用有效信息服务于交通管理是当前研究的热点问题。由于信息融合技术具有对不同类型信息进行融合的能力，使得这些学科与交通运输学科的交叉成为可能。当前，信息融合理论和方法已经成为交通领域最重要的发展方向之一。

1.2　信息融合起源与内涵

信息融合起初被称为数据融合（data fusion），起源于美国国防部在 1973 年开发的声呐信号处理系统，用于探测跟踪潜艇信号，在此基础上首次提出数据融合这一概念。早期的数据融合，信息源主要为同类多传感器，如多声呐、多雷达，以及多无源探测目标定位等，随着声呐处理系统的成功研发，数据融合技术在军事领域受到了极大的重视。随着系统装备传感器数量和种类的增多，信息表现形式越来越多样化，信息融合和信息处理速度等要求已大大超出了人脑的信息处理能力，导致各传感器数据组之间的数据产生矛盾和不协调，这就需要逐渐提高信息源处理能力。为此，不同类型传感器信息的融合也随之诞生，如有源雷达与声呐的融合、有源雷达与无源数据的融合等。同时，数据融合应用层次也随之提高，其他侦查手段的信息也参与了融合，从而使数据融合迈向信息融合层面。信息融合层次也逐步从目标定位、识别和跟踪提升至战场态势和危险评估，其应用层次也从战场感知提高至指挥决策和火力控制。20 世纪 80 年代，在这种背景下，多传感器数据融合(multi-sensor data fusion，MSDF)技术应运而生。随着信息技术的发展，20 世纪 90 年代提出了更具广义化概念的“信息融合”一词。

信息融合是一个多学科交叉的研究领域，很多术语通常可以相互使用，如信息融合、信息集成和数据融合等，但“信息融合”一词更具有普遍性。随着时代的发展和科学技术的进步，军事、工业领域中不断增长的复杂程度使得军事指挥人员或工业控制环境面临数据繁多、信息超载的问题，需要新的技术途径对过多的信息进行消化、解释和评估。人们开始越来越认识到信息融合的重要性。国内外学者对于信息融合有不同的定义和解释[6-7]，如 Waltz[8]认为信息融合是对来自多个信息源的数据进行处理，获取监测对象准确的状态估计，以及实时和完备的态势估量。美国三军实验室 JDL[9]指出信息融合是对单一种类和复合信息源进行处理，获取更为精确的位置、状态和身份信息、完备和实时态势估计的过程。T. Rong Li[10]给出定义，信息融合是为了达成某个特定目标而对多个信息进行综合处理。虽然尚无统一、被普遍接受的概念[11]，但是其典型的定义可以理解为信息融合是一种多层次、多方面的数据处理过程，对来自多个信息源的数据进行自动检测、关联、相关、估计及组合等处理；是研究采用各种有效措施把不同时间点和来源的信息自动或者半自动地转换成一种可为人类或自动的决策提供有效支持的表现形式[12]。

信息融合的核心任务包括多源信息组合，优势互补，提高信息的完整性；排除冗余和噪声、降低不确定性，提高信息的精确性和可靠性；去伪存真，化解矛盾，提高信息的一致性和可靠度。

信息融合的功能可概括为扩展系统的空间覆盖范围；扩展系统的时间覆盖范围；扩大时空搜索范围；增加系统的信息利用率；提高合成信息的可信度和精度；改进对目标的检测和识别效果；增强系统的容错和自适应能力。

信息融合的最终目的是通过数据组合推导出更多的信息，得到最佳协同效果，即利用多个传感器共同或联合操作的优势，来提高整个传感器系统的有效性，消除单个或少个传感器的局限性。

1.3　信息融合基本概念

1.3.1　信息融合原理

在现实生活中，信息融合功能在人类和其他动物对客观世界的认知过程中得到了充分体现。人或者动物的视觉、听觉、触觉、嗅觉和味觉等多种感官相当于不同类型的传感器，对自然界中的客观事物进行多方位的感知，获得关于认知对象的大量信息，这些信息之间是异类，相互之间存在互补和冗余。然后，由大脑对这些感知信息依照某些规则进行组合和处理，通过先验知识估计和理解周围环境，从而获得对客观对象统一与和谐的理解和认识。这种由感知到认知的过程，就是生物体的多源信息融合的过程。信息融合其实是对人类综合处理复杂问题的一个有效的模拟，是人类对客观事物的认知过程，这个过程是复杂的，也是自适应的。

由于人或者动物的感官具有不同的度量特征，可理解不同空间范围内的各种物理现象，这一过程是复杂的。与人脑综合处理信息类似，信息融合基本原理是充分利用各种资源，通过合理利用和支配传感器观测到的信息，根据某种准则来组合这些在空间或时间上的冗余或互补信息，以获得对被观测对象的一致性或者描述。

1.3.2　信息融合处理过程

信息融合的五级融合模型通过动态监视融合处理过程、优化资源和传感器管理、实时反馈融合结果信息，以使融合处理过程具有自适应性，从而达到最佳融合效果。处理过程分为以下五个方面，如图 1.1 所示。

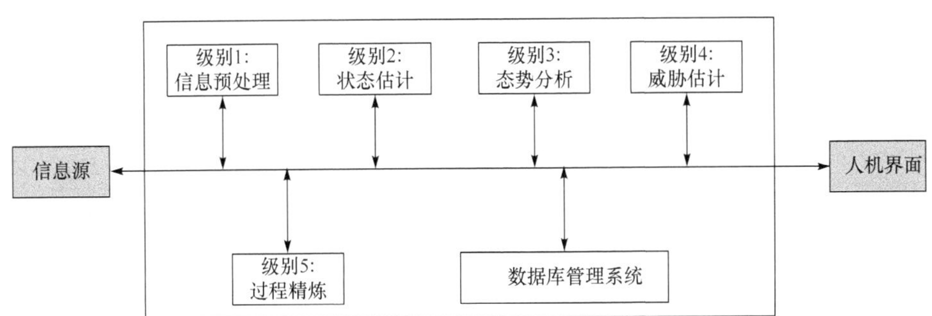

图 1.1　信息融合处理过程图

① 信息预处理。预处理过程，根据当前的形式确定数据处理的重点。

② 状态估计。将目标的位置、参数及特征信息综合提取目标的表征。

③ 态势分析。综合各种信息,将目标和事件融入背景描述,确立目标各自的含义和联系。

④ 威胁估计。推断敌方对我方的威胁程度、所采取的行动方案及我方可能采取的最佳行动方案。

⑤ 过程精炼。控制其他过程的源过程。

1.3.3 信息融合层次

信息融合是一门实践科学,融合层次的划分也是在不断丰富和完善的。即便在当前,很多学者对于融合层次的划分仍让持有不同的观点。目前,融合的层次普遍被划分为五个层次,即数据级、特征级、决策级、态势估计和威胁估计。

数据级融合如图 1.2 所示。根据传感器获取的数据,进行同类数据的融合,然后基于融合后的结果进行特征提取和判断决策,是最低层次的融合。其优点是能保持尽可能多的现场数据,提供其他融合层次不能提供的细微信息,但是其局限性也很明显,数据都是在同类传感器下采集的,因此不能处理异构的数据;数据通信量较大,抗干扰能力差、实时性差。

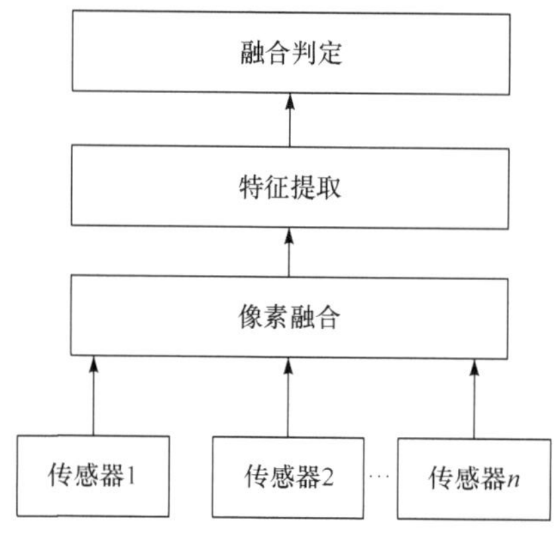

图 1.2　数据级融合

如图 1.3 所示,特征级融合是指所采集的数据包括特征向量(可以是目标的边缘、方向和速度等信息),用来体现监测物理量的属性,属于中间层次,是面向监测对象特征的融合。一般而言,提取的特征信息应该是信息的充分表示量或充分统计量,然后再对特性信息进行融合处理。其优点是实时性较好,对通信带宽要求较低,信息压缩可观;缺点是特征向量的获取损失了一部分信息,使得融合后的性能有所降低。

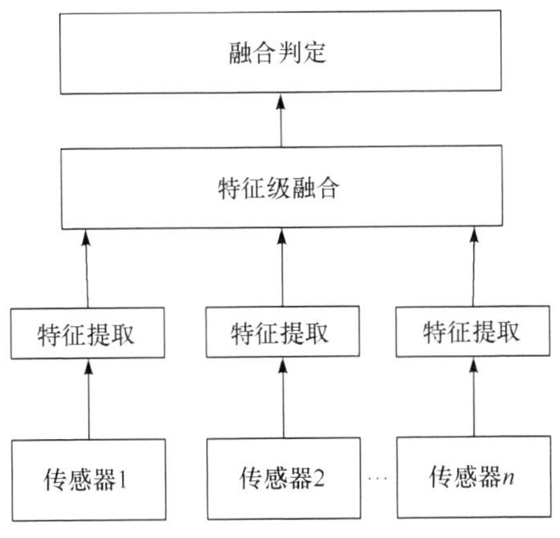

图 1.3　特征级融合

如图 1.4 所示，决策级融合指的是根据特征级融合所得到的数据特征，进行一定的判别、分类，以及简单的逻辑运算，其结果为决策和指挥提供依据，在认知的水平上直接影响决策水平，是一种高层次融合。其优点在于灵活性高、通信量小、带宽要求低、抗干扰能力强；传感器类型选择范围广，可以支持同质和异质类型传感器、融合中心处理代价低。缺点在于预处理代价高，需要进行特征级处理获取数据特征。属性级融合特点比较如表 1.1 所示。

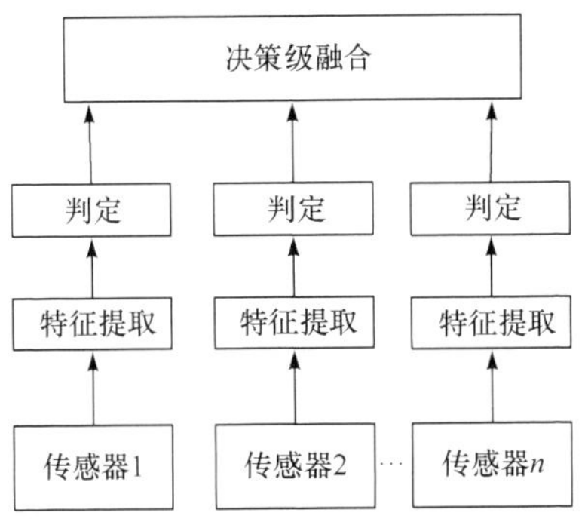

图 1.4　决策级融合

表 1.1　属性级融合特点比较

特点	数据级融合	特征级融合	决策级融合
信息处理量	最大	较小	最小
信息损失量	最小	较小	最大
抗干扰能力	最小	较小	最小
容错能力	最差	较差	较好

续表

特点	数据级融合	特征级融合	决策级融合
融合算法难度	难	中	易
融合前处理	最小	中	最大
融合性能	最好	中	差
传感器依赖程度	大	中	小

1.4 信息融合技术发展

1.4.1 国外发展

信息融合技术源于军事领域，随后在军用电子技术的带动下，广泛扩展至民用部门。1973 年，在美国国防部的资助下，开展了声呐信号处理系统的研究，从此拉开了信息融合技术应用的序幕。20 世纪 70 年代后期，C^3I(command，control，communication，intelligence)系统成功开发和应用，充分显示了信息融合技术的巨大潜力。1984 年，美国国防部召集了第一次信息融合技术研讨会。1987 年 2 月，由美国国家科学基金会主办的“制造自动化中的多传感器信息融合”学术研讨会在犹他州成功召开。随后，美国人工智能协会(The Association for the Advance of Artificial Intelligence)在伊利诺伊州召开了“空间推理与多传感器融全美人工智能学会合”会议。1988 年，美国摄影光学仪表工程师协会(Society of Photo-Optical Instrumentation Engineers)也举办了“空间推理与景物解释”和“传感器融合”的学术研讨会。同年，信息融合技术被美国国防部列为 90 年代重点，并且优先发展的关键技术之一。1989 年，北约组织也在巴黎主办了题为“计算机视觉中的多传感器融合”学术研讨会。美国实验室理事联席会(JDL)下设的 C3 技术委员会(TPC3)专门成立了信息融合学术会议，并通过 SPIE 传感器融合专辑、IEEE Trans，On AES，AC 等发表有关论著[14]。为了广泛的国际交流，1994 年 IEEE 首次举办了多传感器融合和集成国际会议。1998 年由 NASA 实验中心、美国陆军研究部、IEEE 信号处理学会、IEEE 宇航和电子系统学会和 IEEE 控制系统学会共同发起成立信息融合学会(International Society of Information Fusion，ISIF)，该学会旨在提升信息融合方法、理论和应用的先进性，提倡开展新兴技术的研究，应用信息融合技术解决信息融合问题、促进信息的有效传递。学会总部设在美国，为创造一个国际交流的平台，每年在不同的国家举办一次信息融合研究国际学术大会，致力于成为企业界、学术界和政府机构在信息融合领域的专业联络机构。此外，一些与信息融合相关的学术会议相续创立，如国际信息融合会议；IEEE 自动控制会议；IEEE 系统与控制会议；国际军事运筹学会议；IEEE 航空航天与电子系统会议;国际雷达、控制与判决、信号处理会议;IEEE 指挥、控制、通信和信息管理系统(C^3MIS)会议;国际模式识别大会等。

除召开国际会议外,一些重要的学术期刊也相继推出。为了全面报道多源-多传感器信息融合在所有领域的进展,2000 年 7 月诞生了第一本著名的信息融合期刊 *Information Fusion*,该期刊刊登多传感器、多信息与多信息融合处理领域的研究动态,以推动信息融合技术的发展。作为信息融合领域期刊的先行者,该期刊为双月刊,年平均刊登文章 75 篇,文章内容范围广泛,涵盖了与信息融合相关的结构、算法和应用等最新的研究成果。为了推进信息融合知识、理论和应用,2006 年美国信息融合国际学会创立了其学术期刊 *Journal of Advances in Information Fusion*(JAIF),该刊物为半年刊,期刊范围覆盖信息融合和信息集成技术,期刊的创立使全世界有关学者都能及时了解和掌握信息融合技术的新动向。随着信息融合技术的发展,很多国内外的学术期刊都相继增加了信息融合专题。

在信息融合方面,国外出版了很多相关的著作。具有代表性的有 Linas 和 Waltz 于 1990 年撰写的著作《多传感器数据融合》,该书系统分析了信息融合的研究内容。Hall 在 1992 年的著作《多传感器数据融合的数学技术》则针对信息融合数学方法进行了系统介绍。此外,Karlheinm 与 Jaeger 在 1996 年撰写的《跟踪和数据关联》及 2001 年 Ramachandra 撰写的《基于卡尔曼滤波的雷达跟踪》等著作都详细阐述了信息融合方面的技术和方法。

在信息融合系统的应用方面,美国、英国、法国、意大利和日本等发达国家相继研制了上百个基于信息融合技术的系统,主要集中在军事领域的情报收集和作战指挥系统,如多平台多传感器跟踪处理系统(INCA)、多源信息分析系统(PAAS)、军事情报分析系统(TCAC)、舰载多源信息系统(ZKBS)、专用作战信息系统(SOIS)管理和目标检测系统(INCA)、全源信息分析系统等。在民用领域,1995 年美国交通部(USDOT)提出"国家智能交通系统项目规划",预计到 2025 年全面推广应用。该计划试图把先进的信息技术、数据通信技术、传感器技术、控制技术,以及计算机处理技术有效地集成应用于整个地面交通管理系统中,建立一个大范围内、全方位发挥作用的,实时、准确、高效的综合交通运输管理系统,这种新型系统将有效地采用信息融合技术进行交通管理,可以给驾驶人提供道路拥堵信息、推荐最佳行车路径,还可以为车辆提供安全辅助驾驶信息和技术,以降低事故发生率和道路拥堵程度。由于应用了大量的传感器和信息融合技术,系统可以对车辆和驾驶人进行有效的监控,提升交通安全和通行效率。

在众多国际会议、学术期刊和学术著作的广泛推广和科研人员的共同努力下,信息融合技术得到了前所未有的发展,许多系统已广泛应用信息融合的技术和方法。但由于信息融合技术才经历了短短 40 余年的发展,到目前为止,还存在许多没有解决的问题,如传感器模型、融合过程的推理及其有关的研究算法等。

1.4.2 国内发展

我国对于信息融合理论和技术的研究起步相对较晚，也是从军事和人工智能领域开始研究。直到 20 世纪 80 年代末，我国才开始相关的信息融合技术研究。20 世纪 90 年代以后，我国逐渐形成了研究信息融合的高潮，出现许多热门的研究方向，包括机动目标跟踪、分布式融合、目标识别与决策信息融合等。国家自然科学基金和 863 计划逐步将其列入为重点支持项目。同时，为加强信息融合基础理论、信息融合算法、技术及应用等方面的交流，凝聚信息融合力量，提高学术研究水平，1994 年国防科工委组织了第一次数据融合研讨会。2009 年，由我国航空学会主办、海军航空工程学院承办了首届中国信息融合大会。中国信息融合大会旨在通过对信息融合基础理论、信息融合算法、信息融合技术及信息融合应用等方面内容的交流探讨，凝聚信息融合力量，加强学术研究交流，提高学术研究水平，促进信息融合事业发展。该会议每年举办一次，目前已顺利召开六届。目前，我国还没有专门针对信息融合研究的学术期刊，仅有几部信息融合领域的学术著作。例如，刘同明和夏祖勋的《数据融合技术及应用》；何友与王国宏的《多传感器信息融合及应用(第二版)》；韩崇昭和段战胜的《多源信息融合》。有代表性的译著有赵宗贵等的《多传感器数据融合》、《数据融合方法概论》；张秀兰等的《跟踪和数据关联》、《水下信号和数据处理》等。

在信息融合的应用方面，信息融合技术主要集中在我国国防工业科研院所、军队研究院所，以及一些科研机构。2002 年之前，我国陆海空 C^3I 系统中均无信息融合系统装备部队。在经历"八五"、"九五"和"十五"三个阶段的发展，我国信息融合领域已有一些国内领先、国际先进水平的研究成果相续问世，如多源信息融合技术、机载目标定位、有源雷达与 ESM 数据关联、未知身份战场目标属性识别、海上目标多信息源融合识别系统、海上编队 C^3I 信息融合系统等。在智能交通领域，武汉理工大学基于信息融合技术开发了行人识别系统、模拟驾驶系统、交通视觉增强系统、疲劳驾驶识别系统、车路协同系统、船舶故障诊断系统和水上交通风险评阶系统等；清华大学和国防科技大学在信息融合模型、舰载系统和信息融合仿真测试、评估与开发技术研究等方面进行了研究；在多雷达组网、电子对抗等领域，空军工程大学、雷达学院和海军航院主要从事实装多传感器信息融合研究；中船重工集团相关研究及院校主要从事舰载多传感器信息融合研究。

当前，我国信息融合技术已成为共性的关键技术，也是国内的研究热点，并衍生了许多热门的研究方向。由于信息融合技术在我国起步较晚，因此与发达国家相比，我国的信息融合技术水平还有一定的差距，处于快速追赶阶段。

1.5　交通系统的信息融合问题

随着交通运输工具的增加和交通工程的发展，为了给人们提供更安全、更高效、更舒适、更绿色的交通工具和旅行体验，研究人员利用信息与通信技术一方面改造交通基础设施，发展智能交通系统；另一方面，开发具有感知与自主能力的汽车。信息融合在其中发挥了重要的作用。

1.5.1　智能交通系统

智能交通系统(intelligent transportation systems，ITS)的概念于1990年由美国智能交通学会(ITS America)提出，当时提出的定义较为狭义：智能交通系统由一系列用于运输网络管理的先进技术，以及为出行者提供的多种服务所组成。伴随着信息、通信等技术的发展和人们对交通的本质认识，智能交通系统研究范围不断拓展，由最初的道路交通管理系统，发展到对整个交通运输系统(包括道路、水路、航空和铁路等运输形式)的规划、设计和运行管理的智能化。随后提出较为广义的智能交通系统概念，即将先进的信息技术、数据通信传输技术、电子传感技术、控制技术及计算机技术等有效地集成运用于整个交通管理系统而建立的一种在大范围内、全方位发挥作用的，实时、准确、高效的综合交通运输管理系统，是现代地面交通运输体系的发展方向，是交通运输进入信息时代的重要标志[13,14]。ITS一方面采用多传感器技术来丰富信息采集手段和信息来源；另一方面，强调各信息采集系统之间的相互协同工作，以及不同信息、不同特征之间的相互融合，以提高信息的精度和质量。最终实现人-车-路-环境的协同，提高交通安全[15-17]。

随着智能交通系统研究的发展，信息融合技术已经开始广泛应用于智能交通系统中。较早与之相关的文献是Sumner[18]在1991年发表的，强调了信息融合技术在智能交通系统中的重要性。之后，信息融合技术在智能交通系统中的应用研究迅猛发展。目前，信息融合技术已广泛应用于交通信息检测与采集、车路协同、车辆路径规划和驾驶行为等方面。信息融合技术已成为智能交通领域的核心部分。

1.5.2　智能交通系统的信息融合模型

如图1.5所示，在智能交通系统的信息融合模型中包括对来自道路上车流量、车速、车间距、车辆类型、道路占有率、车辆违章信息、道路气象状况等方面的数据，这些数据可由各相关系统进行的数据层融合和处理获得；按照一定的标准规范对这些动态数据进行格式化和标准化处理，形成统一的特征表述，实现特征层信息融合，然后进行分析；利用物流运输模型，通过对数据挖掘，最终提供必要的决策支持，通过人机交互，将信息发送给需要的系统，可为其他客户提供信息服务。

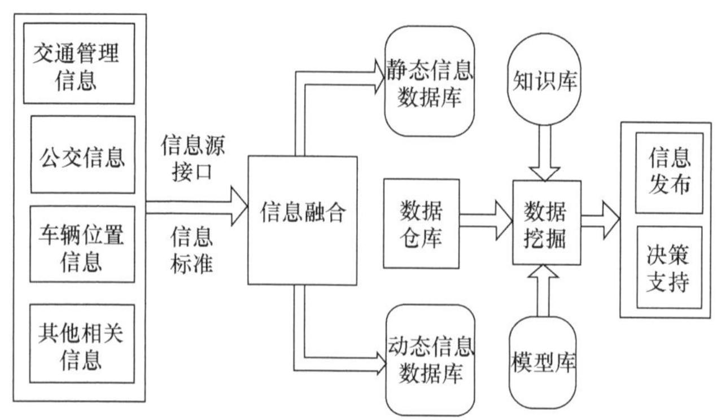

图 1.5　智能交通系统的信息融合模型[26]

1.5.3　交通系统的信息融合研究方向

20 世纪 90 年代中期以来，信息融合技术在交通领域已经得到极大发展，相继产生了很多热点研究方向，如交通信息检测和采集、交通流融合分析、车联网和车辆定位导航等方面。在车辆检测方面，信息融合主要用于车辆防撞、行人识别等。例如，黄伟[19]提出一种基于雷达和机器视觉的障碍物防撞预警方法。张建明[20]等提出一种多特征融合预防撞方法，该方法通过卡尔曼滤波进行目标跟踪。蔡益红通过改进 Harr-like 特征和 Adaboost 分类器，提出一种融合 Haar-like 特征和 HOG 特征的道路车辆级联融合检测方法。刘刚通过融合激光雷达和视觉信息，对行人识别进行了研究。在交通流采集方面，信息融合主要用于路侧设备或车载终端的信息融合。例如，曹永军[21]等对顶点交通流、浮动车、视频等多源数据采集、融合和共享技术进行了系统性概述。邹娇[22]等对多源信息解码、融合等技术进行了细分和研究，构建了一种交通信息采集与服务平台。在驾驶行为方面，吴超仲[16]、毛喆[23]和贺宜[24,25]等利用信息融合算法分析车辆参数和驾驶人状态，对不良驾驶行为和疲劳驾驶进行了深入研究。

下面重点介绍信息融合技术在交通系统中的一些主要研究方向。

(1) 车辆定位技术

车辆定位作为智能交通系统的关键技术之一，应用非常广泛。目前常用的定位方法有两种：一种是航位推算，即通过累计车辆行驶方向的行驶距离估测车辆位置；另一种是绝对定位，即通过考察地标来计算车辆位置，航位推算的累计误差由车轮打滑和旋转漂移引起。绝对定位不会产生累计误差，但是却需要设置地标及标识地图，GPS 恰恰能提供相应的基础设施。将这两种方法取长补短，可以形成一个优化的信息融合定位系统——卫星定位-航位推算系统(GPS-DR)。

如图 1.6 所示，GPS-DR 定位系统使用车轮编码器测量车速，光视学陀螺仪测量车辆坐标系的偏航频率、滚动俯仰、传感器测量滚动和侧倾，GPS 测量车辆位置。

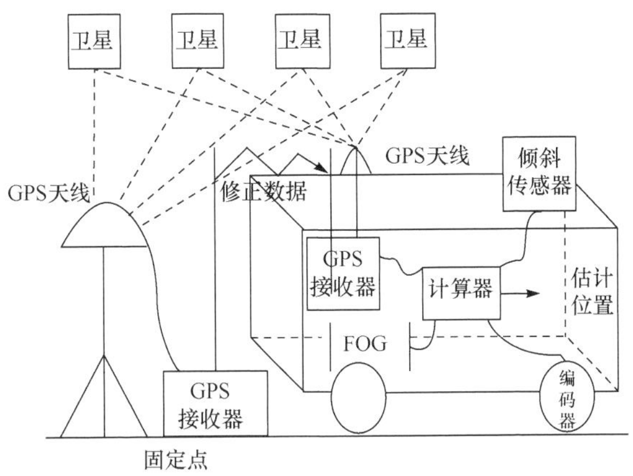

图 1.6　信息融合定位系统[26]

(2) 船舶动力定位系统

船舶动力定位系统的多传感器融合是跟踪级融合：一是利用多个同类传感器对某一状态进行多次重复测量，对获得的多传感器信息进行融合处理，得到关于该状态的更精确的描述；二是将异类传感器测得的不同信息进行更高层次的融合，得到关于传播位置的更准确、更全面的描述。动力定位系统多传感器信息融合的主要过程是对测量数据预处理以保证测量数据的有效性、对测量进行滤波以得到更真实的信息、通过对滤波后测量信息的融合得到更准确更全面的船舶运动及环境信息，因此动力定位系统信息融合的主要内容包括传感器的故障检测、子系统滤波及同步或异步信息的融合。船舶动力定位系统的信息融合结构如图 1.7 所示。

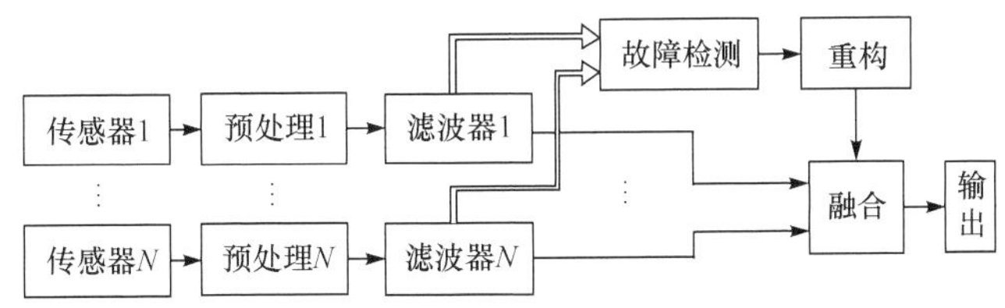

图 1.7　船舶动力定位信息融合结构框图[27]

(3) 交通拥挤管理系统

作为一种决策行为，拥挤管理是在对道路交通状态进行准确判断和预测的基础上选择合理的交通管理和控制策略。决策本质上而言是对多样化、多形式、多层次信息的有效处理，进而做出交通拥挤管理决策。交通拥挤管理决策的信息基础具有多源性和异质性，它不仅有形式多样的多传感器，实时交通状态信息，还包括出行者和交通管理者的经验、感受、知识等认知信息。交通拥挤管理的信息融合功能模型如图 1.8 所示。

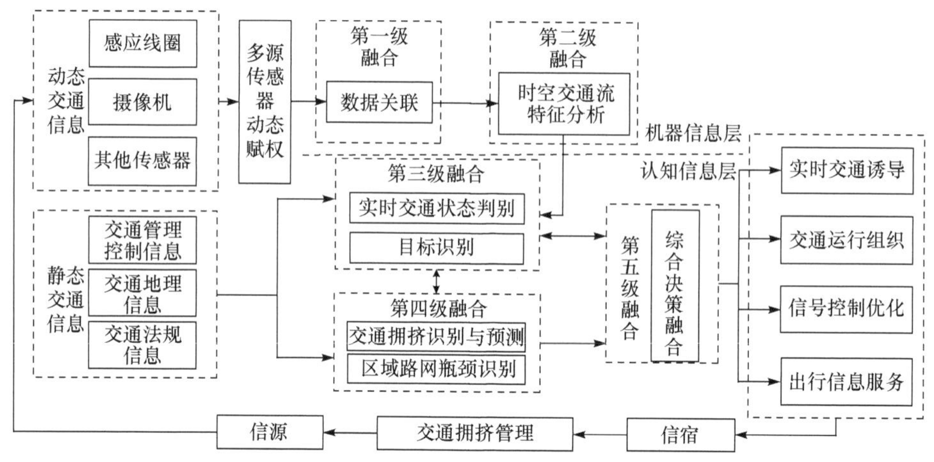

图 1.8　交通拥挤管理的信息融合功能模型[28]

(4) 移动机器人

移动机器人的多感觉系统和多传感器信息集成与融合组成了移动机器人智能技术中两个最为重要的领域。移动机器人的多传感器系统通常指的是机器人的外部传感器系统，通过这些传感器，机器人获得其所处环境的信息。移动机器人多传感器系统是多传感器信息融合技术的典型应用之一。

如图 1.9 所示，机器人各个关节通过触觉、视觉、力觉等各外部传感器的融合，可使移动机器人完成如目标探测、景物辨识、障碍物避障、自定位等重要功能，并通过与相关环境感知模型的匹配完成相应的指令和任务。

(5) 图像融合

这是信息融合技术的重要分支，在交通领域都已广泛应用，如行人识别、车道线识别与障碍物识别等。当前，图像融合发展的 3 个主要方向是彩色图像的信息融合、3D 图像信息的融合和实时的视觉信息融合。虽然对于彩色图像融合有一定的研究，实际上彩色图像的融合完全不是一个简单的灰度图像上色问题。颜色对于观察者的影响一直到现在都是研究的热点。这种研究不只是物理上的，更多的还有人心理上的问题。3D 图像信息的融合关键在于 3D 信息，尤其是二维图像数值上不能反映的信息-图像深度信息上的融合，这是当前研究的重点。视觉信息的融合除了需要 3D 图像信息之外还有更多时间上的考虑。当然，随着微处理器技术的不断发展，计算时间一般不是大的问题，但对于要求 3D 信息的实时处理，这仍然是一个需要解决的问题。

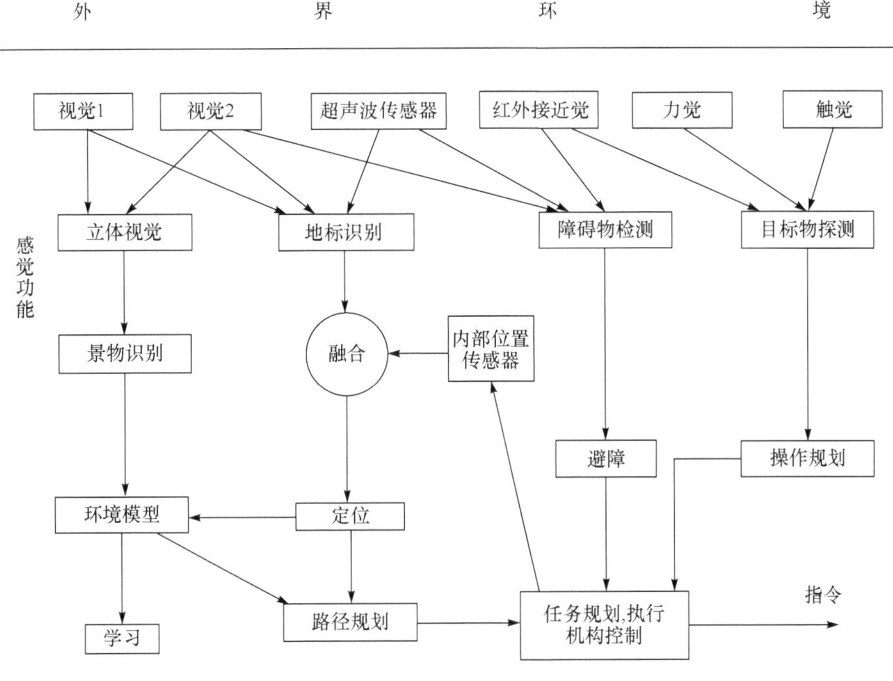

图 1.9 多传感器信息融合技术在移动机器人中的应用[29]

(6) 智能汽车

20 世纪 50 年代便开展了自动驾驶研究,通用汽车公司开发了基于雷达的自动车辆跟踪系统。目前,美国 Google 公司已研制出第二代无人驾驶车,并获得首个无人驾驶行驶许可证,自 2009 年测试以来,目前已累积安全行驶 70 多万英里。信息融合的目标是利用多种传感器信息,为系统提供对车辆运行时周围环境的可靠描述,并通过多种定位、导航技术和环境感知技术的综合应用,不断提高车辆安全性。可见,信息融合技术在智能汽车的研究中发挥了重要的作用。当前,智能汽车的发展主要需要解决的问题包括两个方面。一是数据关联,把传感器数据与环境描述关联起来,同步传感器数据和目标状态。二是数据融合,将多传感器数据融合进行目标跟踪和态势估计。智能汽车技术的发展,将综合集成信息融合新技术,显著提升和改善道路交通安全水平。

(7) 车联网

通过车载和路侧的多种传感器能获取车辆和道路环境的实时信息,通过对不同来源的信息进行融合,可实时评估交通态势、估计旅行时间、避免交通拥堵。今后车联网研究的重点在于研究人-车-路-环境系统的安全状态感知、基于要素协同的事故风险评估、基于大数据的事故风险主动预测与智慧评判、车联网安全信息推送与服务等技术，形成车联网环境下的道路交通主动防控技术体系。

总之，随着网络技术的发展和信息的爆炸式增长，分布式、多层次和海量信息的融合技术将成为发展的主流。信息融合的应用面将更加宽泛。交通系统作为信息融合技术的代表，是实现交通运输现代化的重要支撑。由于单一信息融合方法的局限性，交叉学科的交流与研究将进一步促进信息融合技术在交通领域中的发展。随着新型传感器和材料的不断涌现，传感器种类的增多、性能的提高，以及优化的结构设计，信息融合技术必将在交通领域起着越来越重要的作用，大规模、分布式、各种融合方法相结合的信息融合系统已成为信息融合技术的重要发展趋势。

参考文献

[1] 严新平，吴超仲，杨兆升. 智能运输系统——原理、方法及应用. 武汉：武汉理工大学出版社，2006：3-4.

[2] Faouzi N E，Leung H，Kurian A. Data fusion in intelligent transportation systems：progress and challenges-a survey . Information Fusion，2011，12(1)：4-10.

[3] Stiller C，Leon F P，Kruse M. Information fusion for automotive applications an overview. Information Fusion，2011，12(4)：244-252.

[4] 任福田，刘小明，等. 交通工程学. 北京：人民交通出版社，2008.

[5] 沈志云，邓学钧，等. 交通运输工程学. 北京：人民交通出版社，2008.

[6] 潘琪. 智能交通：促进城市交通可持续发展的最佳途径-杨兆升教授访谈录. 综合运输，2010，(7)：85-89.

[7] 彭冬亮，文成林，薛安克. 多传感器多源信息融合理论及应用. 北京：科学出版社，2010.

[8] Waltz E L，Buede M. Data fusion and decision support for command and control. IEEE Trans. on System：Man and Cyber，1986，16(6)：565-579.

[9] White F E. A model for data fusion. Proc. 1st National Symposium on Sensor Fusion，1988，4(2)：62-70.

[10] 周耀红. 数据融合理论与应用. 西安：西安电子科技大学出版社，1997.

[11] 韩崇昭，朱洪艳，段战胜，等. 多源信息融合理论及应用(第 2 版). 北京：清华大学出版社，2010.

[12] Bostrom H，Andler S F，Brohede M，et al. On the definition of information fusion as a field of research. Tech. Rep. HS-IKI-TR-07-006. Informatics Research Centre，University of Skovde，2007.

[13] 严新平，吴超仲. 中国智能运输系统发展现状与趋势. 交通企业管理，2001，(11)：57-59.

[14] 严新平，黄合来，马明. 美国道路交通安全现状及研究热点. 交通信息与安全，2009，5：1-9.

[15] 严新平，熊伟. 非常态事件下城市交通的解决方案研究. 交通运输系统工程与信息，2008，6：78-84.

[16] 吴超仲，王春燕，杨利兵，等. 智能公路系统车道保持模糊控制研究. 公路交通科技，2002，2：131-133，137.

[17] 吴忠泽,贺宜. 充分利用智能交通技术提升道路交通安全水平. 交通信息与安全,2015,1:1-8.
[18] Sumner R. Data fusion in path finder and TravTek// Proceedings of the Vehicle Navigation and Information Systems Conference,1991.
[19] 黄伟. 基于雷达和机器视觉的车辆前方障碍物检测系统设计与实现. 武汉理工大学硕士学位论文,2010.
[20] 张建明,张玲增,刘志强. 一种结合多特征的前方车辆检测与跟踪方法. 计算机工程与应用,2011,47(5):220-223.
[21] 曹永军,李丽丽,吕振林,等. 多源交通信息采集、处理与发布系统研究. 自动化与信息工程,2011,32(1):22-26.
[22] 邹娇,吴坚,高万宝,等. 基于 FCD 和 DAB 交通信息采集与服务系统研究. 交通信息与安全,2012,30(4):104-108.
[23] 毛喆,严新平,张晖,等. 驾驶模拟器校验实验方法的研究. 武汉理工大学学报,2010,32(1):74-77.
[24] 贺宜. 长途客车安全辅助驾驶预警方式研究与实现. 武汉理工大学硕士学位论文,2012.
[25] He Y, Yan X P, Wu C Z, et al. An evaluation of the effectiveness of auditory speeding warnings for commercial passenger vehicles-a field study in Wuhan, China. IET Intelligent Transportation Systems,2015,9(4):467-476.
[26] 孙大林,蒋大明. 信息融合技术在智能交通安全系统中的应用. 中国安全生产科学技术,2006.
[27] 徐树生. 船舶定位系统多传感器信息融合方法研究. 哈尔滨工程大学博士学位论文,2013.
[28] 刘澜,马亚峰. 交通拥挤管理的智能体系与实施应用. 上海城市管理,2012.
[29] 王海英. 智能优化算法研究及其在移动机器人相关技术的应用. 哈尔滨理工大学博士学位论文,2007.

第二章　信息融合的理论基础

2.1 引　　言

信息融合集成了传统学科和新技术，在诸多领域有广泛应用。这些学科和技术包括计算机科学、专家系统、决策论、认识论、概率论、数字信号处理、神经网络等[1,2]。

信息融合理论分为基于概率论的和非概率论的融合方法。基于概率论的方法有经典概率推理、经典贝叶斯推理、贝叶斯凸集理论、信息论等。非概率的融合方法有D-S证据推理、模糊逻辑、人工神经网络、条件事件代数、随机集理论、粗糙集、小波变换等。信息融合中数学工具的功能是最基本和多重的，它将所有的输入数据在一个公共空间内加以有效描述，同时对这些数据进行适当综合，最后以适当的形式输出和表现这些数据。本章主要介绍贝叶斯网络、人工神经网络、聚类分析、主成分分析、证据理论和支持向量机等信息融合理方法的基本知识[3,4]。

2.2 贝叶斯网络

自从20世纪五六十年代贝叶斯学派形成后，关于贝叶斯分析的研究久盛不衰，利用贝叶斯公式可以形成不同形式的模型。早在20世纪80年代，基于概率知识表达的贝叶斯网络(信息网络或有向无环图模型)就成功应用于专家系统，成为不确定知识表达和推理的一种流行方法[5-7]。

2.2.1 概率论及概率推理

概率论是处理不确定性的基础理论之一，也被认为是数学基础最强的不确定性处理理论。在此仅讨论离散随机变量，针对连续随机变量通常采用连续变量随机化的方法，从而也可以应用贝叶斯网络进行相关研究。

1. 概率论

假定有随机变量集合 $X=\{X_1,X_2,\cdots,X_n\}$，x_i 表示 X_i 的取值。表达式 $p(X_1=x_1, X_2=x_2,\cdots,X_n=x_n)$ 表示当变量 $X_1,X_2,\cdots,X_n$ 的值分别取 $x_1,x_2,\cdots,x_n$ 时的一个联合概率，则称 $p(X_1,X_2,\cdots,X_n)$ 为变量 $X_1,X_2,\cdots,X_n$ 的概率密度函数，满足如下性质，即

$$0 \leqslant p(X_1, X_2, \cdots, X_n) \leqslant 1 \tag{2-1}$$

$$\sum p(X_1, X_2, \cdots, X_n) = 1 \tag{2-2}$$

其中，所有随机变量可取所有值。

若已知一个随机变量集合的联合概率的所有值，就可以计算任意随机变量的边缘概率 $p(X_i = x_i)$，它定义为所有联合概率中 $X_i = x_i$ 的概率之和，即

$$p(X_i = x_i) = \sum_{X_i = x_i} p(X_1, X_2, \cdots, X_n) \tag{2-3}$$

任意个数随机变量的联合概率也可以通过对所有联合概率的相应项求和获得。例如，对于两个随机变量 $X_1 = x_1$ 和 $X_2 = x_2$ 的联合概率，有

$$p(X_1 = x_1, X_2 = x_2) = \sum_{X_1 = x_1, X_2 = x_2} p(X_1, X_2, \cdots, X_n) \tag{2-4}$$

理论上给定一个随机变量集合的完全联合概率函数，根据上式就能计算所有的边缘概率和更低阶的联合概率。当有一个很大的随机变量集合时，很难确定所有的联合概率或更低阶联合概率，但在大多数应用中，联合概率都满足一定的条件，使得对它们的指定和计算变得可行。

给定变量 X_j, X_i 的条件概率函数用 $p(X_i | X_j)$ 表示，有

$$p(X_i | X_j) = \frac{p(X_i, X_j)}{p(X_j)} \tag{2-5}$$

其中，$p(X_i, X_j)$ 是 X_i 和 X_j 的联合概率；$p(X_j)$ 是 X_j 的边缘概率。

根据式(2-5)可以得到联合概率的条件概率表达式，即

$$p(X_i, X_j) = p(X_i | X_j) p(X_j) \tag{2-6}$$

在计算任何条件概率时，首先需要计算相应的联合概率和边缘概率，可以从前述包含所有需要变量的完全联合概率中计算得到。反之，可以按照一个条件概率链来表达一个联合概率，其一般形式为

$$p(X_1, X_2, \cdots, X_n) = \prod_{i=1}^{n} p(X_i \mid X_{i-1}, \cdots, X_1) \tag{2-7}$$

式(2-7)简称为链式规则，本质上是乘法公式的推广，乘法公式为

$$p(X_i, X_j) = p(X_i) p(X_j | X_i) = p(X_j) p(X_i | X_j) = p(X_j, X_i) \tag{2-8}$$

可见，链式规则表达方式依赖于随机变量的排序，但在一个联合的概率函数中变量的排序方式并不重要。由此可以得到重要的贝叶斯法则，即

$$p(X_i | X_j) = \frac{p(X_j | X_i) p(X_i)}{p(X_j)} \tag{2-9}$$

2. 概率推理

概率推理就是由给定的变量信息来计算其他变量的概率信息的过程。给定集合 E 为 X 的子集，其中变量取值用 e 表达(假定为 True 或 False)，即 $E = e$。这些给

定的变量通常由感知过程获得。此时，计算条件概率 $p(X_i=x_i|E=e)$，就是求给定证据时变量 X_i 的取值为 x_i 的概率，这个过程就是概率推理。实际中，由于 $p(X_i=\text{True}|E=e)+p(X_i=\text{False}|E=e)=1$，一般只对 $p(X_i=\text{True}\ |E=e)$或 $p(X_i=\text{False}|E=e)$感兴趣。对于 $p(X_i=\text{True}|E=e)$，有

$$p(X_i=\text{True}|E=e)=\frac{p(X_i=\text{False}|E=e)}{p(E=e)} \tag{2-10}$$

其中，$p(X_i=\text{True}|E=e)$和 $p(E=e)$都可以通过式(2-4)，使用高阶联合概率计算低阶联合概率的方法获得。

当随机变量集合比较大时，概率推理计算是非常难于处理的。为此，需要变量满足一定的约束条件——条件独立。给定变量 X_i 和 X_j，如果变量 X 满足 $p(X|X_i,X_j)=p(X|X_j)$，则变量 X 条件独立于 X_i，记为 $I(X,X_i|X_j)$。条件独立的含义就是对于变量 X，如果知道 X_j，就可以忽略 X_i。

不失一般性，给定变量集合 X，如果每个变量独立于变量集合中所有其他变量，那么变量 $X_1,X_2,\cdots,X_n$ 就是相互独立的其他给定的变量，由链式规则有

$$p(X_1,X_2,\cdots,X_n\mid X)=\prod_{i=1}^{n}p(X_i\mid X_{i-1},\cdots,X_1,X) \tag{2-11}$$

2.2.2 贝叶斯网络

贝叶斯网络是一种基于网络结构的有向图解概率模型，表示变量之间的联合概率分布和相互关系，利用贝叶斯定理揭示学习和统计推断的功能，实现预测、分类、聚类、因果分析等数据分析。作为人工智能、概率理论、图论、决策理论相结合的产物，贝叶斯网络为人们提供了一种方便的框架结构来表达因果关系，是一种强有力的不确定性知识表达与推理模型，并且受到越来越多的重视。

由一组变量 $X=(X_1,X_2,\cdots,X_n)$构成的贝叶斯网络用一个二元组 $B(S,P)$表示，$B(S,P)$由两部分组成。

① 一个具有 n 个节点变量的有向无环图 S。图中的节点代表随机变量，节点间的有向边代表节点间的相互依赖关系。节点变量可以是任何问题的抽象，如故障假设、测试值、观测现象、意见征询等。通常认为有向边表达了一种因果关系，因此贝叶斯网络有时称为因果网。有向图蕴涵了条件独立性假设，贝叶斯网络规定图中的每个节点 X_i 条件独立于由 X_i 的父节点给定的非 X_i 节点后代构成的任何节点子集。也就是说，如果用 $A(X_i)$表示非 X_i 后代节点构成的任何节点子集，用 P_{ai} 表示 S 中的 X_i 的父节点，则条件独立性 $I(X_i,A(X_i)|P_{ai})$的意义为

$$p(X_i,A(X_i)|P_{ai})=p(X_i|P_{ai}) \tag{2-12}$$

图 2.1 是一个简单而典型的贝叶斯网络示例(略去条件概率表)。

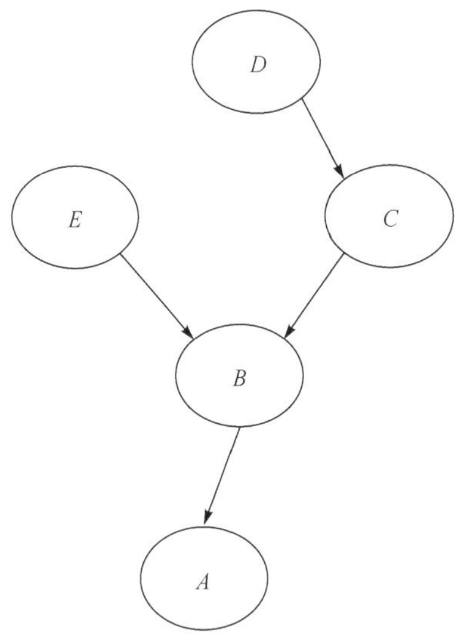

图 2.1　简单贝叶斯网络结构图

② 一个与每一个节点相关的条件概率表 P。任意节点 X_i 条件概率表可以用 $p(X_i|P_{ai})$来描述，表达节点同其父节点的相互依赖关系——条件概率。没有任何父节点的节点的条件概率称为先验概率。

有了节点、节点间的相关关系（有向边）、条件概率表，贝叶斯网络就可以表达网络中所有节点变量的联合概率，并可以根据先验概率信息或某些节点的取值计算其他任意节点的概率信息。将条件独立性应用于链式规则式(2-7)可以得到 $X_i(i=1,2,\cdots,n)$的联合概率分布，即

$$p(X_1,X_2,\cdots,X_n)=\prod_{i=1}^{n}p(x_i\mid P_{ai}) \tag{2-13}$$

用图 2.1 中变量的联合概率可得下式，即

$$p(A,B,C,D,E)=\prod_{i=1}^{5}p(x_i\mid P_{ai})=P(A\mid B)P(B\mid C,E)P(C\mid D)P(D)P(E) \tag{2-14}$$

假设所有变量都是二值变量时，对于 n 个变量情况，由链式规则，求联合概率需要指定 2^n 个独立的联合概率，而根据贝叶斯网络表达变量的联合概率分布，可使变量的联合概率求解大大简化。

2.2.3　贝叶斯网络推理

贝叶斯网络模型可以综合样本数据信息与专家先验知识，不断调整网络结构和概率参数，使推断和决策结果更加科学和准确。其具有知识发现的机制和性质，

而且不区分前向推理和后向推理，不仅可以由父节点推断子节点的结果，而且还可以通过子节点中的证据来向前推导父节点取值状态的概率。因此，贝叶斯网络广泛应用于不确定性、不完备性信息的推理。

贝叶斯网络推理的实质是概率计算，根据先验知识和观测数据计算目标变量的后验概率。理论上，依据指定变量的联合概率分布可以推断贝叶斯网络中人们感兴趣的所有概率，但在实际应用中，计算量非常大，很多情况下往往难以处理。近似推理在一定程度上能够满足精度方面的要求，而且可以提高推理效率；同时利用贝叶斯网络中表达的条件独立性，可以有效地降低计算复杂度。

1. 贝叶斯网络精确推理算法

目前主要的精确推理算法有多树传播算法、团树传播算法、图约简算法和组合优化算法。

(1) 多树传播算法

多树传播算法的主要思想是给贝叶斯网络中的每一个节点分配一个处理机，每一个节点利用处理机内储存的条件概率表和相邻节点传播的信息(或者证据)，计算自身的后验概率，并将结果向其余相邻节点传播。在实际计算中，贝叶斯网络接收到证据以后，证据节点的后验概率值发生改变，该节点的处理机将这一改变向它的相邻节点传播；相邻节点的处理机接收到传递来的信息后，重新计算自身的后验概率，然后将结果向自己相邻节点传播，如此继续下去直到证据的影响传遍所有的节点。但该算法仅适用于单连通图的推理，在多连通图情况下，信息可能在无向环路中循环传播而无法获得最终结果。

(2) 团树传播算法

团树传播算法采用一颗无向树来表达联合概率分布。同多树传播算法一样，团树传播算法也采用在图形结构上传递消息的思想。当接收到证据以后，所有包含证据节点的团节点内各个变量的联合概率函数值(以下简称 Φ 函数)将发生变化，然后将该变化向团树中的所有团节点传播，以改变这些节点的 Φ 函数值。该算法由于对应的图形结构是一棵树，因此不会出现多树传播算法在多连通情况下消息循环传播而无法获取最终结果的问题。当系统达到稳态后，对 Φ 函数值进行边缘化计算得到待求概率值。采用该方法进行推理的第一步就是构造一颗团树，目前通常采用连接树构造方法(由这种方法构造的团树传播算法称为连接树传播算法)。

(3) 图约简算法

图约简算法是 Shachter 于 1988 年提出的一种贝叶斯网络推理算法，它直接利用图形结构，采用节点消元的方式来模拟边缘概率的计算。其基本思想是逐步删除非证据节点中无子节点的节点(可以直接删除的节点所必须满足的条件)，直到网络中仅剩下感兴趣的节点为止。对于不满足删除条件的节点,可以对网络结构进行变换。

(4) 组合优化算法

前面三类方法都是利用图形结构寻求局部化的计算过程,而组合优化求解方法则是直接对联合概率分布的组合爆炸问题提出解决方案。其主要思想是首先利用链式规则和条件独立性将联合概率分布分解为一系列条件概率表的乘积;然后在符号层面上对公式进行交换,改变求和时节点的消元顺序,以及求和运算与乘积运算的先后次序,以达到减少求和与乘积运算量的目的;最后按照变换后的公式进行逐步的乘积和求和运算以得到待求结果。目前这类方法主要有 SPI(symbolic probabilistic inference)方法和桶消去方法。

上述推理算法各有特点,但是都没有摆脱显式求和的计算方式,其计算量随着节点数的增多呈指数增长。连接树算法在实际应用中相对广泛,而且针对连接树算法的计算复杂度问题还提出一些加速推理的方法,如惰性传播(lazy propagation)方法,通过在大型贝叶斯网络中的验证表明,该算法的时间复杂度和空间复杂度随着证据节点的增多而下降,复杂度优于 Hugin 算法和 Shafer-Shenoy 算法。

2. 贝叶斯网络近似推理算法

复杂贝叶斯网络推理都是 NP 难题,因此对于贝叶斯网络推理的研究更倾向于近似推理算法的研究。近似推理算法分为基于仿真的算法、基于搜索的算法、变换方法等。基于仿真的方法通过采样技术对某概率分布进行采样以得到一组样本,再对这些样本进行统计计算得到待求概率的近似值,如马尔可夫链蒙特卡罗(Markov chain Monte Carlo,MCMC)算法;基于搜索的算法通过对贝叶斯网络节点的组合状态构成的空间进行搜索,通过启发式搜索比较重要的组合状态得到近似的计算结果。变换方法近年来备受关注,对贝叶斯网络中的条件概率表引入一定的参数进行近似,以化简条件概率表内部的联系,从而简化贝叶斯网络达到快速计算的目的。

2.2.4 贝叶斯网络学习

贝叶斯网络学习是指通过对样本数据的学习,获得最能匹配样本数据集的贝叶斯网络结构及其参数。贝叶斯网络学习一般分为结构(DAG)学习和参数(CPT)学习两个内容。

贝叶斯网络结构学习主要分为两大类:基于依赖分析的方法和基于打分-搜索的方法。基于依赖分析的结构学习方法是当前的研究热点,该方法在假设联合概率分布 P 存在相对应的完备图 G 的情况下,基本学习过程如下:通过条件独立性检验(其中似然比 χ^2 检验是常用方法)判断任意变量 X_i 和 X_j 是否条件独立,若条件独立，则网络中不存在边 X_i-X_j，否则存在边 X_i-X_j。基于打分-搜索的结构学习基本过程如下。

① 初始化贝叶斯网络为孤立节点。

② 使用启发式方法为贝叶斯网络加边。

③ 使用打分函数评测新的结构是否最优。

贝叶斯网络的参数学习实质上是在已知网络结构的条件下，来学习每个节点的概率分布表。早期贝叶斯网络的条件概率分布表是由专家的知识指定的，然而这种仅凭专家经验指定的方法，往往与观测数据之间存在较大的偏差。当前比较流行的方法是从数据中学习这些参数的概率分布，这种数据驱动的学习方法具有很高的适应性。数据指的是随机变量集合的一组观测值，即

$$D=\{x^1,x^2,\cdots,x^n\},\quad x^i=(x_1^i,x_2^i,\cdots,x_m^i) \tag{2-15}$$

根据数据的观测状况，可以分为完备数据集和不完备数据集。完备数据集中的每个实例，都有完整的观测数据，不完备数据集是指对某个实例的观测有部分缺值或观测异常的情况。因此，贝叶斯网络参数学习方法主要分为完整数据条件下和不完整数据条件下的贝叶斯网络参数学习两类。

对完备数据集 D 进行概率参数学习的目标是找到能以概率形式 $p(x^i|\theta)$ 概括样本 D 的参数 θ。参数学习一般要先指定一定的概率分布族，如 β 分布、多项分布、正态分布、泊松分布，然后利用一定的策略估计这些分布的参数。常用的完备数据集学习方法有两种，即最大似然估计(maximum likelihood estimation，MLE)方法和贝叶斯方法。这两种方法都是基于下面的独立同分布(independent identify distribution，IID)假设前提。

① 样本中的数据是完备的。

② 各实例之间是相互独立的。

③ 各实例服从统一的概率分布。

1. 最大似然估计

MLE 是基于传统的统计分析的思想，依据样本与参数的似然程度来评判样本与模型的拟合程度。似然函数的一般形式为

$$L(\theta;D)=p(D\mid\theta)=\prod_i p(x^i\mid\theta) \tag{2-16}$$

如果知道变量的分布函数，可以通过对式(2-16)利用拉格朗日乘子法获得最大似然值，从而获得参数的估计。

根据统计学原理，最大似然估计具有下面的优点。

① 一致性。随着观测值个数的增多，参数收敛于最佳可能值——实际的物理概率。

② 渐进有效性。寻找使样本发生可能性最大的参数 θ，θ 尽可能接近实际的概率值，实例越多，接近程度越好。

③ 表示灵活性。参数的不同分布形式不影响估计出的概率分布效果。

2. 贝叶斯方法

贝叶斯方法与传统统计方法的差别在于后者把概率简单地看做是频率的无限趋进，而前者认为不确定性是人们对事物的一种认知程度，这种认知程度是由原来的主观知识和观察到的现象共同决定的。因此，贝叶斯方法学习网络参数应该由观测前的先验知识和观测数据两部分组成。在贝叶斯参数学习中，先验知识包括参数先验分布的选取和分布参数的选取规则。学习的目标是根据概率分布的先验分布和数据样本计算概率分布的后验分布。

对于随机变量组 $X=\{X_1,X_2,\cdots,X_n\}$，随机变量 X_i 有 r_i 个可能取值 $\mathrm{Set}_{x_i}=\{u_{i0},u_{i1},\cdots,u_{i(r_i-1)}\}$（$r_i\geqslant 2$ 的整数），对应父节点 P_{ai} 有 q_i 个可能取值 $\mathrm{Set}_{p_{ai}}=\{\pi_{i0},\pi_{i1},\cdots,\pi_{i(q_i-1)}\}$（$q_i$ 为随机变量 X_i 的父节点的状态数），则对于 P_{ai} 的每一个取值，有

$$p(u_{ik}\mid\pi_{ij},\theta_i,S)=\theta_{ijk}>0 \tag{2-17}$$

其中，S 为贝叶斯网络结构模型。

为方便起见，定义概率分布 $\boldsymbol{\theta}_{ij}=(\theta_{ij1},\theta_{ij2},\cdots,\theta_{ij\alpha_i})$。在概率分布向量 $\boldsymbol{\theta}_{ij}$ 相互独立的情况下，若无缺失数据，则后验概率分布仍然保持独立，并且有

$$p(\boldsymbol{\theta}_s\mid D,S)=\prod_{i=1}^{n}\prod_{j=1}^{q_i}p(\boldsymbol{\theta}_{ij}\mid D,S) \tag{2-18}$$

其中，D 为数据集；S 为网络结构模型；$\boldsymbol{\theta}_s$ 是概率分布向量。

若选取 Dirichlet 分布 $\mathrm{Dir}(\boldsymbol{\theta}_{ij}\mid\alpha_{ij1},\alpha_{ij2},\cdots,\alpha_{ijr_i})$ 作为先验分布，则后验概率分布可由式(2-19)计算，即

$$p(\boldsymbol{\theta}_{ij}\mid D,S)=\mathrm{Dir}(\boldsymbol{\theta}_{ij}\mid\alpha_{ij1}+N_{ij1},\cdots,\alpha_{ijr_i}+N_{ijr_i}) \tag{2-19}$$

其中，N_{ijk} 是 D 中随机变量 X_i 及其父节点 $P_{ai}=\pi_{ij}$ 的记录个数；α_{ijk} 是 Dirichlet 分布 $\mathrm{Dir}(\boldsymbol{\theta}_{ij}\mid\alpha_{ij1},\alpha_{ij2},\cdots,\alpha_{ijr_i})$ 的先验概率分布，也称为超参数。

由边缘概率计算公式可得

$$p(x_{N+1}\mid D,S)=\int p(x_{N+1}\mid\boldsymbol{\theta}_S,S)p(x_{N+1}\mid\boldsymbol{\theta}_S,S)\mathrm{d}\boldsymbol{\theta}_S \tag{2-20}$$

下一个事例出现的后验概率为

$$p(x_{N+1}\mid D,S)=\prod_{i=1}^{n}\frac{\alpha_{ijk}+N_{ijk}}{\alpha_{ij}+N_{ij}} \tag{2-21}$$

其中，$N_{ij}=\sum_{k=1}^{r_i}N_{ijk}$；$\alpha_{ij}=\sum_{k=1}^{r_i}\alpha_{ijk}$。

至此就获得了贝叶斯网络的条件概率参数，式(2-21)体现了先验信息和数据信息的综合。

对于不完备数据的学习，一般要借助近似的方法，如蒙特卡罗方法、高斯逼近、拉普拉斯近似，以及期望极大化(expectation maximization，EM)算法求极大似然(maximum likelihood，ML)或极大后验(maximum a posterior，MAP)等。尽管有成熟的算法，但其计算量也比较大[8-12]。

2.3 人工神经网络

人工神经网络(artificial neural network，ANN)是反映人脑结构及功能的一种抽象数学模型，它是由大量神经元节点互连而成的复杂网络，用以模拟人类进行知识的表示、存储及推理的行为，是 20 世纪 80 年代以来人工智能领域兴起的研究热点。

从本质上讲，人工神经网络的学习是一种归纳学习方式，通过对大量实例的反复学习，由内部自适应过程不断修改各神经元之间互连的权值，最终使神经网络的权值分布收敛于一个稳定的范围。神经网络的互连结构及各连接权值稳定分布就表示经过学习获得的知识。这同基于符号的知识表示方法有很大的不同。一个已建立的人工神经网络可用于相关问题的求解，对于特定的输入模式，神经网络通过前向计算可以得出一个输出模式，从而得到输入模式的一个特定解。

2.3.1 人工神经元与感知器

感知器是由美国学者罗森勃拉特于 1957 年提出的，是一种具有单层计算单元的神经网络。最初的感知器算法相当于单个神经元，有很大的局限性，但是它自组织、自学习的思想是后来许多神经网络模型的建立基础。感知器对能够解决的问题有一个收敛的算法，并从数学上给出了严格的证明，它在神经网络的研究中有着重要的意义，推动了人工神经网络研究的发展。

1. 人工神经元模型

人工神经元是对生物神经元的简化和模拟。生物神经元由细胞体、树突和轴突三部分组成，树突是细胞的输入端，轴突是细胞的输出端。树突通过联结其他细胞体的“突触”接受周围细胞由轴突的神经末梢传出的神经冲动。轴突的端部有众多神经末梢作为神经信号的输出端子，用于传出神经冲动。生物神经元具有兴奋和抑制两种状态，当传入的神经冲动使细胞膜电位升高到阈值(约为 40mV)时，细胞进入兴奋状态，产生神经冲动，由轴突输出；若传入的神经冲动使细胞膜电位低于阈值时，则细胞进入抑制状态，没有神经冲动输出。

为了模拟生物神经细胞，可以把一个神经细胞简化为一个人工神经元，人工神经元用一个多输入、单输出的非线性节点表示，如图 2.2 所示。

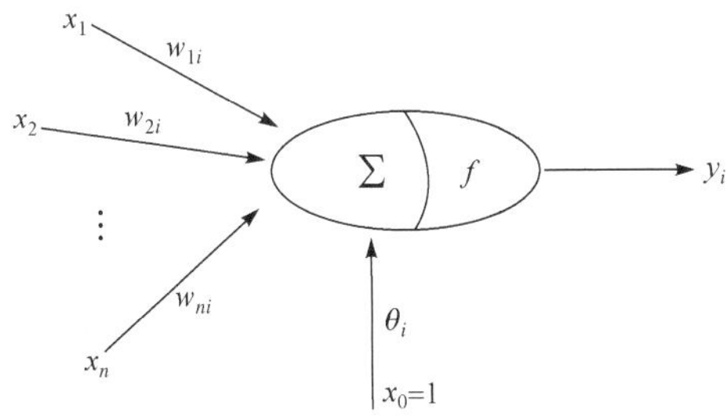

图 2.2 人工神经元

人工神经元 i 的输入输出关系可以描述为

$$\begin{cases} I_i = \sum_{j=1}^{n} w_{ji} x_j - \theta_i \\ y_i = f(I_i) \end{cases} \tag{2-22}$$

其中，x_j 是由神经元 j 传送到神经元 i 的输入量；w_{ji} 是从神经元 j 到 i 的连接权值；θ_i 是神经元 i 的阈值；f 是传递函数；y_i 是神经元 i 的输出量。

为了方便，有时也将 I_i 表示为

$$I_i = \sum_{j=0}^{n} w_{ji} x_j$$

其中，$w_{0i} = -\theta_i$；$x_0 = 1$。

传递函数 f 可为线性函数，或具有任意阶导数的非线性函数。常见的传递函数有如下几种。

(1) 阶跃函数

阶跃函数的形式为

$$f(x) = \begin{cases} 1, & x \geqslant 0 \\ 0, & x < 0 \end{cases} \tag{2-23}$$

阶跃函数的图形如图 2.3(a)所示。

(2) Sigmoid 型函数

Sigmoid 型函数是函数图形如 S 形状的一类可微函数。常用的 Sigmoid 型函数有

$$f(x) = \frac{1}{1+\mathrm{e}^{-x}} \tag{2-24}$$

$$f(x) = \mathrm{th}(x) = \frac{\mathrm{e}^{x} - \mathrm{e}^{-x}}{\mathrm{e}^{x} + \mathrm{e}^{-x}} \tag{2-25}$$

式(2-24)的函数图形如图 2.3(b)所示,式(2-25)的函数图形如图 2.3(c)所示,其特点是函数图形关于坐标原点对称。

(3) 高斯型函数

在径向基神经网络中,神经元的输入输出关系可以用高斯函数表示为

$$y_i = \exp\left(-\frac{1}{2\sigma_i^2}\sum_j (x_j - w_{ji})^2\right) \tag{2-26}$$

其中,σ_i^2 为标准化参数。

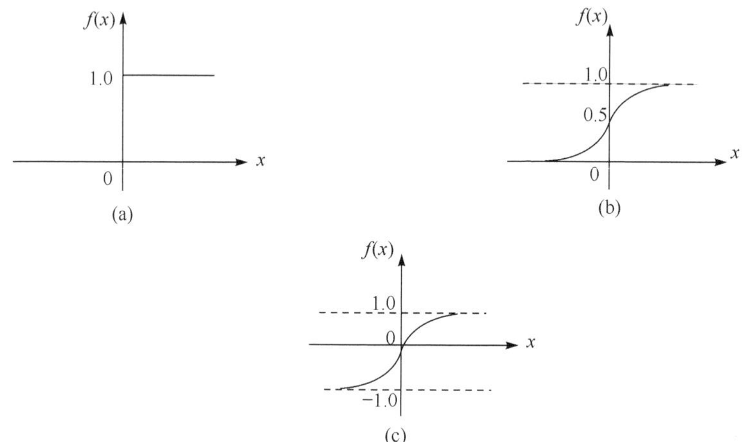

图 2.3 常用传递函数的函数图形

2. 感知器及其学习算法

感知器是一种具有单层计算单元的前向神经网络模型,类似于图 2.2。其中,n 个输入 $x_1, x_2, \cdots, x_n$ 均为实数,$w_1, w_2, \cdots, w_n$ 分别是 n 个输入的加权,θ 是感知器的阈值,f 是感知器的传递函数,y 是感知器的输出。感知器的输出与输入的关系可以描述为

$$y = \begin{cases} 1, & \sum_{i=1}^{n} w_i x_i - \theta \geqslant 0 \\ 0, & \sum_{i=1}^{n} w_i x_i - \theta < 0 \end{cases} \tag{2-27}$$

实际上,感知器的传递函数 f 是阶跃函数。

由已知的 N 个实例($\boldsymbol{X}_k, \boldsymbol{Y}_k^*$),$k=1,2,\cdots,N$,组成一组学习样本,其中实例 k 的输入 $\boldsymbol{X}_k$ 可以表示为一个 n 元向量 $\boldsymbol{X}_k = (x_{1k}, x_{2k}, \cdots, x_{ik}, \cdots, x_{nk})$,实例 k 的期

望输出为单一输出 $\boldsymbol{Y}_k^* = y_k^*$。调整可以表示为 n 元数组的权值分布 $\boldsymbol{W}=(w_1, w_2, \cdots, w_n)$ 中各连接权的值及阈值 θ，则感知器的学习算法可以表示如下。

① 初始化权值分布 $\boldsymbol{W}(0)$，对 $\boldsymbol{W}(0)=(w_0(0), w_1(0), \cdots, w_i(0), \cdots, w_n(0))$ 中的各权值分别赋给较小的随机非零值。取第一个学习实例 $(\boldsymbol{X}_1, y_1^*)$，$k=1$，初始化迭代次数 $t=0$。

② 由给定的学习实例 $(\boldsymbol{X}_k, y_k^*)$ 的输入向量 $\boldsymbol{X}_k=(1, x_{1k}, x_{2k}, \cdots, x_{ik}, \cdots, x_{nk})$ 以及权值分布 $\boldsymbol{W}(t)=(w_0(t), w_1(t), \cdots, w_i(t), \cdots, w_n(t))$，计算感知器的输出 $y_k(t)$ 为

$$y_k(t) = f\left(\sum_{i=0}^{n} w_i(t) x_{ik}\right)$$

③ 修改权值分布 $\boldsymbol{W}(t)$ 为 $\boldsymbol{W}(t+1)$。权值修改的计算为

$$w_i(t+1)=w_i(t)+\eta(y_k^* - y_k(t))x_{ik}, \quad i=0,1,\cdots,n$$

其中，学习率 η 为设定的修改速度控制参数，$0<\eta\leqslant 1$。

权值修改计算公式表明，若感知器的计算输出 $y_k(t)$ 与实例给定的期望输出 y_k^* 相等，则 $w_i(t)$ 不变；若 $y_k(t)<y_k^*$，则增大正输入 $(x_{ik}>0)$ 的权值 $w_i(t)$，减小负输入 $(x_{ik}<0)$ 的权值 $w_i(t)$；若 $y_k(t)>y_k^*$，则对权值修改的情况相反，减少正输入的权值，增大负输入的权值。

对权值修正的速度由 η 决定，当设定的 η 值过大时，每次对权值的修改也较大，则权值的修改过程将可能围绕稳定权值震荡，反而延长了修改过程收敛的时间；若 η 取值过小，则权值的修改过程将缓慢地收敛于稳定权值，同样也延长了修改过程收敛的时间。一般来说，学习率 η 可以设定为 $0.3\leqslant\eta\leqslant 0.9$。此外，还可以采用变学习率方法来提高学习过程的收敛速度，即在学习的初期，学习率 η 可设定较大，随着迭代次数 t 的增加而逐步减小学习率 η 的值。

④ $t=t+1$，取下一个学习实例，转步骤②。

N 个学习实例依次被循环使用，直至对全部学习实例都有 $y_k=y_k^*$，即 $\boldsymbol{W}$ 不再被修改，说明 $\boldsymbol{W}$ 已经收敛于稳定的权值分布，学习过程终止。

实际上，学习算法的终止条件可以设定宽松一些。例如，可设定为满足以下两个条件之一即可终止：对全部学习实例满足 $|y_k^* - y_k|\leqslant\varepsilon$，其中 ε 是初始设定的允许误差；或者迭代次数 t 达到初始设定的最大迭代次数 $t_{\max}$。

需要特别指出的是，只有当提供的学习实例集是线性可分时，学习过程才会经有限次迭代而收敛，才能得出稳定的权值分布 $\boldsymbol{W}$，因此需要对感知器学习算法进行改进，传递函数也不采用阶跃函数，而改用可微函数。

2.3.2　神经网络的互连结构

根据神经网络中神经元之间互连的结构不同，可以把神经网络分成以下几种类型。

(1) 不含反馈的前向网络

其结构形态如图 2.4(a)所示。网络中的神经元分层排列,接受输入量的神经元节点组成输入层,产生输出量的神经元节点组成输出层,中间层也称为隐层,可以有若干层隐层。每一层的神经元只接受前一层神经元的输入,输入向量经过各层的顺序变换后,由输出层得到输出向量。

(2) 从输出层到输入层有反馈的前向网络

从输出层到输入层有反馈的前向网络简称为反馈神经网络,其结构形态如图 2.4(b)所示。网络中的神经元也是分层排列,但是输入层神经元在学习过程中接受输出层神经元或部分输出层神经元的反馈输入。

在反馈神经网络中,由输入数据决定反馈神经网络的初始状态,经过一系列状态转移后反馈神经网络逐渐收敛于一个稳定状态,这个稳定状态就是反馈神经网络的最后计算结果。不含反馈的前向网络是一种强有力的学习系统,结构简单且易于编程。从系统观点来看,是一种静态非线性映射,通过大量的简单非线性神经元的复合映射,可以获得复杂的非线性映射处理能力,但是它缺乏丰富的动力学行为。从系统观点来看,反馈神经网络是反馈动力学系统,比前向神经网络具有更强的计算能力。反馈神经网络的一个重要特点就是它应具有稳定状态,稳定性是研究反馈神经网络的最重要的问题之一。

(3) 层内有相互结合的前向网络

其结构形态如图 2.4(c)所示。每一层的神经元除接受前一层神经元的输入之外,也可接受同一层神经元的输入。通过层内神经元之间的相互结合,可以实现同层神经元之间横向的抑制或兴奋抑制,从而限制一层内能同时动作的神经元的个数,或者实现把一层内的神经元分为若干组,每一组作为一个整体来动作。例如,可以利用横向抑制机制把同层中具有最大输出的神经元挑选出来,而抑制其他神经元处于无输出的状态。

(4) 相互结合型网络

相互结合型网络的结构形态如图 2.4(d)所示,这种网络中任意两个神经元之间都可能有连接。在不含反馈的前向网络中,输入信号一旦通过某个神经元就将输出这个信号的变换值。在相互结合型网络中,输入信号要在神经元之间反复往返传递,网络处于一种不断改变的状态之中。从某一初态开始,经过若干次的状态变化,网络才会到达某种稳定状态,根据网络的结构和神经元的映射特性,网络还有可能进入周期振荡或其他平衡状态,如混沌状态。

从结构形态来看,(1)、(2)和(3)可以看成是(4)的一种特殊形态,但是不论从神经网络的计算和学习机制来看,还是从网络的应用来看,这 4 种类型的神经网络是有很大区别的。

常见的不含反馈的前向神经网络有 BP 神经网络和 RBF 径向基神经网络。

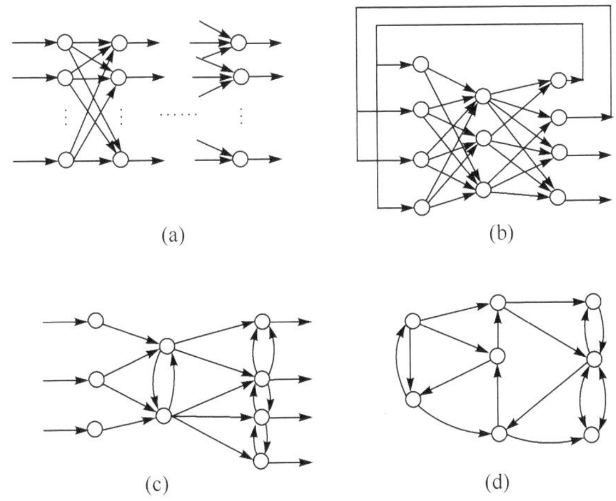

图 2.4　人工神经网络互联结构的几种类型

① BP 神经网络是一种单向传播的多层前向神经网络，其结构如图 2.5 所示。BP 网络除有输入层和输出层外，还有一层或多层隐层，同层节点间无任何联结，每个节点都是单个神经元，神经元的传递函数常为 Sigmoid 型函数，输入层或输出层的神经元的传递函数可选取线性函数。由于同层节点间无任何耦合，因此每一层的神经元只接受前一层神经元的输入，每一层神经元的输出只影响下一层神经元的输出。

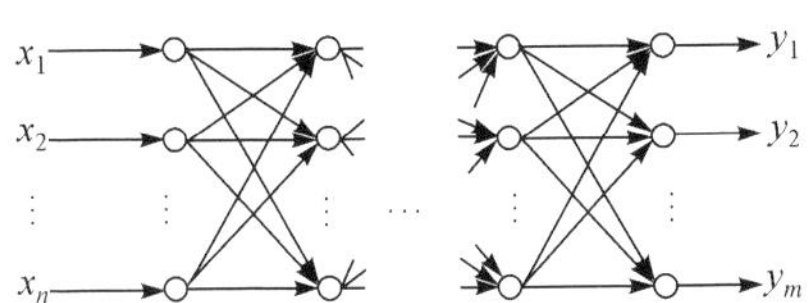

图 2.5　BP 神经网络

网络的输入数据 $\boldsymbol{X}=(x_1,x_2,\cdots,x_n)$ 从输入层依次经过各隐层节点，然后到达输出层节点，从而得到输出数据 $\boldsymbol{Y}=(y_1,y_2,\cdots,y_m)$。我们可以把 BP 神经网络看成是一个从输入到输出的高度非线性映射，即 $f:\boldsymbol{R}^n\to\boldsymbol{R}^m$，$f(\boldsymbol{X})=\boldsymbol{Y}$。

对于学习实例集 $\{(\boldsymbol{X}_k,\boldsymbol{Y}_k^*)\}$，可以认为所有实例的输入 $\boldsymbol{X}_k\in R^n$ 和实例的期望输出 $\boldsymbol{Y}_k^*\in R^m$ 之间存在某一映射函数 g，使得 $g(\boldsymbol{X}_k)=\boldsymbol{Y}_k^*$，$k=1,2,\cdots,n$。

② RBF 径向基神经网络由三层节点组成，其结构如图 2.6 所示。在 RBF 神经网络中，输入层节点仅把输入数据 $(x_1,x_2,\cdots,x_n)$ 传递给隐层各节点，隐层各节点亦称为 RBF 节点，RBF 节点的传递函数采用高斯型函数，输出层节点的传递函数通常采用简单的线性函数。

设 RBF 网络的输入向量为 $\boldsymbol{X}=(x_1,x_2,\cdots,x_n)$，由于输入层节点只是把输入数据直接传播到隐层各节点，因此隐层各节点的输出为

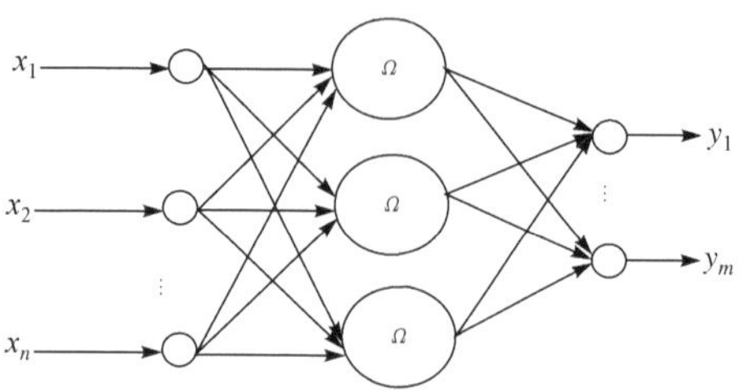

图 2.6 径向基神经网络

$$u_i=\exp\left(-\frac{(\boldsymbol{X}-c_i)^{\mathrm{T}}(\boldsymbol{X}-c_i)}{2\sigma_i^2}\right),\quad i=1,2,\cdots,N \tag{2-28}$$

其中，u_i 为隐层节点 i 的输出，且 $u_i\in[0,1]$；c_i 是高斯函数的中心值；σ_i 是标准化常数；N 是隐层节点数。

输出层节点的输出是隐层节点输出的线性组合，即

$$y_j=\sum_{i=1}^{N}w_{ij}u_i-\theta=\boldsymbol{W}_j^{\mathrm{T}}\boldsymbol{U},\quad j=1,2,\cdots,m \tag{2-29}$$

其中，y_j 为输出层节点 j 的输出；w_{ij} 为隐层节点 i 联结输出层节点 j 的权值；θ 为输出层节点阈值；$\boldsymbol{W}_j=(w_{1j},w_{2j},\cdots,w_{Nj},-\theta)^{\mathrm{T}}$；$\boldsymbol{U}=(u_1,u_2,\cdots,u_N,1)$。

RBF 网络与 BP 网络的区别在于 BP 网络隐层节点的传递函数使用 Sigmoid 型函数，其取值范围在输入空间无限大的范围内取非零值；RBF 网络隐层节点的传递函数使用高斯型函数，其取值范围呈现局部特征，这是因为高斯型函数对输入数据将在局部产生响应，也就是说，当输入数据靠近高斯函数的中心范围时，隐层节点将产生较大的输出，反之，则产生较小的输出。

反馈神经网络是有反馈传播的神经网络。在反馈神经网络系统中，输入数据决定反馈网络系统的初始状态，经过一系列状态转移后，如果系统能逐渐收敛于稳定状态，那么这个稳定状态就是反馈神经网络经计算后的输出结果。一个反馈神经网络是否能收敛于稳定状态的网络稳定性是反馈神经网络最重要的问题。美国加州工学院物理学家霍普菲尔斯于 1982 年和 1984 年提出的离散 Hopfield 神经网络和连续 Hopfield 神经网络是最典型的反馈神经网络。

第一，时间离散的 Hopfield 神经网络(DHNN)。

离散 Hopfield 神经网络是离散时间系统，可以用一个加权无向图表示，图的一个节点是一个神经元，每个节点都赋有一个阈值，联结两个节点的一个边赋有一个权值，网络的阶数相应于图中节点数。

设 N 是一个 n 阶神经网络，则 N 由$(\boldsymbol{W},\boldsymbol{\theta})$唯一定义，其中 $\boldsymbol{W}=(w_{ij})_{n\times n}$ 为 n 阶对称矩阵，w_{ij} 为联结节点 i 与节点 j 的边所赋的权，$\boldsymbol{\theta}=(\theta_i)_n$ 是一个向量，θ_i 为

联结节点 i 的阈值。

DHNN 的每个节点可以处于 1 或 -1 两种可能状态之一。以 $x_i(t)$ 表示节点 i 在 t 时刻的状态，向量 $\boldsymbol{X}(t)=(x_1(t),x_2(t),\cdots,x_n(t))$ 表示神经网络 N 在 t 时刻的状态，则节点 i 下一状态由下述规则决定，即

$$x_i(t+1)=\text{sgn}(H_i(t))=\begin{cases}1, & H_i(t)\geqslant 0\\ -1, & H_i(t)<0\end{cases} \tag{2-30}$$

其中，$H_i(t)=\sum_{j=1}^{n}w_{ij}x_j(t)-\theta_i$。

DHNN 在 t 时刻的状态就是向量 $\boldsymbol{X}(t)\in\{1,-1\}^n$。若 $W_{ii}=0,i=1,2,\cdots,n$，则相应的 DHNN 称为无自反馈的 DHNN；否则，称为有自反馈的 DHNN。

若反馈神经网络在 $t=0$ 时有任意输入数据为 $\boldsymbol{X}(0)=(x_1(0),x_2(0),\cdots,x_n(0))$，从初态 $\boldsymbol{X}(0)$ 开始，存在某一个有限时刻 t，从 t 时刻之后的神经网络不再发生变化，即有 $\boldsymbol{X}(t+\Delta t)=\boldsymbol{X}(t),\Delta t>0$，则称神经网络是稳定的。$t$ 时刻的网络状态 $\boldsymbol{X}(t)$ 称为神经网络的稳定状态，也就是神经网络计算的输出结果。DHNN 的稳定性与 DHNN 的工作方式有关，DHNN 有串行和并行两种工作方式。

第二，时间连续的 Hopfield 神经网络。

连续 Hopfield 神经网络可以用如下非线性微分方程描述，即

$$\begin{cases}C_i\dfrac{\mathrm{d}x_i}{\mathrm{d}t}=-\dfrac{x_i}{R_i}+I_i+\sum\limits_{j=1}^{n}t_{ij}y_j\\ y_j=g(x_j),\quad j=1,2,\cdots,n\end{cases} \tag{2-31}$$

上述微分方程可用图 2.7 所示的电路来表示。其中，电阻 R_i 和电容 C_i 并联，以模拟生物神经元输出的时间常数；跨导 t_{ij} 模拟生物神经元之间互连的突触特性；由运算放大器来模拟生物神经元的非线性特征，运算放大器的输出为 $y_i=g(x_i)$，x_i 为运算放大器的输入，g 为 Sigmoid 型函数。

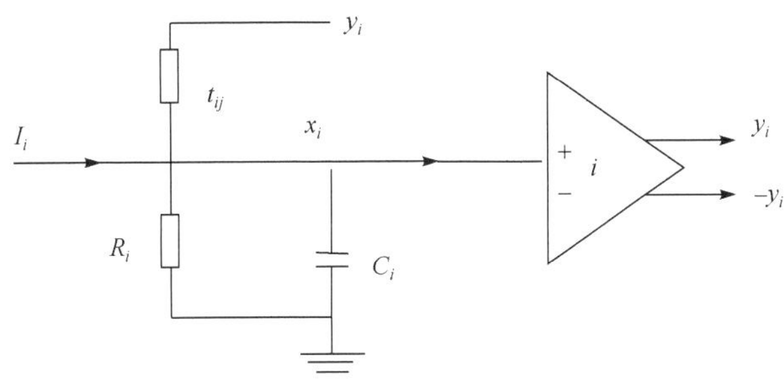

图 2.7　Hopfield 电路

连续 Hopfield 神经网络的状态由 n 个神经元的输出组成的状态向量 $\boldsymbol{Y}=(y_1, y_2, \cdots, y_n)$表示。连续 Hopfield 神经网络的稳定性可由李雅普诺夫能量函数来判定。定义连续 Hopfield 神经网络的李雅普诺夫能量函数 E 为

$$E=\sum_{i=1}^{n}\frac{1}{R_i}\int_0^{y_i}g^{-1}(y)\mathrm{d}y-\sum_{i=1}^{n}I_iy_i-\frac{1}{2}\sum_{i,j=1}^{n}t_{ij}y_iy_j \tag{2-32}$$

定理 2.1 对连续 Hopfield 神经网络，若 $C_i>0$，$t_{ij}=t_{ji}$，则该神经网络在状态空间中的状态转移总是向能量函数 E 值减小的方向转移，且能量函数 E 为极小值 $E_{\min}$的状态就是神经网络的稳定状态。

对于理想的运算放大器，能量函数 E 可以简化为

$$E=-\sum_{i=1}^{n}I_iy_i-\frac{1}{2}\sum_{i,j=1}^{n}t_{ij}y_iy_j \tag{2-33}$$

定理 2.1 说明稳定的连续 Hopfield 神经网络是存在的，可以通过有限次的学习来不断修改权值 $t_{ij}(i,j=1,2,\cdots,n)$，使能量函数 E 在有限次学习中为局部最小的权值分布 $\boldsymbol{T}=[t_{ij}]_{n\times n}$，$t_{ii}=0$，即对应稳定的连续 Hopfield 神经网络。

2.3.3 神经网络的学习

人工神经网络卓越的非线性映射能力，一是来自于网络中各神经元的非线性传递函数；二是来自于各神经元之间的连接权分布。神经网络的连接权分布一般不能预先准确地确定，而是通过对学习实例的反复学习来逐渐调整和修改，使神经网络收敛于稳定状态，从而完成学习过程。一个稳定的神经网络就是一个特定的知识表示，可以用于对相应领域问题的求解。

神经网络的学习方法可以分为有教师学习和无教师学习两类。

1. 无教师学习方法

无教师学习的基本思想是，当输入的实例模式进入神经网络后，网络按照预先设定的规则自动调整权值。

常见的无教师学习方法是 Hebb 学习规则，源于心理学家赫布关于生物神经元的学习假设：当两个神经元同时处于兴奋状态时，它们之间的连接应该加强。设 $w_{ij}(k)$表示神经元 i 联结神经元 j 的当前权值，I_i 和 I_j 分别表示神经元 i 和神经元 j 的激活水平，那么关于神经元的 Hebb 学习规则可以表示为

$$w_{ij}(k+1)=w_{ij}(k)+I_iI_j \tag{2-34}$$

图 2.2 所示的人工神经元的 Hebb 学习规则可以表示为

$$w_{ij}(k+1)=w_{ij}(k)+y_iy_j \tag{2-35}$$

2. 有教师的学习方法

有教师学习的基本思想是，对实例 k 的输入，由神经网络根据当前的权值分布

$\boldsymbol{W}(k)$计算网络的输出$\boldsymbol{Y}(\boldsymbol{W},k)$，把$\boldsymbol{Y}(\boldsymbol{W},k)$与实例$k$的期望输出$\boldsymbol{Y}^*(k)$进行比较，根据两者之差的某个函数值来调整网络的权值分布，最终使差的函数值达到最小。

常见的有教师学习方法是梯度下降法，其基本思想是根据实例k的期望值输出$\boldsymbol{Y}^*(k)$与网络计算输出$\boldsymbol{Y}(\boldsymbol{W},k)$误差的平方最小的原则来修改权值分布。

定义误差函数$J(\boldsymbol{W})$为

$$J(\boldsymbol{W})=(\boldsymbol{Y}^*(k)-\boldsymbol{Y}(\boldsymbol{W},k))^2/2 \tag{2-36}$$

梯度下降法就是沿着$J(\boldsymbol{W})$的负梯度方向不断修正$\boldsymbol{W}$的值，直至$J(\boldsymbol{W})$达到最小值。

梯度下降法对权值的修改可以表示为

$$\boldsymbol{W}(k+1)=\boldsymbol{W}(k)+\eta(k)\left(-\frac{\partial J(\boldsymbol{w})}{\partial \boldsymbol{w}}\right)\bigg|_{w=w(k)} \tag{2-37}$$

其中，$\eta(k)$是可变学习率，用以控制权值修改的速度，在学习过程中，$\eta(k)$也可以不变，取成一个常量η，$0<\eta<1$[13,14]。

2.4　聚类分析

聚类分析源于分类学，随着生产技术和科学的发展，人类的认识不断加深，分类越来越细，要求也越来越高，有时仅凭经验和专业知识是不能进行确切分类的，往往需要定性和定量分析结合起来去分类，于是数学工具逐渐被引进分类学中，形成数值分类学。随着多元分析的引进，聚类分析又逐渐从数值分类学中分离出来而形成一个相对独立的分支。

聚类分析可以看做是一种无教师的模式分类方法，在分类时只依赖对象自身具有的属性来区分对象之间的相似程度。目前研究的聚类分析算法中也有一些有学习过程的聚类算法，如半监督、有监督的聚类算法，但通常情况下聚类分析算法都不需要提供预先已知类别信息的样本来训练分类器。聚类分析算法作为一种有效的数据分析方法被广泛应用于数据挖掘、机器学习、图像分割、语音识别、生物信息处理等[15]。从本质来说聚类算法是将总体中的个体进行分类以发现数据中的结构，希望一个类中的个体彼此接近或相似，而与其他类中的个体相异，这样就可以对划分出来的每一类进行深入的分析从而概括出每一类的特点。

通常，聚类分析算法包含特征获取与选择、计算相似度、分组、聚类结果展示四个部分。特征获取与选择就是为了获得能够恰当表示对象属性的数据，并且减少数据的冗余度。计算相似度就是根据对象的特征来计算对象之间的相似程度，在聚类过程中可能一次性的计算所有对象之间的相似度信息，也可能在聚类分析的过程中按需要来计算对象之间的相似度信息，具体的过程要依据所采用的聚类方法而定，主要分为距离测量和关联测量两类。分组就是根据对象之间的相似程度来判断对象之间的类别信息，将类似的对象分组到同一个类中，不相似的对象分组到不同的类中。聚类结果展示可以只是简单的输出对象分组信息，也可以用图形化的方式来展示聚类结果。

聚类分析大致可以归纳为如下方法。

① 系统聚类法。首先将 n 个样品看成 n 类（一类包含一个样品），然后将性质最接近的两类合并成一个新类，我们得到 $n-1$ 类，再从中找出最接近的两类加以合并变成 $n-2$ 类，如此下去，最后所有的样品均在一类，将上述并类过程画成一张图（称为聚类图）便可决定分多少类，每类各有什么样品。

② 模糊聚类法。将模糊数学的思想观点用到聚类分析中产生的方法。该方法多用于定性变量的分类。

③ k-means 法。该方法是一种非谱系聚类法，它是把样品聚集成 k 个类的集合。类的个数 k 可以预先给定或者在聚类的过程中确定。该方法可以应用于比系统聚类法大得多的数据组。

④ 有序样品的聚类。n 个样品按某种原因排成次序，聚成的类必须是次序相邻的样品才能在一类。

⑤ 分解法。它的程序正好和系统聚类相反，首先所有的样品均在一类，然后用某种最优准则将它分为两类，再用同样准则将这两类各自试图分裂为两类，从中选一个是目标函数较好者，这样由两类变成三类。如此下去，一直分裂到每类只有一个样品为止（或用其他停止规则），将上述分裂过程画成图，由图可求得各个类。

⑥ 加入法。将样品依次加入，每次输入后将它放到当前聚类图的应在位置上，全部输入后，即可得到聚类图。

2.4.1 相似性度量

假设每个样品有 p 个指标，因此每个样品可以看做 p 维空间中的一个点，用 x_{ij} 表示第 i 个样品的第 j 个指标。

最常见和最直观的距离为

$$d_{ij}(1)=\sum_{k=1}^{p}|x_{ik}-x_{jk}| \tag{2-38}$$

$$d_{ij}(2)=\sqrt{\sum_{k=1}^{p}(x_{ik}-x_{jk})^2} \tag{2-39}$$

前者称为绝对值距离，后者称为欧氏距离，这两个距离统一为

$$d_{ij}(q)=\left[\sum_{k=1}^{p}(x_{ik}-x_{jk})^q\right]^{\frac{1}{q}} \tag{2-40}$$

它称为明考斯基（Minkowski）距离，当 $q=1$ 和 2 时就是式(2-39)和式(2-40)的两个距离，当 q 趋于无穷时，有

$$d_{ij}(\infty)=\max_{1\leqslant k\leqslant p}|x_{ik}-x_{jk}| \tag{2-41}$$

它称为切比雪夫距离。

$d_{ij}(q)$在实际中用的很多,但是有一些缺点,例如距离的大小与各指标的观测单位有关,它就具有一定的人为性;另一方面,它又没有考虑指标之间的相关性。通常的改进方法有如下两种。

① 当各指标的测量值相差悬殊时,先对数据标准化,然后用标准化的数据计算距离。

令 $\overline{X}_j$,R_j 和 S_j 分别表示第 j 个指标的样本均值、样本极差和样本标准差,即

$$\overline{X}_j=\frac{1}{n}\sum_{i=1}^{n}x_{ij} \tag{2-42}$$

$$R_j=\max_{1\leqslant i\leqslant n}\{x_{ij}\}-\min_{1\leqslant i\leqslant n}\{x_{ij}\} \tag{2-43}$$

$$S_j=\left[\frac{1}{n-1}\sum_{i=1}^{n}(x_{ij}-\overline{X}_j)^2\right]^{\frac{1}{2}} \tag{2-44}$$

则标准化后的数据为

$$x'_{ij}=\frac{x_{ij}-\overline{X}_j}{S_j}\text{或}x^*_{ij}=\frac{x_{ij}-\overline{X}_j}{R_j},\quad i=1,2,\cdots,n,\quad j=1,2,\cdots,p \tag{2-45}$$

当 $x_{ij}>0(i=1,2,\cdots,n;\ j=1,2,\cdots,p)$时,有人采用

$$d_{ij}(\mathrm{LW})=\frac{1}{p}\sum_{k=1}^{p}\frac{|x_{ik}-x_{jk}|}{x_{ik}+x_{jk}} \tag{2-46}$$

它是由兰斯(Lance)和威廉姆斯(Williams)最早提出的,称为兰氏距离。这个距离有助于克服 $d_{ij}(q)$的第一个缺点,但是没有考虑指标间的相关性。

② 另一种改进的距离是马氏距离,即

$$d_{ij}^2(M)=(\boldsymbol{x}_{(i)}-\boldsymbol{x}_{(j)})'\Sigma^{-1}(\boldsymbol{x}_{(i)}-\boldsymbol{x}_{(j)}) \tag{2-47}$$

其中,$\boldsymbol{x}_{(i)}$表示矩阵行向量的转置;Σ 是数据矩阵的协方差矩阵。

可以证明它对一切线性变换是不变的,因此不受指标量纲的影响。

2.4.2 类和类的特征

由于客观事物的千差万别,在不同的问题中类的含义是不尽相同的。下面给出类的几个定义,不同定义适用于不同的场合。

用 G 表示类,设 G 中有 k 个元素,这些元素用 i 和 j 等表示。

定义 2.1　T 为一给定的阈值,如果对任意的 $i,j\in G$,有 $d_{ij}\leqslant T$(d_{ij}为 i 和 j 的距离),则称 G 为一个类。

定义 2.2　对阈值 T，如果对每个 $i\in G$，有

$$\frac{1}{k-1}\sum_{j\in G}d_{ij}\leqslant T \tag{2-48}$$

则称 G 为一个类。

定义 2.3　对阈值 T 和 V，如果

$$\frac{1}{k(k-1)}\sum_{i\in G}\sum_{j\in G}d_{ij}\leqslant T \tag{2-49}$$

$d_{ij}\leqslant V$ 对一切 $i,j\in G$，则称 G 为一个类。

定义 2.4　对阈值 T，若对任意一个 $i\in G$，一定存在 $j\in G$，使得 $d_{ij}\leqslant T$，则称 G 为一个类。

从上述定义可以看出，定义 2.1 的要求是最高的，凡符合它的类，一定也是后三种定义的类。此外，凡符合定义 2.2 的类，也一定是定义 2.3 的类。

现在类 G 的元素用 $\boldsymbol{x}_1,\boldsymbol{x}_2,\cdots,\boldsymbol{x}_m$ 表示，m 为 G 内的样品数（或指标数），可以从不同的角度来刻画 G 的特征，常用的特征有下面三种。

① 均值 $\bar{\boldsymbol{x}}_G$（或称为 G 的重心），即

$$\bar{\boldsymbol{x}}_G=\frac{1}{m}\sum_{i=1}^{m}\boldsymbol{x}_i \tag{2-50}$$

② 样本散布阵及协方差阵，即

$$\boldsymbol{S}_G=\sum_{i=1}^{m}(\boldsymbol{x}_i-\bar{\boldsymbol{x}}_G)(\boldsymbol{x}_i-\bar{\boldsymbol{x}}_G)' \tag{2-51}$$

$$\sum\nolimits_G=\frac{1}{n-1}\boldsymbol{S}_G \tag{2-52}$$

③ G 的直径有多种定义，例如

$$D_G=\sum_{i=1}^{m}(\boldsymbol{x}_i-\bar{\boldsymbol{x}}_G)'(\boldsymbol{x}_i-\bar{\boldsymbol{x}}_G)=\mathrm{tr}(\boldsymbol{S}_G) \tag{2-53}$$

$$D_G=\max_{i,j\in G}d_{ij} \tag{2-54}$$

在聚类分析中，不仅要考虑各个类的特征，而且要计算类与类之间的距离，由于类的形状是多种多样的，所以类与类之间的距离也有多种计算方法。令 G_p 和 G_q 中分别有 k 个和 m 个样品，重心分别为 $\bar{\boldsymbol{x}}_p$ 和 $\bar{\boldsymbol{x}}_q$，距离用 $D(p,q)$ 表示。下面是一些常用的定义。

① 最短距离法，即

$$D_k(p,q)=\min\{d_{jl}\mid j\in G_p,l\in G_q\} \tag{2-55}$$

等于类 G_p 与类 G_q 中最临近的两个样品的距离。

② 最长距离法，即

$$D_k(p,q)=\max\{d_{jl}\mid j\in G_p,l\in G_q\} \tag{2-56}$$

等于类 G_p 与类 G_q 中最远的两个样品的距离。

③ 类平均法，即

$$D_G(p,q)=\frac{1}{LK}\sum_{i\in G_p}\sum_{j\in G_q}d_{ij} \tag{2-57}$$

等于类 G_p 与类 G_q 中任两个样品距离的平均，L 和 K 分别为类 G_p 和类 G_q 中的样品数。

④ 重心法，即

$$D_c(p,q)=d_{\bar{x}_p\bar{x}_q} \tag{2-58}$$

等于两个重心 $\bar{x}_p$ 和 $\bar{x}_q$ 间的距离。

⑤ 离差平方和法。

若采用直径的第一种举例定义方法，用 D_p 和 D_q 分别表示类 G_p 和类 G_q 的直径，用 D_{p+q} 表示大类的 G_{p+q} 的直径，即

$$D_p=\sum_{i\in G_p}(\boldsymbol{x}_i-\bar{\boldsymbol{x}}_p)'(\boldsymbol{x}_i-\bar{\boldsymbol{x}}_p) \tag{2-59}$$

$$D_q=\sum_{i\in G_q}(\boldsymbol{x}_i-\bar{\boldsymbol{x}}_q)'(\boldsymbol{x}_i-\bar{\boldsymbol{x}}_q) \tag{2-60}$$

$$D_{p+q}=\sum_{j\in G_p\cup G_p}(\boldsymbol{x}_j-\bar{\boldsymbol{x}})'(\boldsymbol{x}_j-\bar{\boldsymbol{x}}) \tag{2-61}$$

其中，$\bar{\boldsymbol{x}}=\frac{1}{K+L}\sum_{i\in G_p\cup G_p}\boldsymbol{x}_i$。

用离差平方和法定义 G_p 和 G_q 之间的距离平方为

$$D_w^2(p,q)=D_{p+q}-D_p-D_q \tag{2-62}$$

如果样品间的距离采用欧氏距离，可以证明下式成立，即

$$D_w^2(p,q)=\frac{KL}{K+L}D_c^2(p,q) \tag{2-63}$$

这表明，离差平方和法定义的类间距离 $D_w(p,q)$ 与重心法定义的距离 $D_c(p,q)$ 只差一个常数倍，这个倍数与两类的样品数有关。

2.4.3　常用的聚类分析方法

(1) 系统聚类法

系统聚类法是聚类分析方法中用的最多者，包含下列步骤。

① 计算 n 个样品两两间的距离$\{d_{ii}\}$，记作 $D=(d_{ii})$。

② 构造 n 个类，每个类只包含一个样品。

③ 合并距离最近的两类为一个新类。

④ 计算新类与当前各类的距离。

⑤ 判断类的个数是否等于 1，如果等于 1 进入步骤⑥，否则返回步骤③。

⑥ 画聚类图。

⑦ 决定分类个数和类。

(2) k-means 算法

这种聚类方法的思想是把每个样品聚集到其最近形心（均值）类中去，算法的步骤如下。

① 把样品粗略分成 k 个初始类。

② 进行修改，逐个分配样品到其最近均值的类中去（通常用标准化数据或非标准化数据计算欧氏距离）。重新计算接受新样品的类和失去样品的类的形心（均值）。

③ 重复②，直到各类无元素进出，停止运算。

最终的聚类结果在某种程度上依赖于最初的划分或种子点的选择。为了检验聚类的稳定性，可用一个新的初始分类重新检验整个聚类算法。如果最终分类与原来一样，则不必再行计算；否则，另行考虑聚类算法。

对于预先不固定类数 k 这一点有很大的争论，其中包括以下几点。

① 如果有两个或多个种子点无意中跑到一个类内，则其聚类结果将很难区分。

② 局外干扰的存在将至少产生一个样品非常分散的类。

③ 即使已知总体由 k 个类组成，抽样方法也可能造成属于最稀疏类数据不出现在样本中。强制地把这些数据分成 k 个类会导致无意义的聚类。

(3) k-medoids 算法

k-means 算法对类球形且大小差别不大的类簇有很好的表现，但不能发现形状任意和大小差别很大的类簇，且聚类结果易受噪声数据影响。

k-medoids 算法是为了弥补 k-means 算法对孤立点十分敏感而提出来的。k-medoids 算法和 k-means 算法非常相似，区别于 k-means 算法采用簇中对象的均值作为参照，可能不是实际存在的数据点，而 k-medoids 算法采用簇中位置最中心的对象作为参照。

k-medoids 算法在孤立点处理上明显优于 k-means 算法，鲁棒性好，但是它只适用于小数据集，因为在每一步中找出中心点的计算量很大。为扩大应用范围，提出一些 k-medoids 算法的变异算法，比较典型的有两种：第一种是 clara 算法，主要对数据集中的样本点进行聚类；第二种是 clarans 算法，应用图形结点和随机步长搜索中心点，进而提高了搜索效率。

k-medoids 算法首先利用随机函数产生用于迭代的质心数组，并按照欧氏距离公式求出所给数据到每个簇的质心数组的最小距离并将其加入簇当中，每次迭代之前都会涉及利用簇和质心更新策略来对数据进行更新，最后利用方差准则函数或者定义的迭代标准来结束迭代并将结果输出。算法步骤如下。

输入：聚类个数 k，以及包含 n 个数据对象的数据库。

输出：满足方差最小标准的 k 个聚类。

处理流程如下。

步骤 1，从 n 个数据对象任意选择 k 个对象作为初始聚类中心。

步骤 2，计算对象与各簇的欧氏距离，将每个对象赋给距离最近的簇。

步骤 3，针对每个簇中的所有点，分别计算各点与其他点的距离之和。

步骤 4，距离之和最小的点更新为各簇的中心，即寻找每个簇中最位于中心的点。

步骤 5，循环步骤 2～步骤 4，直到每个簇不再发生变化为止[16-19]。

2.5　主成分分析

为了更全面、准确地反映出事物的特征及其发展规律，人们往往要考虑与其有关系的多个指标，一方面人们为了避免遗漏重要的信息而考虑尽可能多的指标，另一方面随着考虑指标的增多增加了问题的复杂性，同时由于各指标均是对同一事物的反映，不可避免地会造成信息的大量重叠，这种信息的重叠有时甚至会抹杀事物的真正特征与内在规律。因此，人们就希望在定量研究中涉及的变量较少，而得到的信息量又较多。主成分分析正是研究如何通过原来变量的少数几个线性组合来解释原来变量绝大多数信息的一种多元统计方法。

既然研究某一问题涉及的众多变量之间有一定的相关性，就必然存在着起支配作用的共同因素，根据这一点，通过对原始变量相关矩阵或协方差矩阵内部结构关系的研究，利用原始变量的线性组合形成几个综合指标（主成分），在保留原始变量主要信息的前提下起到降维与简化问题的作用，使得在研究复杂问题时更容易抓住主要矛盾。一般来说，利用主成分分析得到的主成分与原始变量之间具有如下基本关系。

① 每一个主成分都是各原始变量的线性组合。

② 主成分的数目大大少于原始变量的数目。

③ 主成分保留了原始变量绝大多数信息。

④ 各主成分之间互不相关。

通过主成分分析，可以从错综复杂的数据关系中找出一些主要成分，从而有效利用大量统计数据进行定量分析，揭示变量之间的内在关系，得到对事物特征及其发展规律的一些深层次的启发，把研究工作引向深入[20,21]。

2.5.1 主成分分析的基本理论

设对某一事物的研究涉及 p 个指标，分别用 $X_1,X_2,\cdots,X_p$ 表示，这 p 个指标构成的 p 维随机向量为 $\boldsymbol{X}=(X_1,X_2,\cdots,X_p)'$。设随机向量 $\boldsymbol{X}$ 的均值为 $\boldsymbol{\mu}$，协方差矩阵为 Σ。

对 $\boldsymbol{X}$ 进行线性变换，可以形成新的综合变量，用 $\boldsymbol{Y}$ 表示，即

$$\begin{cases}Y_1=u_{11}X_1+u_{12}X_2+\cdots+u_{1p}X_p\\Y_2=u_{21}X_1+u_{22}X_2+\cdots+u_{2p}X_p\\\cdots\\Y_p=u_{p1}X_1+u_{p2}X_2+\cdots+u_{pp}X_p\end{cases}\tag{2-64}$$

由于可以任意地对原始变量进行上述线性变换，由不同的线性变换得到的综合变量 $\boldsymbol{Y}$ 的统计特性也不尽相同。为了取得较好的效果，总是希望 $Y_i=\boldsymbol{u}_i'\boldsymbol{X}$ 的方差尽可能大且各 Y_i 之间互相独立，由于

$$\text{var}(Y_i)=\text{var}(\boldsymbol{u}_i'\boldsymbol{X})=\boldsymbol{u}_i'\Sigma\boldsymbol{u}_i$$

而对任给的常数 c，有

$$\text{var}(c\boldsymbol{u}_i'\boldsymbol{X})=c\boldsymbol{u}_i'\Sigma\boldsymbol{u}_i c=c^2\boldsymbol{u}_i'\Sigma\boldsymbol{u}_i$$

因此，对 $\boldsymbol{u}_i$ 不加限制时，可使 $\text{var}(Y_i)$ 任意增大，问题将变得没有意义。可以将线性变换约束在下面的原则之下。

① $\boldsymbol{u}_i'\boldsymbol{u}_i=1$，即 $u_{i1}^2+u_{i2}^2+\cdots+u_{ip}^2=1,(i=1,2,\cdots,p)$。

② Y_i 与 Y_j 相互无关($i\neq j$; $i,j=1,2,\cdots,p$)。

③ Y_1 是 $X_1,X_2,\cdots,X_p$ 的一切满足原则①的线性组合中方差最大者；Y_2 是与 Y_1 不相关的 $X_1,X_2,\cdots,X_p$ 所有线性组合中方差最大者；…；Y_p 是与 $Y_1,Y_2,\cdots,Y_{p-1}$ 都不相关的 $X_1,X_2,\cdots,X_p$ 的所有线性组合中方差最大者。

基于以上三条原则决定的综合变量 $Y_1,Y_2,\cdots,Y_p$ 分别称为原始变量的第1、第2、…、第 p 个主成分。其中，各综合变量在总方差中占的比重依次递减，在实际研究工作中，通常只挑选前几个方差最大的主成分，从而达到简化系统结构，抓住问题实质的目的。

2.5.2 总体主成分及其性质

求解主成分的过程就是求满足上述三条原则的原始变量 $X_1,X_2,\cdots,X_p$ 的线性组合的过程。本节先从总体出发，介绍求解主成分的一般方法及主成分的性质，然后介绍样本主成分的导出。

1. 总体主成分

主成分分析的基本思想就是在保留原始变量尽可能多的信息前提下达到降维的目的,从而简化问题的复杂性。对于随机变量 $X_1, X_2, \cdots, X_p$,其协方差矩阵或相关矩阵正是对各变量离散程度与变量之间的相关程度信息的反映,而相关矩阵不过是将原始变量标准化后的协方差矩阵。所谓保留原始变量尽可能多的信息,就是指生成的较少综合变量(主成分)的方差和尽可能接近原始变量方差的总和。因此,在实际求解主成分的时候,总是从原始变量的协方差矩阵或相关矩阵的结构分析入手。一般来说,从原始变量的协方差矩阵出发求得的主成分与从原始变量的相关矩阵出发求得的主成分是不同的。下面分别就协方差矩阵与相关矩阵进行讨论。

(1) 从协方差矩阵出发求解主成分

引论 2.1　设矩阵 $\boldsymbol{A}'=\boldsymbol{A}$,将 $\boldsymbol{A}$ 的特征值 $\lambda_1, \lambda_2, \cdots, \lambda_n$ 依大小顺序排列,不妨设 $\lambda_1 \geqslant \lambda_2 \geqslant \cdots \geqslant \lambda_n$, $\gamma_1, \gamma_2, \cdots, \gamma_p$ 为 $\boldsymbol{A}$ 矩阵各特征值对应的标准正交特征向量,则对任意向量,有

$$\max_{x\neq 0}\frac{\boldsymbol{x}'\boldsymbol{A}\boldsymbol{x}}{\boldsymbol{x}'\boldsymbol{x}}=\lambda_1, \quad \min_{x\neq 0}\frac{\boldsymbol{x}'\boldsymbol{A}\boldsymbol{x}}{\boldsymbol{x}'\boldsymbol{x}}=\lambda_n \tag{2-65}$$

证明　对 $\boldsymbol{A}$ 与单位阵 $\boldsymbol{I}$ 进行谱分解,可以写成下面的式子,即

$$\boldsymbol{A}=\sum_{i=1}^{n}\lambda_i\gamma_i\gamma_i'$$

$$\boldsymbol{I}=\sum_{i=1}^{n}\gamma_i\gamma_i'$$

而对任意向量 $\boldsymbol{x}$,有 $\boldsymbol{x}=\sum_{i=1}^{n}a_i\gamma_i$。

于是有

$$\frac{\boldsymbol{x}'\boldsymbol{A}\boldsymbol{x}}{\boldsymbol{x}'\boldsymbol{x}}=\frac{\sum_{i=1}^{n}\lambda_i a_i^2}{\sum_{i=1}^{n}a_i^2}$$

自然有

$$\max_{x\neq 0}\frac{\boldsymbol{x}'\boldsymbol{A}\boldsymbol{x}}{\boldsymbol{x}'\boldsymbol{x}}=\max_{x\neq 0}\frac{\sum_{i=1}^{n}\lambda_i a_i^2}{\sum_{i=1}^{n}a_i^2}\leqslant\frac{\lambda_1\sum_{i=1}^{n}a_i^2}{\sum_{i=1}^{n}a_i^2}=\lambda_1$$

$$\min_{x\neq 0}\frac{\boldsymbol{x}'\boldsymbol{A}\boldsymbol{x}}{\boldsymbol{x}'\boldsymbol{x}}=\min_{x\neq 0}\frac{\sum_{i=1}^{n}\lambda_i a_i^2}{\sum_{i=1}^{n}a_i^2}\geqslant\frac{\lambda_n\sum_{i=1}^{n}a_i^2}{\sum_{i=1}^{n}a_i^2}=\lambda_n$$

类似的,可以得出

$$\max_{\substack{x\neq 0\\ x'\gamma_i=0\\ i=1,2,\cdots,k}}\frac{\boldsymbol{x}'\boldsymbol{A}\boldsymbol{x}}{\boldsymbol{x}'\boldsymbol{x}}=\lambda_{k+1},\qquad \min_{\substack{x\neq 0\\ x'\gamma_i=0\\ i=1,2,\cdots,k}}\frac{\boldsymbol{x}'\boldsymbol{A}\boldsymbol{x}}{\boldsymbol{x}'\boldsymbol{x}}=\lambda_n$$

结论　设随机向量 $\boldsymbol{X}=(X_1,X_2,\cdots,X_p)'$ 的协方差矩阵为 Σ,$\lambda_1\geqslant\lambda_2\geqslant\cdots\geqslant\lambda_p$ 为 Σ 的特征值,$\gamma_1,\gamma_2,\cdots,\gamma_n$ 为矩阵 $\boldsymbol{A}$ 各特征值对应的标准正交特征向量,则第 i 个成分为

$$Y_i=\gamma_{1i}X_1+\gamma_{2i}X_2+\cdots+\gamma_{pi}X_p,\quad i=1,2,\cdots,p$$

此时

$$\mathrm{var}(Y_i)=\gamma_i{}'\Sigma\gamma_i=\lambda_i$$
$$\mathrm{cov}(Y_i,Y_j)=\gamma_i{}'\Sigma\gamma_j=0,\quad i\neq j \tag{2-66}$$

证明　由引论知,对于任意常向量 $\boldsymbol{u}$,有

$$\max_{u\neq 0}\frac{\boldsymbol{u}'\Sigma\boldsymbol{u}}{\boldsymbol{u}'\boldsymbol{u}}=\lambda_1$$

又 γ_i 为标准正交特征向量,于是 $\gamma_i{}'\gamma_j=\begin{cases}1,i=j\\0,i\neq j\end{cases}$,$\gamma_i{}'\sum\gamma_i=\sum_{k=1}^{p}\lambda_k\gamma_i{}'\gamma_k\gamma_k{}'\gamma_i=\lambda_i$。

令 $\boldsymbol{u}_i=\gamma_i$,则有

$$\max_{u\neq 0}\frac{\boldsymbol{u}'\Sigma\boldsymbol{u}}{\boldsymbol{u}'\boldsymbol{u}}=\lambda_1=\frac{\gamma_1{}'\Sigma\gamma_1}{\gamma_1{}'\gamma_1}=\mathrm{var}(Y_1)$$

类似的,有

$$\max_{\substack{u\neq 0\\ u'\gamma_i=0\\ i=1,2,\cdots,k}}\frac{\boldsymbol{u}'\Sigma\boldsymbol{u}}{\boldsymbol{u}'\boldsymbol{u}}=\lambda_{k+1}=\frac{\gamma_{k+1}{}'\Sigma\gamma_{k+1}}{\gamma_{k+1}{}'\gamma_{k+1}}=\mathrm{var}(Y_{k+1})$$

$$\mathrm{cov}(Y_i,Y_j)=\gamma_i{}'\sum\gamma_j=\sum_{k=1}^{p}\lambda_k\gamma_i{}'\gamma_k\gamma_k{}'\gamma_j=\lambda_i\sigma_{ij}=0$$

根据以上结论,把 $X_1,X_2,\cdots,X_p$ 的协方差矩阵 Σ 的非零特征值 $\lambda_1\geqslant\lambda_2\geqslant\cdots\geqslant\lambda_p>0$ 对应的标准化特征向量 $\gamma_1,\gamma_2,\cdots,\gamma_p$ 分别作为系数向量,$Y_1=\gamma_1{}'\boldsymbol{X}$,$Y_2=\gamma_2{}'\boldsymbol{X}$,$\cdots$,$Y_p=\gamma_p{}'\boldsymbol{X}$ 分别称为随机向量 $\boldsymbol{X}$ 的第 1 主成分,第 2 主成分,…,第 p 主成分。Y 的分量 $Y_1,Y_2,\cdots,Y_p$ 依次是 $\boldsymbol{X}$ 的第 1 主成分,第 2 主成分,…,第 p 主成分的充分必要条件如下。

① $\boldsymbol{Y}=\boldsymbol{u}'\boldsymbol{X}$,$\boldsymbol{u}'\boldsymbol{u}=\boldsymbol{I}$,即 $\boldsymbol{u}$ 为 p 阶正交阵。

② $\boldsymbol{Y}$ 的分量之间互不相关。

③ $\boldsymbol{Y}$ 的 p 个分量是按方差由大到小排列。

于是随机向量 $\boldsymbol{X}$ 与随机向量 $\boldsymbol{Y}$ 之间存在下面的关系式,即

$$\boldsymbol{Y}=\boldsymbol{u}'\boldsymbol{X}=\begin{bmatrix}\boldsymbol{u}_1{}'\\\boldsymbol{u}_2{}'\\\vdots\\\boldsymbol{u}_p{}'\end{bmatrix}\cdot\boldsymbol{X}=\begin{bmatrix}u_{11}&u_{12}&\cdots&u_{1p}\\u_{21}&u_{22}&\cdots&u_{2p}\\\vdots&\vdots&&\vdots\\u_{p1}&u_{p2}&\cdots&u_{pp}\end{bmatrix}\begin{bmatrix}X_1\\X_2\\\vdots\\X_p\end{bmatrix}=\begin{bmatrix}\gamma_1{}'\\\gamma_2{}'\\\vdots\\\gamma_p{}'\end{bmatrix}\begin{bmatrix}X_1\\X_2\\\vdots\\X_p\end{bmatrix}\tag{2-67}$$

无论 Σ 的各特征根是否存在相等的情况,对应的标准化特征向量 $\gamma_1,\gamma_2,\cdots,\gamma_p$ 总是存在的,总可以找到对应各特征根的彼此正交的特征向量。这样,求主成分的问题就变成了求特征根与特征向量的问题。

(2) 主成分的性质

性质 2.1 $\boldsymbol{Y}$ 的协方差阵为对角阵 Λ。

这一性质可由上述结论容易得到,证明略。

性质 2.2 记 $\Sigma=(\sigma_{ij})_{p\times p}$,有 $\sum_{i=1}^{p}\lambda_i=\sum_{i=1}^{p}\sigma_{ii}$。

证明 记 $\boldsymbol{P}=(\gamma_1,\gamma_2,\cdots,\gamma_p)$则有 $\Sigma=\boldsymbol{P}\Lambda\boldsymbol{P}'$,于是有

$$\sum_{i=1}^{p}\sigma_{ii}=\mathrm{tr}(\Sigma)=\mathrm{tr}(\boldsymbol{P}\Lambda\boldsymbol{P}')=\mathrm{tr}(\Lambda\boldsymbol{P}'\boldsymbol{P})=\mathrm{tr}(\Lambda)=\sum_{i=1}^{p}\lambda_i$$

定义 2.5 称 $\alpha_k=\dfrac{\lambda_k}{\lambda_1+\lambda_2+\cdots+\lambda_p}$,$k=1,2,\cdots,p$ 为第 k 个主成分 Y_k 的方差贡献率,称 $\dfrac{\sum_{i=1}^{m}\lambda_i}{\sum_{i=1}^{p}\lambda_i}$ 为主成分 $Y_1,Y_2,\cdots,Y_m$ 的累积贡献率。

由此可知,主成分分析是把个 p 随机变量的总方差 $\sum_{i=1}^{p}\sigma_{ii}$ 分解为 p 个不相关的随机变量的方差之和,使第一主成分的方差达到最大,第一主成分是以变化最大的方向向量各分量为系数的原始变量的线性函数,最大方差为 λ_1。$\alpha_1=\dfrac{\lambda_1}{\sum\lambda_i}$ 表明 λ_1 的方差在全部方差中的比值,称 α_1 为第一主成分的贡献率。这个值越大,表明 $\boldsymbol{Y}_1=\boldsymbol{u}_1{}'\boldsymbol{X}$ 综合 $X_1,X_2,\cdots,X_p$ 信息的能力越强,即由 $\boldsymbol{u}_1{}'\boldsymbol{X}$ 的差异来解释随机向量 $\boldsymbol{X}$ 的差异的能力越强。进而我们就更清楚为什么主成分的名次是按特征根 $\lambda_1,\lambda_2,\cdots,\lambda_p$ 取值的大小排序的。

进行主成分分析的目的之一是为了减少变量的个数,所以一般不会取 p 个主成分,而是取 $m<p$ 个主成分,通常以所取 m 使得累积贡献率达到 85%以上为宜,即

$$\frac{\sum_{i=1}^{m}\lambda_i}{\sum_{i=1}^{p}\lambda_i} \geqslant 85\% \tag{2-68}$$

这样,既能损失较少信息,又达到减少变量、简化问题的目的。另外,选取主成分还可以根据特征值的变化来确定。图 2.8 为 SPSS 统计软件生成的碎石图。

由图 2.8 可知,第二个及第三个特征值变化的趋势已经开始趋于平稳,因此取前两个或是前三个主成分是比较合适的。这种方法确定的主成分个数与按累积贡献率确定的主成分个数往往是一致的。在实际应用中,也可保留特征值大于 1 的那些主成分,但这种方法缺乏完善的理论支持。在大多数情况下,当 $m=3$ 时即可使所选主成分保持信息总量的比重达到 85%以上。

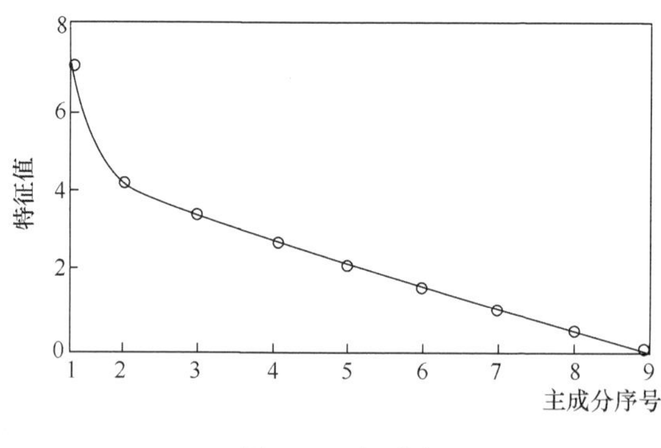

图 2.8 碎石图

定义 2.6 第 k 个主成分 Y_k 与原始变量 X_i 的相关系数 $\rho(Y_k, X_i)$ 称作因子负荷量。

因子负荷量是主成分解释中非常重要的解释依据,因子负荷量的绝对值大小表明了该主成分的主要意义及其成因。由下面的性质可以看到因子负荷量与系数向量成正比。

性质 2.3 $\rho(Y_k, X_i)=\boldsymbol{u}_{ki}\sqrt{\lambda_k}/\sqrt{\sigma_{ii}}, \quad k,i=1,2,\cdots,p$ (2-69)

证明 $\sqrt{\operatorname{var}(Y_k)}=\sqrt{\lambda_k} \quad \sqrt{\operatorname{var}(X_i)}=\sqrt{\sigma_{ii}}$

令 $\boldsymbol{e}_i=(0,\cdots,0,1,0,\cdots,0)'$ 为单位向量,则 $X_i=\boldsymbol{e}_i'\boldsymbol{X}$。又 $Y_k=\boldsymbol{u}_k'\boldsymbol{X}$,于是 $\operatorname{cov}(Y_k, X_i)=\operatorname{cov}(\boldsymbol{u}_k'\boldsymbol{X}, \boldsymbol{e}_i'\boldsymbol{X})=\boldsymbol{e}_i'D(\boldsymbol{X})\boldsymbol{u}_k=\boldsymbol{e}_i'\Sigma\boldsymbol{u}_k=\lambda_k\boldsymbol{e}_i'\boldsymbol{u}_k=\lambda_k\boldsymbol{u}_{ki}$。于是

$$\rho(Y_k, X_i)=\frac{\operatorname{cov}(Y_k, X_i)}{\sqrt{\operatorname{var}(Y_k)}\sqrt{\operatorname{var}(X_i)}}=\frac{\boldsymbol{u}_{ki}\sqrt{\lambda_k}}{\sqrt{\sigma_{ii}}}。$$

由性质 2.3 知因子负荷量 $\rho(Y_k, X_i)$ 与向量系数 $\boldsymbol{u}_{ki}$ 成正比,与 X_i 的标准差成反比关系,因此不能将因子负荷量与系数向量混为一谈。在解释主成分的成因或

是第 i 个变量对第 k 个主成分的重要性时，应当根据因子负荷量而不能仅仅根据 Y_k 与 X_i 的变换系数 $\boldsymbol{u}_{ki}$。

性质 2.4　$$\sum_{i=1}^{p}\rho^2(Y_k,X_i)\sigma_{ii}=\lambda_k \tag{2-70}$$

性质 2.5　$$\sum_{i=1}^{p}\rho^2(Y_k,X_i)=\frac{1}{\sigma_{ii}}\sum_{i=1}^{p}\lambda_k u_{ki}^2=1 \tag{2-71}$$

证明　因为 $\boldsymbol{Y}$ 向量是随机向量 $\boldsymbol{X}$ 的线性组合，因此 X_i 也可以精确表示成 Y_1，$Y_2,\cdots,Y_p$ 的线性组合。由回归分析可知，X_i 与 $Y_1,Y_2,\cdots,Y_p$ 的全相关系数的平方和等于 1，因为 $Y_1,Y_2,\cdots,Y_p$ 之间互不相关，所以 X_i 与 $Y_1,Y_2,\cdots,Y_p$ 的全相关系数的平方和也就是 $\sum_{i=1}^{p}\rho^2(Y_k,X_i)$，因此性质成立。

定义 2.7　X_i 与前 m 个主成分 $Y_1,Y_2,\cdots,Y_m$ 的全相关系数平方和称为 Y_1，$Y_2,\cdots,Y_m$ 对原始变量 X_i 的方差贡献率 v_i，即

$$v_i=\frac{1}{\sigma_{ii}}\sum_{k=1}^{m}\lambda_k u_{ki}^2,\quad i=1,2,\cdots,p \tag{2-72}$$

这一定义说明了前 m 个主成分提取了原始变量 X_i 中 v_i 的信息，由此可以判断提取的主成分说明原始的能力。

(3) 从相关矩阵出发求解主成分

考虑如下的数学变换，即

$$Z_i=\frac{X_i-\mu_i}{\sqrt{\sigma_{ii}}},\quad i=1,2,\cdots,p$$

其中，μ_i 与 σ_{ii} 分别表示变量 X_i 的期望与方差。

于是有

$$E(Z_i)=0,\quad \operatorname{var}(Z_i)=1$$

令

$$\sum^{1/2}=\begin{bmatrix}\sqrt{\sigma_{11}} & 0 & \cdots & 0\\ 0 & \sqrt{\sigma_{22}} & \cdots & 0\\ \vdots & \vdots & & \vdots\\ 0 & 0 & \cdots & \sqrt{\sigma_{pp}}\end{bmatrix}$$

于是，对原始变量 $\boldsymbol{X}$ 进行标准化，有

$$\boldsymbol{Z}=\left(\sum^{1/2}\right)^{-1}(\boldsymbol{X}-\boldsymbol{\mu})$$

经过上述标准化后，显然有

$$E(\boldsymbol{Z})=\boldsymbol{0}$$

$$\mathrm{cov}(\boldsymbol{Z}) = (\sum^{1/2})^{-1}\sum(\sum^{1/2})^{-1} = \begin{bmatrix} 1 & \rho_{12} & \cdots & \rho_{1p} \\ \rho_{12} & 1 & \cdots & \rho_{2p} \\ \vdots & \vdots & & \vdots \\ \rho_{1p} & \rho_{2p} & \cdots & 1 \end{bmatrix} = \boldsymbol{R}$$

从上述变换过程可以看出，原始变量 $X_1,X_2,\cdots,X_p$ 的相关阵实际上就是对原始变量标准化后的协方差矩阵，因此由相关矩阵求主成分的过程与主成分个数的确定准则实际上是与由协方差矩阵出发求主成分的过程与主成分个数的确定准则是相一致的，此处不再赘述。仍用 λ_i 和 γ_i 分别表示相关阵 $\boldsymbol{R}$ 的特征值与对应的标准正交特征向量，此时求得的主成分与原始变量的关系式为

$$Y_i = \gamma_i'\boldsymbol{Z} = \gamma_i'(\sum^{1/2})^{-1}(\boldsymbol{X}-\boldsymbol{\mu}),\quad i = 1,2,\cdots,p \tag{2-73}$$

（4）由相关阵求主成分时主成分性质的简单形式

由相关阵出发求得的主成分依然具有上面所述的各种性质，不同的是在形式上要简单，这是由相关阵 $\boldsymbol{\rho}$ 的特性决定的。这里将由相关阵得到的主成分的性质总结如下。

① $\boldsymbol{Y}$ 的协方差矩阵为对角阵 Λ。

② $\sum\limits_{i=1}^{p}\mathrm{var}(Y_i) = \mathrm{tr}(\Lambda) = \mathrm{tr}(\boldsymbol{\rho}) = p = \sum\limits_{i=1}^{p}\mathrm{var}(Z_i)$。

③ 第 k 个主成分的方差占总方差的比例，即第 k 个主成分的方差贡献率为 $\alpha_k=\lambda_k/p$，前 m 个主成分的累积方差贡献率为 $\sum\limits_{i=1}^{m}\lambda_i/p$。

④ $\rho(Y_k,Z_i)=\boldsymbol{u}_{ki}\sqrt{\lambda_k}$。

注意到 $\mathrm{var}(Z_i)=1$，且 $\mathrm{tr}(\boldsymbol{R})=p$，结合前面从协方差矩阵出发求主成分部分对主成分性质的说明，可以很容易得出上述性质。虽然主成分的性质在这里有更简单的形式，但应注意其实质与前面的结论并没有区别。需要注意的一点是判断主成分的成因或是原始变量（这里原始变量指的是标准化以后的随机向量 $\boldsymbol{Z}$）对主成分的重要性有更简单的方法，因为由上面第④条知这里因子负荷量仅依赖于由 $\boldsymbol{Z}$ 到 Y_k 的转换向量系数 $\boldsymbol{u}_{ki}$（因为对不同的 Z_i，因子负荷量表达式的后半部分 $\sqrt{\lambda_k}$ 是固定的）。

2.5.3　样本主成分的导出

在实际研究工作中，总体协方差阵 Σ 与相关阵 $\boldsymbol{R}$ 通常是未知的，需要通过样本数据来估计。设有 n 个样品，每个样品有 p 个指标，这样共得到 np 个数据，原始资料矩阵为

$$\boldsymbol{X}=\begin{bmatrix} x_{11} & x_{12} & \cdots & x_{1p} \\ x_{21} & x_{22} & \cdots & x_{2p} \\ \vdots & \vdots & & \vdots \\ x_{n1} & x_{n2} & \cdots & x_{np} \end{bmatrix}$$

记

$$\boldsymbol{S}=\frac{1}{n-1}\sum_{k=1}^{n}(x_{ki}-\overline{x}_i)(x_{ki}-\overline{x}_i)'$$

$$\overline{x}_i=\frac{1}{n}\sum_{k=1}^{n}x_{ki},\quad i=1,2,\cdots,p$$

$$\boldsymbol{R}=(r_{ij})_{p\times p},\quad r_{ij}=\frac{S_{ij}}{\sqrt{S_{ii}S_{jj}}}$$

其中，$\boldsymbol{S}$ 为样本协方差矩阵，作为总体协方差阵 Σ 的无偏估计；$\boldsymbol{R}$ 是样本相关矩阵，为总体相关矩阵的估计。

由前面讨论可知，若原始资料阵 $\boldsymbol{X}$ 是经过标准化处理的，则由矩阵 $\boldsymbol{X}$ 求得的协方差阵就是相关矩阵，即 $\boldsymbol{S}$ 与 $\boldsymbol{R}$ 完全相同。因为由协方差矩阵求解主成分的过程与同相关矩阵出发求解主成分的过程是一致的，下面仅介绍由相关阵 $\boldsymbol{R}$ 出发求解主成分。

根据总体主成分的定义，主成分 $\boldsymbol{Y}$ 的协方差为

$$\mathrm{cov}(\boldsymbol{Y})=\boldsymbol{u}'\mathrm{cov}(\boldsymbol{X})\boldsymbol{u}=\boldsymbol{u}\Sigma\boldsymbol{u}'=\boldsymbol{\Lambda}$$

其中，$\boldsymbol{\Lambda}$ 为对角阵，即

$$\boldsymbol{\Lambda}=\begin{bmatrix}\lambda_1 & 0 & 0 & \cdots & 0\\ 0 & \lambda_2 & 0 & \cdots & 0\\ 0 & 0 & \lambda_3 & \cdots & 0\\ \vdots & \vdots & \vdots & & \vdots\\ 0 & 0 & 0 & \cdots & \lambda_p\end{bmatrix}$$

假定资料矩阵 $\boldsymbol{X}$ 为已标准化后的数据矩阵，则可由相关矩阵代替协方差矩阵，于是上式可以表示为

$$\boldsymbol{uRu}'=\boldsymbol{\Lambda}$$

用 $\boldsymbol{u}'$ 左乘上式，得

$$\boldsymbol{Ru}'=\boldsymbol{u}'\boldsymbol{\Lambda}$$

即

$$\begin{bmatrix}r_{11} & r_{12} & \cdots & r_{1p}\\ r_{21} & r_{22} & \cdots & r_{2p}\\ \vdots & \vdots & & \vdots\\ r_{p1} & r_{p2} & \cdots & r_{pp}\end{bmatrix}\begin{bmatrix}u_{11} & u_{12} & \cdots & u_{1p}\\ u_{21} & u_{22} & \cdots & u_{2p}\\ \vdots & \vdots & & \vdots\\ u_{p1} & u_{p2} & \cdots & u_{pp}\end{bmatrix}$$

$$=\begin{bmatrix}u_{11} & u_{12} & \cdots & u_{1p}\\ u_{21} & u_{22} & \cdots & u_{2p}\\ \vdots & \vdots & & \vdots\\ u_{p1} & u_{p2} & \cdots & u_{pp}\end{bmatrix}\begin{bmatrix}\lambda_1 & & & \\ & \lambda_2 & 0 & \\ & & \ddots & \\ & 0 & & \lambda_p\end{bmatrix}$$

把上式全部展开得到 p^2 个方程，这里只考虑在矩阵乘积中由第一列得出的 p 个方程，即

$$\begin{cases}r_{11}u_{11}+r_{12}u_{12}+\cdots+r_{1p}u_{1p}=u_{11}\lambda_1\\ r_{21}u_{11}+r_{22}u_{12}+\cdots+r_{2p}u_{1p}=u_{12}\lambda_1\\ \cdots\\ r_{p1}u_{11}+r_{p2}u_{12}+\cdots+r_{pp}u_{1p}=u_{1p}\lambda_1\end{cases}$$

整理得到

$$\begin{cases}(r_{11}-\lambda_1)u_{11}+r_{12}u_{12}+\cdots+r_{1p}u_{1p}=0\\ r_{21}u_{11}+(r_{22}-\lambda_1)u_{12}+\cdots+r_{2p}u_{1p}=0\\ \cdots\\ r_{p1}u_{11}+r_{p2}u_{12}+\cdots+(r_{pp}-\lambda_1)u_{1p}=0\end{cases}$$

为了得到上面齐次方程的非零解，根据线性方程组的理论知，要求系数矩阵行列式为 0，即

$$\begin{vmatrix}r_{11}-\lambda_1 & r_{12} & \cdots & r_{1p}\\ r_{21} & r_{22}-\lambda_1 & \cdots & r_{2p}\\ \vdots & \vdots & & \vdots\\ r_{p1} & r_{p2} & \cdots & r_{pp}-\lambda_1\end{vmatrix}=0$$

即 $|\boldsymbol{R}-\lambda\boldsymbol{I}|=0$。

对于 $\lambda_2,\lambda_3,\cdots,\lambda_p$ 也可以得到完全类似的方程，于是所求新的综合变量（主成分）的方差 $\lambda_i(i=1,2,\cdots,p)$ 是 $|\boldsymbol{R}-\lambda\boldsymbol{I}|=0$ 的 p 个根，λ 为相关矩阵的特征值，相应的各个 u_{ij} 是其特征向量的分量。

因为 $\boldsymbol{R}$ 为正定矩阵，所以其特征根都是非负实数，将它们依大小顺序排列 $\lambda_1\geqslant\lambda_2\geqslant\cdots\geqslant\lambda_p\geqslant0$，其相应的特征向量记为 $\gamma_1,\gamma_2,\cdots,\gamma_p$，则相对于 Y_1 的方差为

$$\mathrm{var}(Y_1)=\mathrm{var}(\gamma_1{}'\boldsymbol{X})=\lambda_1$$

同理，有 $\mathrm{var}(Y_i)=\mathrm{var}(\gamma_i{}'\boldsymbol{X})=\lambda_i$，即对于 Y_1 有最大方差，Y_2 有次大方差，……，且协方差为

$$\begin{aligned}\mathrm{cov}(Y_i,Y_j)&=\mathrm{cov}(\gamma_i{}'X,\gamma_j{}'X)\\ &=\gamma_i{}'\boldsymbol{R}\gamma_j{}'\\ &=\gamma_i{}'\Big(\sum_{\alpha=1}^{p}\lambda_\alpha\gamma_\alpha\gamma_\alpha{}'\Big)\gamma_j\\ &=\sum_{\alpha=1}^{p}\lambda_\alpha(\gamma_i{}'\gamma_\alpha)(\gamma_\alpha{}'\gamma_j)=0,\quad i\neq j\end{aligned}$$

由此可知，新的综合变量（主成分）$Y_1,Y_2,\cdots,Y_p$ 彼此不相关，并且 Y_i 的方差为 λ_i，则 $Y_1=\gamma_1{}'\boldsymbol{X},Y_2=\gamma_2{}'\boldsymbol{X},\cdots,Y_p=\gamma_p{}'\boldsymbol{X}$ 分别称为第 1，第 2，……，第 p 个主成分。由上述求主成分的过程可知，主成分在几何图形中的方向实际上就是 $\boldsymbol{R}$ 的特征向量的方向，主成分的方差贡献等于 $\boldsymbol{R}$ 的相应特征值。这样，利用样本数据求解主成分的过程实际上就转化为求相关阵或协方差阵的特征值和特征向量的过程。

2.5.4 主成分分析步骤及框图

由上面讨论可知主成分分析的步骤,可以归纳如下。

① 根据研究问题选取初始分析变量。

② 根据初始变量特性判断由协方差阵求主成分还是由相关阵求主成分。

③ 求协差阵或相关阵的特征根与相应标准特征向量。

④ 判断是否存在明显的多重共线性,若存在,则回到第 1 步。

⑤ 得到主成分的表达式并确定主成分个数,选取主成分。

⑥ 结合主成分对研究问题进行分析并深入研究。

主成分分析的逻辑框图如图 2.9 所示[17,19,22]。

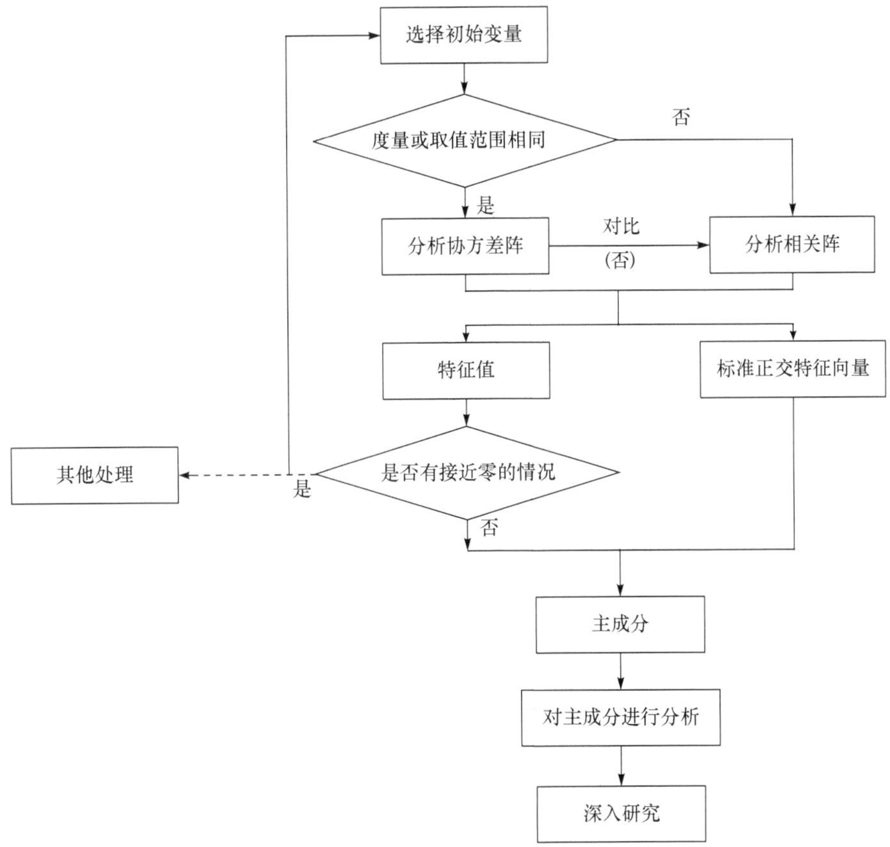

图 2.9 主成分分析的逻辑框图

2.6 证据理论

证据理论也称为Dempster-Shafer(D-S)证据理论或证据推理。证据理论是从Dempster 1967年所做的多值映射的研究中进一步发展而来的,Dempster的研究中导出了上概率和下概率的概念,因此可以用一个概率范围去模拟不确定性。1976年,Shafer在*A Mathematical Theory of Evidence*中对Dempster的工作进行了重新的解释和更深入的研究,建立了命题和集合之间的一一对应关系,并将他的解释称为关于证据的数学理论,因此他的研究也被称为证据理论或证据推理。证据理论提出以来被广泛用于不确定、不精确等信息的表示及处理。证据理论可以看做是一种广义概率论,其基础是关于证据的合并和信任函数的更新[23]。

证据处理是人的一项智能活动,人们根据观察到的不确定性信息最终做出推理的过程。证据理论使用信任函数、似然函数等概念来表示不确定性、未知不明等认知方面的重要概念,更加接近人们根据证据做出推理方面的思维习惯。

在证据理论中,根据证据为一个命题赋予一个信任值,然后根据各命题得到的信任值来进行决策,因此证据理论可以说是根据证据做出决策的理论。因此,证据理论可以用于解决决策领域中存在的问题。

在实际应用中遇到的一个问题就是证据从何而来。Shafer曾指出:在证据理论中,证据指的是对问题所做的观察和研究的结果。因此,决策者的经验、知识,以及他对问题的观察研究都是做决策的证据。根据这些证据,可以在决策框架上产生一个信任函数。但是,一个人的知识、经验等是有限的,因此决策者根据自己的经验和知识(即证据)做出的决策也是有局限性的。为了克服这种局限性,可以向专家咨询,利用专家的知识和经验来做出决策。证据合成规则为综合多个专家的意见提供了有力的工具。证据理论中的基本合成规则是Dempster合成规则。

假设决策者向多位专家进行咨询,那么就可以根据多批证据在决策框架上得到多个基本信任分配。根据证据合成规则可以求出多个基本信任分配的正交和,最终得到一个决策结果。该决策结果综合了多个专家的经验和知识,反映了多个专家的意见和建议,因此这种决策具有更强的科学性,可以作为最后的决策结果。如果认为该结果不合理,那么可以再向其他的专家进行咨询,再将新增专家的意见加到原来的专家意见中去,得出综合所有专家意见的决策结果,因此证据理论的决策方法为专家集体决策提供了可能[24-26]。

实际上,Shafer对于人们根据证据进行推理的解释是人们根据不同的观察对不同的命题赋予权值的一种方法。Shafer的解释可以用图2.10进行表示。

图2.10表示的是人可以对证据加以分析,根据证据可以得到希望赋予命题的信任值,即人们对证据进行分析后会得到证据对命题的一个支持度。

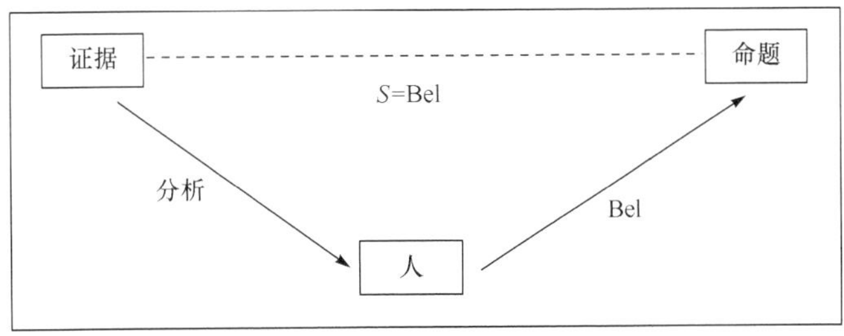

图 2.10　证据、命题与人之间的关系

2.6.1　D-S 证据理论概述

D-S 方法与其他方法的区别在于具有两个值，即对每个命题指派两个不确定性度量(类似但不等于概率)；存在一个证据属于一个命题的不确定性测度，使得这个命题似乎可能成立，但使用这个证据又不直接支持或拒绝它。

设 Ω 是样本空间，Ω 由一组互不相容的陈述集合组的幂集 2^{Ω} 构成命题集合。

定义 2.8　基本概率分配函数 M

设函数 M 是满足下列条件的映射，即

$$M: 2^{\Omega} \longrightarrow [0,1]$$

① 不可能事件的基本概率是 0，即 $M(\Phi)=0$。

② 2^{Ω}中全部元素的基本概率之和为 1，即

$$\sum_{A \subseteq \Omega} M(A) = 1$$

则称 M 是 2^{Ω} 上的概率分配函数，$M(A)$称为 A 的基本概率数，表示对 A 的精确信任。

定义 2.9　命题的信任函数 Bel

对于任意假设而言，其信任度 Bel(A)定义为 A 中全部子集对应的基本概率之和，即

$$\text{Bel}: 2^{\Omega} \longrightarrow [0,1]$$

$$\text{Bel}(A) = \sum_{B \subseteq A} M(B), \quad 对所有的 A \subseteq \Omega$$

Bel 函数也称为下限函数，表示对 A 的全部信任。由概率分配函数的定义容易得到 $\text{Bel}(\Phi)=M(\Phi)=0$，$\text{Bel}(\Omega) = \sum_{B \subseteq \Omega} M(B)$。

定义 2.10　命题的似然函数 Pl

$$\text{Pl}: 2^{\Omega} \longrightarrow [0,1]$$

$$\text{Pl}(A) - 1 - \text{Bel}(-A), \quad 对所有的 A \subseteq \Omega$$

Pl 函数也称为上限函数或不可驳函数，表示对 A 非假的信任程度，即表示对

A 似乎可能成立的不确定性度量。

容易证明，信任函数和似然函数有 $\mathrm{Pl}(A) \geqslant \mathrm{Bel}(A)$，对所有的$A \subseteq \Omega$。$A$ 的不确定性由 $u(A)=\mathrm{Pl}(A)-\mathrm{Bel}(A)$表示。对偶$(\mathrm{Bel}(A),\mathrm{Pl}(A))$称为信任空间，它反映了关于 A 的许多重要信息。D-S 证据理论对 A 的不确定性的描述可以用图 2.11 来表示。

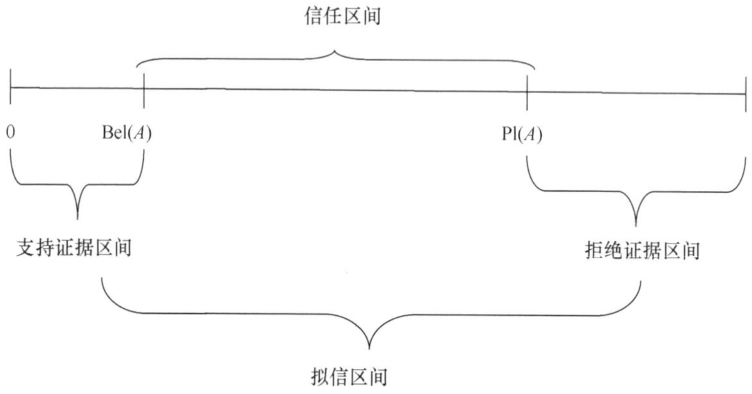

图 2.11　证据区间和不确定性

以上过程首先是靠人的经验和感觉给出假设的基本概率分配函数 M，然后由该函数给出取值在$[0,1]$ 上的置信度和似然度，信任度和似然度分别是对假设信任程度的下限估计（悲观估计）和上限估计（乐观估计）。从这两个测度再得出后验可信度分配值，就可以得到证据推理的模式。

定义 2.11　两个信任函数的组合规则。

设 M_1 和 M_2 是 Ω 上的两个概率分配函数，则其正交和 $M= M_1+ M_2$ 定义为

$$M(\Phi)=0$$

$$M(A)=c^{-1}\sum_{x\cap y=A}M_1(x)M_2(y),\quad A\neq\Phi$$

其中

$$c=1-\sum_{x\cap y=\varnothing}M_1(x)M_2(y)=\sum_{x\cap y\neq\varnothing}M_1(x)M_2(y) \tag{2-74}$$

如果 $c\neq0$，则正交和 M 也是一个概率分配函数；如果 $c=0$，则不存在正交和 M，称 M_1 和 M_2 矛盾。

多个概率分配函数的正交和 $M= M_1+ M_2+\cdots+ M_n$ 定义为

$$M(\Phi)=0$$

$$M(A)=c^{-1}\sum_{\cap A_i=A}\prod_{1\leqslant i\leqslant n}M_i(A_i),\quad A\neq\Phi \tag{2-75}$$

其中，$c=1-\sum_{\cap A_i=\varnothing}\prod_{1\leqslant i\leqslant n}M_i(A_i)=\sum_{\cap A_i\neq\varnothing}\prod_{1\leqslant i\leqslant n}M_i(A_i)$。

2.6.2　基于 D-S 证据理论的信息融合

图 2.12 给出了基于 D-S 证据理论的信息融合框图。这种系统的信息融合首先对每个传感器获得的信息计算各个证据的基本概率分配函数、置信度和似然度。然后，根据 D-S 证据方法的组合规则计算所有证据联合作用下的基本概率分配函数、置信度和似然度。最后，根据给定的判决准则选择置信度和似然度最大的假设作为系统最终融合结果。

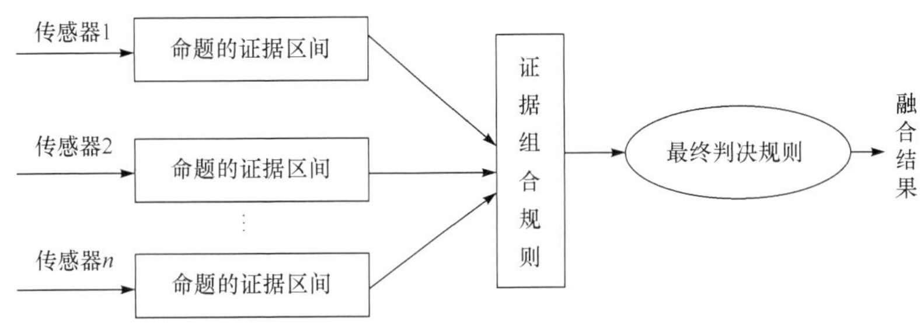

图 2.12　基于 D-S 证据方法的信息融合框图

假设一个多传感器系统(如 n 个传感器)有 m 个目标，即 m 个命题 $A_1, A_2, \cdots, A_m$。每个传感器都基于观测证据产生对目标的身份识别结果，即产生对命题 A_i 的后延可信度分配值 $M_j(A_i)$；然后在融合中心借助于 D-S 综合规则获得融合的后验可信度分配值；最后判定逻辑与 Bayes 的 MAP 类似。它的优点是无需先验概率的信息，因此在故障诊断、目标识别、综合规则等领域得到了广泛的应用。在贝叶斯方法中，决策的结果非此即彼，不能将不确定与不知道严格分开，而证据理论弥补了这一不足。

1. 单传感器多测量周期可信度分配的融合

设传感器在各个测量周期中，通过不断的目标态势和固定不变的先验可信度分配而获得的后验可信度分配为

$$M_1(A_i), M_2(A_i), \cdots, M_n(A_i), \quad i=1,2,\cdots,k$$

$$u_1, u_2, \cdots, u_n$$

其中，$M_j(A_i)$ 表示在第 j 个周期中($j=1,2,\cdots,n$)对命题 A_i 的可信度分配值；u_i 表示第 i 个周期未知命题的可信度分配值。

由式(2-75)可得，该传感器依据 n 个测量周期的累积量测对 k 个命题的融合后验可信度分配为[23]

$$M(A_i) = c^{-1} \sum_{\cap A_j = A_i} \prod_{1 \leqslant s \leqslant n} M_s(A_i), \quad i = 1,2,\cdots,k \tag{2-76}$$

其中，$c=1-\sum\limits_{\cap A_i=\varnothing}\prod\limits_{1\leqslant s\leqslant n}M_s(A_i)=\sum\limits_{\cap A_i\neq\varnothing}\prod\limits_{1\leqslant s\leqslant n}M_s(A_i)$。

特别地，“未知”命题的融合后验可信度分配为

$$u=c^{-1}u_1u_2\cdots u_n \tag{2-77}$$

2. 多传感器多测量周期可信度分配的融合

设有 m 个传感器，各传感器在各测量周期上获得的后验可信度分配为

$$M_{sj}(A_i),\quad i=1,2,\cdots,k,\quad j=1,2,\cdots,n,\quad s=1,2,\cdots,m$$

$$u_{sj}=M_{sj}(\Omega),\quad j=1,2,\cdots,n,\quad s=1,2,\cdots,m$$

其中，$M_{sj}(A_i)$表示第 s 个传感器($s=1,2,\cdots,m$)在第 j 个测量周期($j=1,2,\cdots,n$)上对命题 $A_i(i=1,2,\cdots,k)$的后验可信度分配；u_{sj} 表示对“未知”命题的可信度分配。

下面分两种情况讨论多传感器多测量周期命题可信度分配的融合。

(1) 中心式计算

如图 2.13 所示，中心式计算的主要思想是，首先对于每一个传感器，基于 n 个周期的累积量测计算每一个命题的融合后验可信度分配，然后基于这些融合后验可信度分配，进一步计算总的融合后验可信度分配。

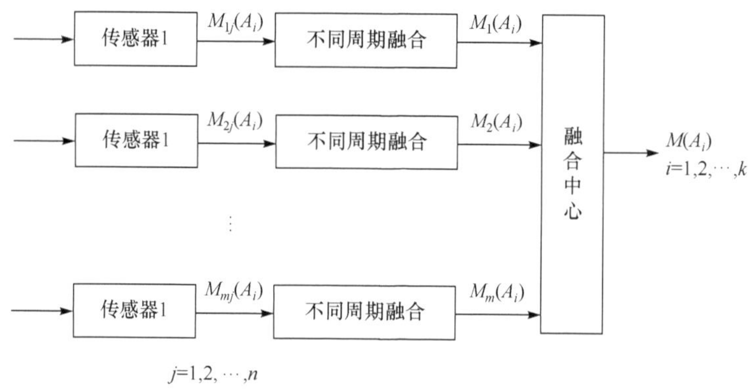

图 2.13 中心式计算

中心式计算的步骤如下。

① 根据式(2-75)，计算每一传感器依据各自 n 个周期的累积量测所获得的各个命题融合后验可信度分配，即

$$M_s(A_i)=c_s^{-1}\sum_{\cap A_j=A_i}\prod_{1\leqslant j\leqslant n}M_{sj}(A_i),\quad i=1,2,\cdots,k \tag{2-78}$$

其中，$c_s=1-\sum\limits_{\cap A_i=\varnothing}\prod\limits_{1\leqslant j\leqslant n}M_{sj}(A_i)=\sum\limits_{\cap A_i\neq\varnothing}\prod\limits_{1\leqslant j\leqslant n}M_{sj}(A_i)$。

特别地，"未知"命题的融合后验可信度分配为[23]

$$u_s = c_s^{-1} u_{s1} u_{s2} \cdots u_{sn} \tag{2-79}$$

② 将 m 个传感器看做一个传感器系统，即

$$M(P) = c^{-1} \sum_{\cap A_j = P} \prod_{1 \leqslant s \leqslant m} M_s(A_i), \quad i = 1,2,\cdots,k, \quad P \subseteq \Omega \tag{2-80}$$

其中，$c = \sum_{\cap A_i \neq \varnothing} \prod_{1 \leqslant s \leqslant m} M_s(A_i)$。

特别地，"未知"命题的融合后验可信度分配为

$$u = c^{-1} u_1 u_2 \cdots u_m \tag{2-81}$$

(2) 分布式计算

如图 2.14 所示，分布式计算的主要思想是，首先在每一个给定的测量周期，计算基于所有传感器所获得的融合后验可信度分配，然后基于在所有周期上所获得的融合后验可信度分配计算总的融合后验可信度分配。

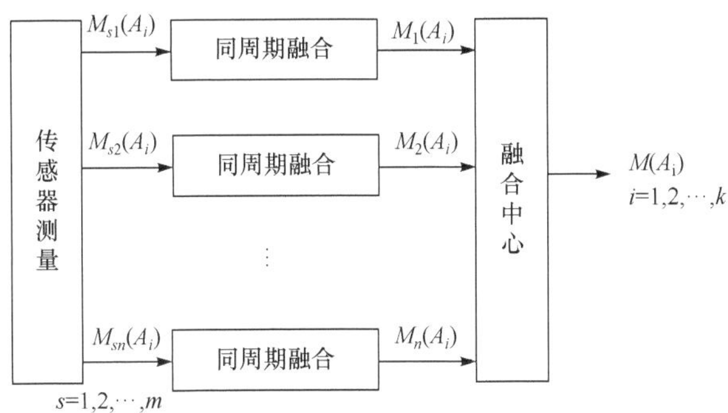

图 2.14　分布式计算

分布式计算的步骤如下。

① 计算在每一测量周期上所有传感器所获得的各个命题的融合后验可信度分配，即

$$M_j(P) = c_j^{-1} \sum_{\cap A_i = P} \prod_{1 \leqslant s \leqslant m} M_{sj}(A_i), \quad P \subseteq \Omega \tag{2-82}$$

其中，$c_j = \sum_{\cap A_i \neq \varnothing} \prod_{1 \leqslant s \leqslant m} M_{sj}(A_i)$。

特别地，"未知"命题的融合后验可信度分配为

$$u_j = c_j^{-1} u_{1j} u_{2j} \cdots u_{mj} \tag{2-83}$$

② 基于各周期上的可信度分配计算总的融合后验可信度分配，即

$$M(P) = c^{-1} \sum_{\cap A_j = P} \prod_{1 \leqslant j \leqslant n} M_j(A_i), \quad P \subseteq \Omega \tag{2-84}$$

其中，$c = \sum_{\cap A_i \neq \varnothing} \prod_{1 \leqslant j \leqslant n} M_j(A_i)$。

特别地,"未知"命题的融合后验可信度分配为[23]

$$u=c^{-1}u_1u_2\cdots u_n \tag{2-85}$$

2.7 支持向量机

支持向量机(support vector machine,SVM)在解决小样本、非线性及高维模式识别中有许多特有的优势,并能推广应用到函数拟合等其他机器学习问题中[3,27]。支持向量机方法是建立在统计学习理论的 VC 维和结构风险最小原理基础上的,根据有限的样本信息在模型的复杂性和学习能力之间寻求最佳折中,以期获得最好的推广能力。以下就统计学习理论和学习机的 VC 维等方面展开介绍。

2.7.1 统计学习理论的一般概念

统计学习理论是一种研究训练样本有限情况下的机器学习规律的学科。机器学习是一种基于数据的学习方法,主要研究从微观数据(样本)出发寻找规律并构造一个模型,利用该模型可对位置数据或者无法观测的数据进行预测。这种模型被称为学习机。机器学习的过程就是构建学习机的过程。机器学习包含很多方法,如决策树、遗传算法、人工神经网络、隐 Markov 链(HMM)等。机器学习理论框架的实现方法,大致可以分为三种。

第一种是经典的(参数)统计估计方法。在这种方法下,参数的依赖关系被认为是先验已知的,训练样本用于估计依赖关系的参数。但因为维数灾难,很难将这种方法扩展到高维数据空间,并且先验的依赖关系在很多情况下难于获取。

第二种方法是 20 世纪 80 年代发展起来的经验非线性方法,如人工神经网络网络和多变量自适应回归分析。这些方法利用已知样本建立非线性模型,克服了传统参数估计方法的困难,但是这些方法目前还缺乏统一的数学理论指导。

第三种方法是 20 世纪 60 年代后期发展起来的统计学习理论,它是专门用于有限样本情况下非参数估计问题的机器学习理论。与传统统计学相比,这种体系下的统计推理规则不仅考虑了对渐进性能的要求,而且追求在现有有限信息的条件下得到最优结果,统计学习理论受到越来越广泛的重视。

统计学习理论为解决有限样本学习问题提供了一个统一的框架,它能将很多现有方法纳入其中,有望帮助解决神经网络结构选择问题、局部极小点问题等。同时,在这一理论基础上发展了一种新的通用学习方法——支持向量机理论,已初步表现出很多优于已有方法的性能。

机器学习的目的是根据给定的训练样本求取系统输入输出之间依赖关系的估计,使它能够对系统行为做出尽可能准确的预测。

定义 2.12 设变量 y 与变量 $\boldsymbol{x}$ 之间存在一定的未知依赖关系,即遵循某一未

知的联合概率分布 $P(\boldsymbol{x},y)$，机器学习问题就是根据 l 个独立分布(i. i. d)的观测样本 $(\boldsymbol{x}_1,y_1),(\boldsymbol{x}_2,y_2),\cdots,(\boldsymbol{x}_l,y_l)$ 在一组函数 $\{f(\boldsymbol{x},\alpha)\}$ 中按某个准则选择一个最优的函数 $f(\boldsymbol{x},\alpha_0)$ 对依赖关系进行估计，其中 α 是参数，而 $f(\boldsymbol{x},\alpha)$ 称为一个学习机。如果对于给定的输入 $\boldsymbol{x}$ 和 α 的一个选择，其输出 $f(\boldsymbol{x},\alpha)$ 总是相同的，这个学习机称为是确定性的，否则称为不确定性的。对于确定性学习机中 α 的一个特定选择，就称其为训练过的学习机。

定义 2.13　对于一个学习机，损失函数 $L(y,f(\boldsymbol{x},\alpha))$ 表示用 $f(\boldsymbol{x},\alpha)$ 对 y 进行预测而造成的损失。不同类型的学习问题有不同形式的损失函数，针对三类主要的学习问题分别定义如下。

(1) 模式识别问题

输出变量 y 是类别标号，对于只有两种模式的情况 $y=\{0,1\}$ 或者 $y=\{-1,1\}$，此时损失函数一般定义为

$$L(y,f(\boldsymbol{x},\alpha))=\begin{cases}0 \text{ 或} -1, & y=f(\boldsymbol{x},\alpha)\\ 1, & \text{其他}\end{cases} \tag{2-86}$$

(2) 函数逼近问题

$y\in\mathbf{R}$ 是连续变量，损失函数一般定义为

$$L(y,f(\boldsymbol{x},\alpha))=(y-f(\boldsymbol{x},\alpha))^2 \text{ 或 } L(y,f(\boldsymbol{x},\alpha))=\frac{1}{2}\left|y-f(\boldsymbol{x},\alpha)\right| \tag{2-87}$$

(3) 概率密度估计问题

学习的目的是根据训练样本决定 $\boldsymbol{x}$ 的概率密度，设被估计的概率密度为 $p(\boldsymbol{x},\alpha)$，则损失函数一般定义为

$$L(p(\boldsymbol{x},\alpha))=-\log p(\boldsymbol{x},\alpha) \tag{2-88}$$

定义 2.14　对于一个学习机，损失函数的期望为

$$R(\alpha)=\int L(y,f(\boldsymbol{x},\alpha))\mathrm{d}P(\boldsymbol{x},y) \tag{2-89}$$

称为期望风险，或真实风险。

经验风险则是训练集上的平均误差，即

$$R_{\mathrm{emp}}(\alpha)=\frac{1}{l}\sum_{i=1}^{l}L(y_i,f(\boldsymbol{x}_i,\alpha)) \tag{2-90}$$

注意概率风险中并没有出现概率分布。对于特定的 α 的一个选择，以及特定的训练样本 $(\boldsymbol{x}_i,y_i)$，经验风险是一个确定的值。

传统的机器学习方法采用所谓的经验风险最小化准则，即用样本定义经验风险，如式(2-90)所示。该式作为对式(2-89)的估计，设计学习算法使其最小化，这就是经验风险最小化原则。

2.7.2　学习机的 VC 维与风险界

定义 2.15　考虑相应于两个模式类的识别问题，其中函数 $f(\boldsymbol{x},\alpha)\in\{-1,1\}$，

$\forall \boldsymbol{x},\alpha$。对于给定的一组 l 个点，可以按所有 2^l 个可能的方式进行标识；对于每个可能的标识，如果在$\{f(\alpha)\}$中总能取得一个函数，这个函数能够用来正确的区分这些标识，称这 l 个点构成的点集能够被$\{f(\alpha)\}$分隔。函数族$\{f(\alpha)\}$的 VC 维定义为能够被$\{f(\alpha)\}$分隔的训练点 l 的最大数目。若对任意数目的样本都有函数能将它们分隔，则函数集的 VC 维是无限大。如果 VC 维是 h，那么至少存在一组 h 个点的集合能够被分隔。一般情况下，任意一组 h 个点的集合都能被分隔的结论却是不正确的。

现在考虑 R^n 中的有向超平面。

引理 2.1 R^n 中两个点集能够被一个超平面分隔的充分与必要条件是其凸包（包含该点集的最小凸集）的交集为空集。

证明见参考文献[28]，[29]。

定理 2.2 考虑 R^n 中 m 个点的集合，选择其中任何一个点作为原点，那么 m 个点能够被有向超平面分隔的充分与必要条件是，除了原点外其余点的未知向量是线性独立的。

推论 2.1 R^n 中有向超平面集合的 VC 维是 $n+1$。

两者的证明见参考文献[3]。

在 R^n 中至少可以找到一组 $n+1$ 个点能够被超平面分隔，但不是任意一组 $n+1$个点都能够被超平面分隔。例如，把所有点集中在一条直线上的情况就不能被分隔。

定义 2.16 对于一个学习机，假定损失函数以概率 $1-\eta$ 取值，其中 $0\leqslant\eta\leqslant1$，那么下面的误差界成立，即

$$R(\alpha)\leqslant R_{\text{emp}}(\alpha)+\sqrt{\frac{h(\log(2l/h)+1)-\log(\eta/4)}{l}} \tag{2-91}$$

其中，h 是 VC 维，是对上述容量概念的一个度量。

式(2-91)右边称为风险界，又称为推广性的界。它由两项组成，第一项是训练误差造成的经验风险，第二项是置信范围，与学习机的 VC 维及训练样本数有关。这式表明，在有限训练样本下，学习机的 VC 维越高（复杂性越高），则置信范围越大，导致真实风险与经验风险之差可能越大，因此片面追求经验风险最小化会导致出现过学习现象。机器学习过程不但要使经验风险最小，还要使 VC 维尽量小以缩小置信范围，才能取得较小的实际风险，对新的样本才有较好的泛化能力。另外，有三点必须注意。

① 不依赖于概率分布 $P(\boldsymbol{x},y)$，因为只是假定训练数据和测试数据是按分布 $P(\boldsymbol{x},y)$抽取的独立同分布的数据。

② 式(2-91)左边通常是无法计算的。

③ 只要知道了 h 的值，上式右边的值是很容易计算的。

由式(2-91)可以看出，要控制学习机器的实际风险，必须同时控制经验风险

和置信风险。为了使式(2-91)右边两项同时最小化，必须使 VC 维成为一个可控制的变量。

值得注意的是，式(2-91)的 VC 置信范围依赖于函数类的选择，尽管经验风险和实际风险都通过训练过程依赖于具体函数的选择。通常希望在被选择的函数集中找到一些子集，使得对这个子集风险界达到最小。因为 VC 维是整数，难以使其平滑变化，于是通过把整个函数族分解为嵌套的子集引入一种“结构”。对于每个子集，要么计算得到 VC 维 h 的值，要么得到 h 的界。于是，结构风险最小化(SRM)就是求取这些使得实际风险达到最小界的函数子集的一个过程。要做到这一点，可通过简单地训练一组学习机来完成，一个学习机对应于一个子集；对于给定的子集，训练的目的就是最小化经验风险；然后按序列取训练过的学习机，其经验风险与 VC 置信范围都是最小的。

统计学习理论提出的风险结构最小化方法，就是以经验风险和置信范围这两项最小化为目标的一种归纳方法。方法是把函数集$\{f(\alpha)\}$构造成一个嵌套的函数子集结构，即令 $S_n=\{f(\alpha):$满足第 n 种约束$\}$，同时满足下式，即

$$S_1 \subset S_2 \subset \cdots \subset S_n \subset \cdots \tag{2-92}$$

各个子集对应的 VC 维满足下式，即

$$h_1 \leqslant h_2 \leqslant \cdots \leqslant h_n \leqslant \cdots \tag{2-93}$$

此时机器学习的任务是在每个子集中寻找经验风险最小的函数，在子集间折中考虑经验风险和置信范围，使得实际风险最小，如图 2.15 所示。

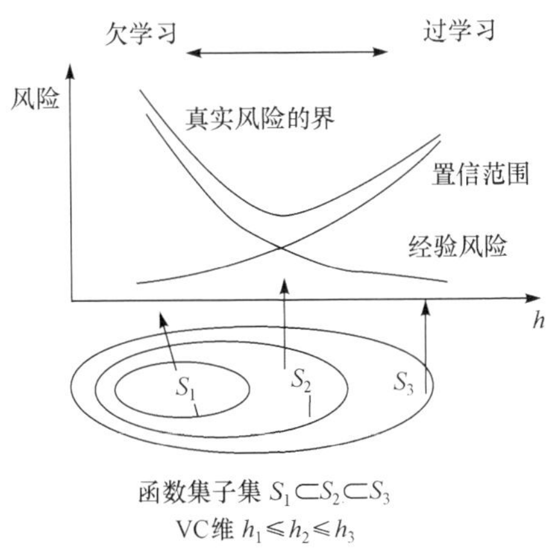

图 2.15 按 VC 维排序使函数嵌套的结构风险最小化

2.7.3 线性支持向量机

考虑标识过的训练数据$\{\boldsymbol{x}_i, y_i\}$，$i=1,2,\cdots,l$，其中 $\boldsymbol{x}_i \in R^n$，$y \in \{-1,1\}$。现在讨论最简单的情况，在可分离数据上训练得到的线性学习机。

定义 2.17 设 R^n 中有一个超平面 $\boldsymbol{w}^{\mathrm{T}}\boldsymbol{x}+b=0$，其中 $\boldsymbol{w}\in R^n$ 是参数向量即超平面的法线，$b\in R^n$ 是截距，$|b|/\|\boldsymbol{w}\|$ 是超平面到原点的垂直距离（$\|\cdot\|$ 是欧氏范数），如果这个超平面可以把标识为正的样本集与标识为负的样本集分离开来，则称其为分离超平面。设 d_+ 是分离超平面到正标本集的最短距离，而 d_- 是其到负标本集的最短距离。这个分离超平面的"余度"定义为 $d_+ + d_-$。

定义 2.18 所谓线性支持向量机，就是一种算法，以求得具有最大余度的分离超平面，要求所有训练数据满足如下约束条件，即

$$\begin{cases}\boldsymbol{x}_i^{\mathrm{T}}\boldsymbol{w}+b\geqslant+1, & y_i=+1,\\ \boldsymbol{x}_i^{\mathrm{T}}\boldsymbol{w}+b\leqslant-1, & y_i=-1,\end{cases}\quad i=1,2,\cdots,l \tag{2-94}$$

或者写成

$$y_i(\boldsymbol{x}_i^{\mathrm{T}}\boldsymbol{w}+b)-1\geqslant0,\quad \forall i \tag{2-95}$$

而以等式形式满足式(2-95)的点成为支持向量。

现在考察式(2-94)，满足 $\boldsymbol{x}_i^{\mathrm{T}}\boldsymbol{w}+b=+1$ 的超平面是 H_1，其法线仍然是 $\boldsymbol{w}$，到原点的垂直距离是 $|1-b|/\|\boldsymbol{w}\|$；满足 $\boldsymbol{x}_i^{\mathrm{T}}\boldsymbol{w}+b=-1$ 的超平面是 H_2，法线也是 $\boldsymbol{w}$，到原点的距离是 $|-1-b|/\|\boldsymbol{w}\|$。这是两个平行的超平面，而且 $d_+=d_-=1/\|\boldsymbol{w}\|$，余度是 $2/\|\boldsymbol{w}\|$。在平行的两个超平面 H_1 和 H_2 之间没有任何训练点。

于是，线性支持向量机求取一对具有最大余度超平面的问题，即在满足式(2-95)的前提下对 $\|\boldsymbol{w}\|^2$ 求最小的问题，就是如下约束优化问题，即

$$\begin{aligned}&\min_{w}\frac{1}{2}\|\boldsymbol{w}\|^2\\ &\text{s. t.}\quad y_i(\boldsymbol{x}_i^{\mathrm{T}}\boldsymbol{w}+b)-1\geqslant0,\quad \forall i\end{aligned} \tag{2-96}$$

这是一个典型的凸二次规划问题，因为目标函数本身是凸函数，而满足约束的点集也是凸集。

图 2.16 给出了二维情况下典型的线性分离直线。处在 H_1 或 H_2 上的点以等式形式满足式(2-95)，它们的变化影响余度的变化，即影响问题的解，这就是支持向量。

此处引入 Lagrange 公式，这样做的必要性如下。

① 上述优化问题中的约束条件能够用 Lagrange 乘子的约束来代替，而后者一般易于处理。

② 在把问题重新描述的过程中，训练数据将以向量点积的形式出现，便于推广到非线性情况。针对式(2-95)的不等式引入正 Lagrange 乘子 α_i，$i=1,2,\cdots,l$，于是给出的 Lagrange 函数为

$$L_p=\frac{1}{2}\|\boldsymbol{w}\|^2-\sum_{i=1}^{l}\alpha_i y_i(\boldsymbol{x}_i^{\mathrm{T}}\boldsymbol{w}+b)+\sum_{i=1}^{l}\alpha_i \tag{2-97}$$

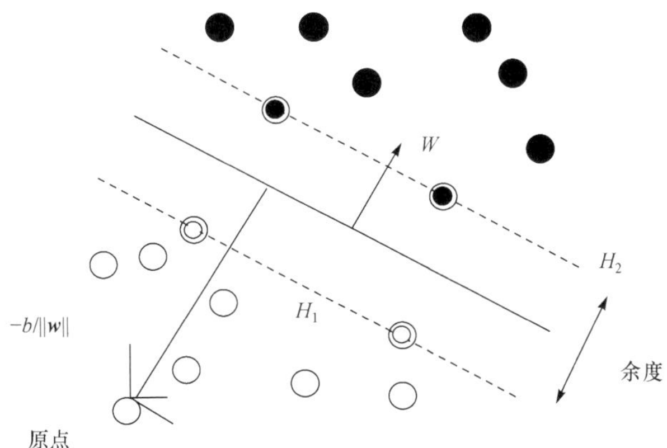

图 2.16 线性分离超平面:画圈的点是支持向量

对式(2-96)的优化问题,根据文献[4] 中的定理 9.5.1,可以等价地求解其所谓 Wolfe 对偶问题,即

$$\begin{aligned}&\max_{w,\alpha} L_p = \frac{1}{2}\|\boldsymbol{w}\|^2 - \sum_{i=1}^{l}\alpha_i y_i(\boldsymbol{x}_i^{\mathrm{T}}\boldsymbol{w}+b) + \sum_{i=1}^{l}\alpha_i \\ &\text{s.t.}\quad \frac{\partial L_p}{\partial \boldsymbol{w}} = \boldsymbol{w} - \sum_{i=1}^{l}\alpha_i y_i \boldsymbol{x}_i = 0,\quad \alpha_i \geqslant 0,\quad i=1,2,\cdots,l\end{aligned} \tag{2-98}$$

其中,$\boldsymbol{\alpha}=(\alpha_1,\alpha_2,\cdots,\alpha_l)^{\mathrm{T}}$,其解与式(2-96)的解取得相同的 $\boldsymbol{w}$ 值。

注意,上式的约束条件等于给定方程,即

$$\boldsymbol{w} = \sum_{j=1}^{l}\alpha_j y_j \boldsymbol{x}_j \tag{2-99}$$

同时,考虑到

$$\frac{\partial L_p}{\partial b} = \sum_{i=1}^{l}\alpha_i y_i = 0 \tag{2-100}$$

把以上两个式子代入式(2-97),可得

$$L_D = \sum_{i=1}^{l}\alpha_i - \frac{1}{2}\sum_{i,j=1}^{l}\alpha_i\alpha_j y_i y_j \boldsymbol{x}_i^{\mathrm{T}}\boldsymbol{x}_j \tag{2-101}$$

于是,对于可分离的线性支持向量机的训练问题就是如下规划问题,即

$$\begin{aligned}&\max_{\alpha} L_D = \sum_{i=1}^{l}\alpha_i - \frac{1}{2}\sum_{i,j=1}^{l}\alpha_i\alpha_j y_i y_j \boldsymbol{x}_i^{\mathrm{T}}\boldsymbol{x}_j \\ &\text{s.t.}\quad \sum_{i=1}^{l}\alpha_i y_i = 0,\quad \alpha_i \geqslant 0,\quad i=1,2,\cdots,l\end{aligned} \tag{2-102}$$

把求解得到的最优 $\boldsymbol{\alpha}$ 值代入式(2-99)就得到最优的 $\boldsymbol{w}$ 值。

对于约束优化问题,Karush-Kuhn-Tucker(KKT)条件无论从理论上或实践上

都是非常重要的。对于上述约束优化问题,等价的 KKT 条件可以写为

$$\begin{cases}\dfrac{\partial}{\partial\omega_j}L_p=\omega_j-\sum\limits_{i=1}^{l}\alpha_i y_i x_{ij}=0, \quad j=1,2,\cdots,n\\ \dfrac{\partial}{\partial b}L_p=-\sum\limits_{i=1}^{l}\alpha_i y_i=0\\ y_i(\boldsymbol{x}_i^{\mathrm{T}}\boldsymbol{w}+b)-1\geqslant 0, \quad i=1,2,\cdots,l\\ \alpha_i\geqslant 0, \quad \alpha_i(y_i(\boldsymbol{x}_i^{\mathrm{T}}\boldsymbol{w}+b)-1)=0, \quad \forall i\end{cases} \tag{2-103}$$

由此不仅可以得到最优的 $\boldsymbol{w}$ 值,而且可以求得最优的 α 值和 b 值。

一旦利用 l 个样本完成训练,就可以通过确定测试数据 $\boldsymbol{x}$ 处在决策分类面(分类超平面)的哪一边来分类,分类函数为

$$f(\boldsymbol{x})=\mathrm{sgn}(\boldsymbol{w}^{\mathrm{T}}\boldsymbol{x}+b) \tag{2-104}$$

其中,sgn(·)是符号函数,根据括号内的符号来确定 $\boldsymbol{x}$ 的模式。

以上讨论都是针对完全线性可分情况的,当数据非完全线性可分时,支持向量学习方法要通过构造一个“软余度”的分类超平面来达到最优分类的效果,如图 2.17 所示。

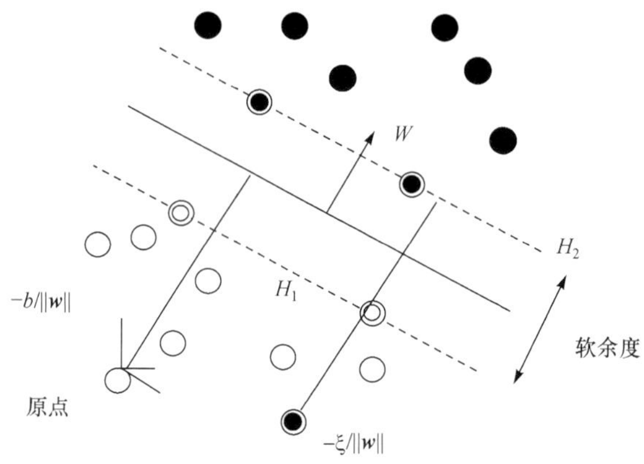

图 2.17 线性分离超平面:画圈的点是支持向量

在非完全线性可分情况下,需要考虑分类误差带来的损失,这时在式(2-95)中引入一个松弛变量 $\xi_i\geqslant 0, i=1,2,\cdots,l$,成为

$$y_i(\boldsymbol{x}_i^{\mathrm{T}}\boldsymbol{w}+b)-1+\xi_i\geqslant 0, \quad \forall i \tag{2-105}$$

这时构造的“软余度”分类超平面由如下优化问题确定,即

$$\begin{aligned}&\min_{w}\frac{1}{2}\|\boldsymbol{w}\|^2+C\Big(\sum_{i=1}^{l}\xi_i\Big)k\\ &\text{s.t.}\quad y_i(\boldsymbol{x}_i^{\mathrm{T}}\boldsymbol{w}+b)-1+\xi_i\geqslant 0, \quad i=1,2,\cdots,l\end{aligned} \tag{2-106}$$

其中,C 是对分类错误的惩罚因子,由使用者选择,用于调整置信范围和经验误差

之间的均衡，较大的 C 意味着较小的经验误差，较小的 C 意味着更大的分类余度，而在数据不完全可分的情况下，参数 C 确定了经验风险的水平；参数 k 也是可以选择的正整数，以保证是一个凸规划问题，$k=2$ 是二次规划问题，$k=1$ 具有更大的优越性，此时 Wolfe 对偶问题变为

$$\begin{aligned}&\max_{\alpha} L_D = \sum_{i=1}^{l}\alpha_i - \frac{1}{2}\sum_{i,j=1}^{l}\alpha_i\alpha_j y_i y_j \boldsymbol{x}_i^{\mathrm{T}}\boldsymbol{x}_j\\ &\text{s. t.}\quad \sum_{i=1}^{l}\alpha_i y_i = 0,\quad 0\leqslant \alpha_i \leqslant C,\quad i=1,2,\cdots,l\end{aligned}\tag{2-107}$$

问题的解则有下式给出，即

$$\boldsymbol{w} = \sum_{i=1}^{N_s}\alpha_i y_i \boldsymbol{x}_i \tag{2-108}$$

其中，N_s 就是支持向量数。

为了得到 KKT 条件，原问题的 Lagrange 函数变为

$$L_p = \frac{1}{2}\|\boldsymbol{w}\|^2 - C\sum_{i=1}^{l}\xi_i - \sum_{i=1}^{l}\alpha_i[y_i(\boldsymbol{x}_i^{\mathrm{T}}\boldsymbol{w}+b)-1+\xi_i] - \sum_{i=1}^{l}\mu_i\xi_i \tag{2-109}$$

其中，μ_i 是对于松弛变量 ξ_i 非负性的 Lagrange 乘子。

于是，有原约束优化问题的 KKT 条件为

$$\begin{cases}\dfrac{\partial}{\partial\omega_j}L_p = \omega_j - \displaystyle\sum_{i=1}^{l}\alpha_i y_i x_{ij} = 0, \quad j=1,2,\cdots,n\\ \dfrac{\partial}{\partial b}L_p = -\displaystyle\sum_{i=1}^{l}\alpha_i y_i = 0\\ y_i(\boldsymbol{x}_i^{\mathrm{T}}\boldsymbol{w}+b)-1+\xi_i \geqslant 0, \quad i=1,2,\cdots,l\\ \xi_i\geqslant 0,\quad \alpha_i\geqslant 0,\quad \mu_i\geqslant 0,\quad i=1,2,\cdots,l\\ \alpha_i(y_i(\boldsymbol{x}_i^{\mathrm{T}}\boldsymbol{w}+b)-1+\xi_i) = 0,\quad \forall i\\ \mu_i\xi_i\geqslant 0,\quad \forall i\end{cases}\tag{2-110}$$

类似地，可以利用最后两个方程来确定 b 的值。

2.7.4　非线性支持向量机

前面讨论的最优分类面都是线性情况，而实际上大部分识别问题都不必是线性可分的。如何把线性分类的方法推广应用到非线性情况是 SVM 研究中关键的问题。此时，要获得较好的分类效果，必须采用非线性决策函数，统计学习理论采用如下的方法。

定义 2.19　所谓非线性支持向量机，通过某种预先选择的非线性映射进行变换，即

$$\Phi: \mathcal{L} -> \mathcal{H} \tag{2-111}$$

其中，$\mathcal{L}=\mathbf{R}$ 是一个低维的欧氏空间；$\mathcal{H}$ 是一个高维内积线性特征空间，一般是 Hilbert 空间。

定义一个核函数 K，使得

$$K(\boldsymbol{x}_i,\boldsymbol{x}_j)=<\Phi(\boldsymbol{x}_i),\Phi(\boldsymbol{x}_j)>,\quad \forall \boldsymbol{x}_i,\boldsymbol{x}_j\in\mathcal{L} \tag{2-112}$$

其中，$<\cdot,\cdot>$表示 $\mathcal{H}$ 中的内积，使得式(2-102)中的目标函数变为

$$L_D=\sum_{i=1}^{l}\alpha_i-\frac{1}{2}\sum_{i,j=1}^{l}\alpha_i\alpha_j y_i y_j K(\boldsymbol{x}_i,\boldsymbol{x}_j) \tag{2-113}$$

这样就把低维空间的非线性分类问题转化为高维空间的线性分类问题，采用的方法与线性支持向量机相同。

在最优分类面中，采用适当的核函数 $K(\boldsymbol{x}_i,\boldsymbol{x}_j)$就可以实现某一非线性变换后的线性分类，而计算复杂度却没有增加。用式(2-113)代替式(2-102)中的目标函数，优化问题是完全相同的。问题在于求得最优解需要得到高维空间 H 的 $\boldsymbol{w}$，即把式(2-99)的 $\boldsymbol{x}_i$ 用$\Phi(\boldsymbol{x}_i)$代替。什么样的函数 K 是容许的？

定理 2.3 (Mercer 条件)　对于任意的对称函数 $K(\boldsymbol{x},\boldsymbol{y})$，$\boldsymbol{x},\boldsymbol{y}\in L$，以及一个映射 $\Phi:\mathcal{L}->\mathcal{H}$，可以表示为特征空间 $\mathcal{H}$ 中的内积运算，即 $K(\boldsymbol{x},\boldsymbol{y})=<\Phi(\boldsymbol{x}),\Phi(\boldsymbol{y})>$的充分必要条件是，对于任意不恒等于零的 $g\in L^2(\mathcal{L})$有下式成立，即

$$\int K(\boldsymbol{x},\boldsymbol{y})g(\boldsymbol{x})g(\boldsymbol{y})\mathrm{d}\boldsymbol{x}\mathrm{d}\boldsymbol{y}\geqslant 0 \tag{2-114}$$

在 SVM 完成训练后，相应于式(2-104)的分类函数为

$$f(\boldsymbol{x})=\operatorname{sgn}\left[\sum_{i=1}^{N_s}\alpha_i y_i K(\boldsymbol{s}_i,\boldsymbol{x})+b\right] \tag{2-115}$$

其中，sgn(·)是符号函数。

上面描述的就是一般非线性情况下的支持向量机。非线性 SVM 的常用核函数如下。

$$K(\boldsymbol{x},\boldsymbol{y})=(\boldsymbol{x}^{\mathrm{T}}\boldsymbol{y}+1)^p \tag{2-116}$$

这是一个次方为 p 的多项式数据分类器。

$$K(\boldsymbol{x},\boldsymbol{y})=\mathrm{e}^{-\|\boldsymbol{x}-\boldsymbol{y}\|^2/(2\sigma^2)} \tag{2-117}$$

这是一个 Gauss 径向基函数分类器，而且在此情况下通过 SVM 训练可以自动得到支持向量 $\boldsymbol{s}_i$，权值向量 $\boldsymbol{\alpha}$ 和截距 b，而且可以获得比经典径向基函数更好的结果。

$$K(\boldsymbol{x},\boldsymbol{y})=\tanh(k\boldsymbol{x}^{\mathrm{T}}\boldsymbol{y}-\delta) \tag{2-118}$$

这是一种特殊的两层 Sigmoid 神经网络分类器[3]。

参考文献

[1] 雷德明，严新平．多目标智能优化算法及其应用．北京：科学出版社，2009.

[2] 雷德明，严新平，吴智铭．多目标混沌进化算法．电子学报，2006，34(6)：1142-1145.

[3] 韩崇昭，朱洪艳，段战胜，等．多源信息融合．北京：清华大学出版社，2010.

[4] Fletcher R. Practical Methods of Optimization (2nd Ed). New York: John Wiley and Sons, 1987.

[5] Zhang D, Yan X P, Yang Z L, et al. Incorporation of formal safety assessment and Bayesian network in navigational risk estimation of the Yangtze river. Reliability Engineering and System Safety, 2013, 118: 93-105.

[6] 赵春华，严新平，赵新泽．基于贝叶斯网络的内燃机故障诊断研究．武汉理工大学学报(交通科学与工程版)，2005，29(3)：335-338.

[7] 史忠植．知识发现．北京：清华大学出版社，2002.

[8] 沈怀荣，杨露，周伟静，等．信息融合故障诊断技术．北京：科学出版社，2013.

[9] Hu Z Y. Bayesian diagnostic network: a powerful model for representation and reasoning. International Journal of Plant Engineering and Management, 2005, 10(1): 29-35.

[10] Jensen F V. An Introduction to Bayesian Networks. London: UCL Press Ltd, 1996.

[11] 陈旭．基于贝叶斯网络的锅炉故障诊断专家系统的研究．华北电力大学博士学位论文，2008.

[12] 陈希孺．概率论与数理统计．合肥：中国科学技术大学出版社，2000.

[13] 尹朝庆，尹皓．人工智能与专家系统．北京：中国水利水电出版社，2001.

[14] 翟久刚，田延飞，严新平．基于 BP 神经网络与残差分析的船舶交通流量预测．上海海事大学学报，2013，34(1)：19-22.

[15] 刘杰，严新平．聚类程序新算法及其在油液分析软件中的应用．润滑与密封，2007，32(2)：95-101.

[16] Gordon A D. Classification. London: Chapman and Hall, 1975.

[17] 王国梁，何晓群．多变量经济数据统计分析．西安：陕西科学出版社，1993.

[18] 方开泰，潘恩沛．聚类分析．北京：地质出版社，1982.

[19] 何晓群．多元统计分析．北京：中国人民大学出版社，2004.

[20] 吕植勇，严新平，彭雅芳，等．磨损磨粒的主成分聚类方法分析．摩擦学学报，2008，28(5)：453-456.

[21] 刘东风，孙怡，周新聪，等．主成分分析在舰船液压系统监测中的应用研究．武汉理工大学学报(交通科学与工程版)，2003，27(5)：639-642.

[22] 方开泰．实用多元统计分析．上海：华东师范大学出版社，1989.

[23] 杨露菁，余华．多源信息融合理论与应用．北京：北京邮电大学出版社，2005.

[24] 陈厚忠，黄晶晶，严新平．基于模糊证据理论的航道安全性评价．中国航海，2009，32(4)：53-57.

[25] 严新平,谢友柏,萧汉梁. 摩擦学故障种类诊断的 D-S 信息融合研究. 摩擦学学报,1999,19(2):50-55.

[26] 梁世翔,严新平. 基于 D-S 证据理论的园区物流企业迁移评价模型研究. 武汉理工大学学报,2007,29(7):122-125.

[27] 丁世飞,齐丙娟,谭红艳. 支持向量机理论与算法研究综述. 电子科技大学学报,2011,40(1):2-10.

[28] 韩崇昭. 应用泛函分析——自动控制的数学基础. 北京:清华大学出版社,2008.

[29] Christopher J C. A tutorial on support vector machines for pattern recognition. Data Mining and Knowledge Discovery,1998,2:121-167.

第三章　多传感器信息融合系统

3.1 引　　言

传感器是获取信息的重要工具，其作用类似于人类的感知器官。多传感器信息融合是充分利用多传感器资源，通过对传感器及观测信息的合理支配和使用，把多传感器在空间或时间上的冗余或互补信息依据某种准则进行组合，以获得被测对象的决策和估计，使系统获得比它的各组成部分更充分的信息，有着比单一信源更可靠、更完全的融合信息[1-3]。它可以突破单一传感器信息表达的局限性，避免单一传感器的信息盲区，提高了多源信息处理结果的质量，有利于对事物的判断和决策。

多传感器系统是信息融合的硬件基础，多源信息是信息融合的加工对象，协调优化和综合处理是信息融合的核心[4-6]。在工程领域，数据信息融合是一种对多种信息获取、传输、处理的基本方法、技术和手段，以及对信息的内在联系和运动规律研究的核心技术[7-10]。

本章从信息融合的硬件基础传感器入手，介绍多传感器信息融合系统的功能和特点。首先，阐述传感器的定义和基本特性。随后，介绍常用传感器信息融合的定义和原理，并对多传感器系统的功能和结构模型进行详细阐明。最后，简要介绍传感器系统设计方法。

3.2 传感器的定义和基本特性

如果说计算机是人类大脑的扩展，那么传感器就是人类五官的延伸。作为当代科学发展的重要标志之一，传感器技术与通信技术、计算机技术构成信息产业的三大支柱之一。美国在 20 世纪 80 年代便提出世界已进入传感器时代，日本工商界人士称“支配了传感器技术就能够支配新时代”。美、日、英、法、德、俄等国均把传感器技术列为国家重点开发的关键技术之一。

3.2.1 传感器的定义和数学模型

国家标准 GB7665-87 对传感器的定义是：“能感受规定的被测量并按照一定

的规律转换成可用信号的器件或装置，通常由敏感元件和转换元件组成。”传感器的定义有广义和狭义之分。广义的传感器一般指能感知某一物理量（或化学量、生物量…）的信息，并能将该信息转为有用信息的装置。人的五官就是一种广义的传感器。狭义的传感器是指能将各种非电量转换为电信号的部件。

一般由敏感元件、转换元件和其他辅助元件组成。敏感元件是直接感受被测量，并输出与被测量成确定关系的其他量元件。转换元件一般情况下不直接感受被测量，而是将敏感元件输出的量转换为电量输出的元件。信号调节与转换电路一般是指能把传感元件输出的电信号转换为便于显示、记录、处理和控制的有用电信号的电路。

传感器一般分为四大类。

① 按物理量可分为位移、力、速度、温度、流量和气体成分等传感器。

② 按工作原理可分为电阻、电容、电感、电压、霍尔、光电、光栅和热电偶等传感器。

③ 按传感器输出信号的性质可分为输出为开关量（“1”和“0”）的开关型传感器；输出为模拟型传感器；输出为脉冲或代码的数字型传感器。

④ 按输入量可分为力、力矩、压力、位移、速度、加速度、角位移、角速度、电流、射线、空度、温度、气体成分和浓度等传感器。

传感器是一种检测装置，能感受到被测量的信息，并能将检测感受到的信息，按一定规律变化成电信号或其他所需形式的信息输出，以满足信息的传输、处理、存储、显示、记录和控制等要求。它是实现自动检测和自动控制的首要环节。

通常把传感器看作一个线性不变系统，用常系数线性微分方程来描述，即

$$
\begin{aligned}
& a_n \frac{\mathrm{d}^n y}{\mathrm{d}\, t^n} + a_{n-1} \frac{\mathrm{d}^{n-1} y}{\mathrm{d}\, t^{n-1}} + \cdots + a_1 \frac{\mathrm{d}y}{\mathrm{d}t} + a_0 y \\
= & b_m \frac{\mathrm{d}^m y}{\mathrm{d}\, t^m} + a_{m-1} \frac{\mathrm{d}^{m-1} y}{\mathrm{d}\, t^{m-1}} + \cdots + b_1 \frac{\mathrm{d}y}{\mathrm{d}t} + b_0 y
\end{aligned}
\tag{3-1}
$$

其中，a_n, a_{n-1}, a_0和b_m, b_{m-1}, b_0均为与系统结构参数有关的常数。

线性不变系统有两个十分重要的性质，即叠加性和频率额保持性。根据叠加性，当一个系统由 n 个激励（输入量）同时作用时，它的响应就等于这 n 个激励单独作用响应之和，各输入所引起的输出互不影响，即

$$
\sum_{i=1}^{n} x_i(t) \sum_{i=1}^{n} y_i(t) \tag{3-2}
$$

因此，在分析常系数线性系统时，总可将一个复杂的激励信号分解成若干个简单的激励输入。

3.2.2 传感器的基本特征

传感器的基本特征分为静态特性和动态特性。

传感器的静态特性是指对静态的输入信号、传感器的输出量与输入量之间所具有的相互关系。因为这时输入量和输出量都和时间无关,所以它们之间的关系,即传感器的静态特性可用一个不含时间变量的代数方程,或以输入量作横坐标,把与其对应的输出量作纵坐标而画出的特性曲线来描述。表征传感器静态特性的主要参数有线性度、灵敏度、分辨力和迟滞等,通常情况下传感器的实际静态特性输出是条曲线,而非直线。

传感器的一般输入-输出特性可表示为非线性函数,即

$$y=f(x)=a_0+a_1x+a_2x^2+\cdots+a_nx^n \tag{3-3}$$

其中,y 为输出信号;x 为输入信号;a_0为零为输出;a_1为传感器的线性灵敏度;a_2,a_3,…,a_n为待定常数,当$a_1=a_2=a_3=0$ 时,输入-输出为理想的直线关系。

在实际工作中,为使仪表具有均匀刻度的读数,如果非线性项次方不高,常用一条拟合直线近似地代表实际的特性曲线、线性度(非线性误差)就是这个近似程度的一个性能指标。拟合直线的选取有多种方法,如端点直线法、最小二乘法的直线拟合法等。

所谓动态特性,是指传感器在输入变化时输出的特性。在实际工作中,传感器的动态特性常用它对某些标准输入信号的响应来表示。这是因为传感器对标准输入信号的响应容易用实验方法求得,并且对标准输入信号的响应与它对任意输入信号的响应之间存在一定的关系,往往知道了前者就能推定后者。最常用的标准输入信号有阶跃信号和正弦信号两种,所以传感器的动态特性也常用阶跃响应和频率响应来表示。

3.2.3 交通领域常用传感器

从 19 世纪 30 年代初英美等国尝试利用气动橡皮管获取道路交通信息开始,经过数十年的发展,道路交通流的信息获取已经呈现出多元化、精细化和数字化等特点,大量不同种类的交通类传感器被广泛应用。

目前用于交通类的传感器主要有感应线圈、地磁传感器、气动道路检测器、被动式红外检测器、主动式红外检测器、多普勒雷达检测器、微波雷达检测器、超声波检测器、被动式声学检测器及图形检测器等。典型的交通传感器及其产品参数如表 3.1 所示。针对交通类传感器的特点,本章对典型交通领域传感器的原理和型号进行介绍。

表 3.1　不同交通传感器及其典型产品参数

传感器类型	典型设备型号	感知对象
感应线圈检测器	Inductive Loop	流量、速度、车型、车长、占有率、车辆存在
气动管式检测器	Pneumatic Road Tube	流量、速度、车型*、车长*
地磁检测器	SPVD	流量、速度、车型*、车长*、占有率、车辆存在
	3M Microloop	
多普勒雷达检测器	TC 26-B	流量、速度、车型*、车长*、占有率*、车辆存在
	TDN-30	
	Loren	
被动式红外检测器	ASIM IR 224	流量、速度、车型*、车长*、占有率*、车辆存在
	ASIM IR 254	
主动式红外检测器	Autosense Ⅱ	流量、速度、车型、车长、占有率
被动式声学检测器	Smar Tek SAS-Ⅰ	流量、速度*、车型、车长、占有率*、车辆存在*
	Smart Sonic TSS-Ⅰ	
超声波检测器	TC-30	流量、车辆存在
	Lane King	
车辆出现微波雷达检测器	Accuwave 150LX	流量、速度、车型*、车长*、占有率*、车辆存在
	RTMS	
视频图像检测器	Autoscope	流量、速度、车型、车长、占有率、车辆存在
	VideoTrak	
	Traficon	
	Vantage	
	Traffic Vision	

*部分特定型号产品具有该功能。

1. 机电类传感器

(1) 电阻式传感器

电阻式传感器是将被测量，如位移、形变、力、加速度、湿度、温度等这些物理量转换式成电阻值的一种器件，主要包括电阻应变式传感器、电位器式传感器和锰铜压阻传感器等。其结构是由电阻元件及电刷(活动触点)两个基本部分组成。电刷相对于电阻元件的运动可以是直线运动、转动和螺旋运动，因此可以将直线位移或角位移转换为与其成一定函数关系的电阻或电压输出。电阻式传感器优点在于其具有结构简单、输出精度较高、线性和稳定性好等特点。不足之处是受环境条件如温度等影响较大，以及分辨率不高。常用的是电阻应变式。

电阻应变式的工作原理是基于金属的应变效应，即导体或半导体材料在外力作用下产生机械变形时，其电阻值随之发生变化。金属丝的电阻(R)与材料的电阻率(ρ)及其几何尺寸(长度 L，截面积 A)有关，即

$$R=\frac{\rho L}{A} \tag{3-4}$$

金属丝在承受机械变形的过程中，L 和 A 会随之产生变化，从而引起金属丝的电阻值发生变化。工程上正是利用这一原理设计制造了一系列的应变片。初始电阻值为 R 的应变片粘贴在弹性敏感元件表面时，在一定应变范围内，应满足

$$\frac{\Delta R}{R}=K\varepsilon \tag{3-5}$$

其中，K 为应变片的灵敏度系数；ε 为应变片的应变，与主应力方向一致。

电阻应变式的结构各异，但其结构组成与图 3.1 的电阻丝式应变片基本相同。图中 L 为应变片的标距，是敏感栅沿轴向测量变形的有效长度；b 为敏感栅的宽度。

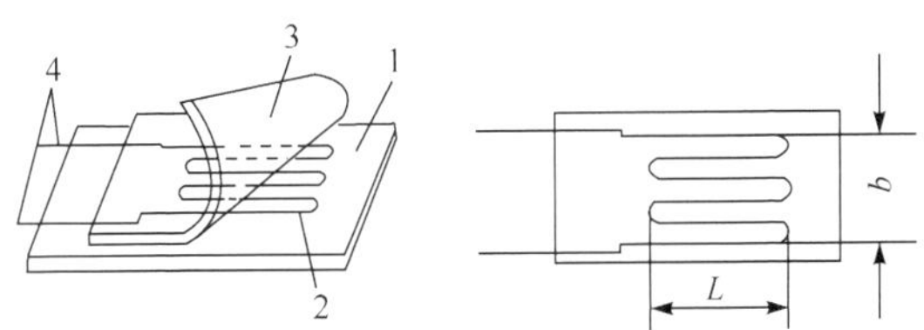

图 3.1　电阻丝应变片基本结构

1. 基底；2. 敏感栅；3. 覆盖层；4. 引线

(2) 电感式传感器

电感式传感器是利用线圈的自感或互感的变化实现非电量电测量的一种装置。它可以把连续变化的线位移或角位移转换为线圈的自感或互感连续变化。其优点是结构简单、工作可靠、测量范围广，以及灵敏度高；缺点是频率响应较差。

自感式传感器工作原理图如图 3.2 所示，线圈 L 套在固定铁芯 A 上，动铁芯 B 用拉簧定位，使 A 和 B 保持一定的初始距离 l_0，只要被测的非电量能够引起空气隙长度 l_0 或空气隙的等效界面 s_0 发生变化，线圈的电感量就会随之发生变化。

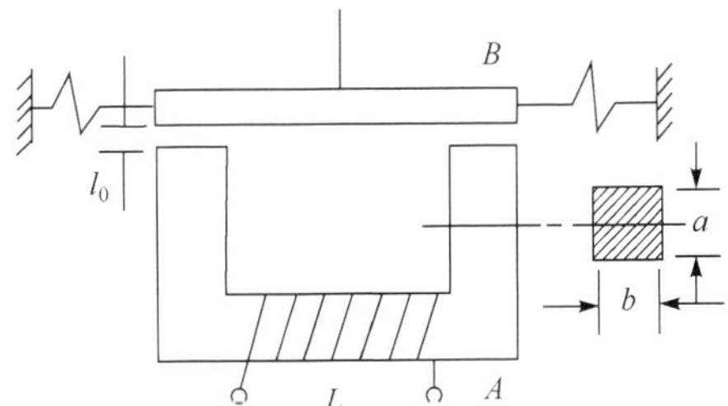

图 3.2　感光式传感器原理图

(3) 电容式传感器

电容式传感器也常常被人们称为电容式物位计。电容式传感器的电容检测元件是根据圆筒形电容器原理进行工作的(图 3.3),电容器由两个绝缘的同轴圆柱极板内电极和外电极组成,在两筒之间充以介电常数为 e 的电解质时,两圆筒间的电容量为 $C=2\Pi eL/\ln D/d$,式中 L 为两筒相互重合部分的长度,D 为外筒电极的直径,d 为内筒电极的直径,e 为中间介质的电介常数。在实际测量中,D、d、e 是基本不变的,因此测得 C 即可知道液位的高低,这也是电容式传感器具有使用方便、结构简单、灵敏度高、价格便宜等特点的原因之一。

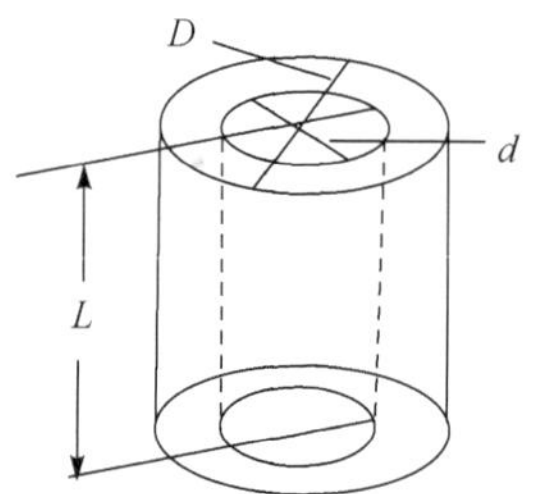

图 3.3　电容式传感器工作原理图

电容式传感器的优点是结构简单、价格便宜、灵敏度高、零磁滞、真空兼容、过载能力强、动态响应特性好,对高温、辐射、强振等恶劣条件的适应性强等;缺点是输出有非线性,寄生电容和分布电容对灵敏度和测量精度的影响较大,以及连接电路较复杂等。

(4) 压电式传感器

压电式传感器是一种自发电式和机电转换式传感器(图 3.4)。它的敏感元件由压电材料制成;压电材料受力后表面产生电荷,经电荷放大器和测量电路放大和变换阻抗后就成为正比于所受外力的电量输出。压电式传感器用于测量力和能变换为力的非电物理量。它的优点是频带宽、灵敏度高、信噪比高、结构简单、工作可靠和重量轻等;缺点是某些压电材料需要防潮措施,而且输出的直流响应差,需要采用高输入阻抗电路或电荷放大器来克服这一缺陷。

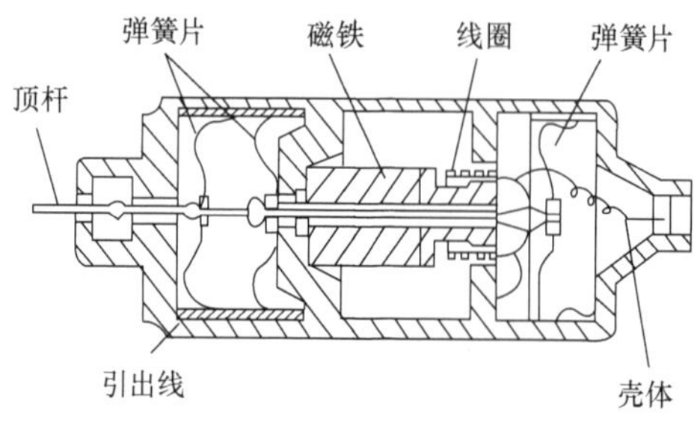

图 3.4　压电式传感器工作原理

(5) 磁电式传感器

磁电式传感器是利用电磁感应原理,将输入运动速度变换成感应电势输出的传感器。它不需要辅助电源,就能把被测对象的机械能转换成易于测量的电信号,是一种无源传感器。

动圈式磁电感应式传感器的结构原理图如图 3.5 所示。当线圈在垂直于磁场方向作直线运动或旋转运动时,若以线圈相对磁场运动的速度 v 或角速度 ω 表示,则产生的感应电动势 e 为

$$\begin{cases} e=-NBlv \\ e=-NBSw \end{cases} \tag{3-6}$$

其中,L 为每匝线圈的平均长度;B 为线圈所在磁场的磁感应强度;S 为每匝线圈的平均截面积。

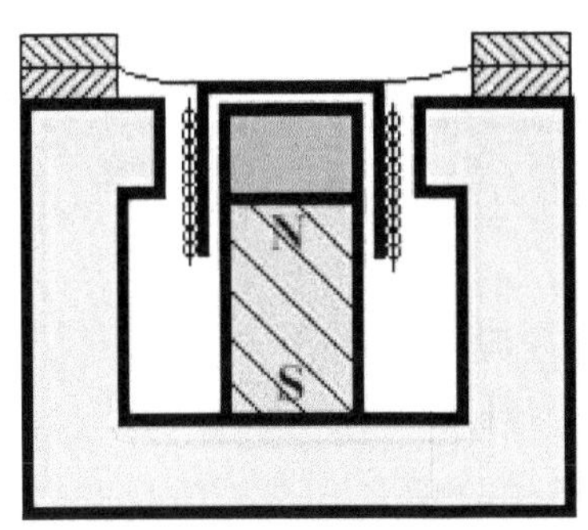

图 3.5　压电式传感器工作原理

(6) 霍尔传感器

霍尔传感器是根据霍尔效应制作的一种磁场传感器。霍尔效应是磁电效应的一种,这一现象是霍尔于 1879 年在研究金属的导电机构时发现的。其工作原理是磁场中有一个霍尔半导体片,恒定电流 I 从 A 到 B 通过该片(图 3.6)。在洛伦兹力的作用下,I 的电子流在通过霍尔半导体时向一侧偏移,使该片在 CD 方向上产生电位差,这就是所谓的霍尔电压。

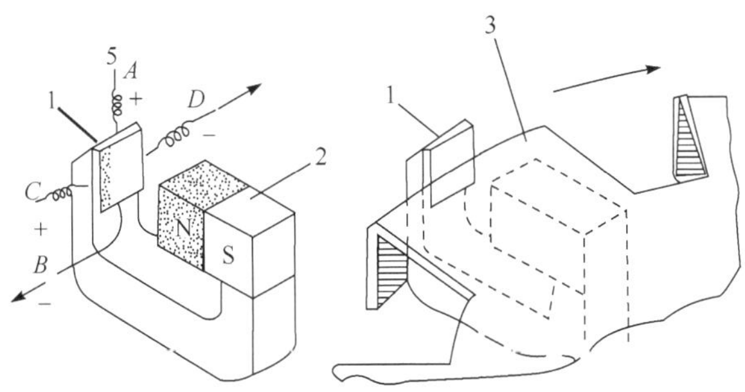

图 3.6　霍尔传感器工作原理

霍尔传感器分为线型霍尔传感器和开关型霍尔传感器两种。

① 开关型霍尔传感器由稳压器、霍尔元件、差分放大器，斯密特触发器和输出级组成，输出数字量。开关型霍尔传感器还有一种特殊的形式，称为锁键型霍尔传感器。

② 线性型霍尔传感器由霍尔元件、线性放大器和射极跟随器组成，输出模拟量。

线性霍尔传感器又可分为开环式和闭环式。闭环式霍尔传感器又称零磁通霍尔传感器。线性霍尔传感器主要用于交直流电流和电压测量。

2. 车载雷达

20 世纪 80 年代，随着微波器件和集成技术的快速发展，雷达系统在汽车运用领域取得较快的发展。法国和德国等欧洲国家率先对毫米波雷达防撞技术进行了研究，特别是宝马、奔驰等著名汽车生产厂商，其雷达选用的方式为调频毫米波雷达（frequency modulation continuous wave，FMCW），频段主要选择 76～77GHz。例如，奔驰公司和英国劳伦斯电子公司联合研制的汽车防撞报警系统，探测距离为 150m，当测得的实际车间距小于车间安全距离时，发出声光报警信号。该装置目前已经在小汽车、客车和卡车上安装，性能良好。

2000 年，丰田汽车公司研制了主动预防安全系统；三菱和日立公司在毫米波雷达防撞技术方面也做了大量的研究，其雷达选用的方式为 FMCW，中心频率主要选择 60～61GHz 或 76～77GHz，探测距离为 120 米；尼桑公司为 41LV-Z 配备了自适应巡航控制系统，该系统利用毫米波雷达作为探测传感器，为巡航驾驶提供判断信息。

美国防撞雷达的研究相对于欧洲和日本来说起步较晚，但目前美国的汽车防撞技术已经处于世界领先水平。福特公司开发的汽车防撞系统的工作频率为 24GHz，探测距离约 106m[12]。该系统理论上能根据转弯的角度信息自动适应路面的转弯情况，只探测本车道内车辆的信息，从而可避免旁车道上目标物的影响。近年来，美国高级波导公司正在研发一种红外激光全方位双回转汽车防撞系统，并且已获得专利。该系统可以进行 360 度全方位的障碍物扫描，经处理后转换为视频，准确地给出障碍物的方位、距离、碰撞时间等参数，并提供预警，以避免汽车碰撞事故[13]。

表 3.2 列出了汽车领域中常见的测距方式的主要技术参数。

表 3.2　汽车各种测距方式的主要技术参数对比表

	红外线	超声波	激光雷达	毫米波雷达	视频系统
最大探测距离/m	最大 50m	最大 10m	最大 150m，由激光功率决定	≥150m，由波速宽度和接收机灵敏度决定	≥100m
分辨率	100mm	3mm	最小 1mm	10mm	差
方向性	最小 30°	15°	能够达到 1°	最小 2°	好，由所用的棱镜决定
响应时间/ms	快，一般为 10ms	受声速的限制	快，一般为 10 ms	快，一般为 10ms	中，一般大于 100ms
温度稳定性	差	一般	好	好	一般
传感器脏、湿度等影响	一般	一般	差	好	差
环境适应性	恶劣天气适应性差，穿透能力强	恶劣天气适应性差，穿透能力强	恶劣天气适应性差，穿透能力强	恶劣天气适应性强，穿透能力强	恶劣天气适应性差，穿透能力差

3. 视觉图像传感器

视觉图像传感器是指将光照下的景物成像在物镜表面，形成二维空间的光学图像，同时能将二维光学图像转变为一维时序电信号的一类传感器。视觉传感器的种类繁多，按照其对光学图像的分别方式不同，可以分为电子扫描类、光机扫描类和固体扫描类。

电子束扫描式是早期的视觉图像传感器，其原理是通过成像物镜被摄景物成像在摄像管的靶面上，以靶面电阻分布或以靶面电位分布的形式将光强分布的光学图像存于靶面，同时通过电子束将其检测、提取出来，电子束在偏转线圈的作用下，进行场扫描，完成对整个图像的分解，形成视觉图像信号。

光机扫描式分为单元光机式和多元光机扫描式。单元光机扫描式将光电传感器与机械扫描设备配合使用，进行行扫描、场扫描。多元光机扫描式采用多个光电传感器，有序的排成一排，扫描中按排列顺序将扫描信号读出，形成图像信号。

固体自扫描视觉图像传感器是随着芯片制造技术和信号处理技术发展而来，主要有 CCD(charge coupled device)和 CMOS(complementary metal oxide semiconductor)传感器。这类传感器具备行扫描和场扫描功能，利用硅的光电效应原理，直接将成像物镜的光学图像转换成电荷密度分布的电荷图像，在脉冲的驱动作用下按照一定的准则输出，形成视觉图像信号。

视觉传感器种类又分为以下几种。

① USB 摄像头。USB 摄像头通常集成了摄像机、镜头和图像采集的功能，CCD 获取的光信号直接在内部芯片转换为数字图像，再经 USB 接口传输给计算

机进行处理。在车载计算机端可以采用 Directshow 技术，通过 VC++编程获取图像数据并进行处理。微软公司提供的 Direct Show 是在 Windows 平台上进行流媒体处理的一套开发包，与 DirectX 开发包一起发布。USB 摄像头的硬件成本低，方案简洁，且软件开发方便[14]，但其图像采集的速度难以满足实时性要求高的场合。

② 模拟摄像机+图像采集卡。这是在视频监控系统中普遍采用的图像获取方案。模拟摄像机拍摄到的电视图像画面通过同轴电缆传输给装在计算机上的数字图像采集卡，图像的获取和处理则是由图像采集卡提供的 SDK 开发包编程来实现。模拟摄像机的分辨率一般较低，传送的是 PAL 或 NTSC 的电视画面，其画面质量容易受到复杂电磁环境的干扰。在对画质要求不高的车载图像采集中，模拟摄像机+图像采集卡的方案是一种可以接受的方式。

③ 数字摄像机。数字摄像机一般同时具有图像采集和摄像机的功能，镜头可以按需配置。数字摄像机通常配备有高分辨率 CCD，内置功能强大的 DSP 处理器，可实时地将采集到的图像数字化，并通过高速接口(如 1394 或以太网)传送给计算机处理。在软件方面，数字摄像机也提供功能强大的 SDK 开发包，可以通过编程获取图像数据并对摄像机的参数进行调整和控制[15]。数字摄像机图像的传送因采用数字信号，受外界电磁干扰较小，其缺点是成本较高。

在交通系统中，车辆检测、车辆识别和车辆跟踪等都是基于视觉图像传感器进行的。车辆检测主要运用简单的方法提取图像中车辆感兴趣区域，传统的方法有光流法、祯差法和减背景法。车辆识别方法主要运用模式识别的方法对提取出的感兴趣区域进行车辆的判断，即判断提取出的运动目标是否为车辆。常用的方法主要是首先使用特征描述子表现车辆特征，如 Haar 小波、梯度直方图(HOG)、局部二值模式(LBP)等特征，然后使用分类器，如 Adaboost、支持向量机和随机决策树等。车辆跟踪主要是检测出目标进行连续的跟踪，并对车辆进行监控，目前主要采用的方法有滑动平均值、连续自适应的 MeanShift 算法、Camshift 和卡尔曼滤波等。

4. 超声波传感器

超速波为声波高于 20kHz 的机械波，能在液体、气液和固定中传播，超声波频率、速度与波长的关系为

$$\lambda=\frac{c}{f} \tag{3-7}$$

其中，λ 表示波长；c 表示速度；f 表示频率。

用超速波测量距离的方法有很多种，如共振法、相位差法、频差法、调频法等，其中比较多的是由 Galt 和 Pellam 研究的脉冲回波法，也称为渡越时间法。其基

本原理是超声波探头发出超速波，超声波到达被测物体表面后反射回来，该脉冲信号又被探头接受，记录所需的渡越时间，由介质中的声速和渡越时间即可求得传感器和目标的距离。超速波测距的原理如图 3.7 所示。

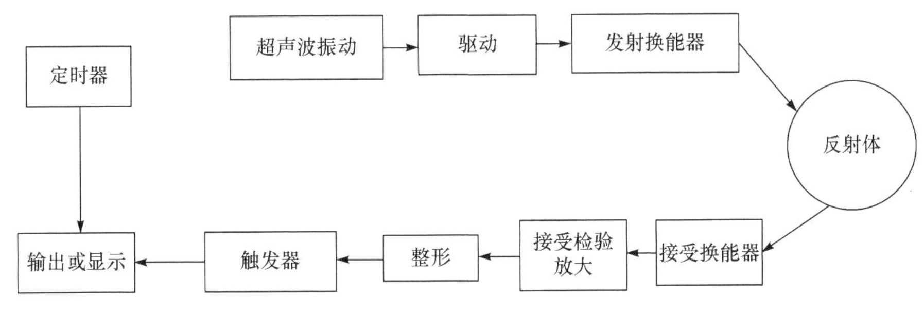

图 3.7　超声波测距原理图

超声波传感器的特性主要包括角度特性和距离特性，分别用角度信任函数 $\Gamma(\theta)$ 与距离信任函数表示，即

$$\Gamma(\theta)=\begin{cases}1-21\left(\dfrac{\theta\pi}{180}\right)^2, & |\theta|\leqslant a/2\\ 0, & |\theta|\geqslant a/2\end{cases} \tag{3-8}$$

$$\Delta(\rho)=1-\frac{1+\tan(2(\rho-\rho_v))}{2} \tag{3-9}$$

其中，θ 和 ρ 是任一点 (x,y) 相对于声波中轴的方位角度与相对于超声传感器的距离；ρ_v 是超声波由相对确定到不确定时测距的平滑转变；a 是超声传感器能感知到的最大散射角。

在实际过程中，环境中湿度、气压、温度对超声波在空气中的传播速度会产生影响，导致传感器测距结果会产生一定的误差，其中以温度变化影响最大，即

$$v_t=v_0\sqrt{1+t/273}\approx 0.607t+331.5 \tag{3-10}$$

其中，v_t 为 t 摄氏度时的声速；v_0 为零摄氏度时的声速；t 为温度。

5. 其他传感器

城市道路基础设施包括道路、桥梁、轨道及相关交通设备等。从信息获取层面而言，道路、桥梁、隧道的服役状态感知技术所采用的传感器有一定的共性。目前使用的传感器多为模拟量传感器，利用电流、电压频率等模拟信号传输信息，大多数传感器需要信号调理设备，甚至激励响应信号的支持。此类常用传感器有光纤光栅、应力应变传感器、位移传感器、风速仪、温度传感器、湿度传感器、加速度计、全球定位系统(GPS)等类型。获取的数据包括压力、拉力、形变、水位、温湿度和风速等环境信息。

除一般车辆以外，轨道交通列车常用的传感器包括用于列车轴箱状态监控的振动传感器，用于采集轴箱的振动频率，以电流或电压的方式将振动信号转换为电信号；用于传动系统状态监测的电流电压传感器，负责监控关键部位的电流及电压大小；用于监测制动系统状态的压力及温湿度传感器等。

3.3　多传感器信息融合原理和特点

3.3.1　多传感器信息融合定义

迄今为止，多传感器信息融合在国内外已给出众多的定义，它们也随着时间逐渐发展和完善。实验室理事联合会(Joint Directors of Laboratories，JDL) 在 1991 年把信息融合定义为："对自动检测、互联、关联、估计和联合的多源信息进行多级、多层次的处理。"Hall 和 Linas[16] 在 1997 年给出的定义是："利用多个传感器的联合数据，以及关联数据库提供的相关信息，来得到比单个传感器更准确、更详细的推论。"同时结合工程技术领域中的实际应用，归纳起来多传感器信息融合有 3 层含义。

① 信息的全空间，即信息包括确定的和模糊的、全空间的和子空间的、同步的和异步的、数字的和非数字的，它是复杂的多维多源的，覆盖全频段。

② 信息的综合、融合不同于组合，组合指的是外部特性，综合指的是内部特性，是系统动态过程中的一种信息综合加工处理。

③ 信息的互补过程，信息表达方式的互补、结构上的互补、功能上的互补、不同层次的互补，是融合算法的核心，只有互补信息的融合才可以使系统发生质的飞跃[17]。

现在一个更加确切且被广泛接受的定义是，利用计算机技术对时序获得的若干传感器的观测信息在一定准则下加以分析、综合，以完成所需的决策和估计任务而进行信息处理的过程[18]。

3.3.2　多传感器信息融合原理

多传感器信息融合是人类和其他生物系统中普遍存在的一种天然功能。人类本能的具有将身体上的各种感觉器官(眼、耳、口、鼻、四肢)所探测获得的信息(景物、声音、气味和触觉)与先验知识进行综合分析的能力，以便对周围的环境和正在发生的事件作出事态估计。由于人类的感官具有不同度量特性，可以测出不同空间范围内发生的各种物理现象，这一信息处理过程是复杂的，同时也是自适应的，能将各种信息(图像、声音、气味和物理形状或描述)转化为对环境信息判断具有一定价值的解释，如图 3.8 所示。多传感器信息融合实际上是就人脑面对复杂信息处理功能的一种仿真模拟，通过把多个传感器获得的信息按照一定的规则组合、归纳、推断,决策得到对观测对象的一致性解释和描述。

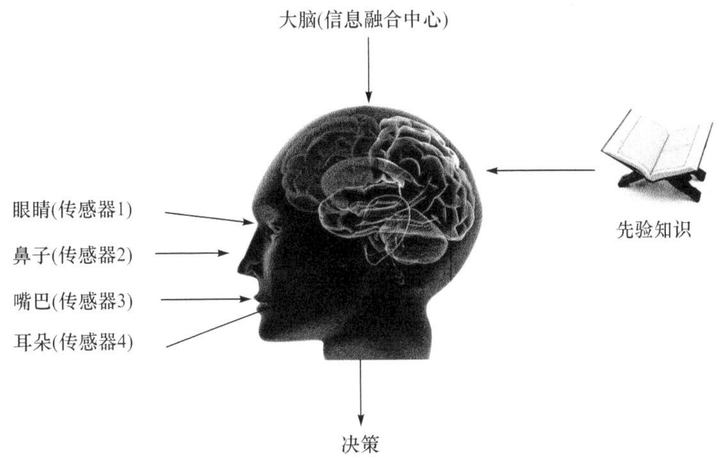

图 3.8 多传感器信息融合原理图

对于多传感器系统,各传感器的测量信息要进行预处理,将不同时空的传感器数据统一到同一时间和空间标准下,并且检测传感器测量数据的有效性。为了能够识别系统的状态,通常需要对传感器进行分析与建模,即对经过预处理的传感器信息进行某些运算或变换。多传感器系统的建模与分析方法如图 3.9 所示。各个子系统的性能、结构和模型如表 3.3 所示。

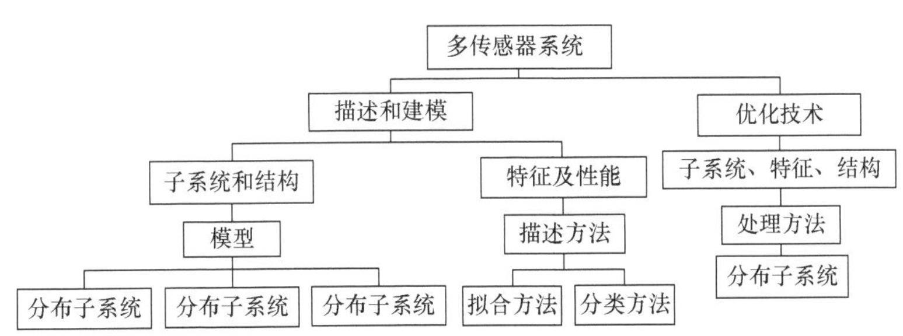

图 3.9 多传感器的数学描述方法

表 3.3 各子系统模型

	连续子系统	模糊子系统	分布子系统
性能	确定型	模糊型、随机型	分段连续型、模糊型、随机型
结构(连接方式)	确定型	加权型	无
模型(线性或非线性)	代数方程、常微分方程	代数方程、常微分方程、随机微分方程	代数方程、偏微分方程、随机微分方程

对多传感器而言,不同的整体系统设计要求决定了不同形式的传感器集成过程,但某些基本的功能却是许多执行过程所共有的。多传感器集成与融合的功能如图 3.10 所示。

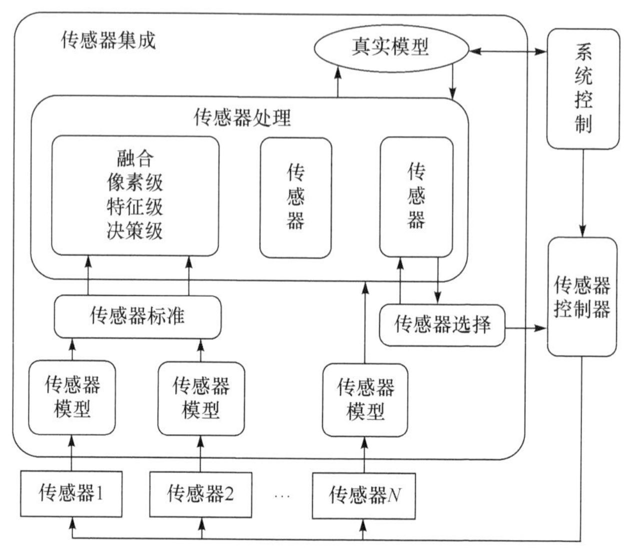

图 3.10　多传感器集成与融合的功能图

如果多个传感器共同观测某一过程,首先对每个传感器数据建立模型,然后利用融合、分离操作和引导不同的处理方法对多传感器进行集成。

3.3.3　多传感器信息融合特点

多传感器信息融合与经典信号处理方法之间存在本质区别,其关键在于信息整合处理的传感器信息具有更复杂的形式,而且可以在不同的信息层次上出现。运用多传感器信息融合技术进行信息综合处理,解决探测、跟踪和目标识别等方面问题具有如下特点。

① 增加了系统生存能力。在有若干传感器不能利用或受到干扰,或某个目标不在覆盖范围时,总会有一部分传感器可以提供信息,使系统能够不受干扰连续运行,弱化故障,并增加检测概率。

② 扩展了空间覆盖范围。通过多个交叠覆盖的传感器作用区域,扩大了空间覆盖范围,一些传感器可以探测其他传感器无法探测的地方,进而增加系统的监视能力和检测概率。

③ 扩展了时间覆盖范围。多个传感器的协同作用可提高系统的时间监视范围和检测概率,即当某些传感器不能探测时,另一些传感器可以检测、测量目标或

事件。

④ 提高了可信度。一种或多种传感器对同一目标或事件加以确认。

⑤ 降低了信息的模糊性。多传感器联合信息降低了目标或事件的不确定性。

⑥ 改善了探测性能。对目标或事件多种测量的有效整合，提高了探测的有效性。

⑦ 提高了空间分辨率。多传感器孔径可以获得比任何单一传感器更高的分辨率。

⑧ 增加了测量空间的维度。使用不同的传感器来测量电磁步谱的各个频段的系统，不易受到敌方行动或自然现象的破坏。

与单传感器相比，多传感器系统的复杂性大大增加，由此会产生一些不利因素，如提高成本，降低系统可靠性、增加设备物理因素（尺寸、重量、功耗），以及因辐射而增大系统被敌方探测的概率等。在执行每项具体任务时，必须将多传感器的性能裨益与由此带来不利因素进行权衡。

3.4　多传感器信息融合系统的模型

信息融合模型从功能模型和结构模型等方面来表示。其中功能模型主要从融合的过程出发，描述信息融合各组成部分和功能之间的相互作用过程；结构模型则主要从信息融合的组成出发，说明信息融合系统的软、硬件组成，相关数据流、系统与外部环境的人机界面。下面将着重介绍功能模型和结构模型。

3.4.1　功能模型

对于多传感器信息融合的分级，尚没有形成统一的观点。有学者根据融合的层次，把信息融合分为三级[19,20]。比较广义的信息融合分级法，是将信息融合分为五级[21-24]，分别为检测/判决融合、位置融合、目标识别（属性）信息融合、态势评估及威胁估计，其中前三级的信息融合适用于任意的多传感器信息融合系统，后两级一般适用于军事系统中的信息融合。这种从信息融合功能的角度出发把它分为五级，更有利于信息融合技术的研究（图 3.11）。

在图 3.11 中左边是传感器的监视/跟踪环境及数据的采集源。辅助信息包括人工情报、先验信息和环境参数。融合功能主要包括第一级处理、预滤波、采集管理、第二级、第三级、第四级、第五级处理、数据库管理、支持数据库、人机接口和性能评估。

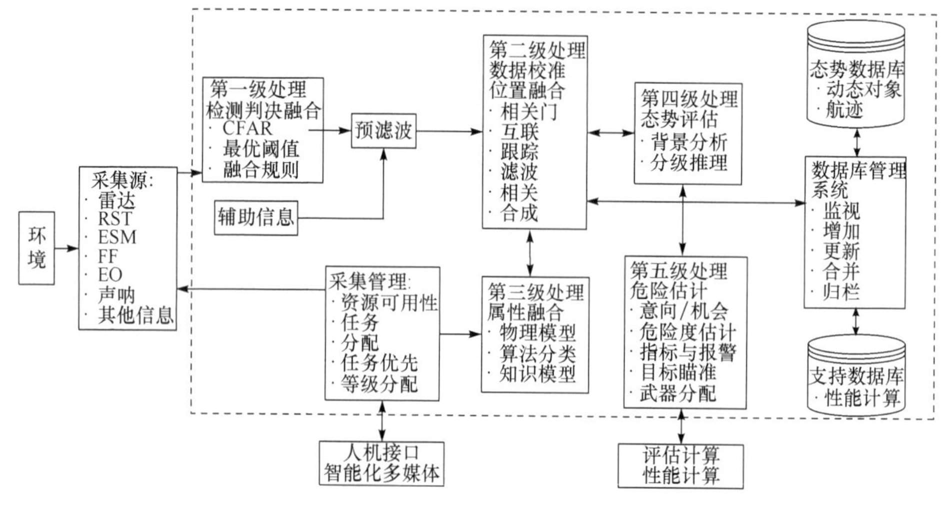

图 3.11　功能框图

第一级处理是信号处理级的信息融合，也是一个分布检测问题，通常是根据所选择的检测准则形成最优化阈值，以产生最终的检测输出。近几年的研究方向是传感器向融合中心传送经过某种处理的检测和背景杂波统计量，然后在融合中心直接进行分布式恒虚警(CFAR)检测。

预滤波根据观测时间、报告位置、传感器类型、信息的属性和特征来分选和归并数据，这样可控制进入第二级处理的信息量，以避免融合系统过载。

数据采集管理用于控制融合的数据收集，包括传感器的选择、分配及工作状态的优选和监视等。传感器任务分配要求预测动态目标的未来位置，计算传感器的指向角，规划观测和最佳资源利用。

第二级处理是为了获取目标的位置和速度，通过综合来自多传感器的位置信息建立目标的航迹和数据库，主要包括数据校准、互联、跟踪、滤波、预测、航迹关联及航迹融合等。

第三级处理是属性信息融合，指对来自多个传感器的目标识别(属性)数据进行组合，以得到对目标身份的联合估计，用于目标识别(属性)融合的数据包括雷达横截面积(RCS)、脉冲宽度、重复频率、红外谱或光谱等。

第四级处理包括态势的提取或评估。前者是指由不完整的数据集合建立一般化的态势表示，从面对前几级处理产生的兵力分布情况有一个合理的解释；后者是通过对复杂战场环境的正确分析和表达，导出敌我双方兵力的分布推断，绘出意图、告警、行动计划与结果。

第五级是威胁程度处理，即从我军有效地打击敌人的能力出发，估计敌方的杀伤力和危险性，同时估计我方的薄弱环节，并对敌方的意图给出提示和告警。

辅助功能包括数据库管理、人机接口与评估计算，它们也是融合系统的重要组成部分。

从处理对象的层次来看，第一级属于低级融合，是经典信号检测理论的直接发展。第二级和第三级数据中间层次，是最重要的两级，是进行态势估计和危险估计的前提和基础。实际上，融合本身主要发生在前三个级别上，而态势评估和危险估计只是在某种意义上与信息融合具有相似的含义。第四级和第五级是决策级融合，即高级融合，包括对全局态势发展和某些局部形势的估计，是 C3I 系统指挥的辅助决策过程中的核心内容。

3.4.2　结构模型

由于融合本身主要发生在检测、位置和属性级，因此在讨论结构模型时，只考虑前三级融合结构。

1. 检测级融合结构

从分布检测的角度看，检测级融合的结构模型主要有五种，即分散式结构、并行结构、串行结构、树状结构和带反馈并行结构。

分散式空间结构的分布检测系统如图 3.12 所示，这种空间结构实际上是将并行结构中的融合节点 S_0 取消后得到的。每个局部判决 $u_i(i=1,2,\cdots,N)$ 都是最终决策。在具体应用中，可以按照某种规则将这些分离的子系统联系起来，看成一个大系统，并遵循大系统中的某种最优化准则来确定每个子系统的工作点。

并行结构的分布检测系统如图 3.13 所示，N 个局部节点 $S_1, S_2, \cdots, S_N$ 的传感器在收到未经处理原始数据 $Y_1, Y_2, \cdots, Y_N$ 之后，在局部节点分别做出局部检测判决 $u_1, u_2, \cdots, u_N$，然后在检测中心通过融合得到全局判决 u_0。这种结构在分布式检测系统中的应用较为普遍。

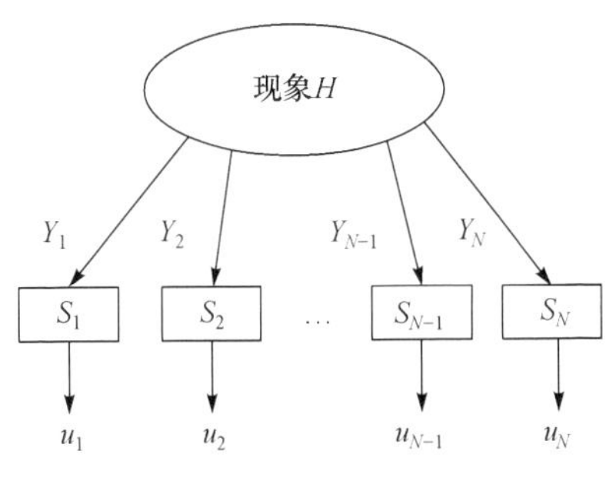

图 3.12　分散式结构

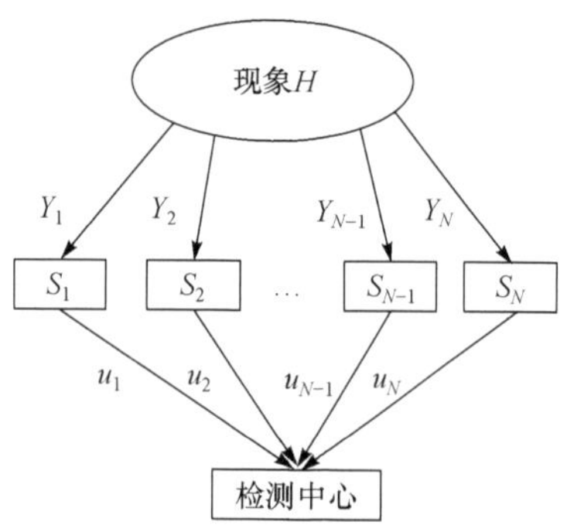

图 3.13　并行结构

图 3.14 为串行结构，N 个局部节点 S_1，S_2，…，S_N分别接收各自的检测后，首先由节点 S_1做出局部判决 u_1，然后将它通信到节点 S_2，而 S_2则将它本身的检测与 u_1融合形成自己的判决 u_2，重复前面的过程，信息继续向后传递，直到节点 S_N。最后，由 S_N将它的检测 Y_N与 u_{N-1}融合做出判决 u_N，即 u_0。

图 3.15 是包括五个节点的树状结构，N 个节点的情况类似。在这种结构中，信息传递处理流程是从所有的树枝到树根，最后在树根即融合节点，融合从树枝传来的局部判决和自己的检测，做出全局判决 u_2。

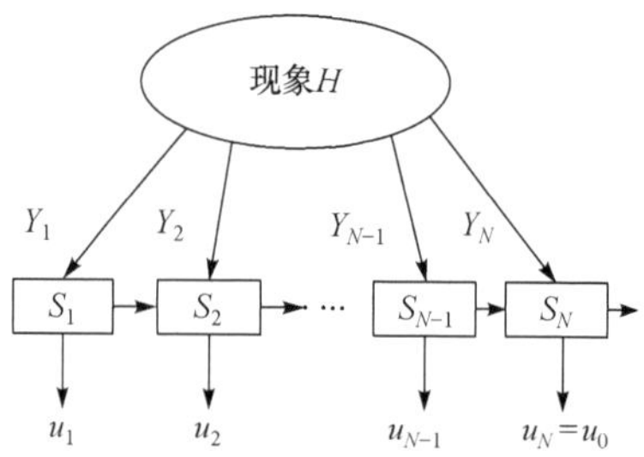

图 3.14　串行结构

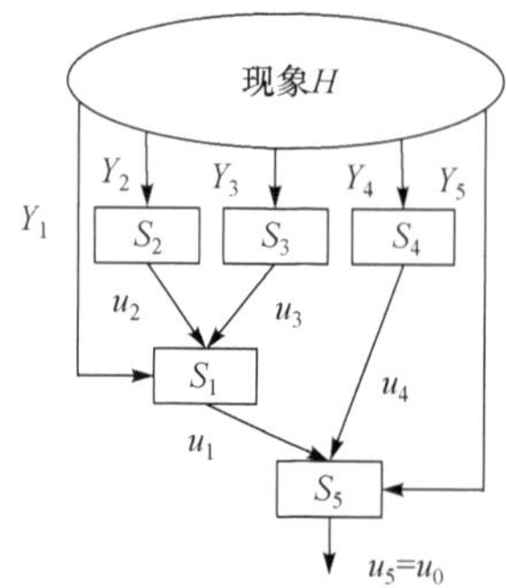

图 3.15　树状结构

图 3.16 表示的是带反馈的并行结构，在这种结构中，N 个局部检测器在接收到观测之后，把它们的判决送到融合中心，中心通过某种准则组合 N 个判决，然后把获得的全局判决分别反馈到各局部传感器作为下一时刻局部决策的输入，这种系统可以明显改善各局部节点的判决质量。

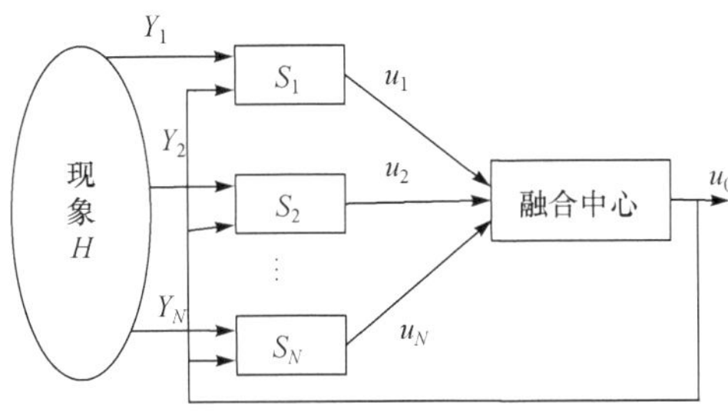

图 3.16　带反馈的并行结构

2. 位置融合结构

从多传感器系统的信息流通形式和综合处理层次上看，在位置融合级，其系统结构模型主要有集中式、分布式、混合式和多级式。图 3.17～图 3.20 分别是集中式、分布式、混合式和多级式融合系统的结构框图。

集中式结构将传感器录取的检测报告传递至融合中心，在那里进行数据对准、点迹相关、数据互联、航迹滤波、预测与综合跟踪。这种结构的最大优点是信息损失最小，但数据互联较困难，并且要求系统必须具备大容量的能力，因此计算负担重，系统的生存能力也较差。

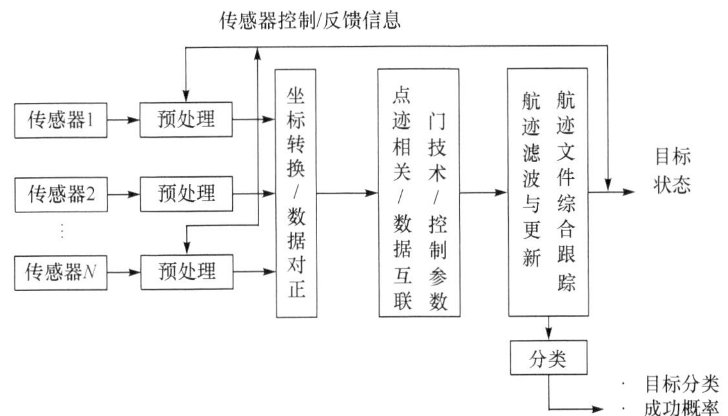

图 3.17　集中式融合

分布式结构的特点是，每个传感器的检测报告在进入融合以前，先由它自己的数据处理器产生局部多目标跟踪航迹，然后把处理后的信息传送至融合中心，中心根据各节点的航迹数据完成航迹关联和航迹融合，形成全局估计，这类系统应用很普遍。特别是，在军事 C^3I 系统，它不仅具有局部独立跟踪能力，而且还有全局监视和评估特征的能力。系统的造价也可以限制在一定的范围内，并且有较强的自下而上的能力。这种结构还称作分级式和自助式融合，而分布式结构有人称作是委员会结构，也就是说分布结构可以进一步细分成分级式和委员会结构。在委员会结构中各节点联结成类似于环形的结构，甚至还有相互交叉的信息传输。

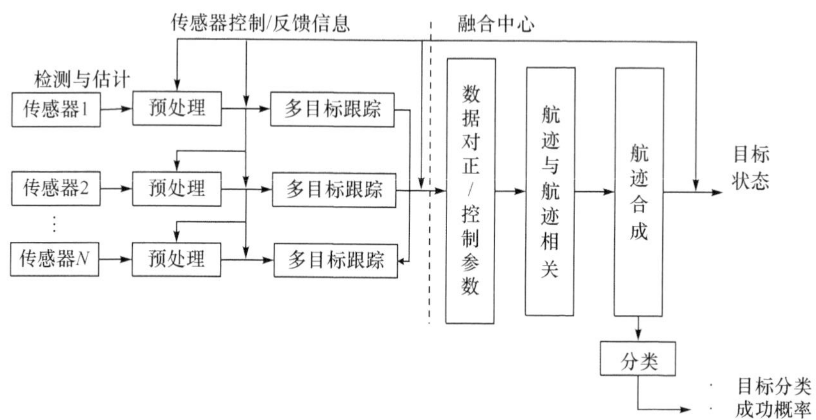

图 3.18　分布式融合

混合式同时传输探测报告和经过局部节点处理后的航迹信息，保留了上述两类系统的优点，但在通信和计算上要付出昂贵的代价。对于安装在同一平台上的不同类型传感器，如雷达、敌我识别(IFF)、红外搜索与跟踪、电子支援措施(ESM)组成的传感器群也许用混合式结构更合适。例如，机载多传感器数据融合系统。

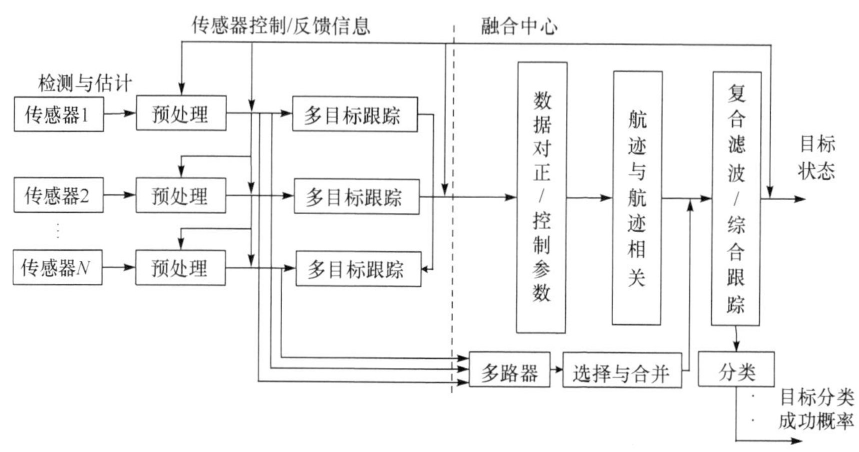

图 3.19　混合式融合

在多级式结构中，各局部节点可以同时或分别是集中式、分布式和混合式的融合中心，它们将接收和处理来自多个传感器的数据，而系统的融合节点要再次对各局部融合节点传送来的航迹数据进行关联和融合，也就是说目标的检测报告要经过两级以上的位置融合处理，因此把它称作多级式系统。

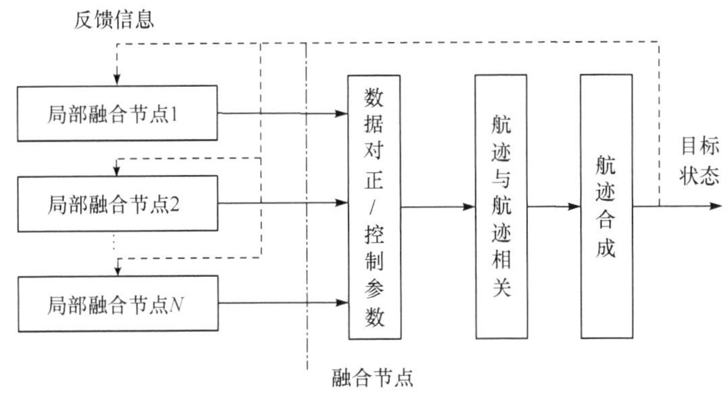

图 3.20　多级式融合

为了提高局部节点的跟踪能力，对分布式、混合式和多级式系统，其局部节点也经常接收来自融合节点的反馈信息。

如果从数据融合系统的五个层次上看，任何一个军用多传感器系统都可以看成是多级式融合结构。关于位置融合级还有有序融合模式，对多传感器被动定位还有单、多基地系统之分。

3. 目标识别融合结构

目标识别(属性)的数据融合结构主要有决策层属性融合、特征层属性融合和数据层属性融合三类。

决策层属性融合结构如图 3.21 所示。在这种方法中，每个传感器为了获得一个独立的属性判决要完成一个变换，然后顺序融合来自每个传感器的属性判决。其中 I/D_i 是来自第 i 个传感器的属性判决结果。

特征层属性融合的结构如图 3.22 所示。在这种方法中，每个传感器观测一个目标，并且为了产生来自每个传感器的特征向量要完成特征提取，然后融合这些特征向量，并基于联合特征向量做出属性判决。另外，为了把特征向量划分成有意义的群组必须运用关联过程，对此位置信息是有用的。

属性融合的最后一种结构如图 3.23 所示。在这种数据层融合方法中，直接融合来自同类传感器的数据，然后是特征提取和来自数据的属性判决。为了完成这种数据层融合，传感器必须是相同的(如几个红外(IR)传感器)或者是同类的(例如一个红外传感器和一个视觉传感器)。为了保证被融合的数据对应相同的目标，关联要基于原始数据完成。

与位置融合结构类似，通过融合靠近信源的信息可以获得较高的精度，即数据层融合可能比特征层精度高，而决策层融合可能最差，但数据层融合仅对产生同类观测的传感器是适用的。当然通过这三种方法也可以组成其他混合结构。另外，就融合的结构而论，位置和属性融合是紧密相关的，并且常常是并行同步处理的，这就是有人把它们看成是一级融合的原因。

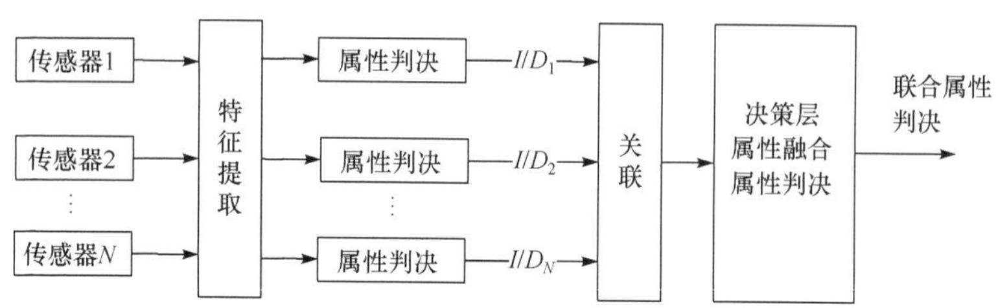

图 3.21　决策层属性融合

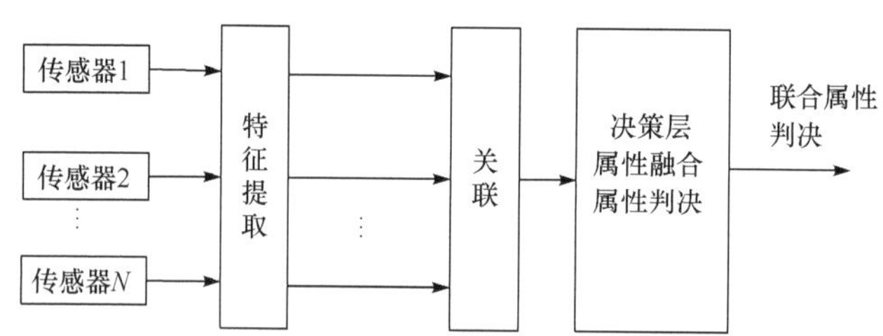

图 3.22　特征层属性融合

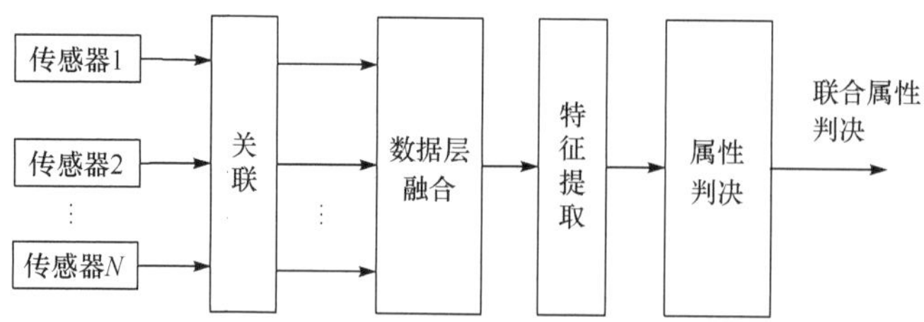

图 3.23　数据层属性融合

当前，多传感器信息融合系统正向着智能化、多功能化和网络化的方向发展。大多数有关信息融合的研究工作都将围绕多传感器数据的融合，因此信息融合技术主要应用于带有多个传感器或传感器网络的信息与控制系统。随着多传感器信息融合研究与应用的深入，未来的多传感器信息融合将是一个更加复杂的信息处理过程，不仅包括许多具体的算法，而且结构也比较复杂。如何根据实际情况将算法与结构有机地结合，为整个融合系统提供更加有效的融合策略，是解决动态、复杂和未知环境下信息融合技术的关键问题。

3.5 信息融合系统的设计方法与原则

信息融合系统随着新型传感器技术、微电子技术、计算机技术和人工智能技术的发展而得以迅速发展。信息融合系统包括硬件和软件两大部分。基本设计原则与步骤如下。

3.5.1 分析问题和确定任务

在对信息融合系统进行设计之前,需要对解决的问题进行调查研究和分析认证,如信息获取的种类、多源信息获取的方式和手段等。在此基础上,确定融合系统要完成的数据采集任务和技术指标,确定系统设计的总体技术路线,进而确定相应的硬件系统和开发软件的手段等。

3.5.2 硬件系统设计原则

信息采集是把被测对象的各种参量(物理量、化学量和生物量等)通过传感器元件作适当变化后,再经过信号调理、采样、量化、编码和传输等步骤,最后送到控制器进行数据处理或存储的过程。因此,硬件系统作为计算机与外部世界的桥梁,是多源信息采集的基本,获取信息的重要途径。硬件部分又分为模拟部分和数字部分。硬件基本组成如图 3.24 所示。

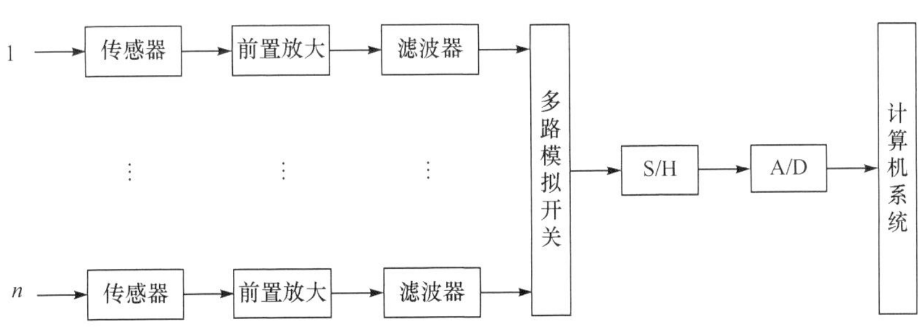

图 3.24 信息融合系统硬件基本组成

传感器是把非电的物理量转换成模拟电信号,放大器用来放大和缓冲输入信号。传感器和电路中的器件常会产生噪声,人为的发射源也可以通过各种渠道增加信号通道的噪声,这些噪声可以用滤波器来衰减,以提高模拟输入信号的信噪比。在信息融合系统中,由于是多源数据,需要对多个物理量进行采集,便需要通过多路模拟开关来实现。多路模拟开关可以分时选择来自多个通道的某一路信号。采样/保持器(S/H)作用时快速拾取模拟多路开关输出的子样脉冲,并保持幅值恒定。A/D转换器是模拟输入通道的关键电路,A/D转换的结果直接输出给计算机。

硬件系统设计的任务是以所选择的微型机为中心,设计出与之配套的电路,经过调试成功后组成硬件系统。其设计步骤则应充分考虑以下原则。

(1) 安全性和可靠性

硬件系统需要考虑环境的温度、湿度、压力、粉尘等要求,以保证在规定的工作环境下,系统性能温度、工作可靠。要有超量程和过载保护,保证输入、输出通道正常工作,同时注意对交流电与电火花的隔离。

(2) 抗干扰能力

对于信息融合系统,由于涉及多源信息的采集问题,完善的抗干扰措施显得尤为重要,是保证系统精度、工作正常和不产生错误的必要条件。例如,强电与弱电之间的隔离,对电磁干扰的屏蔽,正确接地、高输入阻抗下的防止漏电等。

(3) 确定微型计算机的配置方案

需要根据具体的信息采集需求,选择微处理器芯片、单片微型芯片或工业计算机等作为信息融合系统的控制处理机。微型计算机是整个系统性能的关键,同时需要兼顾成本。

3.5.3 软件系统设计原则

软件系统设计是从软件需求规格说明书出发,根据需求分析阶段确定的功能设计软件系统的整体结构、划分功能模块、确定每个模块的实现算法,以及编写具体的代码,形成软件的具体设计方案。软件系统的一般设计流程如图3.25所示。

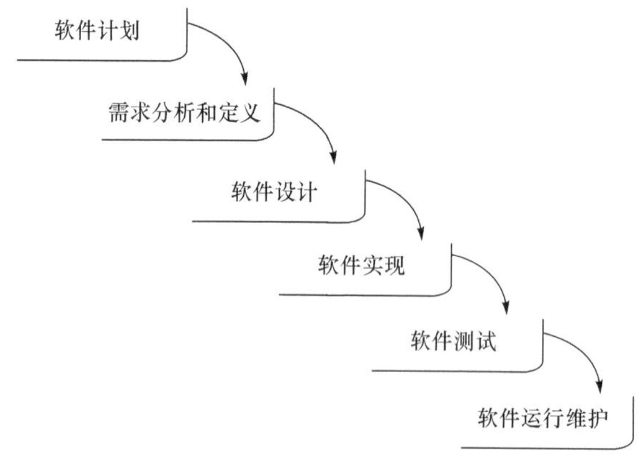

图3.25　信息融合系统软件设计流程

(1) 可靠性

软件系统越复杂,其可靠性越难以保证。软件系统的可靠性关系到信息融合系统数据采集的准确性和有效性。这就需要在进行软件系统设计时充分考虑软件在信息采集和处理过程中可能发生的故障，且一旦发生故障后，具有排除故障的能力。软件可靠性和硬件可靠性本质区别在于，前者是由于设计和实现过程的错误所致，因此软件系统的可靠性需要在设计阶段确定，在生产和测试阶段再考虑就困难了，而后者是由物理机理衰变和老化所致。

(2) 鲁棒性

鲁棒性是指控制系统在一定(结构、大小)的参数摄动下，维持其他某些性能的特性。在实际问题中，系统特性或参数的摄动常常是不可避免的。产生摄动的原因主要有两个方面，一个是由于量测的不精确使特性或参数的实际值会偏离它的设计值(标称值)，另一个是系统运行过程中受环境因素的影响而引起特性或参数的缓慢漂移。因此，鲁棒性是信息融合系统的设计中必须考虑的一个基本问题。

(3) 可维护性

软件的可维护性是指理解、改正、改动、改进软件的难易程度。要求以科学的方法设计软件，使之有良好的结构和完备的文档，系统性能易于调整和维护。

(4) 可测试性

软件的可测试性是指软件发现故障并隔离、定位其故障的能力特性，以及在一定的时间和成本前提下，进行测试设计、测试执行的能力。Bach 这样描述可测试性，软件可测试性就是一个计算机程序能够被测试的容易程度。以下是一个常见的软件可测试性检查表。

① 可操作性。运行的越好，被测试的效率越高。

② 可观察性。所看见的，就是所测试的。

③ 可控制性。对软件的控制越好，测试越能够被自动执行与优化。

④ 可分解性。通过控制测试范围，能够更好地分解问题，执行更灵巧的再测试。

⑤ 简单性。需要测试的内容越少，测试的速度越快。

⑥ 稳定性。改变越少，对测试的破坏越小。

⑦ 易理解性。得到的信息越多，进行的测试越灵巧。

(5) 效率性

软件的效率性一般用程序的执行时间和所占用的内存容量来度量。在达到原理要求功能指标的前提下，程序运行所需时间越短和占用存储容量越小，则效率越高。

(6) 标准化原则

在结构上实现开放，基于业界开放式标准，符合国家和信息产业部的规范。

(7) 先进性

满足信息融合系统的需求，系统性能可靠，易于维护。

(8) 可扩展性

软件设计完留有升级接口和升级空间,对扩展开放,对修改关闭。

3.5.4 传感器类型确定原则

在信息融合系统中,需要根据具体的任务和目的来合理地设计单/多传感器系统,从而对获取的有用数据进行融合处理,并解决某一实际问题。信息融合效果的好坏,在很大程度上取决于传感器的选用是否合理,获取的数据是否可靠。在选好传感器种类后,还需要明确获取数据的类型。即使是测量同一物理量,也有多种原理的传感器可供选用,哪一种原理的传感器更为合适,则需要根据被测量的特点和传感器的使用条件考虑以下具体问题。

① 量程的大小,需要考虑被测对象是否在传感器的量程范围内。

② 被测位置对传感器体积的要求,由于系统空间位置所限,传感器的体积和面积也需要考虑。

③ 传感器需要满足环境要求,某些系统需要在高温、高压或雨水中运行,需要考虑传感器是否满足系统所处环境的要求。

④ 测量方式为接触式,还是非接触式。

⑤ 信号的引出方法,有线或是非接触测量。

⑥ 传感器的来源,品牌和性能的选择,价格能否承受。如果是研发系统样机,可能不需要考虑价格和品牌的问题,但涉及推广应用,需要考虑成本的问题。

在考虑上述问题之后就能确定选用何种类型的传感器,然后再考虑传感器的具体性能指标是否能够满足系统的要求。

1. 灵敏度选择

灵敏度是指传感器在稳态工作下输出变化对输入变化的比值,用S_n来表示特性曲线在某处的斜率,即

$$S_n=\frac{\mathrm{d}y}{\mathrm{d}x} \tag{3-11}$$

通常在传感器的线性范围内,传感器的灵敏度越高越好,越有利于信号处理。传感器的灵敏度越高,与被测量无关的外界噪声也越容易混入,从而影响测量精度。同时,灵敏度越高,意味着价格越高。因此,在选择传感器时,需要考虑传感器本身应具有较高的信噪比,尽量减少从外界引入的厂扰信号。传感器的灵敏度具有方向性。当被测量是单向量,而且对其方向性要求较高,则应选择其他方向灵敏度小的传感器;如果被测量是多维向量,则要求传感器的交叉灵敏度越小越好。

2. 频率响应特性选择

理论上而言，所有传感器具有不同程度的延迟，在传感器系统设计中，希望延迟时间越短越好，考虑到在选择传感器时系统所处的环境、性能要求，以及成本的考虑，需要作出一定程度的妥协。传感器的频率响应特性决定了被测量的频率范围。传感器的频率响应越高，可测信号的频率范围就越宽。在选择传感器时，必须使得所测值在允许的频率范围内保持不失真，并且在动态测量中，应根据信号的特点(稳态、瞬态和随机等)响应特性，以免产生过大的误差。

3. 线性范围选择

传感器的线性范围是指输出与输入成正比的范围。传感器的线性范围越宽，意味着其量程越大。虽然实际上任何传感器的线性度都是相对的，都不能保证绝对的线性，但是在设计传感器系统时，应充分考虑所选择的的传感器类型是否满足其线性范围的要求。为方便测量和系统设计，当所要测量的目标精度要求比较低时，在一定程度下，可将非线性误差较小的传感器近似看作线性的。

4. 稳定性选择

传感器的稳定性是指传感器在使用一段时间后，其性能保持不变化的能力。传感器的使用环境与其本身的结构、性能是影响传感器长期稳定性的主要因素。因此，为使传感器系统保持良好的稳定性，首先是选择稳定性较好和环境适应能力较高的传感器。在对传感器系统设计之前，应对系统的使用环境进行调查和评估，根据具体的使用环境选择合理的传感器，或者采取适当的措施，减小环境对传感器的影响。尤其是，有些系统所处环境要求传感器能长期使用且不易更换的情况下，对传感器稳定性的选择需要尤为重视。传感器的稳定性有定量指标，在超过使用期后，在使用前应重新进行标定，以确定传感器的性能是否发生变化。

5. 精度选择

作为传感器最为重要的性能指标之一，传感器的精度关系到整个系统是否可信的一个重要环节。传感器的精度一般情况下与价格成正比，精度越高价格越贵，反之则越便宜。因此，在对传感器系统进行设计时，所选择的传感器只需满足整个系统的精度要求就可以，不必选得过高，这样可以满足系统功能需求的情况下降低成本。如果测量目的是定性分析的，选用重复精度高的传感器即可，不宜选用绝对量值精度高的；如果为了定量分析，此时需要获得精确的测量值，就需要选用精度等级较高的传感器。

一般情况下，可以根据以上的原则和方法选择合适的传感器，但对某些特殊系统或运行环境，无法选到合适的传感器，则需要自行设计研制和开发传感器。无论是选择还是研制传感器，其性能必须满足系统的设计和使用要求。

参考文献

[1] 曹辉，吴超仲，严新平．多传感器信息融合技术及其在驾驶模拟器中的应用．交通与计算机，2004，4：48-51.

[2] 曹辉，严新平，吴超仲，等．基于动力学分析的驾驶模拟器运动仿真算法．武汉理工大学学报(交通科学与工程版)，2005，3：404-406，428.

[3] 初秀民，严新平，吴超仲，等．汽车驾驶操作信息数据库与采集系统设计．中国安全科学学报，2005，1：32-36.

[4] 张存保，杨晓光，严新平．基于浮动车的交通信息采集系统研究．交通与计算机，2006，5：31-34.

[5] 张存保，杨晓光，严新平．移动交通检测系统中探测车的样本数量．中国公路学报，2007，1：96-101.

[6] 张存保，杨晓光，严新平．基于浮动车的高速公路交通事件自动判别方法研究．武汉理工大学学报(交通科学与工程版)，2006，6：973-975，983.

[7] 贺宜，褚端峰，吴超仲，等．基于 MPC 的大型车辆防侧翻控制方法．交通运输系统工程与信息．2015，15(3)：89-99.

[8] 贺宜，吴超仲，吴业福，等．一种机动车驾驶人道路考试智能评判监测系统．交通信息与安全，2011，29(1)：93-96.

[9] 贺宜，吴超仲，陈志军，等．长途客车事故现状及致因分析．交通信息与安全，2011，29(5)：78-82.

[10] 陈志军，吴超仲，贺宜，等．汽车驾驶不良手势检测系统设计与实现．交通信息与安全，2011，(5)：96-98.

[11] Tsai R Y. An efficient and accurate camera calibration technique for 3D machine vision// IEEE Computer Society Conference on Computer Vision and Pattern Recognition，1986：364-374.

[12] Ester M，Kriegel H P，Sander J，et al. A density-based algorithm for discovering clusters in large spatial databases with noise// Proceedings of 2nd International Conference on Knowledge Discovery and Data Mining，1996：226-231.

[13] Duda R O，Hart P E，Stork D G. Pattern Classification (2nd Ed). New York：Wiley，2001.

[14] Qian W N，Gong X Q，Zhou A Y. Clustering invery large databases based on distance and density. Journal of Computer Science and Technology，2003，18(1)：67-76.

[15] Zhou S G，Zhou A Y，Jin W，et al. FDBSCAN：a fast DBSCAN algorithm. Journal of Software，2000，11(6)：735-744.

[16] Hall D L，Llinas J. An int roduction to muliti-sensor data fusion. Proc IEEE，1997，85 (1) ：6-23.

[17] 何友,王国宏,陆大绘,等. 多传感器信息融合及应用(2版). 北京:电子工业出版社,2000.

[18] 权太范. 信息融合神经网络模糊推理理论与应用. 北京:国防工业出版社,2002.

[19] Llinas J,Waltz E. Multisensor Data Fusion. Massachusetts: Artech House,1990.

[20] Hall D L. Mathematical Techniques in Multisenosor Data Fusion. Boston: Artech House,1992.

[21] 任彦. 多传感器信息融合研究. 哈尔滨工程大学硕士学位论文,2004.

[22] 何友,彭应宁,陆大,等. 多传感器数据融合模型综述. 清华大学学报(自然科学版),1996,36(9):14-20.

[23] 荆晓鹏. 数据链与被动雷达信息融合方法研究. 西北工业大学硕士学位论文,2005.

[24] 郭军. 多传感器融合目标识别关键技术. 国防科学技术大学硕士学位论文,2008.

第四章　交通视觉增强的信息融合

4.1 引　　言

在雨、雾、霾、雪、沙尘等能见度低的恶劣天气条件下，交通运行环境的可视性变差，驾驶员通过视觉获得交通运行环境信息不足，极易发生恶性交通事故，导致人员伤亡[1]。

为了有效实施交通运行的动态监管，减少交通事故，近年来交通运输管理部门积极建立全方位、全天候、立体化的交通运输状态监管系统。然而，雾、雨、霾、雪、沙尘等恶劣天气严重影响了视频监管的效果，夜间光照不足等情况也会造成视程上的障碍，影响全天候交通运输监管的目标。

夜晚和雾天都会影响人们的视觉系统，但是夜晚与雾天对视觉的影响和增强处理有本质的区别。夜晚能见度差是因为光照不足，而红外等设备依然能得到对象物体的反馈信息。雾、沙尘等恶劣天气造成的低能见度，则是由于大气中的水汽、沙尘颗粒等折射造成的反馈信号污染而形成的视觉模糊[2,3]。这种情况下的视觉增强难度更大，更依赖于复原模型和多传感器融合增强算法[1]。

4.2 基于视频图像处理的交通视觉增强方法

在低能见度条件下，视觉模糊的实质就是场景中目标淡化与背景接近。视觉增强目的是为了突出视觉范围内的有用目标信息，扩大图像中不同物体特征之间及其与背景的差别。由于具体应用目的和要求不同，因此“有用”的含义和标准也不相同。一般情况下，经过增强处理后，图像的视觉效果会发生变化。这种变化意味着图像的视觉效果得到了改善，某些特定信息得到了增强[1]。下面简要介绍常用的基于视频图像的视觉增强方法。

4.2.1 基于图像空域变换的视觉增强方法[1]

图像分为灰度图像和彩色图像，而彩色图像可以由红、绿、蓝三基色合成得到。对于灰度图像，在图像空间所进行的灰度变换是一种点处理方法，它将输入图像中每个像元(x,y)的灰度值$f(x,y)$，通过映射函数$T(\cdot)$，变换为输出图像$g(x,y)$，即[1]

$$g(x,y)=T(f(x,y)) \tag{4-1}$$

根据不同的应用要求，可以选择不同的变换函数，常见的灰度变换方法有直接灰度变换和灰度直方图变换。

在彩色图像的增强处理中，一般的处理过程是对三个颜色分量分别按灰度图处理方法进行对比度增强运算。由于颜色分量的独立性无法保证三者的线性变换系数相同，可能会破坏图像的色调协调性。因此，先将 RGB 空间的输入图像转换成灰度图像，并在灰度空间对其进行对比度增强处理，然后将处理结果分别对 RGB 分量进行等比例伸缩处理[1]。

1. 直接灰度变换图像增强法[1]

直接灰度变换包括传统的光学增强方法，如灰度调节、对比度调节、图像反转等技术和基于一定数学映射关系实现的线性（非线性）拉伸两大类。当然，前者也可以通过数学变换实现。

（1）线性拉伸变换

线性拉伸是将输入图像（原始图像）灰度值的动态范围按线性关系公式拉伸扩展至指定范围或整个动态范围。对于常见的 8 位灰度图像而言，其动态范围为［0,255］。线性拉伸采用的变换公式一般为

$$g(x,y)=C*(f(x,y)+R) \tag{4-2}$$

其中，C 和 R 的值由输出图像的灰度值动态范围决定，线性拉伸可分为按比例线性拉伸和分段线性拉伸。

① 按比例线性拉伸。

假定原始输入图像的取值范围为$[f_{\min},f_{\max}]$，输出图像的取值范围为$[g_{\min},g_{\max}]$，则

$$g(x,y)=\frac{f(x,y)-f_{\min}}{f_{\max}-f_{\min}}(g_{\max}-g_{\min})+g_{\min} \tag{4-3}$$

图 4.1(a)给出了线性拉伸的示意图，表示将原始输入图像的灰度范围不加区别地扩展，图 4.1(b)表示的是限幅线性拉伸的示意图。它将图像低灰度值和高灰度值像元的灰度级进行了适当的合并，而将中间部分的灰度值进行了拉伸，图中所表示的限幅范围可以自由选择。

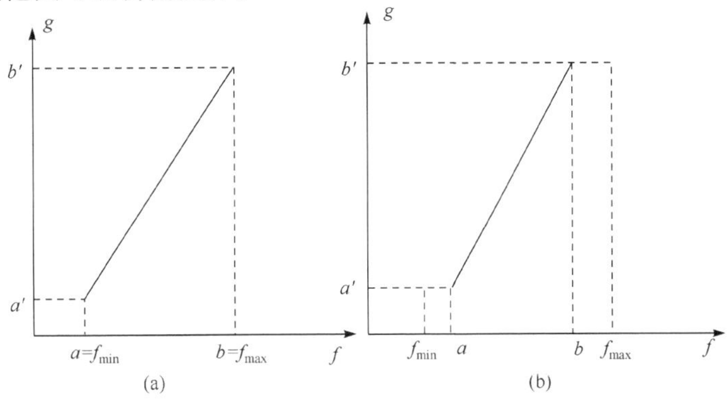

图 4.1　按比例线性拉伸示例

② 分段线性拉伸。

按比例线性拉伸可以将原始输入图像中的灰度值不加区别地扩展，在实际应用中，为了突出图像中感兴趣的研究对象，常常要求局部扩展某一范围的灰度值，或对不同范围的灰度值进行不同的拉伸处理，即分段线性拉伸。一般来讲，分段线性拉伸实际上是仅将某一范围的灰度值进行拉伸，而其余范围的灰度值实际上是被压缩了。图 4.2 给出了常用的几种分段线性拉伸的示意图，其中图 4.2 对应的变换如式(4-3)所示。

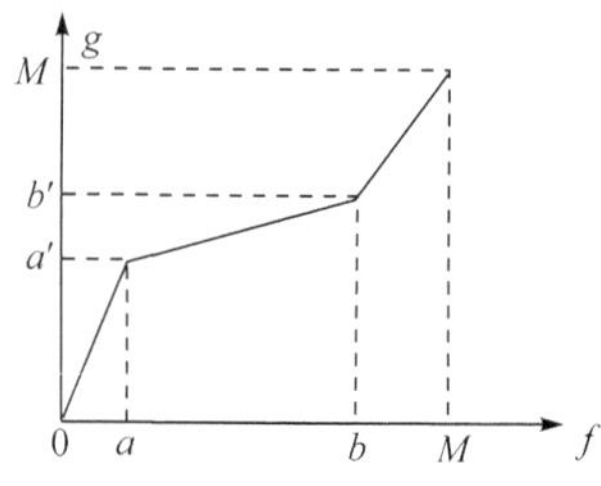

图 4.2　分段线性拉伸示例

(2) 非线性拉伸

非线性拉伸不是对图像的整个灰度值范围进行扩展，而是有选择地对某些灰度值范围进行扩展，其他范围的灰度值则有可能被压缩。与分段线性拉伸所不同的是，非线性拉伸不是通过在不同的灰度值区间选择不同的线性方程来实现对不同灰度值区间的扩展与压缩的，非线性拉伸在整个灰度值范围内采用统一的变换函数，利用变换函数的数学性质实现对不同灰度值区间的扩展与压缩。常用的两种非线性扩展方法如下。

① 对数扩展。

对数扩展的基本形式为

$$g(x,y)=C\ln(f(x,y)+1) \tag{4-4}$$

其中，$f(x,y)+1$ 是为了避免对零求对数；C 为尺度比例系数，用于调节动态范围。

对数扩展可以将图像的低亮度(灰度值)区进行大幅拉伸，但是高亮度区却被压缩了，其变换函数曲线如图 4.3 所示。

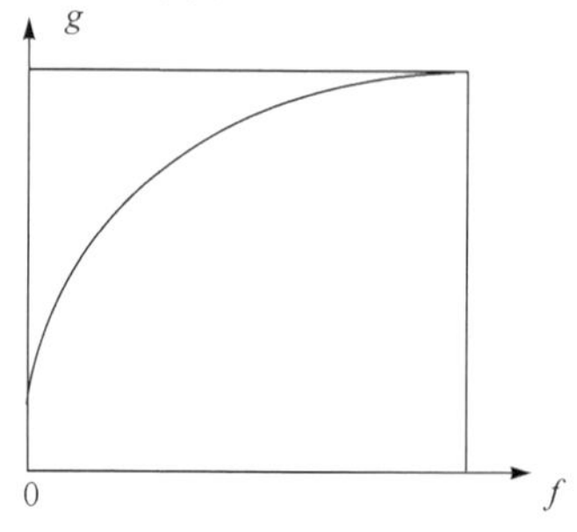

图 4.3　对数扩展的变换曲线

② 指数扩展。

指数扩展的基本形式为

$$g(x,y)=b^{C(f(x,y)-a)}-1 \tag{4-5}$$

其中，参数 a 可以改变曲线的起始位置；参数 C 可以改变曲线的变化速率。

指数扩展可以对图像的高亮度区进行大幅扩展，其变换函数曲线如图 4.4 所示。

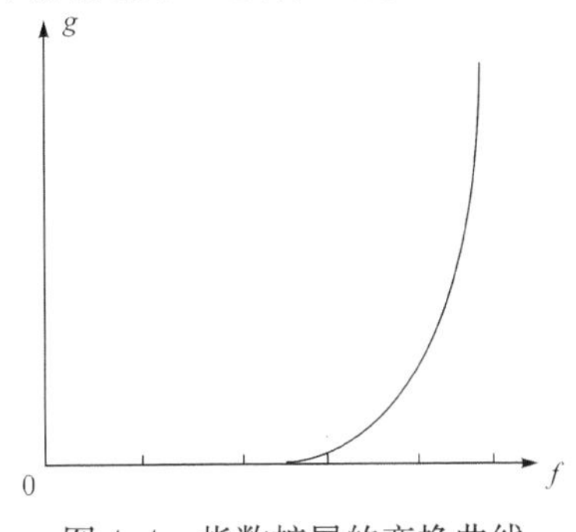

图 4.4　指数扩展的变换曲线

2. 灰度直方图变换

直方图是对图像中每一灰度值出现频率的统计，一幅图像的直方图基本上可以描述出该图像的概貌，如图像的明暗状况和对比度等特征都可以通过直方图反映出来。图 4.5 给出了同一幅图像经过不同处理后的直方图分布情况，分别表示图像亮度偏低、偏高，图像灰度值范围偏小、比较正常。既然一幅图像的概貌可以通过直方图反映出来，因此可以通过修改直方图的方法来调整图像的灰度分布情况。因为直方图反映的是一个图像的灰度值的概率统计特征，所以基于直方图的图像增强技术是以概率统计学理论为基础的，常用的方法有直方图均衡化技术和直方图规定化(匹配)技术。图中横坐标为灰度值，纵坐标为灰度值在图像中出现的次数。

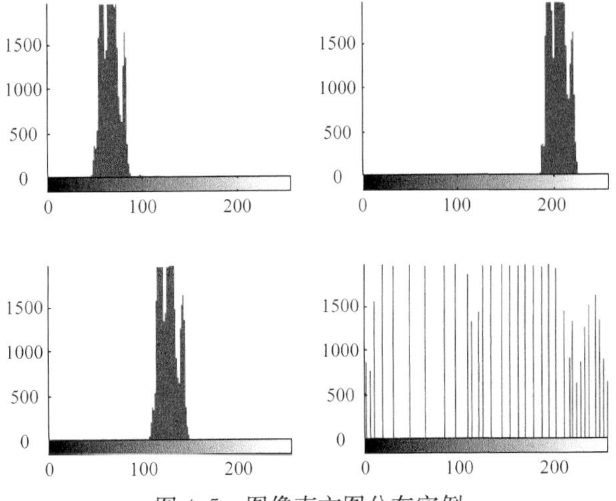

图 4.5　图像直方图分布实例

(1) 基于直方图修改的增强技术基本原理

一幅给定图像的灰度级通过归一化处理后，可以认为分布在[0,1]区间，对[0,1]区间内的任一灰度值 r 进行如下变换，即

$$s=T(r) \tag{4-6}$$

可以看出，通过式(4-6)的变换，原始图像每一个像元的灰度值 r 都对应一个新的灰度值 s。假定式(4-6)表示的变换函数满足下面两个条件。

① 在 $0\leqslant r\leqslant 1$ 区间内 $T(r)$ 为单调增加。

② 对于 $0\leqslant r\leqslant 1$，存在 $0\leqslant T(r)\leqslant 1$。

上述第一个条件保证原始图像各灰度级在变换后仍保持从黑到白(或从白到黑)的排列次序，第二个条件保证变换前后灰度值动态范围的一致性。从 s 到 r 的逆变换可以表示为

$$r=T^{-1}(s),\quad 0\leqslant s\leqslant 1 \tag{4-7}$$

显然，若 T 满足这两个条件，则 $T^{-1}(s)$ 也满足这两个条件。

由概率论知识可知，如果已知随机变量 r 的概率密度为 $P_r(r)$，而随机变量 s 是 r 的函数，则 s 的概率密度 $P_s(s)$ 可以由 $P_r(r)$ 求出。首先根据分布函数的定义可以求得随机变量 s 的分布函数，即

$$F_s(s)=\int_{-\infty}^{r}P_r(x)\,\mathrm{d}x \tag{4-8}$$

利用密度函数是分布函数的导数的关系，对式(4-8)两边求导，有

$$P_s(s)=P_r(r)\frac{\mathrm{d}r}{\mathrm{d}s}=P_r(r)\frac{1}{\dfrac{\mathrm{d}s}{\mathrm{d}r}} \tag{4-9}$$

由此可见，通过变换函数 $T(r)$ 可以控制图像灰度级的概率密度函数，从而改善图像的灰度层次，这就是直方图修改技术的基础。

(2) 直方图均衡化技术

直方图均衡化处理是以累积分布函数为基础的直方图修改法。直方图均衡化的目的是将原始图像的直方图变为均衡分布的形式，即将一已知灰度概率密度分布的图像经过某种变换，变成一幅具有均匀灰度概率密度分布的新图像。

如果一幅图像的直方图是均衡的，则其概率密度函数为

$$P_s(s)=\frac{1}{L} \tag{4-10}$$

其中，L 为图像灰度级的取值范围。

对于归一化的灰度级来讲，因为 $L=1$，所以 $P_s(s)\equiv 1$。若取变换函数为

$$s=T(r)=\int_{0}^{r}P_r(x)\,\mathrm{d}x \tag{4-11}$$

则

$$\frac{\mathrm{d}s}{\mathrm{d}r}=P_r(r) \tag{4-12}$$

由式(4-9)，可得

$$P_s(s)\equiv 1 \tag{4-13}$$

可以看出，式(4-12)表示的变换函数是原图像的累积概率密度函数。该函数满足前述变换函数的两个条件。对原图像作灰度变换，变换后图像灰度的概率密度是均匀分布的。换句话说，变换后图像是一幅灰度级均匀分布的图像，这意味着图像灰度的动态范围得到了增加，从而可以提高图像的对比度。按上式对图像进行灰度变换的方法称为直方图均衡化。

直方图均衡化技术之所以能够增强图像的视觉效果，从本质上讲就是当 $P_r(r)$较大时，s 变化较快，即将该区域附近进行拉伸处理；当 $P_r(r)$较小时，s 变化较慢，即将该区域附近进行压缩处理。$P_r(r)$较大说明原图像在此处的信息量较大，反之，则原图像在此处的信息量较小。

下面将上述结论推广到离散数字图像。设一幅图像的像元数为 n，共有 L 个灰度级，n_k代表灰度级为 k 的像元的数目，则第 k 个灰度级出现的概率可以表示为

$$P_k(r_k)=\frac{n_k}{n} \tag{4-14}$$

其中，$0\leqslant r_k\leqslant 1$；$0\leqslant k\leqslant L-1$。

变换函数 $T(r)$的离散形式为

$$s_k = T(r_k) = \sum_{j=0}^{k} P_r(r_j) = \sum_{j=0}^{k} \frac{n_j}{n} \tag{4-15}$$

(3) 直方图规定化

直方图均衡化的优点是能增强整个图像的对比度，提升图像的亮度，得到的直方图是在整个灰度级动态范围内近似均匀分布的直方图。在实际应用中，有时并不需要图像具有整体的均匀分布直方图，而是希望能够有目的地增强某个灰度级分布范围内的图像。换句话说，希望可以人为地改变直方图的形状，使之成为某个特定的形状。直方图规定化就是针对上述要求提出的一种增强技术，可以按照预先设定的某个形状来调整图像的直方图。下面仍然从概率密度函数出发讨论直方图规定化技术。

假设 $P_r(r)$和 $P_z(z)$分别表示原始图像和目标图像(即希望得到的图像)的灰度分布概率密度函数，直方图规定化的目的就是调整图像的直方图，使之具有 $P_z(z)$表示的形状。如何建立 $P_r(r)$和 $P_z(z)$之间的联系是直方图规定化处理的关键。首先对原始图像进行直方图均衡化处理，求变换函数，即

$$s = T(r) = \int_0^r P_r(x)\mathrm{d}x$$

目标图像的灰度级也可以用同样的变换函数进行均衡化处理，即

$$v = G(z) = \int_0^z P_z(x)\mathrm{d}x \tag{4-16}$$

式(4-16)的逆变换为

$$z=G^{-1}(v) \tag{4-17}$$

式(4-16)和式(4-17)表明可以由均衡化后的灰度级 v 得到目标图像的灰度级 z。因为对原始图像和目标图像都作了均衡化处理，所以 s 和 v 具有相同的概率密度 ($P_s(s)=P_v(v)\equiv 1$)。因此，可以用原始图像均衡化后的灰度级 s 来代替式(4-17)中的 v，即

$$z=G^{-1}(v)=G^{-1}(s)=G^{-1}(T(r)) \tag{4-18}$$

这就意味着可以由原始图像均衡化后的图像的灰度值来求目标图像的灰度级 z。根据以上分析，可以总结出直方图规定化增强处理的步骤。

① 将原始图像作直方图均衡化处理 $s=T(r)$。

② 按照目标图像的灰度级概率密度函数 $P_z(z)$，用式(4-16)得到变换函数 $v=G(z)$。

③ 用①中得到的灰度级 s 代替②中的 v，按式(4-17)作逆变换，即 $z=G^{-1}(s)$。

经过上述处理得到的新图像的灰度级将只有事先规定的概率密度 $P_z(z)$，在上述处理过程中包含两个变换函数 T 和G^{-1}。在实际应用中可将这两个函数组合成一个函数关系，利用它可以从原始图像产生希望的灰度值分布。

4.2.2 基于图像频域滤波的视觉增强方法

频域增强技术是在图像的频率域空间对图像进行滤波，因此需要将图像从空间域变换到频率域，一般通过傅里叶变换即可实现。在频率域空间的滤波可以通过卷积实现，因此傅里叶变换和卷积理论是频域滤波技术的基础。

假定函数 $f(x,y)$与线性位不变算子 $h(x,y)$的卷积结果是 $g(x,y)$，即

$$g(x,y)=f(x,y)*h(x,y) \tag{4-19}$$

相应地，由卷积定理可得在频域有下式成立，即

$$G(u,v)=F(u,v)\cdot H(u,v) \tag{4-20}$$

其中，G、H、F 分别为函数 g、h、f 的傅里叶变换；$H(u,v)$称为传递函数或滤波器函数。

在图像增强中，图像函数 $f(x,y)$是已知的，即待增强的图像，$F(u,v)$可由图像的傅里叶变换得到。在实际应用中，需要先确定 $H(u,v)$，然后可以求得$G(u,v)$，对$G(u,v)$求傅里叶反变换即可得到增强图像 $g(x,y)$。$g(x,y)$可以突出$f(x,y)$某一方面的特征，如利用传递函数 $H(u,v)$突出 $F(u,v)$的高频分量，以增强图像的边缘信息，即高通滤波；反之，如果突出 $F(u,v)$的低频分量，就可以使

图像显得比较平滑，即低通滤波。一般频域滤波的主要步骤如下。

① 对原始图像 $f(x,y)$进行傅里叶变换得到 $F(u,v)$。

② 将 $F(u,v)$与传递函数 $H(u,v)$进行卷积运算得到 $G(u,v)$。

③ 将 $G(u,v)$进行傅里叶反变换得到增强图像 $g(x,y)$。

4.2.3　基于图像复原处理的视觉增强方法

图像复原与图像增强技术一样，也是一种改善图像质量的技术。虽然图像复原与图像增强都是为了改善图像的质量，但它们之间是有本质区别的。图像增强技术是通过某些技术来突出图像中感兴趣的特征，在图像进行处理的过程中，不考虑图像退化的真实物理过程。因此，增强后的图像可能与原始图像有一定的差异，而图像复原技术则是针对图像的退化原因做出补偿，使恢复后的图像尽可能地接近原图像。在已知图像退化的情况下，图像退化的逆过程是有可能进行的。但实际情况往往是真实退化过程并不知晓，这种复原称为盲目复原。由于图像退化过程中，噪声和干扰也会同时存在，这也为图像复原带来困难和不确定性。图像去雾恢复是一个不确定性的反问题(ill-posed inverse problem)。为了消除这种不确定性，许多研究者利用在不同天气条件下拍摄的同一场景图像，或利用多幅不同成像原理拍摄的图像进行恢复工作。

(1) 一般的图像复原模型

假设将图像的退化过程抽象为一个系统(或称算子)H，则原始图像 $f(x,y)$通过系统 H 后产生的退化图像 $g(x,y)$可以表示为

$$g(x,y)=H\circ f(x,y) \tag{4-21}$$

如果考虑加入噪声 $n(x,y)$的影响，则退化图像可以表示为

$$g(x,y)=H\circ f(x,y)+n(x,y) \tag{4-22}$$

退化系统 H 是线性位移不变系统，满足以下两个条件。

① H 是线性的，在 $n(x,y)=0$ 时，满足下式，即

$$H(k_1 f_1+k_2 f_2)=k_1 H(f_1)+k_2 H(f_2)$$

② H 是空间(或位移)不变系统，即如果系统的输入和输出满足式(4-22)，则对于任意一个 $f(x,y)$和任一常数 α、β 都有下列关系，即

$$H\circ f(x-\alpha,y-\beta)=g(x-\alpha,y-\beta)$$

也就是说，图像上任一点的运算结果，只取决于该点的输入值，而与坐标位置无关。在一般图像复原方法中，最关键的是要估计退化函数，下面简要介绍。

在图像复原中，很多情况都是只有退化图像而缺少退化函数 H 的具体知识。这时候就需要充分利用各种信息对退化函数 H 进行合理有效的估计。估计退化函数大致有三种基本方法。

① 图像观察估计法。图像观察法就是充分收集图像自身的信息。如果图像

是模糊的，则观察包含简单结构的一小部分图像。为了减少观察时的噪声影响，可以寻找强信号内容区。

② 试验估计法。使用与退化图像获取设备相似的装置，通过各种系统设置得到与退化图像类似的图像。然后，利用相同的系统设置，对一个脉冲（小亮点）进行实验，得到退化的点扩散函数，从而实现对退化模型的估计。

③ 模型估计法。该方法主要针对环境因素造成的图像降质，根据退化的物理特性，结合图像信息，从基本原理开始推导一个简单有效的数学模型，最终得到退化函数，通过对模型求逆即可得到复原图像的本质属性。

(2) 基于大气退化的物理模型

根据有雾天气影响图像质量的主要因素，要沿着图像降质的逆过程复原图像，需要更深入的了解图像退化的详细过程和真正原因，这就要建立更为精确的物理模型来描述。

光线从景物传播到接收装置的过程中发生了大量的散射，而光线散射的本质高度复杂且与多种因素有关[4,5]。通过对有雾等恶劣天气下图像的成像机制进行深入研究发现，对于恶劣天气条件（主要是雾，阴霾等）下，景物成像的机制主要包括衰减模型（attenuation model）和大气光学模型（airlight model）。交通场景中的带雾图像不像航拍中图像范围那样广泛，通常都在千米范围之内，因此可以假定天气条件（颗粒类型及密度）在此空间内是不变的，即只考虑同种大气的影响。

① 衰减模型。

衰减模型描述了光线从景物传播到接收装置中衰减的过程。由于大气散射，传播光线的一小部分被移除，不能到达接收装置，而剩下的大部分没有发生散射的光线被接收到。于是，经过大气衰减后的景物光线强度满足下式，即

$$\frac{\mathrm{d}E(x,\lambda)}{E(x,\lambda)}=-\beta(\lambda)\mathrm{d}x \tag{4-23}$$

将式(4-23)两边从 $0\sim d$ 积分，可得下式，即

$$E(d,\lambda)=E(0,\lambda)\mathrm{e}^{-\beta(\lambda)d} \tag{4-24}$$

其中，λ 为光的波长；d 是场景点到接收装置的距离，表明该场景点的深度；$\beta(\lambda)$ 称为大气散射系数（scatting coefficient），代表单位体积的大气各个方向散射光线的能力。

记 $E_\infty(\lambda)=E(\infty,\lambda)$，$E_{dt}(d,\lambda)=E(d,\lambda)$，有如下关系式成立，即

$$E_{dt}(d,\lambda)=\frac{E_\infty(\lambda)r(\lambda)\mathrm{e}^{-\beta(\lambda)d}}{d^2}$$

其中，$\beta(\lambda)d$ 为场景点的景深（optical depth）；E_∞ 为地平线亮度（horizon brightness）；r 是描述场景点物体的光反射属性和场景点空间孔径的函数。

② 大气光学模型。

大气光学模型描述了大气如何把环境光线反射到接收装置的过程。这里大气(其实是当中的杂质颗粒)充当光源的作用,将周围环境的光线(阳光、天空及地面反射的光线)通过反射,使这部分光线也被接收装置收到。这部分光线在随着路径的传播中不断聚集,因此其强度随着景点深度的增加而增强,可以表示为

$$E_a(d,\lambda)=E_\infty(\lambda)(1-e^{-\beta(\lambda)d})$$

因此,在上述两种模型机制的共同作用下,接收装置得到的总光线强度是两者之和,即

$$E(d,\lambda)=E_{dt}(d,\lambda)+E_a(d,\lambda) \tag{4-25}$$

③ 天气与光线的散射。

前面已经讨论了景点反射光到接收装置过程中衰减和大气中微小颗粒散射对最后成像的影响,其中的一个关键因子是大气的散射系数 β。下面讨论不同天气条件下的散射强度。

第一,天气条件。天气条件主要由大气中各种颗粒、杂质的大小及其聚集程度(浓度)决定,分为晴朗(Clear)、阴霾(Haze)、浓雾(Fog)、云雨(Rain)、冰雪(Snow)等。已有相关研究表明大气颗粒大小类型及聚集度和天气条件之间的关系。

在晴天,由于空气分子非常小,所以对光线作用影响的程度非常小,随着颗粒的增大,相互作用的程度也随之增大,从而形成了各式各样的天气。阴霾是悬浮在气体中的微小颗粒,随着空气的湿度而变化,当湿度较大时形成微小的水滴,其大小介于空气分子和雾滴之间,产生一种灰朦胧的视觉效果,但还不至于对可见度造成很大影响。雾是当靠近地面的空气中的水汽很充足,空气湿度饱和的时候,且大气结构较稳定,并有充足的凝结核-悬浮物质存在,微小的水滴不断聚集在上面而形成。可见由于大气湿度的增大,阴霾变成薄雾再逐渐变成了(浓)雾。又由于颗粒变大造成质量变大,阴霾延伸于几千米高的大气之中,而雾通常在几百米的地表之上,这种情况下就会大大降低可视程度。

第二,光线的单次散射。光线在大气中传播时,其主要特征如强度、颜色,由于和大气中颗粒的相互作用而发生改变。这些作用主要分为散射(scattering)、吸收(absorption)、发射(emission)。

吸收可以看作雾滴对成像光线的透射衰减,其衰减强度随穿过雾的距离增加而变大,使目标图像的灰度降低。发射可以看作成像光线被雾滴作用后继续成像,这一部分光被雾折射,偏离原来的方向,其中的一部分不能成像,另一部分的成像偏离了本来的位置,使图像边缘模糊。通过悬浮颗粒的散射,即雾滴对非成像环境光线的散射,使整个图像对比度降低,这对图像质量而言是最主要的影响,而吸收和发射在可见光波段内可以忽略不计。大量的环境光线由于散射进入人的视线造成能见度大大下降,使接收装置接收到的图像对比度大大降低。如果光线传播的距离越远,这种积聚效果就越明显,受雾天的影响就越大。从微观大气光学来说,

可以导出雾滴对光的一次散射，从而到散射光的再次散射直到多次散射。

光线的散射程度与其本身的波长有关，例如蓝色光比其他可见光散射得更厉害。另一方面，光线的散射程度随大气颗粒的不同而不同，浓雾时几乎所有可见光谱范围内的光线都发生散射。对于可见光谱，Rayleigh 大气散射定律表明散射系数 β 与波长 λ 的关系，即

$$\beta(\lambda) \propto \frac{1}{\lambda^{\gamma}} \tag{4-26}$$

其中，λ 取决于分布在大气中颗粒的大小，大气中颗粒越大 λ 越小，一般来说 $0<\lambda<4$。

对于纯粹的空气，颗粒（这时主要是空气分子，半径约为 $10^{-4}\mu m$）大小相对于波长 λ 来说非常之小，因此有很强的波长散射依赖性。在这种情况下，$\lambda \approx 4$，蓝色波长较小，散射得最多，占了主要部分，这就是晴天下人们看到蓝色天空的原因。反之，对于浓雾，其颗粒（$1 \sim 10\mu m$）相对于 λ 比较大，散射系数对波长的依赖性不大。在这种情况下 $\lambda \approx 0$，所有可见光几乎等量地散射，所以人们看见的是灰白色的雾。因此，大气中颗粒大小的不同，从空气分子到雾滴造成了天气条件的不同。这些杂质颗粒表现出了重要的波长选择性（$0<\lambda<4$）。

第三，多散射模型。上面介绍的是根据 Nayar 和 Narasimhan 等的工作，在散射机制的理论基础上，可以总结出针对一些恶劣天气条件下两个很重要的单散射模型，即衰减模型和空气光模型。但单散射模型并不能很好地模拟各种雾天图像的真实场景。图像的分辨率下降和模糊化的根本原因是多次散射的作用。大气中的介质主要包括空气分子、水汽及气溶胶等，当天气恶劣时，大气中的气溶胶浓度很高。在研究大气对图像产生的影响时，很重要的一点是考虑物体表面光线经过大气微粒作用而产生的视觉效果。一般来说，粒子和光的交互可分为两个方面，一方面是粒子可以向不同方向再辐射已经接受的能量，其称为散射；另一方面是辐射能转变成其他形式的能量，如热能、化学反应能等，其称为吸收。在雨雾中，水汽和气溶胶粒子浓度的增加，大粒子的多次散射是造成图像对比度下降和分辨率下降的主要原因。

辐亮度 L 在空间变化时所满足的关系式，称为辐射传输方程。辐射传输方程可以用来计算散射光亮度、偏振状态和色彩的分布，是进行复原的理论基础。辐射传输理论认为某一波长的亮度 $L_\lambda(z, \theta, \varphi)$ 在经过一段气柱 Δl 后的变化为 ΔL_λ，该变化是由四种因素引起的，即因介质粒子的散射和吸收而导致的衰减；介质一次散射在观察方向上的叠加；介质多次散射在观察方向上的叠加；热辐射。考虑这些因素，可以得到辐射传输方程，即

$$\begin{aligned}\Delta L_\lambda = &- L_\lambda(z,\theta,\varphi)k_{\mathrm{ex},\lambda}\Delta I + \pi F_{\lambda,0}\,\mathrm{e}^{-\cos\theta_0}\int_z^{\infty}\beta_\lambda(z,\theta,\varphi,\theta_0,\varphi_0)\Delta l \\ &+ \int_0^{2\pi}\int^{\pi} L_\lambda(z,\theta',\varphi')\beta_\lambda(z,\theta,\varphi,\theta',\varphi')\sin\theta'\,\mathrm{d}\theta'\,\mathrm{d}'\varphi I + B_\lambda[T(z)]k_{ab,\lambda}\Delta I\end{aligned} \tag{4-27}$$

其中，λ 是波长；z 是垂直厚度；与 Δl 的关系为 $\Delta l=\Delta z/\cos\theta$；$(\theta,\varphi)$ 表示观测方向；$k_{\mathrm{ex},\lambda}$ 是消光系数；$\pi F_{\lambda,0}$ 是大气外界太阳单色辐射照度，(θ_0,φ_0) 表示太阳光入射方向；β_λ 是散射函数；$L_\lambda(z,\theta',\varphi')$ 是多次散射时各个方向到气柱的散射光；$k_{\mathrm{ab},\lambda}$ 为吸收系数；$B_\lambda(T)$ 是普朗克函数。

式(4-27)右边第一项对应散射和吸收衰减，第二项对应一次散射，第三项对应多次散射，第四项对应热辐射。可以看到，公式非常复杂，针对具体的应用，可以从几个方面进行模型的简化。首先，在可见光范围内(波长范围约 430～790nm)大气的吸收作用很小，可以忽略吸收对图像退化造成的影响。其次，对于短波辐射，热辐射项也可以不考虑。最后，由于多次散射计算复杂，而且在近地薄雾环境中，其作用不是很大，因此也不考虑。当然，也可以直观地想象，如果气溶胶密度非常高，多次散射的影响就比较重要，这也是某些情况下大雾成像复原效果差的一个重要原因。在这些约束条件下辐射传输方程就只包含传输衰减项和一次散射项了，此时辐射传输方程的解为

$$L_\lambda(\delta,\mu,\phi)=\frac{\tilde{\omega}_{0,\lambda}}{4}F_{\lambda,0}\,p_\lambda(\Theta_0)\cdot\frac{\mu_0}{\mu_0-\mu}\left(\mathrm{e}^{-\delta/\mu_0}-\mathrm{e}^{-\delta/\mu}\right)\tag{4-28}$$

其中，δ 为光学厚度；$\mu=\cos\theta$；$\tilde{\omega}_{0,\lambda}=k_{\mathrm{sc},\lambda}/k_{\mathrm{ex},\lambda}$ 为单散射反射率；p_λ 是象函数；Θ 为散射角。

整理式(4-28)并将亮度转化到照度的关系，可以得到最终的退化模型，即

$$E=I\mathrm{e}^{-\beta d}+E_\infty(1-\mathrm{e}^{-\beta d})\tag{4-29}$$

这就是前面介绍的单散射模型。

(3) 照相机对光信号的接收及成像

不同的相机对不同颜色波段的光线记录的精确程度不同，如黑白相机记录了全部可见光谱，彩色相机还记录了 RGB 三个颜色波段的信息等。在相机成像过程中，根据式(4-28)一个微小的频带$(\lambda,\lambda+\delta)$的波长范围内拍摄到的场景图片的光强度可用积分形式表示，即

$$E=\int_\lambda^{\lambda+\delta}S(\lambda)(E_{\mathrm{dt}}(\mathrm{d},\lambda)+E_a(\lambda))\mathrm{d}\lambda$$

其中，$S(\lambda)$为相机的光谱响应函数。

假设散射系数 β 在这微小的频带内没有变化，继而得到下式，即

$$E=\frac{\mathrm{e}^{-\beta d}}{d^2}\int_\lambda^{\lambda+\delta}E_\infty(\lambda)S(\lambda)r(\lambda)\mathrm{d}\lambda+(1-\mathrm{e}^{-\beta d})\int_\lambda^{\lambda+\delta}E_\infty(\lambda)S(\lambda)\mathrm{d}\lambda$$

天空照度(sky illumination)光线为

$$E_\infty(\lambda)=\Gamma_\infty\hat{E}_\infty(\lambda)$$

其中，Γ_∞ 为天空照度；$\hat{E}_\infty(\lambda)$ 为归一化的天空照度。

设

$$g=\int_{\lambda}^{\lambda+\delta}\hat{E}_{\infty}(\lambda)s(\lambda)\mathrm{d}\lambda$$

$$\rho=\frac{1}{g\mathrm{d}^2}\int_{\lambda}^{\lambda+\delta}\hat{E}_{\infty}(\lambda)s(\lambda)r(\lambda)\mathrm{d}\lambda$$

$$I_{\infty}=I'_{\infty}g$$

则最终得到拍摄图像上任意点的灰度为

$$E=I_{\infty}\rho\mathrm{e}^{-\beta d}+I_{\infty}(1-\mathrm{e}^{-\beta d}) \tag{4-30}$$

其中，I_{∞}是天空灰度；ρ是归一化的天空照度$\hat{E}_{\infty}(\lambda)$、场景点的反射率$s(\lambda)$、相机频谱响应函数$r(\lambda)$三者的函数；与天气条件相关的散射系数$\beta$和天空灰度$I_{\infty}$无关，$\rho$又称为归一化辐射率，即通过恢复每个像素的$\rho$来达到恢复场景对比度的目的。

通过改变积分限到一定范围$[\lambda_1,\lambda_2]$并假设散射系数β在这一波长范围内几乎保持不变，就将同样的结论应用于各种接收感光器。从前面可以知道，在浓雾下，其组成颗粒大小(雾滴)较大，散射系数对波长的依赖性小，因此宽带即接收波长范围广的 RGB 彩色相机或普通灰度相机就可以保证散射系数β几乎不变，足够分析拍摄的图像。对于其他天气条件，如薄雾、阴霾等，散射系数对波长的依赖性变大，这就需要在相机上加窄带滤光片限制波长范围以保证β近似不变来满足需求。换句话说，散射系数随波长变化越大，就需要越窄的光谱带宽(波长范围)以符合要求。

(4) 基于大气衰减模型的带雾图像增强

Narasimhan 和 Nayar 将式(4-30)简化为

$$E=I\mathrm{e}^{-\beta d}+E_{\infty}(1-\mathrm{e}^{-\beta d}) \tag{4-31}$$

其中，E为实际拍摄到的灰度图图像的灰度；I为良好天气下景物的图像灰度值；E_{∞}为天空的亮度。

因此，若能正确估计实际拍摄到的图像每一点的景深βd和天空的亮度E_{∞}，则可从实际拍摄到的图像E中准确恢复景物图像[6,7]，即

$$I=\mathrm{e}^{\beta d}(E_{\infty}(1-\mathrm{e}^{-\beta d})-E) \tag{4-32}$$

类似地，对彩色图像亦有

$$E=\hat{D}I\mathrm{e}^{-\beta d}+\hat{A}E_{\infty}(1-\mathrm{e}^{-\beta d}) \tag{4-33}$$

其中，单位向量$\hat{D}$代表良好天气条件下场景点的色彩值向量(r,g,b)在 RGB 颜色空间中的方向向量；单位向量$\hat{A}$代表拍摄图像时天空色彩值向量(r,g,b)在 RGB 颜色空间中的方向向量；E为实际拍摄到的灰度图图像的 RGB 向量值；I为良好天气下景物图像的 RGB 向量值；E_{∞}为天空的 RGB 向量值。

通常对灰度图，其清晰度是由图像相邻像素的对比度值来度量的。考虑图像中两相邻点P_i和P_j，它们的灰度为

$$E_{(i)}=I_{\infty}\rho_{(i)}\mathrm{e}^{-\beta d}+I_{\infty}(1-\mathrm{e}^{-\beta d})$$

$$E_{(j)}=I_{\infty}\rho_{(j)}\mathrm{e}^{-\beta d}+I_{\infty}(1-\mathrm{e}^{-\beta d})$$

考虑 P_i 和 P_j 间的差(反映像数间的某种对比强度),即

$$|\Delta E|=|E_{(i)}-E_{(j)}|=\frac{|\rho_{(i)}-\rho_{(j)}|}{\mathrm{e}^{\beta d}}I_{\infty} \tag{4-34}$$

从式(4-34)可以看出,$|\Delta E|$随着散射系数 β 和场景点深度 d 呈指数下降关系,即雾浓度越大、景物距离越远,则清晰度越差。因此,若不考虑图像的景深,即将图像看作同一深度的恢复技术不能用来完全去除有雾天气的影响。要想较高质量地恢复一带雾图像,就应该较精确地估计场景中各点的景深,针对不同的景深作相应的恢复。

4.3　基于多传感器信息融合的交通视觉增强方法

根据前面介绍,视频图像增强主要有图像变换和图像复原两种。图像变换是对图像中各像素色彩及灰度值的取值范围进行重新组合,组合后部分区间的强度被压缩。另一部分被拉伸,使得有效信息的取值区间被放大。对于图像因较强雾化模糊后,图像变换方法作用效果有限。

图像复原方法的基本原理是追溯图像退化过程,综合外部其他信息,通过逆变换还原真实清晰图像[8,9]。图像复原效果取决于外部信息的完整可靠性,及逆变换模型的准确性。大气退化模型是目前最为准确可靠的模型之一,但模型要求已知目标的景深。在实际应用中,景深可通过距离传感器获取,如雷达、超声等。本节将讨论依据大气退化模型,结合多传感器信息融合方法,实现带雾交通视觉图像的恢复。

4.3.1　多传感器信息融合实现交通视觉增强理论模型

根据 4.1 节的介绍,雾天灰度图像的退化可以简单归结为

$$E=I\mathrm{e}^{-\beta d}+E_{\infty}(1-\mathrm{e}^{-\beta d}) \tag{4-35}$$

或

$$E=E_{\infty}\rho\mathrm{e}^{-\beta d}+E_{\infty}(1-\mathrm{e}^{-\beta d}) \tag{4-36}$$

其中,E 为实际拍摄到的灰度图图像的灰度值;I 为良好天气下景物的图像灰度值;E_{∞}为天空的亮度;β 是某一场景点的规格化辐射度,是关于场景点反射系数、天空光谱,以及相机光谱的函数,但是它与天气条件(E_{∞}, β) 无关[1]。

因此,若能正确估计实际拍摄到的图像每一点的景深 βd、天空的亮度 E_{∞},则可从实际拍摄到的图像 E 中准确恢复良好天气下的景物图像[1],即

$$I=(E\quad E_{\infty})\mathrm{e}^{\beta d}\mid E_{\infty}$$

到目前为止,对大气散射系数 β、景点距离 d、天空亮度 E_{∞} 的估计方法大致可以分

为基于单幅带雾图像的估计、基于不同天气下同一场景多幅图像的估计、基于测距传感器与带雾图像结合的估计[1]。下面分别作简单介绍。

在大气退化模型(4-31)中有三个重要的参数,即大气散射系数 β、无穷远处天空的亮度 E_∞、景物点到接收装置的距离 d。大气散射系数需要由检测雾的浓度和雾的类型得到,而无穷远处天空的亮度 E_∞ 一般通过图像分析方法获取。模型中最重要的参量:景物点距离 d 可以通过在拍摄图像的同时,增加距离传感器,收集与图像中景物点相关联的距离信息,综合得到图像中各景物点的距离信息[1]。

现在假定已知图像中各景物点的距离信息,采用极大似然估计法来估计模型中的其他参数。定义代价函数为[1]

$$J=\sum_{i=1}^{N}(f_i-(\bar{E}_{dt}(i)+\bar{E}_a(i)))^2$$

假定场景的辐射分量符合高斯分布(μ_f,σ_f^2),则衰减辐射量的均值为

$$\bar{E}_{dt}(i)=\bar{E}_\infty\rho_f\mathrm{e}^{-\beta d}$$

散射辐射量的均值为

$$\bar{E}_a(i)=E_\infty(1-\mathrm{e}^{-\beta d})$$

令 $C_0=E_\infty$ 和 $C_1=\mu_f-1$,可得

$$J=\sum_{i=1}^{N}[f_i-C_0(1+C_1\mathrm{e}^{-\beta d})]^2$$

其中,f_i 为第 i 个像素的灰度值;N 为图像中总的像素个数。

求代价函数 J 的最小值可以得到参数的估计量 $\hat{C}_0$ 和 $\hat{C}_1$。

4.3.2 基于多传感器融合的交通视觉增强方法

根据大气退化原理,感光视频图像的衰减与雾结构、雾浓度相关,同时还与目标到检测点距离相关。若已知目标物体所处的距离和雾的相关特性,理论上可以获得目标影像的完全还原。

距离影像可以归结为特定目标距离的测量。随着红外线技术、激光技术、雷达技术、微电子技术、声呐技术等新技术的发展与应用,距离测量的技术面貌发生了深刻的变化,并取得很大的成就。在交通系统中应用较多的是毫米波雷达,具有测量精度高、抗雾能力强的特点[10]。

雷达是指发射电磁波信号并接收目标回波信号的装置。雷达(radar)一词来源于“radio diction and ranging”的首字母缩写。电磁波能量从雷达硬件输出到天线,再从天线辐射出去,而后从一个或多个物体返回的回波通过雷达装置天线接收,最后传输回雷达的硬件设备。若电磁波的发射和接收在同一位置,则称该雷达为单站雷达。类似的,有双站雷达、多站雷达系统。在双站雷达系统中,发射天线和接收天线在不同的位置。在多站雷达系统中,电磁波从一个或多个位置发射,并

在一个或多个位置接收。经目标反射回来的信号含有目标信息(发送速度、发射角度、往返时间等),接收系统经过信息处理,形成雷达影像。

(1) 雷达基本信号

考虑通过一固定方向和强度的雷达波束观测某区域,其回波信号为距离、速度对时间的函数。假定此雷达具有恒定发射步频波 PRF(f_R),发射 $N(N\geqslant 1)$个单频率脉冲组成多个脉冲群。在每一个脉冲群中,脉冲的频率都比其前一个脉冲的频率增加 Δf,每秒发射 f_R/N 个脉冲群。每个脉冲群的带宽为 B、脉宽为 τ。在一个脉冲群中,第 n 个独立脉冲的频率为

$$f_n=f_0+(n-1)\Delta f,\quad n=1,2,\cdots,N$$

$$B=(N-1)\Delta f$$

A/D 转换器在收到回波脉冲后获得一个采样(每一个脉冲组获得 N 个采样),共采集 M 组($M\gg 1$)。通过脉冲压缩,处理器得到一个纵向距离剖面像,其距离分辨率为

$$\delta_{\mathrm{rpn}}\sim c/2B, \tag{4-37}$$

类似地,采用多普勒方法,将每一个距离采集器整理为速度采集器,其速度分辨率为 $\delta_{\mathrm{vpn}}\sim f_R\lambda/2NM$,不模糊 LOS 速度为 $\Delta v\sim f_R\lambda/2N$。

考虑使用雷达观测一个旋转的目标物体。假设雷达在远场区 x 轴的负半轴上,旋转台的中心为坐标原点,其旋转角速度为 Ω。旋转台上的任一点相对于坐标中心,其坐标为 r,ϕ 的一点。该点的速度为 $r\Omega$,LOS 速度为 $-r\Omega\sin\varphi$。沿着一条平行于 x 轴,通过此点并且距原点距离为 $y=r\sin\varphi$ 的直线,此直线上任意一点的 LOS 速度均为 $-r(\sin\varphi)\Omega=-y\Omega=$ 常数。旋转台上任意一点的 LOS 速度正比与横向距离坐标 y,并与纵向距离坐标 x 无关。

因此,对从一个旋转台或其他旋转目标返回的雷达信息,如果进行距离多普勒处理,只要旋转轴垂直于 LOS,就可以把横向距离坐标理解为速度坐标。通过合适的坐标尺度,把一个目标的成像变成为所得的雷达回波对应距离与速度的二维测量图。因为 $r=v/\Omega$,所以要得到分辨率及范围,可以用 Ω 除以不模糊 LOS 速度和速度分辨率,即

$$\Delta_{\mathrm{cr}}=\frac{f_R\lambda}{2\Omega N} \tag{4-38}$$

$$\delta_{\mathrm{crpn}}=\frac{f_R\lambda}{2MN\Omega}=\frac{\lambda}{2\Omega MN_{\mathrm{tR}}}=\frac{\lambda}{2\Omega T_{\mathrm{obs}}}=\frac{\lambda}{2\Delta\varphi} \tag{4-39}$$

其中,MN/f_R 是观测时间;$\Delta\phi$ 是在数据采集过程中目标旋转过的总角度(这里假设 $\Delta\phi\ll\pi/2$,因此 $r\Delta\Omega\ll\delta_{\mathrm{rpn}}$,同时在成像过程中 y 基本上为常数。)

式(4-38)和式(4-39)是关于成像雷达分辨率的基本公式。通常 x 波段雷达($\lambda=0.03$m),若它的横向分辨率为 0.3m,则 $\Delta\phi=0.05\sim 3$rad,是一个相对小的角。

上面讨论了一个简单的旋转目标，雷达波照射到旋转台的各个部分，能量从任意部分散射并直接返回到雷达，可以产生整个目标的图像。但是，大部分实际情况将更加复杂，例如运转在交通工具上的雷达，这样获得雷达的成像，存在阴影、多反弹、波形延迟现象等。

假设雷达与目标的距离为 R，在数据采集过程中，在以目标为中心的坐标上，雷达移动距离为 $R\Delta\phi(\Delta\phi\ll\pi/2)$，即一个直径为 $R\Delta\varphi$ 矩形照射口径雷达（一个实口径雷达，或 RAR）正观测静止目标，则角分辨率为

$$\delta_{\text{crpn}}=R\varphi_{\text{pn}}=\frac{R\lambda}{D}=\frac{R\lambda}{R\Delta\varphi}=\frac{\lambda}{\Delta\varphi} \tag{4-40}$$

雷达静止、目标旋转和雷达旋转、目标静止在数学上是等价的。在常规中，SAR 偏向后一种情况。对于前者，通常称为逆合成孔径雷达。

（2）基于雷达信号的目标成像

假设雷达能量入射到目标，能量不经干扰直接返回到雷达，且散射中心极化方式不变。设目标的中心在其坐标原点，目标表面特性函数为 $\rho(r)$，此处 $r=(x,y,z)$。假定目标位于 x 轴负半轴附近的远场区，在测量期间，雷达从 x 轴方向只移动了相对较小的方位角和高度角。同样，假定发射波形为步进线性调频波，其发射脉冲表示为

$$E_{\text{inc}}(R,r,k,w,t)=E_0\exp[\text{j}(k\cdot[R+r]-wt)]$$

考虑电压反射，第 i 个散射点反射回的电场为

$$E_{\text{ri}}(R,r,k)=E_0q_i\text{e}^{-2\text{j}k\cdot r_i}\text{e}^{-2\text{j}k\cdot R}$$

对整个目标，把所有的散射点加起来，由雷达处理相关理论知识，可得到如下积分式，即

$$E_r(k)=A\int\rho(r)\text{e}^{-2\text{j}k\cdot r}\text{e}^{-2\text{j}k\cdot R}\text{d}r$$

其中，A 为比例系数。

通过乘以一个已知的相位矢量 $\text{e}^{2\text{j}k\cdot R}$ 来修正回波脉冲，从而修正目标像，可得

$$E_r(k)=A\int\rho(r)\text{e}^{-2\text{j}k\cdot r}\text{d}r \tag{4-41}$$

式(4-41)是傅里叶变换形式，其逆变换为

$$\rho(r)=\int E_r(k)\text{e}^{2\text{j}k\cdot r}\text{d}r \tag{4-42}$$

因此，通过雷达的回波信号分析，可以得到目标影像。雷达的成像依赖于目标表面的结构、物质特性，及目标各点到检测位置的距离。

（3）多传感器融合的感光图像增强方法

根据大气退化模型，感光视频图像可分解为

$$E=Ie^{-\beta d}+E_{\infty}(1-e^{\beta d})\tag{4-43}$$

其中，E 为实际拍摄的受到雾因素影响的感光图像函数；I 为无雾影响下的目标原始感光图像；E_{∞} 为天空的亮度；β 为雾环境下的感光退化系数；d 为物体目标到感光点的距离。

很显然，若已知(E_{∞}，β,d)，则通过式(4-43)的逆过程处理，可以较理想的复原因雾而退化的原始清晰图像，即

$$I=Ee^{\beta d}-E_{\infty}(e^{\beta d}-1)\tag{4-44}$$

天空的亮度 E_{∞} 可以采用天空区域分离方法近似估计。雾环境下的感光退化系数 β 可以通过图像清晰度分析，以及能见度、温湿度等传感器测量标定后综合分析计算出。

在复原模型中，最重要的物体目标到感光点的距离 d 可通过测距传感器获取，其中比较成熟可靠的是毫米波雷达影像[11,12]。

(4) 基于仿真的多传感器融合增强技术

多传感器融合方法为解决图像视频增强提供了一种全新的解决问题途径。但在应用中，多传感器的协调工作、感光设备与雷达成像设备的配准等技术给数据采集增添了较大的难度。该方法从经济上和技术上都存在困难，因此目前主要研究和应用在航拍和军事等领域中。

下面介绍一种通过仿真的方法，近似估算大气退化模型中需要的天空亮度 E_{∞}、雾退化因子 β、目标距离 d。在通过仿真方法计算出模型中参数后，将其代入式(4-44)中，即可得到良好天气下对应图像 I 的初步估计值 I[12,13]。然后，再利用 $\hat{I}$ 和原始图像 E 优化参数，多次迭代可实现较好的复原效果。

① 天空亮度和雾退化因子仿真计算。

天空亮度 E_{∞} 的计算，即

$$E_{\infty}=\frac{1}{N_{天空}}\sum_{n_i\in\Omega_{天空}}I_{n_i}$$

其中，I_n 为天空区域中像素的灰度值；N 为天空区域的像素个数。

与前面介绍的天空区域人为标定不同的是，此处的天空区域是采用天空区域自动分离方法。

雾退化因子 β 的计算为

$$\beta=\frac{3.912}{R_v}$$

其中，R_v 为不同雾状态下的能见度距离，通过人机交互经验给出，一般小雾取1000～10000m，大雾200～1000m，浓雾0～200m。

R_v 的计算可通过能见度传感器、温湿度传感器等综合判断处理。

② 交通场景中目标对象到接收装置距离 d 仿真计算。

交通场景中目标对象到接收装置距离 d 仿真计算，是在图像远处地平线与天

空接壤的区域选取一个景物消失点，以此消失点作为圆心，作一系列同心圆，位于同一圆周上的景点可近似认为具有相同的深度。然后，用线性(或非线性)插值，可以得到每一点的深度 d。这样，在考虑大气退化非线性特性的基础上，可以实现带雾图像的增强处理。

在图像远处地平线与天空接壤的区域选取一个景物消失点，以此消失点作为圆心，作一系列同心圆，位于同一圆周上的景点可近似认为具有相同的深度。

令

$$d=d_{\min}+k(d_{\max}-d_{\min}),\quad 0\leqslant k\leqslant 1 \tag{4-45}$$

其中，$d_{\max}$和 $d_{\min}$分别为最远点和最近点距离；k 由该对应点到最远点和最近点距离之比决定。

取 $\alpha\in[0,1]$为景点距消失点的归一化距离，即无穷远点时。由于景点深度与其天气退化程度并非呈线性特性，通常越接近无穷远点($\alpha\approx 0$)，其深度会陡然增加，天气退化也越严重。因此，应在区间[0,1]上构造一个单调递减的凹函数，使得 d 随着 α 的减小而显著增加，则令

$$k=1-\alpha^{n/2}$$

其中，n 为大气退化调整因子，$0<n<1$，代入式(4-45)可得下式，即

$$d=d_{\min}+(1-\alpha^{n/2})(d_{\max}-d_{\min}),\quad 0\leqslant \alpha\leqslant 1 \tag{4-46}$$

在考虑大气退化非线性特性的基础上，进行景物深度的近似估计。由式(4-45)和式(4-46)可知，α 越小，深度 d 越大，复原出的图像对比度也越大。同时，针对不同退化程度，可以通过 n 进行调整，以获取最佳的视觉效果，n 取值越小时，相应的深度 d 越大，图像的对比度也越大。

基于单幅图像估计大气退化模型中的参数最大的优点就是简单，同时对薄雾图像的去雾效果还是比较明显的。但该方法需要人为标定最远距离和最近距离，天空区域是人为标定的，而且由天空区域的均值计算出的天空亮度并不准确，大气散射系数是人为经验给出的，景点距离采用线性插值给出，精度不高。因此，该方法需要进一步改进和完善。

改进的基本思路是利用前面介绍的简单方法初步估计出模型中参数 E_∞、β、d 的近似值，并将其代入式(4-44)中，可以得到良好天气下对应图像 I 的初步估计值 $\hat{I}$。然后，再利用 $\hat{I}$ 和原始图像 E 优化参数，多次迭代可实现较好的复原效果。具体过程如下。

① 距离初步估计。

$$d=d_{\max}+k(d_{\min}-d_{\max})$$

$$k=\|M-M_\infty\|/\|M_0-M_\infty\|$$

其中，$d_{\max}$和 $d_{\min}$分别表示最远和最近景物点到接收装置(相机)的距离，最远点为消失点，根据人为经验给出，也可根据驾驶员视觉需要给定；M 为图像中任一像素

点坐标；M_0 为最近点坐标；M_∞ 为消失点坐标。

$$\hat{I}=e^{\beta d}(E-E_\infty)+E_\infty \tag{4-47}$$

其中，E 为实际拍摄到的雾天图像。

② 设 $I_0=\hat{I}$，并假定 I_k 已计算得出。

③ 利用 E、I_k 优化参数估计，迭代改进输出图像 I_k+1。

将 I_k 当做晴好天气下拍摄的相同景物图像，修正、优化模型中的相关参数如下。

构造 XY 平面上的点集 $A=\{E(i,j),I_k(i,j)\mid i=1,2,\cdots,M,j=1,2,\cdots,N\}$，其中 M 和 N 为图像的行和宽。对 A 中的任一点 M_{ij}，以 M_{ij} 为中心，增角为 22.5，构造 8 条直线 $\{l_1^{ij},\cdots,l_8^{ij}\}$。按变换 $T(l_k^{ij})=(r_k^{ij},\theta_k^{ij})$，得到 (r,θ) 平面上的 8 个对应点。将 A 中的每一点映射到 (r,θ) 平面上，总共有 $8M\times N$ 个点。

将 (r,θ) 平面的包含 $8M\times N$ 个点的矩形区域划分为 $M1\times N1$ 个子域，统计每个子域内映射点的个数，并按点数降序排序取前面 k_0 个子域：$\boldsymbol{\Omega}_1^{r\theta},\cdots,\boldsymbol{\Omega}_{k_0}^{r\theta}$。假定 $\Omega_k^{r\theta}$ 内的点分别为 $\{(r_{k_1}^{i_1j_1},\theta_{k_1}^{i_1j_1}),\cdots,(r_{k_0}^{i_0j_0},\theta_{k_0}^{i_0j_0})\}$，求 T 的逆变换，得 XY 平面上的 k_0 条线 $\{1_{k_1}^{i_1j_1},\cdots,1_{k_0}^{i_0j_0}\}$ 及相对应的 k_0 个点 $\{(E_{k_1}^{i_1j_1},I_{k_1}^{i_1j_1}),\cdots,(E_{k_0}^{i_0j_0},I_{k_0}^{i_0j_0})\}$。以此 k_0 个点，按最小二乘法拟合出一条等深直线，即

$$E=a_{k_0}I+b_{k_0}$$

由此可得下式，即

$$\alpha_{k_0}=\frac{E_{\infty 2}}{E_{\infty 1}}e^{-(\beta_2-\beta_1)d_{k_0}},\qquad b_{k_0}=E_{\infty 2}(1-e^{-(\beta_2-\beta_1)d_{k_0}})$$

$$E_{\infty 2}=a_{k_0}E_{\infty 1}+b_{k_0} \tag{4-48}$$

取另外一条等深直线，可得

$$a_{k_1}=\frac{E_{\infty 2}}{E_{\infty 1}}e^{-(\beta_2-\beta_1)d_{k_1}},\quad b_{k_1}=E_{\infty 2}(1-e^{-(\beta_2-\beta_1)d_{k_1}})$$

$$E_{\infty 2}=a_{k_1}E_{\infty 1}+b_{k_1} \tag{4-49}$$

联合求解式(4-48)和式(4-49)，可以得出关于天空亮度的最新估计值，即

$$E_{\infty 1}^{k+1}=\frac{b_{k_0}-b_{k_1}}{a_{k_1}-a_{k_0}} \tag{4-50}$$

$$E_{\infty 2}^{k+1}=\frac{a_{k_1}\cdot b_{k_0}-a_{k_0}\cdot b_{k_1}}{a_{k_1}-a_{k_0}} \tag{4-51}$$

若两条等深直线的斜率比较接近，则应选第三条直线。由大气退化模型(4-31)可以得到新的去雾景物图像，即

$$I^{k+1}=e^{\beta d}(E-E_{\infty 1}^{k+1})+E_{\infty 1}^{k+1}$$

④ 若 $|E_{\infty 1}^{k+1}-E_{\infty 1}^{k}|<\varepsilon$，则输出增强图像，结束；否则，令 $k:=k+1$，转③。

在成功估计天空亮度 E_∞、感光退化系数 β、物体目标到感光点距离 d 后，依据大气退化模型的逆表达式(4-44)，即可得到理想的雾退化图像的复原影像。

图 4.6～图 4.8 给出了一组带雾图像，以及由基于仿真的大气模型参数估计算法去雾结果与其他算法去雾结果的比较。

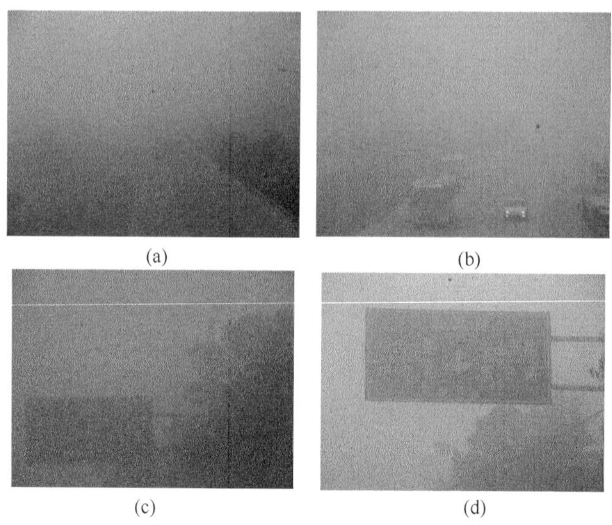

(a)　(b)　(c)　(d)

图 4.6　一组雾天交通场景图像

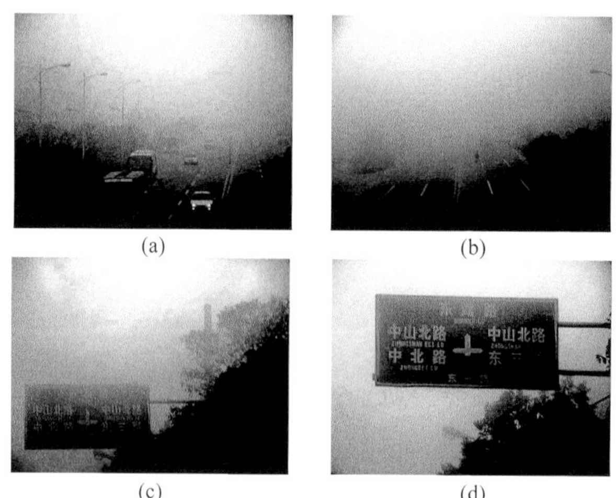

(a)　(b)　(c)　(d)

图 4.7　图 4.6 中各对应图采用直方图均衡化增强效果图

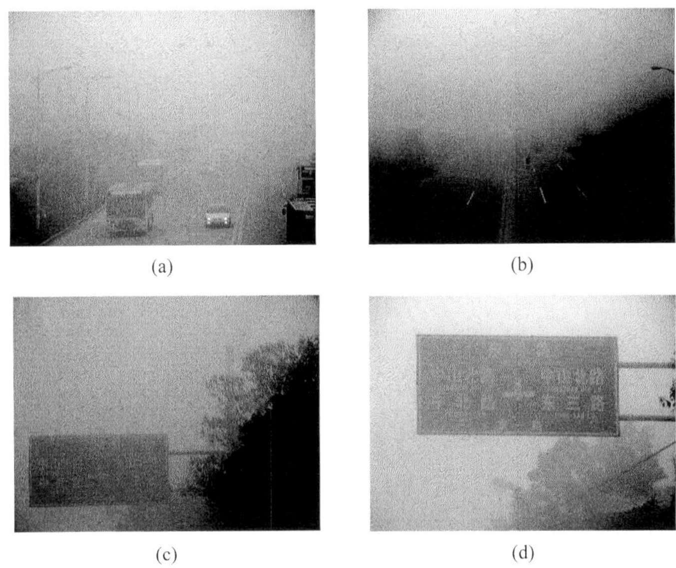

(a) (b)

(c) (d)

图 4.8 图 4.6 中各对应图采用仿真方法复原效果图

从图 4.6～图 4.8 不难发现，直方图均衡化方法对图像中距离变化不大的图像(图 4.7(d))效果较好。当图像中景物点距离分布较广时，则不能获取很好的效果，如图 4.7(a)和图 4.7(d)所示。基于多传感器信息融合和仿真方法的图像增强方法总体都能取得较好的增强效果，而且去雾后的图像效果均匀，不像直方图均衡化方法在天空区域有较大的失真。

参考文献

[1] 陈先桥. 雾天交通场景中退化图像增强方法研究. 武汉理工大学博士学位论文，2008.

[2] 李学彬，宫纯文，李超，等. 雾滴谱分布和雾对红外的衰减. 激光与红外，2006，8(25)：306-309.

[3] 沈凤龙，董慧颖. 雨雾霾天气条件下图像处理研究综述. 科技创新导报，2008，32(8)：119-121.

[4] Gargand S K N. Photorealistic rendering of rain streaks. ACMTrans. on Graphics，2006，25：996-1002.

[5] 倪国强，肖蔓君，胡宏清. 基于视觉特性的真实影像再现技术进展及展望. 中国激光，2007，34(4)：451-454.

[6] Chen X Q，Yan X P，Chu X M. The enhancement for foggy traffic image based on EM algorithm. ASCE on Transportation Engineering，2009.

[7] Land E H. Recent advances in retinex theory and some implications for cortical computations：color vision and the natural image. Proc. Natl. Acad. Sci.，1983，80：5163-5169.

[8] Hau N, Li T A. Design of an efficient architecture for real-time image enhancement based on a luma-dependent nonlinear approach//Proc. of the International Conference on Information Technology: Coding and Computing, 2004, 1: 656-660.

[9] 陈先桥，严新平，初秀民. 用于带阴影路面图像增强的处理方法. 计算机工程与应用，2008，44(33)：188-190.

[10] Chen X Q, Yan X P, Chu X M. Fast algorithms for foggy image enhancement based on convolution. IEEE Computational Intelligence and Design, 2008, 1(10): 165-168.

[11] 陈先桥，严新平，初秀民. 雾天交通场景图像中相关对象特征分析. 武汉理工大学学报(自然科学版)，2009，1(1)：91-94.

[12] Chen X Q, Yan X P, Chu X M. The contrast enhancement for foggy image based on atmospheric degraded model and sky separating//Proceedings ICBECS, 2010: 298-701.

[13] Chen X Q, Yan X P, Chu X M. Visibility estimated in foggy road traffic based on atmospheric scattering model//CINC, 2010: 325-328.

第五章 行人识别系统的信息融合

5.1 引　言

车辆与行人的碰撞是导致交通事故死亡的一个重要原因。为了有效避免碰撞的发生,车辆厂商开始装载各种行人识别设备,希望在碰撞发生前预警,以达到减少伤亡的目的。目前主要的行人检测设备有摄像机、激光雷达、毫米波雷达等。

在车辆内安装摄像机,利用实时采集的视频识别行人是目前采用的主要方法。由于该方法在行人安全方面的巨大应用前景,已成为智能车辆、计算机视觉和模式识别领域的前沿研究课题。自 2000 年,欧盟委员会资助项目 PROTECTOR[1] 开始研究利用视觉传感器保护公路上的行人;意大利 Parma 大学开发的 ARGO[2] 智能车实现了一个行人检测模块;以色列的 MobilEye 公司开发的基于摄像头的高级驾驶辅助系统[3] 也实现了行人检测功能。

利用摄像机的行人检测方法具有设备成本较低、容易部署等优点,其主要困难在于行人着装颜色、姿态的差异,以及道路背景、光照、车辆运动等因素影响,导致难以使用颜色、形状等简单特征识别行人。为了克服上述困难,研究者在行人的特征、模型等方面做了大量工作。

随着激光雷达技术的发展和普及,基于雷达图像感兴趣区域(region of interest,ROI)生成技术也成为目前的一个研究热点。激光雷达技术适合定位较大的障碍物,通过对雷达点进行聚类分割,然后映射回图像坐标,可以有效地分割出行人和车辆等目标[4-6]。

目前常用的基于激光雷达的方法如下。

① 将雷达点根据深度聚类得到 ROI,之后通过对障碍物的跟踪和识别判断是否为单人或者多人。

② 跟踪雷达点,判断其是否为运动对象,将基于网格的极坐标占据图与运动信息相结合,从而使三维位置信息和运动信息融合在一起,提高 ROIs 的分割精度。

③ 采用由粗到细的方式,首先对雷达点进行粗略的聚类分割,然后将聚类区域细分为躯干、手臂、局部遮挡以及噪音,最后结合三维几何信息(深度信息) 生成最终的 ROIs。

由于毫米波雷达在测距、测速、处理速度方面,较摄像机和激光雷达有着明显的优势,一些高级轿车已将毫米波雷达用于车辆的自动巡航控制。毫米波雷达的主要特点[7-9]是体积小、重量轻、测距远,受天气影响较小,且具有多普勒测速功能多用于高速公路上的车辆。但是,它对小障碍物识别能力较低,对静止目标不敏感,也没有目标的纹理信息,不利于分类,且雷达信号的噪声很难滤除,所以使用雷达来识别行人的误报率较高。

由于摄像机、激光雷达、毫米波雷达三种方法都存在各自优缺点,本章采取信息融合的方式,结合摄像机和激光雷达检测到的信息识别车辆前方的行人。

5.2 激光雷达与摄像机融合预处理

在融合激光雷达数据与视频数据之前,首先要将它们的数据进行预处理。预处理的主要目的是建立起这两种传感器数据的空间联系,其次是完成激光雷达与摄像机之间的时间同步。

5.2.1 激光雷达几何模型

激光雷达工作原理与无线电雷达类似,即由发射系统发出一个信号,经过目标反射后被接收系统收集,通过测量激光在发射与接收之间的时间差确定目标距离。如图 5.1 所示,从激光头发出的激光点经功率放大后,由扫描反射镜反射出去;由障碍反射回来的光斑从同一通道进入雷达,经过扫描镜反射后,被位于发射激光头后方的接收器接收,完成一次探测。在扫描过程中,旋转马达带动反射镜旋转,使扫描点的位置发生变化,完成对整个视场的扫描反射镜旋转一周,激光束在空间的轨迹形成一个扫描面。

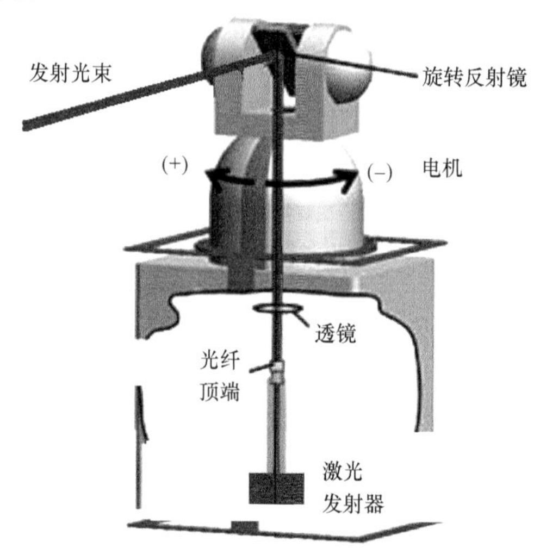

图 5.1 激光雷达结构

在四线激光雷达中，信号接收器由四个独立的成直线排列的接收单元组成[10,11]，每个接收单元具有不同的视野。

激光发射器发出的激光在到达旋转反射镜之前，经过分光处理，形成具有一定发散角的激光束。反射前的发射光束在雷达空间中的形状和位置保持不变，如图 5.2 所示。

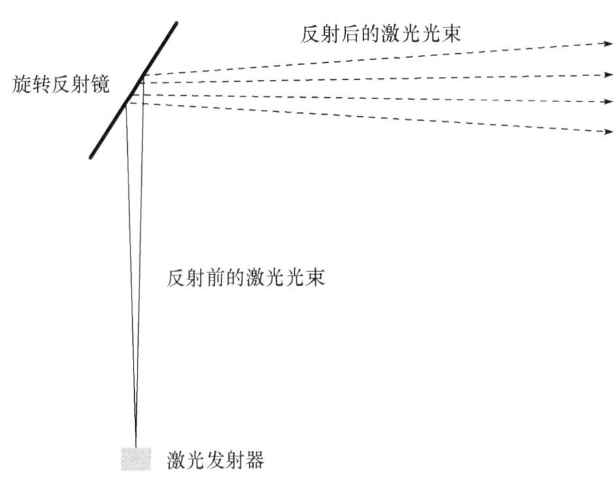

图 5.2　多线激光雷达扫描

雷达扫描面同水平面之间的夹角随扫描角度变化的关系为摆线，可以用余弦模型近似表示。在余弦模型下，扫描面与水平面之间的夹角同雷达扫描角存在如下关系，即

$$\alpha=\gamma_i\cos\theta \tag{5-1}$$

其中，α 为各扫描面同水平面之间的夹角；γ_i 为第 1 个扫描面对应的在零度方向同水平面的夹角，如 $\gamma_1=-1.2°$，$\gamma_2=-0.4°$，$\gamma_3=0.4°$，$\gamma_4=1.2°$；θ 为激光雷达给出的扫描角度，可以直接从激光雷达数据中读取。

在此模型下，实际扫描角度可以表示为

$$\theta'=\theta+\alpha\sin\theta \tag{5-2}$$

其中，θ' 为考虑扫描平面变化影响下，扫描点实际的扫描角度。

激光雷达测量数据为以激光雷达为中心的球坐标，球坐标通过以下公式转化为直角坐标系坐标，即

$$\begin{cases}x=d\cos\alpha\cos(\theta')\\y=d\cos\alpha\sin(\theta')\\z=d\sin\alpha\end{cases} \tag{5-3}$$

其中，d 为激光雷达测量的距离数据；α 为各扫描面同水平面之间的夹角；θ 为激光雷达实际扫描角度。

以余弦模型为假设的多线激光雷达几何模型为

$$\begin{cases} x = d\cos(\gamma_i\cos\theta)\cos(\theta + \gamma_i\sin\theta) \\ y = d\cos(\gamma_i\cos\theta)\sin(\theta + \gamma_i\sin\theta) \\ z = d\sin(\gamma_i\sin\theta) \end{cases} \tag{5-4}$$

5.2.2 摄像机成像模型

摄像机成像模型如图 5.3 所示。这个过程涉及以下几个坐标系之间的变换。

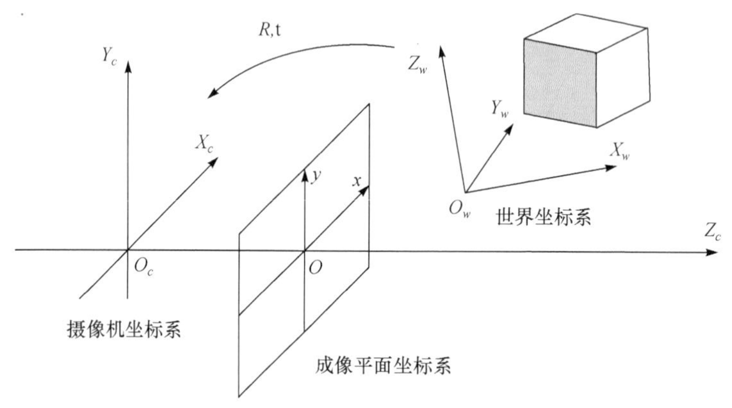

图 5.3　摄像机成像模型

(1) 世界坐标系 $X_wY_wZ_w$

它是系统的绝对坐标,用来描述摄像机与物体的位置。

(2) 摄像机坐标系 $X_cY_cZ_c$

以摄像机为中心制定的坐标系,O_c点称为摄像机光心,X_c轴和 Y_c轴与成像平面坐标系的 x 轴和 y 轴平行,Z_c轴为摄像机的光轴。

(3) 成像平面坐标系 xy

在摄像机内所形成的像平面坐标系,原点定义在摄像机光轴和图像平面的交点处,称为图像的主点(principal point)。

(4) 图像坐标系 uv

计算机内部数字图像所用的坐标系。数字图像在计算机内存储为数组,数组中每个元素的值即为图像点的亮度。每一像素的坐标(u, v)表示该像素在数组中所在的列和行。

在透视投影过程中,坐标的转换过程是将物体表面上的点从世界坐标系转换为摄像机坐标系,再根据摄像机坐标系中的坐标投影得到成像平面中的坐标,最后转换为图像坐标系中的坐标。

摄像机坐标系是在世界坐标系内,从摄像机角度透视所能够看到的图像。在摄像机坐标系内,摄像机处于原点,透视的方向即是 Z_c轴方向,即观察方向为 Z_c轴

方向。已知对象在世界坐标系中的坐标，对坐标系旋转、平移可以得到该对象在摄像机坐标系的坐标，即

$$\begin{bmatrix} X_c \\ Y_c \\ Z_c \\ 1 \end{bmatrix} = \begin{bmatrix} R & t \\ 0 & 1 \end{bmatrix} \begin{bmatrix} X_w \\ Y_w \\ Z_w \\ 1 \end{bmatrix} \tag{5-5}$$

其中，R 是旋转矩阵，t 是平移向量。

如图 5.4 所示，摄像机坐标系与成像平面坐标系的关系为光轴与成像平面交点为 O，O_cO 为摄像机焦距。空间中任何一点 P 在成像平面上的位置 p，是连线 O_cP 与成像平面的交点。由比例关系有如下关系式，即

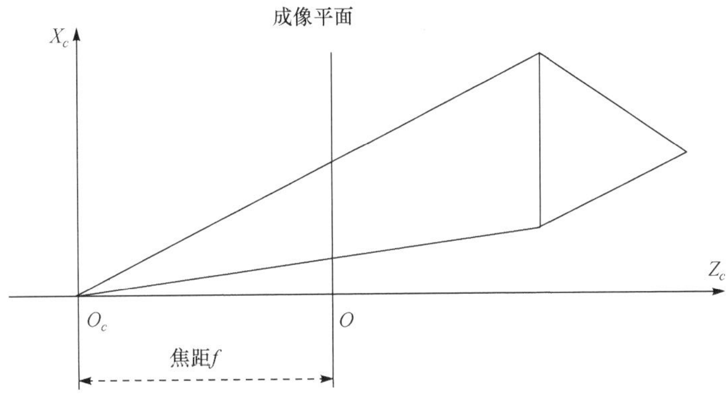

图 5.4　透视成像模型成像原理

$$x = \frac{f X_c}{Z_c} \tag{5-6}$$

$$y = \frac{f Y_c}{Z_c} \tag{5-7}$$

其中，f 是摄像机透镜焦距。

成像平面坐标系与图像坐标系的关系为图像坐标系以像素为单位，u 轴与 v 轴分别与成像平面坐标系的 x 轴与 y 轴平行，原点为 O_0。成像平面坐标系以物理单位(如毫米)表示，图像坐标系中每个像素在 x 轴与 y 轴方向的物理尺寸为 $\mathrm{d}x$ 与 $\mathrm{d}y$。假设成像平面坐标系原点 O 在图像坐标系中坐标为(u_0, v_0)，则任意点(x, y)在图像坐标系中坐标(u, v)为

$$u = u_0 + \frac{x}{\mathrm{d}x} \tag{5-8}$$

$$v = v_0 + \frac{y}{\mathrm{d}y} \tag{5-9}$$

5.2.3 激光雷达与摄像机标定

为进行融合操作,需要将各个不同传感器的数据进行空间对准,实现不同传感器表示的一致。对准激光雷达与摄像头之间的数据,即是确定激光雷达数据点与图像像素点之间的关系[12,13]。当激光雷达与摄像机进行外部标定时,在车辆前方放置一个标定棋盘格。假设世界坐标系的原点 O_w 位于棋盘格,坐标轴 O_wX_w 与 O_wY_w 在棋盘格上,O_wZ_w 垂直于棋盘格。摄像机坐标系的原点为 O_c,坐标轴 O_cX_c 与 O_cY_c 平行于摄像机传感器的行与列,O_cZ_c 轴指向摄像机光轴。雷达坐标系的原点 O_l 为激光发射器空间位置,坐标轴 O_lX_l 与 O_lY_l 位于雷达扫描面,O_lZ_l 轴垂直于雷达扫描面。三维空间中雷达坐标系经过刚体运动与摄像机坐标系重合,通过标定得到雷达坐标系与摄像机坐标系之间的旋转和平移,即可对两个坐标系中的数据进行对准。

根据透视投影原理(图 5.5),假设世界坐标系中的点 $P=[X,Y,Z]^{\mathrm{T}}$ 投影到图像平面的坐标 $p=[u, v]^{\mathrm{T}}$,则透视投影变换可以表示为

$$p \sim K(RP + t) \tag{5-10}$$

其中,K 是摄像机内部参数矩阵;R 是 3×3 旋转矩阵;t 是 3 维平移向量,世界坐标系经过旋转与平移变换可与摄像机坐标系重合。

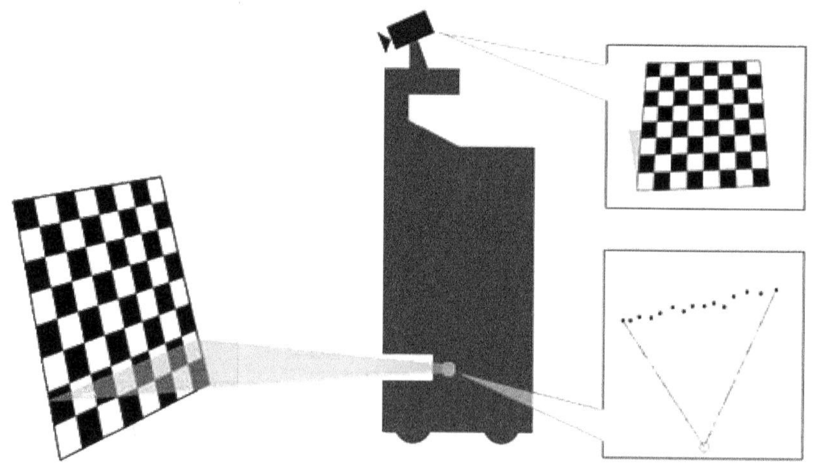

图 5.5 透视投影原理

在实际中,摄像机可能还存在严重的镜头畸变,该畸变可以由 5 维向量表示。我们假设摄像机基本没有畸变或者图像处理中已经纳入了畸变影响。

假设激光雷达扫描面为 $Y=0$ 的平面,摄像机坐标系中的点 P 在激光雷达坐标系中坐标为 P^f,则摄像机坐标系到激光雷达坐标系间的刚体变换可以描述为

$$P^f = \Phi P + \Delta \tag{5-11}$$

其中，Φ 是一个 3×3 正交矩阵，代表摄像机相对于激光雷达的方向；Δ 代表摄像机与激光雷达间的相对位置。

外部标定就是求解摄像机外部参数 Δ 与 Φ，即摄像机相对于激光雷达的位置与角度。

假设世界坐标系中标定平面为平面 $Z=0$，摄像机坐标系中标定平面由 3 维向量 N 表示，N 平行于标定平面法线，且其模 $\|N\|$ 等于摄像机到标定平面的距离。因为 N 是法线，它与标定平面内任意一点的内积为 0，而标定平面中点在摄像机坐标系中方向为 $R[X\ Y\ 0]^{\mathrm{T}}$，即

$$N\cdot\left[\begin{bmatrix}R_1 & R_2 & R_3\end{bmatrix}\begin{bmatrix}X\\Y\\0\end{bmatrix}\right]=0 \tag{5-12}$$

其中，R_1、R_2 和 R_3 分别对应旋转矩阵 R 中第 1 列、第 2 列和第 3 列；t 是摄像机在世界坐标系中的位置。

当式(5-12)成立时，N 与向量 R_3 方向相同。因为世界坐标系原点位于平面 $Z=0$ 中，即位于标定平面内，摄像机与标定平面之间的距离为$(R_3,t)/\|R_3\|$。则

$$N=-R_3(R_3,t) \tag{5-13}$$

因为激光点必须位于标定平面内，在此可以得到摄像机坐标系与激光雷达坐标系之间刚体变换的几何约束。给定一个激光雷达坐标系中的激光点 P^f，可以根据式(5-14)得到该点在摄像机坐标系中的坐标 P，即

$$P=\Phi^{-1}\cdot(P^f-\Delta) \tag{5-14}$$

由于摄像机坐标系中点 P 所在的标定平面由法线 N 定义，满足关系 $N\times P=0(N\,P=\|N\|)$，则给定标定平面参数 N 与激光点 P^f，可以求解 Φ 和 Δ。

为求解 Φ 和 Δ，首先介绍线性解法，随后介绍非线性解法，最后执行外部参数的全局优化。

1. 线性解法

假设摄像机内部参数已知，首先需要确定不同标定平面的姿态，即世界坐标系与摄像机坐标系之间的旋转与平移。由于激光雷达坐标系中扫描面上所有点 $Y=0$，激光点 P^f可以表示为 $\hat{P}^f=[X,Z,1]^{\mathrm{T}}$，则式(5-14)可以表示为

$$N\cdot H\hat{P}^f=\|N\|^2 \tag{5-15}$$

其中

$$H=\Phi^{-1}\begin{bmatrix}1 & 0 & \\ 0 & 0 & -\Delta\\ 0 & 1 & \end{bmatrix} \tag{5-16}$$

是激光雷达坐标系到摄像机坐标系之间的变换矩阵。当标定平面设定不同姿态

时，可得到关于 H 的多个等式，利用最小二乘法可求解 H。当 H 确定之后，摄像机的相对角度与位移可根据 H 计算得到，即

$$\Phi=[H_1, -H_1 * H_2, H_2]^{\mathrm{T}} \tag{5-17}$$

$$\Delta=-[H_1, -H_1 * H_2, H_2]^{\mathrm{T}} H_3 \tag{5-18}$$

其中，H_i 是矩阵 H 中的第 i 列。

标定激光雷达与摄像头的步骤如下。

(1) 计算标定平面参数 N

为计算标定平面参数 N，首先在标定板上粘贴一张棋盘格图纸，确定棋盘格角点在世界坐标系中的坐标，然后根据式(5-5)计算摄像机相对于标定平面的外部参数(R, t)，最后根据式(5-15)计算标定平面法线向量 N。

棋盘格上有 64 个角点，每个在世界坐标系中的坐标为 $P_i(1<i<64)$，$P_i=[X_1\ Y_1\ 0]$。P_i 在摄像机中的投影点为 p_i，$p_i=[u_i,\ v_i]$。利用最小二乘法可以计算摄像机相对于世界坐标系的旋转与平移。

(2) 计算变换矩阵 H

取标定板 8 个不同的姿态，得到对应的 8 个法线向量 $N_i(1<i<8)$。对每个姿态，激光雷达扫描标定板，每次取 8 个不同的激光点。为了计算的准确性，取的激光点应尽可能散开，使它们之间的影响最小。

(3) 计算摄像头与激光雷达间的外部参数

得到 H 之后，根据式(5-17)与式(5-18)计算参数 Φ 和 Δ。计算结果 Φ 可能不满足旋转矩阵特征，此时需要对 Φ 进行近似。近似过程是求解满足 $\hat{\Phi}\hat{\Phi}^{\mathrm{T}}=I$，且使 $\hat{\Phi}-\Phi$ 的 Frobenius 范式最小的矩阵 $\hat{\Phi}$。$\hat{\Phi}$ 与 Δ 就是摄像头与激光雷达之间的外部参数。

2. 非线性优化

上述方法通过最小化代数距离求得，并不能直接反映测量距离。通过最小化激光点与标定板之间的欧氏距离求解，具有更直接的物理含义。

在理论上，激光点与标定平面法线的点积应等于摄像机原点到标定平面之间的距离。实际计算的距离通常与 $\|N\|^2$ 存在误差。定义一个误差函数 $f(\Phi,\Delta)$，记录标定板不同姿态 i 下每个激光点 j 的距离误差之和，即

$$f(\Phi,\Delta)=\sum_i\sum_j\left(\frac{N_i}{\|N_i\|}\cdot(\Phi^{-1}(P_{ij}^f-\Delta))-\|N_i\|\right)^2 \tag{5-19}$$

其中，N_i 为标定板的第 i 个姿态所对应的法向量；旋转矩阵 Φ 根据罗德里格(Rodrigues)公式参数化为 3 个向量，这些向量对应旋转轴的方向，向量的模等于旋转角度。

最小化式(5-19)可以使用 Levenbeg-Marquardt 方法。该方法首先估计 Φ 与

Δ 的初始值,然后利用迭代方法求出它们的最优解。由于摄像机与激光雷达的输出都存在噪声,标定平面参数估计误差和激光点坐标误差都会影响到最终的标定结果,使用迭代方法可以减小误差对标定结果的影响。

非线性优化方法描述如下。

① 对于不同姿态的标定平面,估计摄像机坐标系下标定平面参数 N。在激光雷达坐标系中提取激光点,通过激光点之间的线性关系粗略估计激光点噪声。构造不同姿态下激光点坐标集合。

② 在激光点坐标集合的基础上,估计摄像机旋转 Φ 与位置 Δ。

③ 对每个姿态,计算当前旋转与位置条件下每个激光点平均 3D 投影误差。如果投影误差 $\varepsilon<\delta$(δ 是最大平均误差阈值),则将该姿态下的激光点从集合中删除。

④ 重复步骤②与③直到收敛。

3. 全局优化

当摄像机内部参数存在误差时,会影响到外部参数的标定结果。给定摄像机旋转与位置,激光雷达数据给出标定平面位置的约束条件,可用于分析摄像机的内部参数。因此,摄像机外部参数 Φ 与 Δ,以及内部参数 K,可通过执行全局优化求得更精确的值。

对于标定平面的姿态 i,假设 P_j 是棋盘格角点,其投影误差为

$$\sum_i \sum_j \| p_{ij} - \tilde{p}(K, R_i, t_i, P_j) \| \tag{5-20}$$

其中,$\tilde{p}(K,R_i,t_i,P_j)$是点 P_j 在图像 i 上的投影。

在式(5-20)的基础上可以得到全局优化公式,即最小化投影误差与标定平面误差之和,即

$$\sum_i \sum_j d^2(P(\Phi,\Delta,P_{ij}^f),N(R_i,t_i)) + \alpha \sum_i \sum_j \| p_{ij} - \tilde{p}(K,R_i,t_i,P_j) \|^2 \tag{5-21}$$

其中,$N(R_i,\ t_i)$是姿态 i 下的标定平面参数;$P(\Phi,\Delta,P_{ij}^f)$是根据式(5.21)计算的雷达坐标系中的点 P_{ij}^f 在摄像机坐标系中的坐标;$d^2(P,\ N)$是点 P 到平面 N 的欧氏距离的平方;α 是归一化雷达误差函数与摄像头误差函数的权重。

5.3　基于激光雷达的行人识别方法

5.3.1　激光雷达点云数据及其处理

激光雷达数据是分布于对象表面的一系列三维点坐标,在形式上呈离散分布,扫描带中数据分布不均匀——不同位置的光斑密度不同。尽管直接获取点三维坐

标是激光雷达最显著的特点之一,但其数据类型并不局限于此。强度信号是另一个有用的信息源,反映了人体对激光信号的响应,由于一些技术上的原因(如缺乏有效的标定手段),还没有得到多少实际应用。基于激光雷达点云数据的特点,为精确地辨识行人,需对激光雷达数据进行有效的聚类。

作为数据挖掘领域的一个重要研究方向,聚类分析已经广泛地应用于模式识别、图像处理,以及数据分析等诸多领域。常用的聚类方法有划分聚类法、层次聚类法、基于密度的聚类法、基于网络的聚类法,以及基于模型的聚类方法等[14-16]。利用聚类算法,可将具有相同性质的数据点归为同一簇,根据簇的特点有效地判别目标物的种类。

DBSCAN(density-based spatial clustering of applications with noise)算法[17]是一种具有代表性的基于密度的聚类算法,能在存有噪声的空间数据中发现任意形状的簇。

5.3.2 传统 DBSCAN 聚类算法

1. 基本概念及定义

基于密度的聚类算法 DBSCAN 通过计算数据集中每个数据点的区域密度来进行聚类,需设置 EPs 和 MinPts 这两个参数。下面给出 DBSCAN 算法中的一些基本定义和引理。

定义 5.1 空间中任意一点 P 的 EPs 邻域:以点 P 为圆心,以 EPs 为半径的球形区域。

定义 5.2 空间中任意一点 P 的密度:点 P 的 EPs 邻域内包含的点的数目。

定义 5.3 直接密度可达:给定 EPs 和 MinPts,若点 Q 在点 P 的 EPs 邻域内,且点 P 的密度大于 MinPts,则点 Q 从点 P 直接密度可达。

定义 5.4 密度可达:给定 EPs 和 MinPts,若存在一个点链 $P_1,P_2,\cdots,P_n$,且有 P_{i+1}从 P_i 直接密度可达,则点 P_n 从点 P_1 密度可达。

定义 5.5 密度相连:给定 EPs 和 MinPts,若存在点 O,使得点 P 和点 Q 都从 O 密度可达,则点 P 和点 Q 密度相连。

定义 5.6 核心点和边界点:给定 EPs,其密度不低于 MinPts 的点,称为核心点;不是核心点,但是从核心点密度可达的点,称为边界点。

定义 5.7 簇和噪声:基于密度可达性的最大密度相连对象的集合称为簇,数据集 D 中不属于任何簇的点称为噪声点。

引理 5.1 若 P 是核心点,且 O 是从 P 密度可达的点集,则 O 是一个簇。

引理 5.2 假定 C 是一个簇,P 是 C 中的任意一个核心点,则 C 等价于从 P 密度可达的点集。

由以上定义和引理可知,一个簇就是密度相连的点的最大集合,且可以由其中任意一个核心点唯一确定。

基于上述事实，DBSCAN 的算法思想是从数据集 D 中任意选择一个点 P 开始，查找 D 中所有关于 EPs 和 MinPts 的从 P 密度可达的点。如果 P 为核心点，则其 EPs 邻域内的所有点和 P 同属于一个簇，将这些点作为下一轮的考察对象（即候选点），通过不断查找从候选点的密度可达的点来扩展它们所在的簇，直至找到一个完整的簇；如果 P 不是核心点，即没有对象从 P 密度可达，则 P 被暂时标注为噪声点。然后，算法对 D 中未被处理的点重复上述过程，进行其他簇的扩展。最后，D 中不属于任何簇的点即为噪声点。

2. 传统 DBSCAN 算法步骤

① 初始化，输入聚类数据。

② 任意选取一个数据点 x_1，如果 x_1 未被处理（归为某个簇或者标记为噪声），则检查其邻域，若包含的对象数不小于 minPts，建立新簇 C，扩展以 x_i 为核心对象的簇，即找出从 x_i 所有密度可达的点，将其中的所有点加入候选集 N。

③ 对候选集 N 中所有尚未被处理的对象 q，检查其邻域，若至少包含 minPts 个对象，则将这些对象加入 N；如果 q 未归入任何一个簇，则将 q 加入 C。

④ 重复步骤②，继续检查 N 中未处理的对象，直到当前候选集 N 为空。

⑤ 重复步骤①～③，直到所有对象都归入了某个簇或标记为噪声。

如果采用空间索引，DBSCAN 的时间复杂度是 $O(n\log n)$，这里 n 是数据集中对象的数目；否则，时间复杂度是 $O(n^2)$。

其伪代码描述如下。

```
输入：数据对象集合 D，半径 Eps，密度阈值 MinPts
输出：聚类 C
DBSCAN(D, Eps, MinPts)
Begin
    init C=0; //初始化簇的个数为 0
    for each unvisited point p in D
        mark p as visited; //将 p 标记为已访问
        N = getNeighbours (p, Eps);
        if sizeOf(N) < MinPts then
            mark p as Noise; //如果满足 sizeOf(N) < MinPts，则将 p 标记为噪声
    else
            C=next cluster; //建立新簇 C
        ExpandCluster (p, N, C, Eps, MinPts);
```

```
        end if
    end for
End
```

其中,ExpandCluster 算法伪码如下。

```
ExpandCluster(p, N, C, Eps, MinPts)
add p to cluster C; //首先将核心点加入 C
for each point p’ in N
mark p’ as visited;
N’ = getNeighbours (p’, Eps); //对 N 邻域内的所有点在进行半径检查
if sizeOf(N’) >= MinPts then
N = N+N’; //如果大于 MinPts,就扩展 N 的数目
end if
if p’ is not member of any cluster
add p’ to cluster C; //将 p′ 加入簇 C
end if
end for
End ExpandCluster
```

该算法对比常用的聚类算法 k-means 具有以下优点。

① 与 k-means 方法相比,DBSCAN 不需要事先知道要形成的簇类的数量。

② 与 k-means 方法相比,DBSCAN 可以发现任意形状的簇类。

③ 同时,DBSCAN 能够识别出噪声点。

④ DBSCAN 对于数据库中数据的顺序不敏感,即数据的输入顺序对结果的影响不大。但是,对于处于簇类之间的边界样本,可能会根据哪个簇类优先被探测到而其归属有所摆动。

传统的 DBSCAN 算法在某些特定的条件下,如目标物均匀分散、有明显的轮廓等能起到较好的聚类效果,但在一些复杂的多目标环境中则不能精确地识别出行人及其他目标。传统的 DBSCAN 算法在聚类过程中存在以下不足之处。

① 对聚类半径、聚类邻域中对象个数等输入参数敏感。

② 聚类半径、聚类邻域中的对象个数是全局唯一确定的,对于不同的密度分布,聚类效果较差。

③ 在聚类过程中,DBSCAN 一旦找到一个核心对象,即以该核心对象为中心向外扩展。在此过程中,核心对象将不断增多,未处理的对象被保留在内存中。若数据库中存在庞大的聚类,将需要很大的内存来存储核心对象信息,其需求难以预料。

5.3.3　改进的 DBSCAN 算法

目前,国内外众多研究者针对不同研究目的提出许多改进的 DBSCAN 算法。刘军等提出基于 DBSCAN 方法的交通事故多发点(段)的排查方法及其改进思路,并且结合 J2EE 技术,实现了一个 Web 环境下的交通事故数据挖掘系统。冯少荣[18]等针对 DBSCAN 算法存在的不足,提出"分而治之"和高效的并行方法对 DBSCAN 算法进行改进。他们通过对数据进行划分,利用"分而治之"思想减少全局变量 EPs 值的影响,使用并行处理方法和降维技术提高聚类效率,降低 DBSCAN 算法对内存的较高要求,并采用增量式处理方式解决数据对象的增加和删除对聚类的影响。该改进算法能起到较好的效果改进,在聚类质量和聚类效率上都得到了比较满意的结果。Birant 等[19]提出 ST-DBSCAN 算法,作者提出基于识别核心点、噪声点、相邻簇的三种边缘扩展方法,该算法对比现有基于密度的聚类算法的优点是能够根据非空间、空间及时间数据集下物体的值寻找出不同的簇。

本章的聚类数据来自 IBEO-LUX 四线激光雷达。它拥有 240°的宽视角,0.3～200m的探测距离,绝对安全的 1 等级激光。在有限的空间内,集七种功能和低成本于一体,能轻松应对路面上的多种危险交通路况,轻易集成到任何车体和观察到任何角度。LUX 有三种角度分辨率,根据不同的应用环境来调整,能获得更好的探测结果。例如,ACC(自动巡航控制),在与行驶方向一致时,可增加分辨率至 1/10°,这样可轻易识别远处的物体。对于其他不重要的场合,可适当减少角度分辨率。

IBEO-LUX 四线激光雷达的性能参数如表 5.1 所示。

表 5.1　IBEO-LUX 四线激光雷达的性能参数

扫描频率	12.5 Hz 或 25 Hz
水平视角	4 层 85°或者 2 层 100°FOV
垂直视角	3.2°FOV
距离范围	0.3 ～ 200 m
分辨率	4cm
角度	0.1°～ 1°
激光安全等级	1 级 905nm
俯仰自动补偿	4 线技术
接口	Ehternet/CAN2.0b
供电电压	9—27V, Max 10W
质量	1kg
温度	—40℃ ～85℃
天气性能	—多次回波(每点激光可接收 3 次回波) —多点目标(每点激光可探测 4 个目标)

结合雷达的应用环境分析可知其数据有如下特点。

① 数据应转化成直角坐标系下的点，便于聚类分析。

② 雷达的应用环境决定了在对雷达数据聚类时，类的数目是变化的。

③ 雷达数据的密度随着目标物距离的改变而改变。

结合上述激光雷达二维数据和 DBSCAN 算法的特点，针对激光雷达应用对 DBSCAN 算法进行改进。

① 改进搜索速度。由于雷达数据进行聚类时不需要遍历搜索，因此首先对 DBSCAN 算法的搜索范围进行改进。在原始算法中，核心点的 EPs 邻域内所有的点都要重新搜索，而实际上起作用的点是该邻域内离核心点最远的数据点，这样必定会浪费较多的搜索时间。提出的改进方法[39]是选取有代表性的点作为扩展点，此时需要解决两个问题，即代表对象应该选多少；如何选择代表对象。显然，代表对象不能太多，也不能太少。若太多，就难以发挥快速算法的效率；反之，如果太少，则代表对象邻域难以比较完全地覆盖其他对象的邻域，从而造成对象“丢失”，影响到聚类质量和效率。对于激光雷达数据点，可以选代表对象数为 4。直观地，一个核心对象的邻域可以近似地被 4 个分散较好的代表对象的具有相同半径的邻域所覆盖。实验结果也表明，选择 4 个代表对象，不仅丢失对象少，且聚类速度提高明显。此时，以核心点为坐标原点建立一个直角坐标系，寻找该直角坐标系下四条半轴（X 轴正负半轴和 Y 轴正负半轴）附近远离所选核心点最远的四个点，以这四个点为代表点向外扩展簇，能极大地缩短搜索时间。

② 改进输入参数。激光雷达的数据密度会随着扫描的距离变化而变化，距离激光雷达原点越近则数据密度越高，越远则数据密度越低。在该情况下，搜索半径即 EPs 的值应该随搜索点与激光雷达的距离而变化，而不是保持某个值不变。因此，提出聚类半径 EPs 与扫描距离相关的函数如下，即

$$\mathrm{EPs}=\frac{\alpha\pi\theta_{\mathrm{s}}\left[\mathrm{Int}\left(\frac{\sqrt{x_i^2+y_i^2}}{L}\right)+1\right]}{180} \tag{5-22}$$

其中，Int()表示取整，为聚类半径系数；(x_i, y_i)为该数据点在以激光雷达为坐标原点建立的直角坐标系下的坐标；s 为激光雷达的扫描角分辨率；L 为聚类区域步长。

该改进方法将整个激光雷达数据区域按照不同半径大小进行划分，根据扫描点所属的区域决定聚类半径的大小。改进的 DBSCAN 算法流程如图 5.6 所示。

5.3.4 算法的验证

为验证本改进算法的实用性及精确性，对该算法做了实车验证试验。采用德国 IBEO 公司提供的 LUX 四线激光雷达作为主传感器。正常使用时，该激光雷达

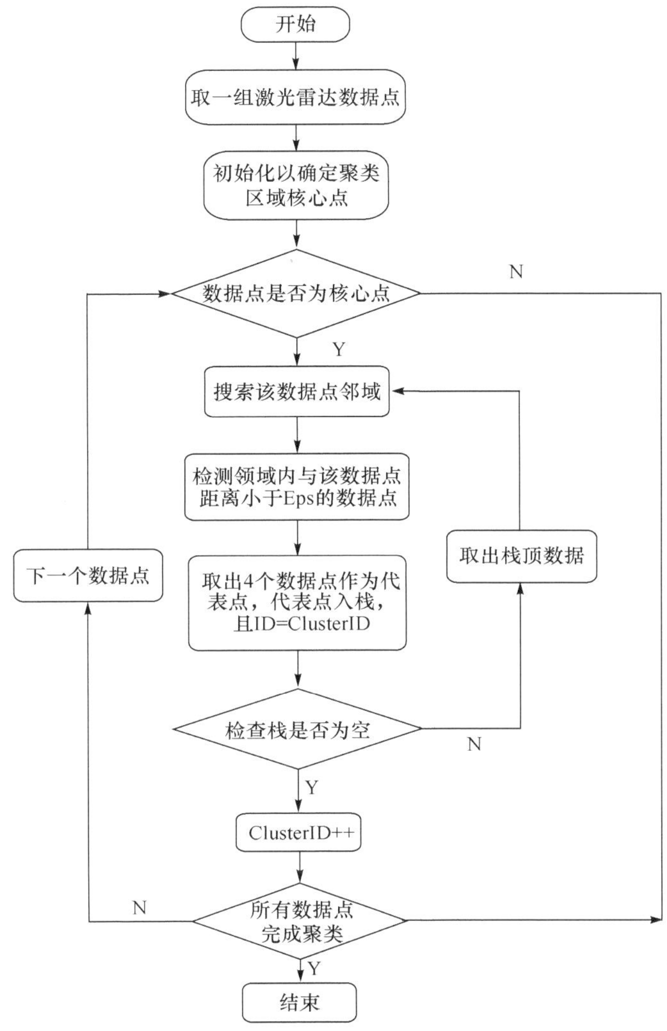

图 5.6　改进的 DBSCAN 算法流程图

安装在保险杠部位，在激光雷达附近安装有摄像头，摄像头采集的图像信息作为后验信息，在 VS2008 下采集数据，激光雷达与图像数据均加入本地时间，这样便可找出每一帧激光雷达数据点对应的图像信息。为方便操作，将激光雷达固定在某处，摄像头放置在激光雷达上部。在 matlab 中对激光雷达数据进行原始聚类，利用改进后的算法进行聚类，对比两种算法的精确度及搜索时间。在采集的 1589 帧激光雷达数据中，随机选取 10 帧数据进行聚类，并从采集的图像数据中找到对应的日标物作为后验信息，选取有代表性的一帧数据为例，对比分析改进前后的聚类效果。改进前后的聚类算法效果如图 5.7～图 5.9 所示。图 5.10 为激光雷达同一时间采集的数据中行人的模拟简化图像信息。对 10 帧激光雷达数据,改进前后的聚类算法搜索时间如表 5.2 所示。

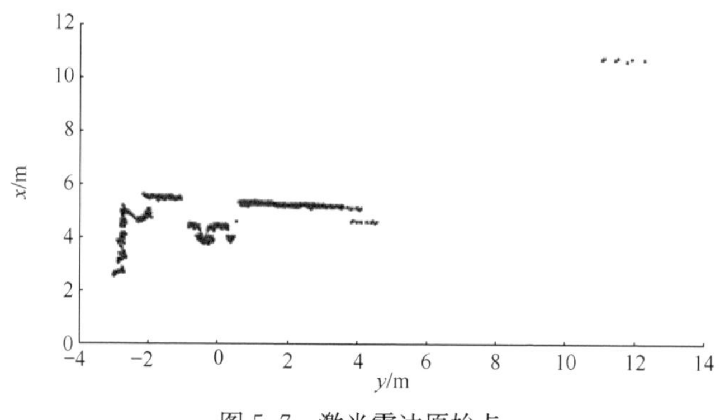

图 5.7　激光雷达原始点

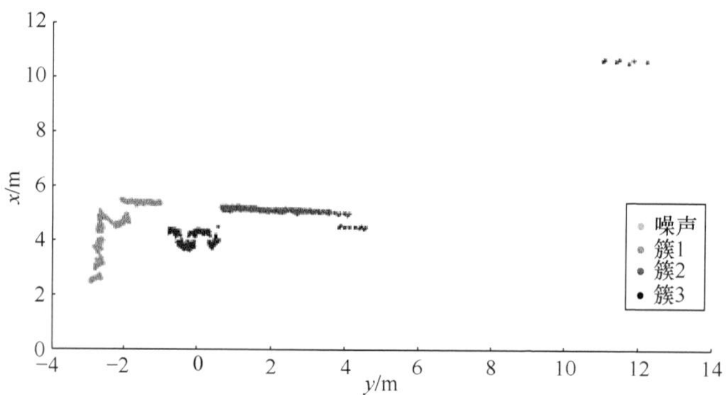

图 5.8　未改进的 DBSCAN 算法聚类

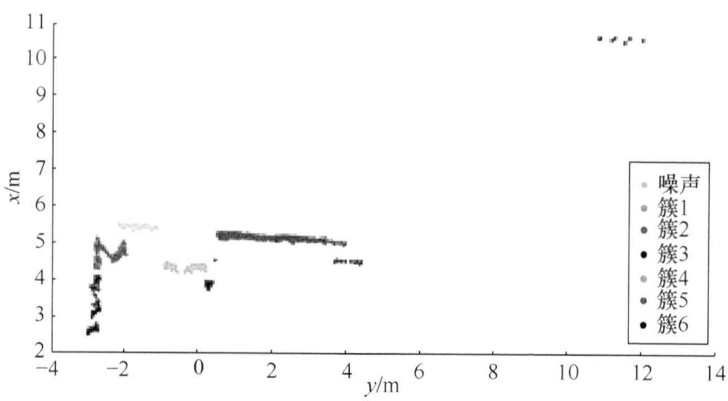

图 5.9　改进后的 DBSCAN 算法聚类

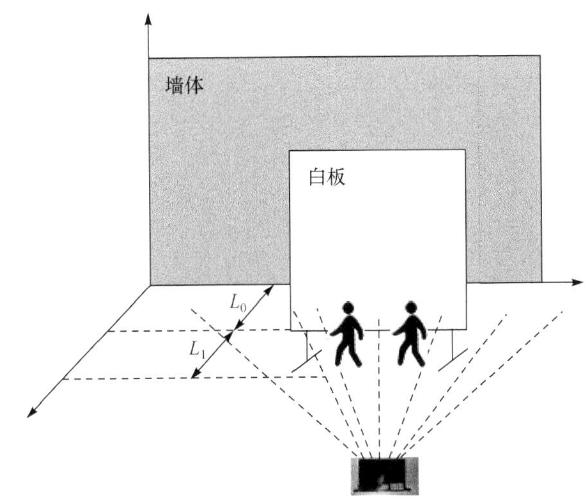

图 5.10　激光雷达对应的实验行人模拟图像

表 5.2　改进前后 DBSCAN 聚类算法的搜索时间

	第一帧	第二帧	第三帧	第四帧	第五帧
改进前/s	2.006152	1.321594	1.452385	1.159581	1.784545
改进后/s	1.159458	0.791381	0.854672	0.75091	0.988263
	第六帧	第七帧	第八帧	第九帧	第十帧
改进前/s	1.786367	1.967999	1.00054	1.774711	1.861025
改进后/s	0.959421	1.078676	0.485644	0.992375	0.851431

激光雷达数据点聚类后，不同的簇形状可能代表不同的目标物。对于车辆行驶过程中路面可能出现的目标，在激光层根据聚类结果的激光轴数对目标做了如表 5.3 所示的分类。

① 两轴结构的目标。具有两条轴线的物体，且两个轴呈现一定的角度，一般两个轴上的激光点分布均匀且在直线上，这样的目标是车辆和墙角。

② 单轴结构的目标。只有一条轴线，激光点分布均匀，且在一条直线上。具有这种结构的目标是正前方的车辆，或者是前方的一面墙。

③ 零轴结构的目标。没有明显的轴线，激光分布为一个团簇，可以计算这个团簇的聚类中心和结构半径。具有单轴结构的目标很可能是道路上的行人、树木和垃圾筒等。

表 5.3 激光轴数与点的对应

类型	结构	特征参数
双轴	u_1 u_2 l_1 l_2	C：两轴交点 u：一个轴的向量 l：单个轴的长度
单轴	u_1 e s l_1	u：单轴的向量 L：单轴的长度
无轴	p	P：中心点 r：半径

根据表中提供的分类信息，结合图像信息提供的后验检测，可以分析目标物的情况。由图 5.10 可以明显看出，激光雷达采集数据中应该包含两个行人和一块白板。对比分析图 5.8 和图 5.9 可知，未改进的 DBSCAN 算法(图 5.8)把白板和行人都归到同一类，而改进后的 DBSCAN 算法(图 5.9)则能很好地辨识两个行人以及身后的白板。此外，改进后的算法还能很好地识别墙体(即单轴物体)，说明该算法具有良好的检测精度。在选取的 10 帧激光雷达数据中，由图像信息可以检验出，激光雷达视角内共出现了 21 个行人，5 辆汽车，其他不明显目标物 10 个。改进后的 DBSCAN 算法能检测出 17 个行人，5 辆汽车，行人检测率为 80.95%，而原始的 DBSCAN 算法只能检测出 13 个行人，4 辆汽车，行人检测率为 61.90%。由此可以看出，在行人检测方面，改进的 DBSCAN 算法能较好地提高检测精度。

此外，改进的 DBSCAN 算法能较大地提高搜索速度。表 5.2 的结果表明，在 10 帧数据中，改进后 DBSCAN 算法的搜索时间较改进前缩短了 44.70%，说明该算法在提高搜索精度的同时也提高了搜索效率。

5.4 基于摄像机的行人识别方法

基于机器视觉的行人识别算法可以分为基于部件的识别算法和基于整体特征的识别算法。基于部件的识别算法能更准确地识别各种复杂环境下的行人，如局部遮挡，但是目前算法实时性较低；基于整体特征的行人识别算法识别率较高，并且实时性较好。因此,用于实际车载行人传感的行人识别算法通常使用基于整体特征的行人识别算法。下面介绍基于部件的识别算法和基于整体特征的识别算法。

5.4.1　行人检测模型

行人检测方法可以利用先验知识建立适当的人体模型,针对人体的特征变化空间进行约束,从而减小搜索范围,提高检测效率。常用的模型有部件模型[20-22]和 Pictorial 模型[23-25]。我们在这两个模型的基础上使用混合模型,结合部件模型与 Pictorial 模型的优点,达到准确识别行人的目的。

1. 部件模型

部件模型有骨架模型和几何柱体模型。1978 年,Marr 和 Nishihara[26] 开始使用如图 5.11 所示圆柱体表示人体部件。通过关节点连接人体部件,可以构成能够描述人体的骨架结构模型。每个关节点都包含多个自由度用来指出肢体可能的方向,所有关节点自由度的组合便构成了一个人体结构。每个部件都需要使用位置、方向、尺度等参数描述其状态,即

$$l_i=(x_i,y_i,\theta_i,s_i) \tag{5-23}$$

部件模型中的骨架模型[27]是最简单的人体结构表示方法,主要由点和线段组成,分别表示关节点和骨骼,如图 5.12 所示。

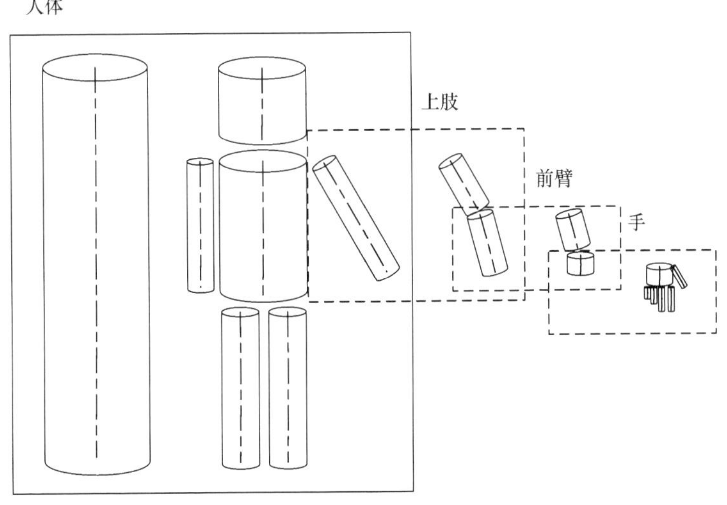

图 5.11　人体几何圆柱体模型

Felzenszwalb 等[28]提出可变形部件模型用于目标检测。该方法将人体分为

图 5.12　人体骨骼模型

若干相互关联的部件，利用图模型对人体建模，并利用图推理的方法对人体结构进行优化。实验结果证明，该模型在人体检测方面可以取得不错的效果，以下重点介绍可变形部件模型。

可变形部件模型由两层滤波器组成：一个根滤波器（root filter）与若干部件滤波器（part filter）。根滤波器用于捕获目标的整体轮廓特征，而部件滤波器则用于捕获目标中部件的细节特征，如眼睛、鼻子和嘴等。滤波器实际是一个矩形模板，矩阵的每个元素是一个 d 维权重向量。

用于检测具有 n 个部件目标的可变形部件模型可以描述为一个 $n+2$ 元组 $(F_0, P_1, \cdots, P_n, b)$，其中 F_0 是根滤波器，P_i 表示第 i 个部件的模型，b 代表先验概率。每个部件模型又可以定义为一个三元组 (F_i, v_i, d_i)，F_i 是 P_i 的局部滤波器，v_i 是一个二维向量，记录 P_i 与根部件的相对位置，d_1 是一个四维向量，代表 P_i 每个可能位置的变形开销系数。

图像中提取的 HOG 特征可以表示为一个特征位图 G。特征位图是一个二维矩阵，其中每个元素是一个 d 维向量，对应于图像中的一个单元格。将滤波器 F 左上角置于特征位图 G 的坐标 (x, y) 处，两个矩形进行“点积”计算，所得分数可以定义为

$$\text{score} = \sum_{x', y'} F[x', y'] \cdot G[x+x', y+y'] \tag{5-24}$$

该分数越高，表明单元格成为滤波器所代表部件的可能性越大。

当对一个对象作出假设时，需要指定模型中每个滤波器在特征金字塔中的位置，$z=(p_0, p_1, \cdots, p_n)$，其中 $p_i=(x_i, y_i, l_i)$ 指出了第 i 个滤波器的位置和层次。一个假设的所得分数由三部分组成，即所有部件滤波器在各自位置所得分数；各个部件位置相对于根部件形变开销；先验概率。使用的数学公式为

$$\text{score}(p_0,p_1,\cdots,p_n)=\sum_{i=0}^{n}F'_i\cdot\varphi(H,p_i)-\sum_{i=1}^{n}d_i\cdot\varphi_d(\mathrm{d}x_i,\mathrm{d}y_i)+b \tag{5-25}$$

其中，$(\mathrm{d}x_i,\mathrm{d}y_i)=(x_i,y_i)-(2(x_0,y_0)+v_i)$给出了第 i 个部件的偏移位置；$\varphi_d(\mathrm{d}x,\mathrm{d}y)=(\mathrm{d}x,\mathrm{d}y,\mathrm{d}x^2,\mathrm{d}y^2)$是变形特征。

为了在图像中检测对象，需要根据部件位置计算一个全局分数，即

$$\text{score}(p_0)=\max_{p_1,\cdots,p_n}\text{score}(p_0,p_1,\cdots,p_n) \tag{5-26}$$

当 $\text{score}(p_0)$越大意味着图像中存在对象的概率越高。

在可变形部件模型的训练过程中，引入了专门为弱监督学习设计的隐支持向量机[29]。考虑一个分类器，LSVM 中每个样本的得分可以使用下面的形式表示，即

$$f_\beta(x)=\max_{z\in Z(x)}\beta\cdot\Phi(x,z) \tag{5-27}$$

其中，β是模型参数的向量；z是隐形变量；集合 $Z(x)$定义了样本 x 中可能的隐形变量值，即各部件的位置。

类似于经典的 SVM 算法，需要利用一组标注的训练样本集 $D=(\langle x_1,y_1\rangle,\cdots,\langle x_n,y_n\rangle)$训练获得$\beta$，其中 $y_i\in\{-1,1\}$，训练过程为最小化目标函数，即

$$L_D(\beta)=\frac{1}{2}\|\beta\|^2+C\sum_{i=1}^{n}\max(0,1-y_if_\beta(x_i)) \tag{5-28}$$

其中，$\max(0,1-y_if_\beta(x_i))$是标准连接损失；$C$ 控制正则化项的权重；如果每个样本 x_i 只有一个可能的隐变量，即$|Z(x_i)|=1$，那么 f_β 与β 呈线性关系。

此时，线性 SVM 可以认为是隐 SVM 的特殊情况。

为了训练对象检测模型，往往需要庞大数量的负样本。但是，同时使用所有负样本是不现实的，一般考虑训练数据包括正样本和“困难”负样本，可使用 Bootstrapping 方法根据负样本的初始化子集训练一初始模型，随后收集不能在初始模型中正确分类的负样本，形成一个“困难”负样本集合。再利用困难负样本训练一个新的模型，这个过程重复多次直到模型训练完毕。

已知全部候选集合 D 与当前模型参数β，困难样本与容易样本分别定义为

$$H(\beta,D)=\{(x,y)\in D\,|\,yf_\beta(x)<1\} \tag{5-29}$$

$$E(\beta,D)=\{(x,y)\in D\,|\,yf_\beta(x)>1\} \tag{5-30}$$

其中，$H(\beta,D)$是集合 D 中被当前模型错误分类或置于间隔内的样本；$E(\beta,D)$是集合 D 中被当前模型正确分类且置于间隔外的样本。

令 $\beta^*(D)=\arg\min_\beta LD(\beta)$，$C_1\subseteq D$ 为样本的初始缓存，训练算法重复执行训练模型与更新缓存两个过程，具体如下。

① 令 $\beta_t:=\beta^*(C_t)$(使用 C_t 训练模型)。

② 如果 $H(\beta_t,D)\subseteq C_t$,停止并返回 β_t。

③ 对于任意 $X\in E(\beta_t,C_t)$,令 $C_t'=C_t\backslash X$。

④ 对于任意 $X\in(H(\beta_t,C_t)\backslash C_t)$,令 $C_{t+1}=C_t'\cup X$,返回步骤①,并使用 C_{t+1} 继续训练。

2. Pictorial 模型

Pictorial 模型由 Fischler 和 Elschlager[30] 首先提出,主要思想是将对象看作是由一组刚性构件组成,构件之间由弹簧连接,如图 5.13 所示。使用能量函数描述构件匹配相似度与弹簧形变开销,通过最小化该能量函数实现图像中最佳的对象匹配。

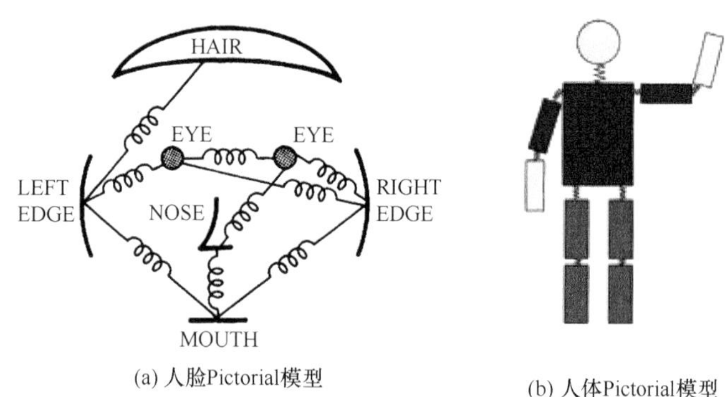

(a) 人脸Pictorial模型　　(b) 人体Pictorial模型

图 5.13　Pictorial 模型

如图 5.13(b)所示,根据 Pictorial 模型,人体可以使用一无向图 $G=(V,E)$表示,其中点集 $V=\{v_1,v_2,\cdots,v_n\}$表示组成对象的 n 个部位,边集 $E=\{(v_i,v_j)\},i\neq j$ 表示部位之间的连接。对于一个对象实例,使用配置 $L=(l_1,l_2,\cdots,l_n)$描述部位的位置信息,其中 $l_i=(x_i,y_i)$表示部位 v_i 在图像中的坐标。人体结构图模型如图 5.14 所示。

对于一幅图像,定义能量函数描述模型与图像间的不匹配程度,对象检测是求解该能量函数的最优解,即

$$L^*=\arg\min_L\Big(\sum_{i=1}^n m_i(l_i)+\sum_{(v_i,v_j\in E)}d_{ij}(l_i,l_j)\Big) \tag{5-31}$$

其中,$m_i(l_i)$表示部位 v_i位于 l_i处时外观特征的匹配程度;$d_{ij}(l_i,l_j)$表示部位 v_i和 v_j位于 l_i 和 l_j时结构变形程度。

任意给定一幅图像 I,同时已知被检测对象的模型。令 θ 为对象模型参数,L 为对象模型的一组配置,分布 $p(I|L,\theta)$描述了给定对象模型和配置下观测到图像

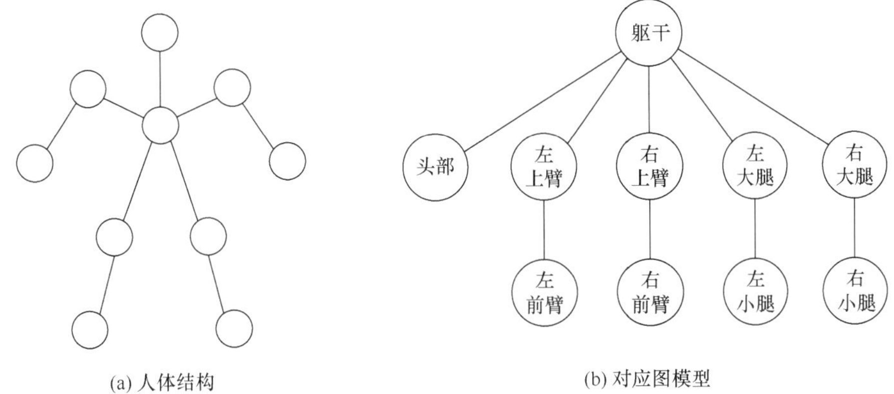

(a) 人体结构　　(b) 对应图模型

图 5.14　人体结构图模型

I 的似然值，分布 $p(L|\theta)$ 描述了对象位于配置 L 的先验概率，后验概率 $p(L|I,\theta)$ 描述了给定图像和模型参数下，对象位于配置 L 的概率。

假设模型参数 $\theta=(u,\ E,\ c)$，其中 $u=\{u_1,u_2,\cdots,u_n\}$ 对应于部位外观参数，E 是一个边集，表示模型中部位之间存在的连接，$c=\{c_{ij}=(v_i,\ v_j)\in E\}$ 表示连接的参数。分布 $p(I|l_i,u_i)$ 描述了给定部位 u_i 在位置 l_i 时观测到图像 I 的似然值。当部位没有重叠时，似然值 $p(I|L,\theta)$ 可近似表示为各部位似然值之积，即

$$p(I \mid L,\theta) = p(I \mid L,u) \propto \prod_{i=1}^{n} p(I \mid l_i,u_i) \tag{5-32}$$

$p(L|\theta)$ 可以表示为

$$p(L \mid \theta) = p(L \mid E,c) = \prod_{(v_i,v_j)\in E} p(l_i,l_j \mid c_{ij}) \tag{5-33}$$

于是，后验概率分布可以表示为

$$p(L \mid I,\theta) \propto \left(\prod_{i=1}^{n} p(I \mid l_i,u_i) \prod_{(v_i,v_j)\in E} p(l_i,l_j \mid c_{ij})\right) \tag{5-34}$$

对式(5-34)右边两项分别取负对数，则可以得到形式上与此相同的能量优化函数，其中 $m_i(l_i)=-\log(p(I|l_i,u_i))$，$d_{ij}(l_i,l_j)=-\log(p(l_i,l_j|c_{ij}))$。

为了学习得到模型参数 θ，假设有一组样本图像 $\{I^1,I^2,\cdots,I^m\}$，每幅图像都对应一个样本配置 $\{L^1,L^2,\cdots,L^m\}$。根据最大似然估计的定义，模型参数 θ^* 需要最大化公式，即

$$p(I^1,\cdots,I^m,L^1,\cdots,L^m \mid \theta) = \prod_{k=1}^{m} p(I^k,L^k \mid \theta) \tag{5-35}$$

又因为 $p(I,L|\theta)=P(I|L,\theta)p(L|\theta)$，所以最大似然估计求解下式，即

$$\theta^* = \arg\max_{\theta} \prod_{k=1}^{m} p(I^k \mid L^k,\theta) \prod_{k=1}^{m} p(L^k \mid \theta) \tag{5-36}$$

该公式右边第一项依赖于各部位外观,第二项依赖于连接与连接参数。下面说明在给定连接与连接参数的条件下,可以求解独立部位的外观模型,即

$$u^{*} = \arg\max_{u}\prod_{k=1}^{m} p(I^{k} \mid L^{k}, u) \tag{5-37}$$

其中,$p(I^{k}|L^{k},u)$为在给定对象配置信息 L^{k} 条件下观察到图像 I^{k} 的似然值。

因此,有

$$u^{*} = \arg\max_{u}\prod_{k=1}^{m}\prod_{i=1}^{n} p(I^{k} \mid l_{i}^{k}, u_{i}) = \arg\max_{u}\prod_{i=1}^{n}\prod_{k=1}^{m} p(I^{k} \mid l_{i}^{k}, u_{i}) \tag{5-38}$$

从式(5-38)右端可以看出,为了求解对象外观参数 u^{*},可以独立求解各部件外观参数 u^{*},即

$$u_{i}^{*} = \arg\max_{u_{i}}\prod_{k=1}^{m} p(I^{k} \mid l_{i}^{k}, u_{i}) \tag{5-39}$$

对于连接参数,可以得到下式,即

$$(E^{*}, c^{*}) = \arg\max_{E,c}\prod_{k=1}^{m} p(L^{k} \mid E, c) \tag{5-40}$$

假设配置 L^{k} 条件下对象的先验概率为

$$p(L^{k} \mid E, c) = \prod_{(v_{i}, v_{j} \in E)} p(l_{i}^{k}, l_{j}^{k} \mid c_{ij}) \tag{5-41}$$

这是给定样本条件下对 l_i 和 l_j 联合概率分布的最大似然估计。求解 c^{*} 依赖于选取联合概率分布的特殊表示。表征两个部件之间连接“质量”可以转变为对它们之间联合概率分布的最大似然估计,即

$$q(v_{i}, v_{j}) = \prod_{k=1}^{m} p(l_{i}^{k}, l_{j}^{k} \mid c_{ij}^{*}) \tag{5-42}$$

直观地说,衡量两部件连接质量取决于它们之间的位置关系,这些量化值可以用于估计连接集合 E^{*},可得下式,即

$$E^{*} = \arg\max_{E}\prod_{(v_{i}, v_{j})\in E} q(v_{i}, v_{j}) = \arg\min_{E}\sum_{(v_{i}, v_{j})\in E} -\log q(v_{i}, v_{j}) \tag{5-43}$$

3. 混合模型

单纯使用矩形或椭圆形部件表示人体部位,往往需要位置、方向、尺度等信息才能准确表示一个部件的状态,正确计算人体部位则面临参数多,计算量大等难题。使用 Pictorial 模型则缺乏人体外观的先验知识。因此,需要使用混合模型[31,32,40]将二者结合起来,发挥它们的优势。

(1) 部件表示

混合模型中依然使用部件组成人体,但是不再使用矩形或者椭圆形部件较精确地表示出人体部位,替代方法是仅使用正方形部件。矩形或椭圆形表示部件时需要指出部件的方向,而正方形表示部件仅使用四种可能的部件状态取代方向,如

图 5.15 所示。同时，部件状态也不需要尺度信息，因此仅需要比较少的参数描述人体。

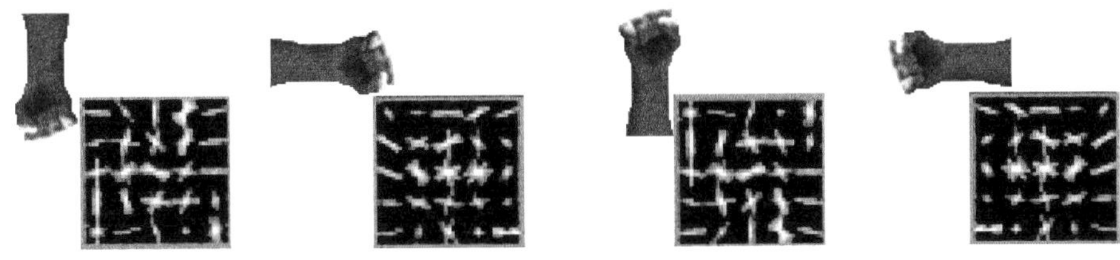

图 5.15　手部部件模型

部件之间使用弹簧链接，形成人体模型，如图 5.16 所示。

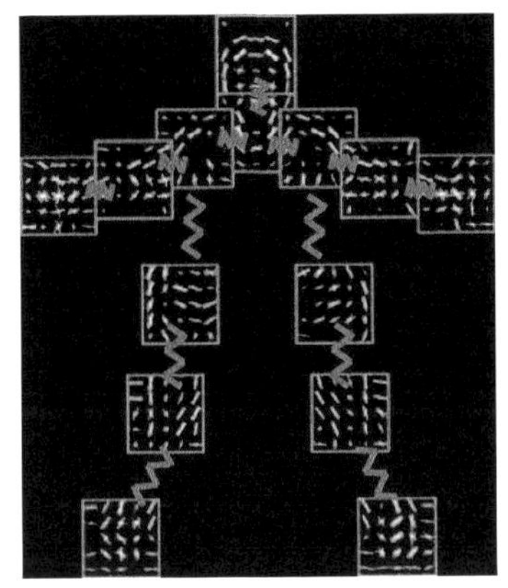

图 5.16　人体混合模型

可以使用关系图 $G=(V, E)$（树形结构）表示人体，其中包含的节点对应于人体部件，边指定了哪些部件存在关联。

（2）模型

如图 5.17 所示，一幅图像 I 计算 HOG 特征时划分为 $M\times N$ 个单元格，单元格的位置可以用 (x, y) 描述。假设人体模型中包括 K 个部件，图像中一个单元格可能是其中任意一个部件。当单元格是部件 i 时，如图中的手，还需要代表其中的一个类型 j。

假设每个部件有 T 种类型，人体部件 i 在图像中的位置 $l_i=(x, y)$，其类型是 t_i，可以认为 $i\in\{1,2,\cdots,K\}$，$l_i\in\{1,2,\cdots,L\}$，$L=M\times N$，$t_i\in\{1,2,\cdots,T\}$。

为了在图像中表征人体，首先定义一个全局先验概率，即

$$S(t)=\sum_{i\in V}b_i^{t_i}+\sum_{ij\in E}b_{ij}^{t_i,t_j} \tag{5-44}$$

其中，参数 $b_i^{t_i}$ 是根据部件先验概率所得的分数；$b_{ij}^{t_i,t_j}$ 是人体相关联部件 t_i 与 t_j 之间的系数，表示其位置、方向等关系。

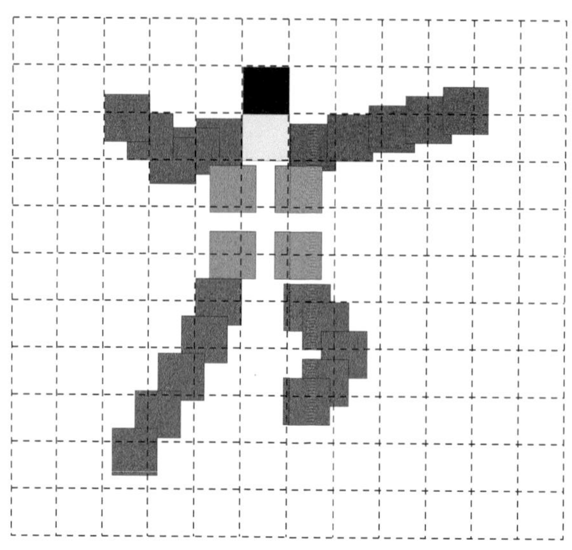

图 5.17 利用单元格表示的人体

例如,假设 t_i 和 t_j 是相同肢体上不同的两个部件,则 t_i 与 t_j 的方向应保持一致性。具体而言,当 t_i 与 t_j 的方向相同时,$b_{ij}^{t_i,t_j}$ 取一个大的正数;当 t_i 与 t_j 的方向相反时,$b_{ij}^{t_i,t_j}$ 取一个大的负数。

一系列部件所得的分数总和为

$$S(I,l,t) = S(t) + \sum_{i \in V} \omega_i^{t_i} \cdot \phi(I,l_i) + \sum_{ij \in E} \omega_{ij}^{t_i,t_j} \cdot \psi(l_i - l_j) \tag{5-45}$$

其中,$\phi(I,l_i)$是一个特征向量(HOG 描述子),是从图像 I 中位置为 l_i 的单元格计算得到;$\psi(l_i - l_j) = [\mathrm{d}x \quad \mathrm{d}x^2 \quad \mathrm{d}y \quad \mathrm{d}y^2]^2$,$\mathrm{d}x = x_i - x_j$,$\mathrm{d}y = y_i - y_j$,即部件 i 与部件 j 之间的相对位置。

式(5-45)中的第一个求和是外观模型,计算了位于 l_i 的单元格作为部件 i、类型 t_i 的局部分数,即该单元格是部件 i 的可能性,$\omega_i^{t_i}$ 为部件为 i、类型为 t_i 的模板。式(5-45)的第二求和项可以理解为弹簧模型,该模型计算所有弹簧所得分数,单个弹簧分数与其连接部件之间相对位置以及弹簧参数 $\omega_{ij}^{t_i,t_j}$ 有关。

(3) 推理

推理对应于最大化式(5-45)中的 $S(I,l,t)$。当图 G 是一棵树时,可使用动态规划有效求解 $S(I,l,t)$,该过程为从叶节点到根节点遍历图 G 所有部件。假设 kids(i)是部件i所有子节点的集合,则部件 i 的分数为

$$\mathrm{score}_i(t_i,l_i) = b_i^{t_i} + \omega_{t_i}^{i} \cdot \varphi(I,l_i) + \sum_{k \in \mathrm{kids}(i)} m_k(t_i,l_i) \tag{5-46}$$

其中,计算图像 I 中位置为(x, y),部件为 I,类型为 t_i的单元格分数;$m_k(t_i,l_i)$是部件 i 的子节点传递的消息,即

$$m_i(t_j,l_j)=\max_{l_i} b_{ij}^{t_i,t_j}+\max_{l_j}[\text{score}(t_j,l_j)+\omega_{ij}^{t_i,t_j}\cdot\psi(l_i-l_j)] \tag{5-47}$$

对于一个单元格，每种可能的部件与类型都需要计算出一个分数，因此单元格会得到 $K\times T$ 个分数。计算从其子节点部件 j 传递的消息时，需确定哪一个单元格代表了部件 j，此时假设图像 I 中所有单元格都可能代表部件 j，$\max_{l_j}[\text{score}(t_j,l_j)+\omega_{ij}^{t_i,t_j}\cdot\psi(l_i-l_j)]$，即计算其中哪一个单元格传递的分数最大。$\text{score}(t_j, l_j)$是位于 l_j 的单元格，所代表部件类型为 j，类型为 t_j 的分数；$\omega_{ij}^{t_i,t_j}\cdot\psi(l_i-l_j)$ 是单元格 l_i 与 l_j 之间的弹簧分数；$\omega_{ij}^{t_i,t_j}$ 是连接类型为 t_i 与 t_j 的两个部件的弹簧系数。

随着消息传递到根部件，可以计算出根部件分数 $\text{score}_0(t_1, l_1)$，如果该分数大于阈值，则判断存在人体。

(4) 学习

人体结构模型学习是一个有监督学习过程。假设收集了标记的正样本$\{I_n, l_n,t_n\}$与负样本$\{I_n\}$，那么可使用类似文献中结构化预测目标函数。设 $z_n=(l_n, t_n)$，当模型参数 $\beta=(\omega,b)$时，公式是线性的，可以表达为 $S(I,z)=\beta\cdot\phi(I,z)$。因此，可使用下式学习模型，即

$$\arg\min_{\omega,\xi_i\geqslant 0}\frac{1}{2}\beta\cdot\beta+C\sum_n\xi_n \tag{5-48}$$

$$\text{s.t.}\quad \forall n\in\text{pos}\quad \beta\cdot\varphi(I_n,z_n)\geqslant 1-\xi_n$$

$$\forall n\in\text{neg},\quad \forall z\quad \beta\cdot\varphi(I_n,z)\leqslant -1+\xi_n$$

上述约束声明了正样本分数应该大于 1，对于负样本，无论部件位置、类型，分数都应该小于－1。目标函数使用松弛变量 ξ_n 惩罚违反约束的样本。

传统结构化预测方法不要求使用明确的负训练样本集，而是从正样本的错误估计中产生负约束。这样得到的模型，在已确定结构上分数很高而在未知结构上分数很低。为了解决这个问题，需要在人体检测中配备一个“检测”组件，使得训练的模型在确定人体时分数很高，在图像中没有人时产生很低的分数，这样可较好地用于人体检测。

5.4.2　车载行人检测算法

1. 推理实现算法

为了实现混合模型的推理过程，需要计算图像中每个单元格的分数 $\text{score}_i(t_i,l_i)$。假设图像中有 $M\times N$ 个单元格，而人体模型包含 K 个部件，每个部件有 T 种类型。为了更好地实现分数计算与消息传递，可以定义部件类，即

```
class CComponent
{
```

```
……
    double* score[T];
    int* Ix[T];
    int* Iy[T];
    int* Ik[T];
……
};
```

其中,score 是一个指针数组,定义了 T 个长度为 $M\times N$ 的数组,第 t 个($0\leqslant t\leqslant T$)数组中第 $m\times n$ 个($0\leqslant m<M,0\leqslant n<N$)元素对应了 m 行、n 列单元格属于该部件中 t 类型的分数;Ix、Iy、Ik 是 3 个指针数组,分别定义 T 个长度为 $M\times N$ 的数组,主要是为了实现回溯。

计算人体的推理算法步骤如下。

① 输入。

第一,图像 I。

第二,参数模型 $b_i^{t_i}$,$\omega_i^{t_i}$,$b_{ij}^{t_i,t_j}$,$\omega_{ij}^{t_i,t_j}$,阈值 threshold。

② 计算图像 I 的 HOG 特征 $\phi(I)$。

③ $\phi(I)$与 $\omega_{t_i}^i$ 计算卷积,结果为 $\omega_{t_i}^i*\phi(I)$。

④ $k=0$,循环,计算第 k 个部件中数组 score 的值,直到 $k=K-1$

第一,循环,直到 $l=M\times N-1$。如果第 k 个部件在模型中不是叶子节点,则对第 l 个单元格计算,即

$$\text{Part}_k.\text{score}(t,l)=b_i^{t_i}+[\omega_{t_i}^i*\varphi(I)]_l$$

否则,计算下式,即

$$\text{Part}_k.\text{score}(t,l)=b_i^{t_i}$$

第二,$k\leftarrow k+1$。

⑤ $k=K-1$,循环,直到 $k=0$,即

第一,计算$\max\limits_{l_j}[\text{score}(t_j,l_j)+\omega_{ij}^{t_i,t_j}\cdot\psi(l_i-l_j)]$。

第二,根据公式计算从部件 k 传递到它的父节点的消息。

第三,根据公式更新部件 k 父节点中的分数。

第四,$k\leftarrow k-1$。

⑥ $l=0$,循环,直到 $l=M\times N-1$。

第一,比较部件 0 中 score 中 T 个数组第 l 个元素的值,最大值保存到 $M\times N$ 数组 score_0 第 l 个元素。

第二,如果该最大值大于 threshold,表示该单元格是人体候选区域,记录下单元格位置。

第三,$l\leftarrow l+1$。

⑦ 回溯找到人体中的其他部位，直到到达模型叶子节点。

⑧ 使用非最大值抑制，清除多余候选区域。

⑨ 输出。

在步骤③中，$\omega_{t_i}^i$ 也称为滤波器。每一部件中的每一种类型都有一个滤波器，因此一个模型可能有 $K \times T$ 个滤波器。

步骤⑥中，部件 0 的分数 score 数组已经计算完毕。首先，比较每个单元格中不同类型所得的分数，最大的分数表示该单元格最可能的类型。$score_0$ 是一个 $M \times N$ 数组，用来保存单元格作为部件 0 的最大分数。接下来将 $score_0$ 的元素与阈值比较，如果大于阈值表示找到了人体，单元格所在位置就是其模型根节点位置。

2. HOG 特征计算

从图像中检测人体需要将部件模型与图像匹配，简单的方法是先利用图像颜色信息进行图像分割，再与模型进行匹配。但是这种方法效果不佳，因为人体着装及光照、背景变化，导致较难得到图像的分割阈值。更好的方法是利用梯度方向描述子，如 SIFT 特征或 HOG 特征。

HOG 特征是针对图像某个矩形区域中的梯度方向与强度的统计信息而定义的一种特征。

(1) 梯度计算

计算 HOG 特征，首先采取如下方法计算梯度，即

$$G_x(x,y)=I(x+1,y)-I(x-1,y) \tag{5-49}$$

$$G_y(x,y)=I(x,y+1)-I(x,y-1) \tag{5-50}$$

其中，$I(x, y)$表示图像在像素点(x, y)处的灰度值；$G_x(x, y)$和 $G_y(x, y)$分别表示在(x, y)处的水平方向与垂直方向梯度，具体采用图 5.18 中梯度算子计算图像梯度。

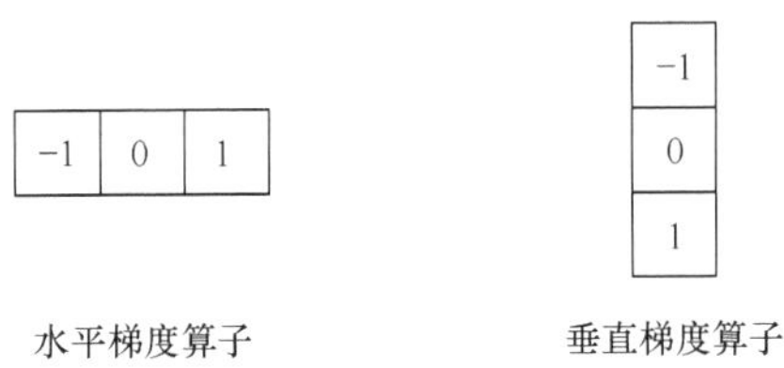

图 5.18　梯度算子

(2) 梯度方向直方图

图像中像素点 (x, y)处的梯度大小为

$$G(x,y)=\sqrt{G_x^2(x,y)+G_y^2(x,y)} \tag{5-51}$$

像素点(x,y)处的梯度方向为

$$\alpha(x,y)=\tan^{-1}\left(\frac{G_y(x,y)}{G_x(x,y)}\right) \tag{5-52}$$

图 5.19(a)是原始图像，图 5.19(b)是根据式(5-51)计算的梯度，图 5.19(c)是根据式(5-52)计算的梯度方向。如图 5.19(d)所示，图像被划分为多个单元格，一个单元格内所有像素点的梯度加权值累积到梯度方向上。单元格可以是正方形、矩形或者圆形。Dalal 等提出的 HOG 特征针对 16×16 像素大小的块，每个块平均分为四个单元格，即每个单元格的大小为 8×8 像素点。

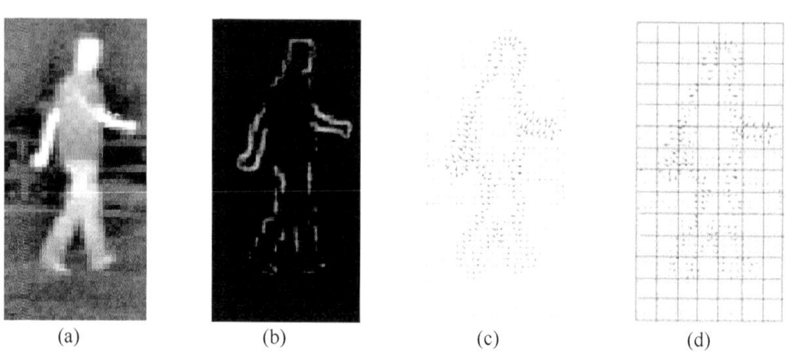

图 5.19　梯度方向图

梯度方向直方图表达了单元格内梯度方向的统计特性。对于无符号梯度值，梯度方向分布空间为 0°～180°。对于有符号梯度值，梯度方向分布空间为 0°～360°，每个单元格内方向分布空间被划分为一系列区间(bin)。Dalal 等证明虽然增加方向区间数量可以提高分类效果，但是区间数量大于 9 时，效果的改变就不再明显了。

我们采取有符号梯度值的情况，每隔 20°划分一个方向区间，每个单元格可划分 18 个方向区间，如图 5.20 所示。各像素点在方向区间上的幅值为

$$V_k(x,y)=\begin{cases}G(x,y), & \alpha(x,y)\in \text{bin}_k \\ 0, & \alpha(x,y)\notin \text{bin}_k, \quad 1\leqslant k\leqslant 18\end{cases} \tag{5-53}$$

(3) 特征标准化

为了降低光照与前景-背景对比度对检测结果造成的不利影响，需要对单元格直方图进行标准化以改善检测性能。标准化方法将一组单元格组合成一个空间块，在块内分别进行标准化，如每 2×2 个单元格组成一个块。

进行标准化首先根据块内直方图计算标准化因子，然后单元格根据该因子标准化。假设 $\boldsymbol{v}$ 是未标准化的特征描述向量，$\|\boldsymbol{v}\|_k$ 表示该向量的范式($k=1,2$)，通常使用的标准化函数为

$$L1-\text{norm}: f=\frac{\boldsymbol{v}}{\|\boldsymbol{v}\|_1+\varepsilon} \tag{5-54}$$

$$L2-\text{norm}: f=\frac{\boldsymbol{v}}{\sqrt{\|\boldsymbol{v}\|_2^2+\varepsilon}} \tag{5-55}$$

$$L1-\text{sqrt}: f=\sqrt{\frac{\boldsymbol{v}}{(\|\boldsymbol{v}\|_1+\varepsilon)}} \tag{5-56}$$

L2-Hys：L2－norm 的省略形式(将 v 的最大值限制为 0.2)。ε 是一个很小的数，用来避免梯度为 0 时出现除数为 0 的情况。对于对象检测，标准化公式的选择并没有统一标准。

对于图 5.21 所示的块，4 个单元格可以得到 4 个 18 维的直方图向量 v_1, v_2, v_3, v_4，计算单元格 i 的描述子需要用到全部四个向量。利用 L2-Hys 可以得到 4 个标准化因子向量 h_1, h_2, h_3, h_4。首先计算 18 维的对比度敏感特征 f_1(contrast-sensitive features)

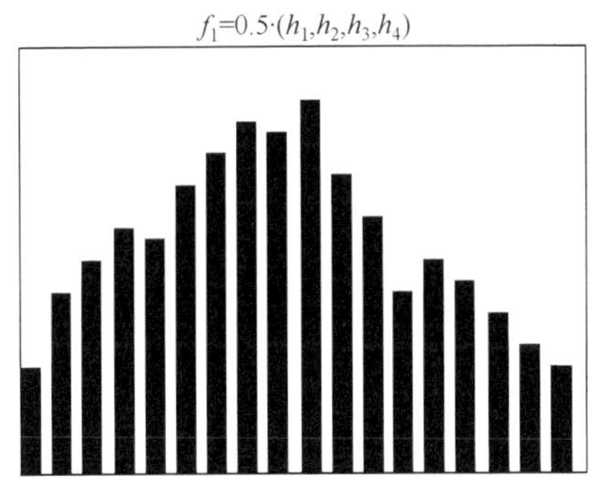

图 5.20　方向 18 区间的直方图

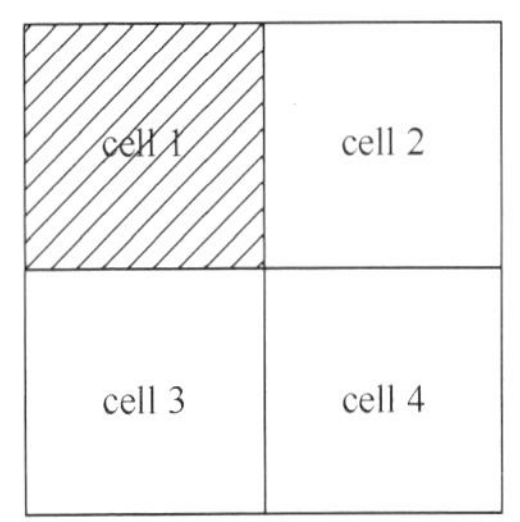

图 5.21　计算 HOG 特征的块

直方图向量的第 i 个元素($1\leqslant i\leqslant 9$)与第 $i+9$ 个元素相加，即不考虑梯度方向的正负号，可以得到 4 个 9 维向量 $\boldsymbol{v}_1', \boldsymbol{v}_2', \boldsymbol{v}_3', \boldsymbol{v}_4'$。利用公式 L2-Hys 可得到 4 个标准化因子向量 $\boldsymbol{h}_1', \boldsymbol{h}_2', \boldsymbol{h}_3', \boldsymbol{h}_4'$。9 维的对比度不敏感特征 f_2(contrast-insensitive features)为

$$\boldsymbol{f}_2=0.5\cdot(\boldsymbol{h}_1', \boldsymbol{h}_2', \boldsymbol{h}_3', \boldsymbol{h}_4') \tag{5-57}$$

将向量 $\boldsymbol{h}_1, \boldsymbol{h}_2, \boldsymbol{h}_3, \boldsymbol{h}_4$ 中的元素值求和，可以得到 4 个值 $\boldsymbol{t}_1, \boldsymbol{t}_2, \boldsymbol{t}_3, \boldsymbol{t}_4$。这 4 个值可以组成一个 4 维向量 t。根据 $\boldsymbol{t}$ 可以得到 4 维纹理特征 f_3(texture features)，即

$$\boldsymbol{f}_3=0.2357\cdot\boldsymbol{t} \tag{5-58}$$

将 $\boldsymbol{f}_1, \boldsymbol{f}_2, \boldsymbol{f}_3$ 组合在一起的 31 维特征就是单元格 1 的 HOG 描述子。注意到一个单元格可能被包含进多个块，因此参与了多个单元格标准化的计算。这样虽然使 HOG 描述子包含冗余信息，但是提高了标准化效果。

3. 距离转换

如果部件 i 是部件 j 的子节点，根据式(5-41)部件 i 需要传递分数到部件 j。

在实现过程中,图像 I 的每一个单元格都可能作为人体的部件 i,同样也可能作为人体的部件 j。那么,单元格可以作为部件 i 中的类型 t_1 传递消息到任意一个单元格。当单元格作为部件 j 中的类型 t_j 时,它可以从 $M\times N$ 个单元格接收消息,并且每个单元格可以接收 T 个消息,再从 $M\times N\times T$ 个消息中挑选最大值。部件 i 与部件 j 所有单元格共传递 $M^2\times N^2\times T^2$ 个消息,这是非常庞大的数据。因为消息与单元格间的距离有关,单元格在接收消息时,可以采用距离转换方法[33]减少传递的数据量。

对于单元格 l' 时,其接收的消息可以表达为 $\max\limits_{0\leqslant l\leqslant M\times N-1}\left[\text{score}(t_j,l)+\omega_{ij}^{t_i,t_j}\cdot\psi(l'-l)\right]$,该表达式可以转换为 $\min\limits_{0\leqslant l\leqslant M\times N-1}\left[\text{score}(t_j,l)+a\left[(x_l-x_{l'})^2+(y_l-y_l{}')^2\right]\right]$。

这是一个 2 维欧氏距离转换,可以从邻近单元格中找到代价最小的单元格。2 维距离转换可以由两次 1 维距离转换求得,首先计算每一列的最小距离,之后再计算每一行的最小距离。

一维距离转换定义为

$$D_f(p)=\min_{0\leqslant q\leqslant n-1}((p-q)^2+f(q)) \tag{5-59}$$

其中,p 与 q 都是在区间$[0,n-1]$内取值,指定 q,需要得到一个函数,其变量为 p,满足$(p-q)^2+f(q)$最小。

为此,可以定义函数为

$$d_q(x)=(x-q)^2+f(q),\quad 0\leqslant q\leqslant n-1 \tag{5-60}$$

如图 5.22 所示,$d_q(x)$代表着一系列抛物线,函数 $D_f(x)=\min\limits_{0\leqslant q\leqslant n-1}((x-q)^2+f(q))$表示这些抛物线的下包络线,$D_f(p)$则是 $D_f(x)$在点 p 的高。

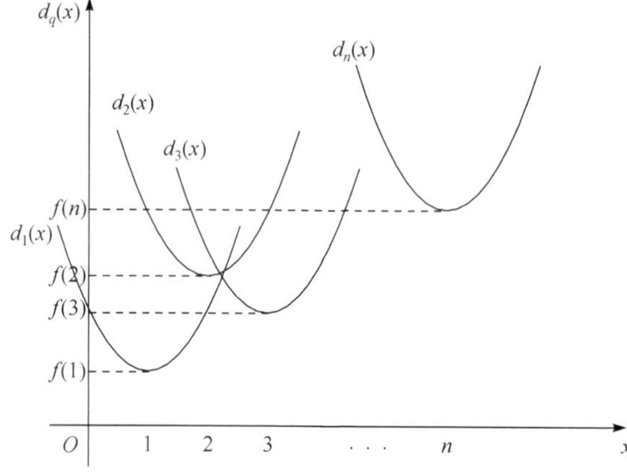

图 5.22 抛物线函数下包络线

在此，采取两个步骤完成一维距离转换。首先，计算 n 个抛物线的下包络线。然后，计算每个位置 p 下包络线的高度。该算法的主要部分是下包络线计算。注意到任意两个抛物线相交于一点。代数运算可以得知抛物线 $d_1(x)=(x-q_1)^2+f(q_1)$ 与抛物线 $d_2(x)=(x-q_2)^2+f(q_2)$ 相交点的水平坐标，即

$$s=\frac{(f(q_1)+q_1^2)-(f(q_2)+q_2^2)}{2p-2q} \tag{5-61}$$

如果 $q_1<q_2$，在交点 s 的左边，抛物线 $d_1(x)$ 在抛物线 $d_2(x)$ 的下方，在交点 s 的右边，则 $d_1(x)$ 位于 $d_2(x)$ 的上方。当抛物线按照其最低点排列时，可以通过依次计算前 q 个抛物线的下包络线，来计算整体的下包络线。该算法需要计算下包络线的组合结构，并使用两个数组跟踪该结构。下包络线中第 i 个抛物线的水平位置被存储于 $v[i]$，第 i 个抛物线低于其他抛物线的范围在 $z[i]$ 和 $z[i+1]$ 中给出。变量 k 跟踪下包络线中抛物线的数目 s。1 维距离转换算法过程如下。

① 初始化。

第一，$k\leftarrow 0$。

第二，$v[0]\leftarrow 0$。

第三，$z[0]\leftarrow -\infty$。

第四，$z[1]\leftarrow +\infty$。

② $q=1$，循环，直到 $q=n-1$。

第一，$s\leftarrow((f(q)+q^2)-(f(v[k]+v^2[k]))/(2q-2v[k])$。

第二，如果 $s\leqslant z[k]$

　　其一，$k\leftarrow k-1$。

　　其二，返回第一步。

　否则

　　其一，$k\leftarrow k+1$。

　　其二，$v[k]\leftarrow q$。

　　其三，$z[k]\leftarrow s$。

　　其四，$z[k+1]\leftarrow +\infty$。

　第三，$q\leftarrow q+1$。

③ $k\leftarrow 0$。

④ $q=0$，循环，直到 $q=n-1$。

　第一，如果 $z[k+1]<q$，循环。

　第二，$k\leftarrow k+1$。

　第三，$D_f(q)\leftarrow(q-v[k])^2+f(v[k])$。

　第四，$q\leftarrow q+1$。

在算法运行过程中，当前下包络线最右端的抛物线水平位置记录在 $v[k]$ 中。

考虑一个新的抛物线，其最低点水平位置为 q，那么可能出现两种情况：如果两抛物线的交点在 $z[k]$之后，那么需要修改下包络线，指示最低点为 q 的抛物线从交点开始低于其他抛物线；如果交点在 $z[k]$之前，那么最低点为 $v[k]$的抛物线不应该是下包络线的一部分，需要将 k 减 1，以删除最低点在 $v[k]$的抛物线。

距离转换使部件 j 的单元格只接收 1 个子部件传来的消息，最终使计算复杂度由 $O(M^2 \cdot N^2 \cdot T^2)$减小为 $O(M \cdot N \cdot T)$。

4. 消息传递

假设经过距离转换，部件 j 的单元格 l'可知传递消息单元格 l 的位置，并且属于哪种部件类型，数组 Ix，Iy，Ik 的作用是记录这些来自单元格 l 的信息。部件 j 中的 Ix$[t][m][n]$意味着图像中 m 行、n 列单元格，且其类型为 t 时，当其接受子部件单元格 l 的消息，数组中的数值即是 l 行数；Iy$[t][m][n]$的数值指示了 l 的列数；Ik$[t][m][n]$指示了 l 的部件类型。

消息传递一方面是部件 j 利用 Ix，Iy，Ik 记录传递消息的单元格，另一方面利用公式更新分数数组 score 中元素的值。

5. 回溯

如果人体检测推理算法步骤 6 确定了某个单元格是人体模型根部件，那么需要利用回溯找到人体中的其他部件。根据根部件所在单元格的行数、列数，以及类型查找 Ix，Iy，Ik，可以知道其子部件中传递消息的单元格位置与部件类型，那么该单元格就是根部件的子部件。接下来搜索子部件中的 Ix，Iy，Ik，可知下一级的子部件，不断重复该过程可以找到最后的模型叶节点。

将以上所有部件组合起来就是一个完整的人体，根据部件信息可知身体部分的位置、方向与尺度。

6. 非最大值抑制

在图像中检测人体时可能发现存在多个人体候选区域，它们中的一些并不是真正的人体，此时需要采取非最大值抑制(non-maxima suppression)[34]删除与其他人体重叠比较大的候选区域。非最大值抑制是对象检测过程中非常重要的一部分，用来选取被认为是真正对象的最大值(maxima)。

非最大值抑制方法主要包括 Gall 法和包围盒重叠(bounding boxes overlap)方法。采用包围盒重叠方法时，人体中各部件所在的单元格被看做包围盒，人体包含 K 个部件即有 K 个包围盒。如果检测到的两个人体包含的包围盒重叠区域超过某阈值，那么根部件分数小的人体被认为是非最大值(non-maxima)，需要从候选人体中去除。

非最大值抑制算法主要包括以下步骤。

① 对于检测到的人体，根据数组$score_0$中所保存的根部件分数进行从大到小的排序，可以将人体记录为$B_0, B_1, \cdots, B_n$。

② $i=0$，循环，直到$i=n-1$。

第一，$j=i+1$，循环，直到$j=n$。

其一，$k=0$，循环，直到$k=K-1$。计算B_i中第k个包围盒与B_j中第k个包围盒的重合面积。

其二，将B_i与B_j重合面积相加得到重合总面积，除以B_j总面积得到比值ratio。

其三，如果ratio大于阈值，表示B_j是非最大值，需要删除；否则，保留B_j。

第二，将未被删除人体作为检测结果输出。

7. 检测结果

图5.23是本节方法用于人体检测的结果。由图可知，本节方法可以较好地用于背景较复杂的人体检测。

图5.23　人体检测结果

5.5　基于神经网络的行人识别方法

5.5.1　决策层信息融合

将基于激光雷达的行人检测和基于摄像机的行人检测进行多元信息融合[35]，可以充分利用从这两类传感器采集的数据，提高行人检测的性能。决策层[36]的多源信息融合是一种高层次的融合，针对具体决策目标，为决策提供依据，直接影响着决策水平。

基于决策层融合的目标识别指参与融合的各传感器首先在本地对数据进行预处理、特征提取和模式分类，建立起对所观测目标的初步结论，然后在融合中心对各传感器的识别结果进行融合，以得到最后的目标身份说明。这个过程类似于目前机器学习中广泛使用的分类器组合方法。

决策层信息融合的方法众多，如Bayes估计和统计判决等数理统计方法、神经网络技术、模糊信息处理技术、Dmepster-Shafer 证据理论方法等。本章选用神经网络方法，对基于激光雷达的行人检测结果和基于摄像机的行人检测结果进行融合[37]。

5.5.2 神经网络

神经网络是一个有效的分类器模型，可通过多层相互连接的神经元，建立输入数据与数据所属类别之间的映射模型。神经网络的名称来自它与生物大脑的相似性。生物的大脑由大量相互连接的神经元组成，形成一个复杂的网状结构。神经网络模型对生物的神经网络进行了抽象和简化，将神经网络简化为层次结构，并将每个神经元的功能用数学上容易处理的简单函数模拟，得到一个实用性较强的数学模型。神经网络模型的三个要素，即神经元、神经网络拓扑结构和神经网络学习方法决定了模型的特性和功能。

1. 神经元

神经元是神经网络中最基本的数据处理单元，它将神经网络的输入数据或来自神经网络中前一层神经元的输出数据首先进行加权求和，然后加上一个偏置，输入给一个非线性函数，将此非线性函数的计算结果作为神经元的输出，传给下一层神经元，或直接作为神经网络的最终输出。神经元常用的非线性函数为 S 形函数，给出输入 $x_i,i=1,2,\cdots,n$，神经元的输出 y_i 为

$$Y_j(t)=f\Big(\sum_{i=1}^{n}w_{ji}x_i-\theta_j\Big) \tag{5-62}$$

其中，θ_j 为神经元的偏置；w_{ji} 为神经元 i 与 j 之间连线上的权重；n 为输入数据的维度；t 为时间；f 为非线性函数。

2. 神经网络拓扑结构

人工神经网络由多个神经元组成，这些神经元之间的连接关系称为网络的拓扑结构。最常见的网络拓扑结构是前向型神经网络。在前向型神经网络中，神经元分为多个层，每层包含数个神经元，每层神经元只接受上一层神经元的输出作为输入，并输出数据给下一层神经元。整个网络可以用一个有向无环图来表示。前向型神经网络结构简单，易于实现。同时，通过多层神经元的处理，可以在神经网络输入数据和输出数据之间建立复杂的映射关系，使神经网络模型具有较强的表达能力。这里使用的反向传播神经网络就是一种前向型神经网络。

3. 学习方法

神经网络模型由神经元内的非线性函数、神经网络拓扑结构和神经元间连线

上的权重共同决定。其中,神经元内的非线性函数和神经网络拓扑结构的选择范围较小,可由专家基于经验决定,或在几个常用选择中进行尝试。神经网络的学习通常用于确定神经元间连线上的权重。学习方法通过不断调整这些权重的取值,使神经网络的输出与数据真实的类别一致。这里采用最常用的反向传播算法作为神经网络的学习方法。

5.5.3 基于神经网络的信息融合方法

将四线激光雷达与摄像头利用各自的检测方法做出的对于目标类别的局部软判决作为神经网络的输入,将数据中是否包含行人作为神经网络的输出,使用已知真实类别信息的训练数据,通过反向传播算法的学习,在输入与数据类别之间建立映射关系,可以实现两类传感器数据的决策层融合。

需要进行融合的数据来自四个激光雷达输出和一个摄像头输出。传感器集合可以表示为 $S=\{s_1,s_2,\cdots,s_5\}$,其中 s_1 为传感器 1 根据目标状态获取的目标矢量。通过传感器 1 检测行人的可信度表示为 m_1。实现两类传感器判别结果融合的神经网络如图 5.24 所示。

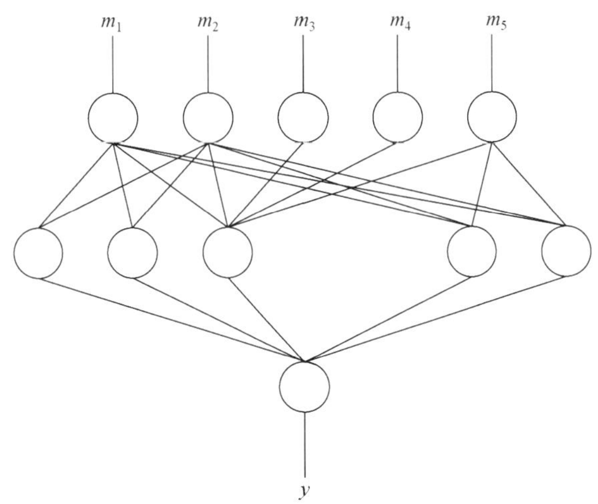

图 5.24 实现信息融合的神经网络

此神经网络的权重可以采用反向传播算法学习确定[38]。以下是该算法的原理与步骤。

(1) 反向传播算法原理

用 $x^1,x^2,\cdots,x^P$ 表示 P 个训练数据,将第 p 个训练数据 x^p 输入神经网络后,可以得到输出 y^p。采用平方误差函数作为该神经网络的目标函数,则第 p 个训练数据的误差 E_p 为

$$E_p = \frac{1}{2}\sum_{j=1}^{m}(t_j^p - y_j^p)^2 \tag{5-63}$$

其中，t_j^p 为期望输出。

对于这 P 个训练数据，它们全局误差的计算公式为

$$E = \frac{1}{2}\sum_{p=1}^{P}\sum_{j=1}^{m}(t_j^p - y_j^p)^2 = \sum_{p=1}^{P}E_p \tag{5-64}$$

使用梯度下降方法，调整神经网络的连接权系数 w_{jk}，使全局误差 E 逐步减小。权重的调节公式为

$$\Delta w_{jk} = -\eta\frac{\partial E}{\partial w_{jk}} = -\eta\frac{\partial}{\partial w_{jk}}\Big(\sum_{p=1}^{P}E_p\Big) = \sum_{p=1}^{P}\Big(-\eta\frac{\partial E_p}{\partial w_{jk}}\Big) \tag{5-65}$$

其中，$0<\eta<1$ 是梯度下降方法采用的学习速率。

误差信号可以定义为

$$\delta_{yj} = -\frac{\partial E_p}{\partial S_j} = -\frac{\partial E_p}{\partial y_j}\cdot\frac{\partial y_j}{\partial S_j} \tag{5-66}$$

可以对第一项做如下分析，即

$$\frac{\partial E_p}{\partial y_j} = \frac{\partial}{\partial y_j}\Big[\frac{1}{2}\sum_{j=1}^{m}(t_j^p - y_j^p)^2\Big] = -\sum_{y=1}^{m}(t_j^p - y_j^p) \tag{5-67}$$

第二项可以分析为

$$\frac{\partial y_j}{\partial S_j} = f_2'(s_j) \tag{5-68}$$

则误差可以表示为

$$\delta_{yj} = \sum_{j=1}^{m}(t_j^p - y_j^p)\cdot f'_2(S_j) \tag{5-69}$$

根据链定理可以得到下式，即

$$\frac{\partial E_p}{\partial w_{jk}} = \frac{\partial E_p}{\partial S_j}\cdot\frac{\partial S_j}{\partial w_{jk}} = -\delta_{yj}\cdot c_k = -\sum_{j=1}^{m}(t_j^p - y_j^p)\cdot f'_2(S_j)\cdot c_k \tag{5-70}$$

综上所述，可以使用下式表示输出层每个神经元的连接权系数的调整，即

$$\Delta w_{jk} = \sum_{p=1}^{P}\sum_{j=1}^{m}\eta(t_j^p - y_j^p)\cdot f'_2(S_j)\cdot c_k \tag{5-71}$$

隐含层权值变化与全局误差的关系可以表示为

$$\Delta v_{ki} = -\eta\frac{\partial E}{\partial v_{ki}} = -\eta\frac{\partial}{\partial v_{ki}}\Big(\sum_{p=1}^{P}E_p\Big) = \sum_{p=1}^{P}\Big(-\eta\frac{\partial E}{\partial v_{ki}}\Big) \tag{5-72}$$

则隐含层的每个神经元的连接权系数调整等式为

$$\Delta v_{jk} = \sum_{p=1}^{P}\sum_{j=1}^{m}\eta(t_j^p - y_j^p)f'_2(S_j)w_{jk}f'_1(S_k)x_i \tag{5-73}$$

(2) 反向传播算法步骤

① 权值初始化。随机地给 $w_{m1}(0)$、$w_{1j}(0)$、$w_{jp}(0)$赋予一组较小的非零数值。

② 确定神经网络的结构参数,并给出相关变量的定义。设输入向量为 $X_k=[x_{k1},x_{k2},\cdots,x_{km}]$,$k=1,2,\cdots,n$,该网络的训练数据个数为 n;$Y_k(n)=[y_{k1}(n),y_{k2}(n),\cdots,y_{kp}(n)]$为神经网络第 n 次迭代后的实际输出;$d_k=[d_{k1},d_{k2},\cdots,d_{kp}]$为期望得到的输出。

③ 输入训练数据。依次输入训练数据集 $X=[X_1,X_2,\cdots,X_p]$中的数据。

④ 正向传播过程。根据给定的输入,计算出网络的输出,并将其与期望输出进行比较,如果存在误差就执行⑤;否则,返回⑥。

⑤ 反向传播过程。

第一,计算同一层单元的误差。

第二,修正权值和偏置。

第三,返回③,如果误差满足要求,则执行⑥。

⑥ 训练结束。

参考文献

[1] Gavrila D M, Giebel J, Munder S. Vision-based pedestrian detection: the protecor system//Proceedings of Intelligent Vehicles Symposium,2004.

[2] Broggi A, Bertozzi M, Fascioli A, et al. The ARGO autonomous vehicle's vision and control systems. International Journal of intelligent Control and System. 1999,3(4):409-441.

[3] Mobileye. C2-270 Quick Reference Quide. http://www.mobileye.com/wp-content/uploads/2012/01/QRG-C2-Series.pdf[2012-1-10].

[4] Gidel S, Checchin P, Blanc C, et al. Pedestrian detection method using a multilayer laser scanner: application in urban environment//Proceedings of IEEE international Conference on intelligent Robots and Systems,2008.

[5] Gidel S, Checchin P, Blanc C, et al. Pedestrian detection and tracking in an urban environment using a multilayer laser scanner. IEEE Transactions on Intelligent Transportation Systems, 11(3), 579-588, 2010.

[6] Jin L, Niu Q, Hou H, et al. Study on vehicle front pedestrian detection based on 3D laser scanner//Proceedings of International Conference on Transportation, Mechanical, and Electrical Engineering, 2011.

[7] Chen M, Belgiovane D, Chen C. Radar characteristics of pedestians//Proceeding of IEEE Antennas and Propagation Society International Symposium, 2014.

[8] Schubert E, Kunert M, Frischen A, et al. A multi-reflection-point target model for classification of pedestrians by automotive radar//Proceedings of 11th European Radar Conference,2014.

[9] Molchanov P, Vinel A, Astola J, et al. Radar frequency band invariant pedestrian classification//Proceedings of 14th International Radar Symposium,2013.

[10] 刘大学. 用于越野自主导航车的激光雷达与视觉融合方法研究. 华中科技大学博士学位论文,2009.

[11] 杨象军. 基于四线激光雷达的道路检测与跟踪. 浙江大学硕士学位论文,2013.

[12] 刘大学,戴斌,李政,等. 一种单线激光雷达和可见光摄像机的标定方法. 华中科技大学学报(自然科学版),2008,36:68-71.

[13] Zhang Q, Pless R. Extrinsic calibration of a camera and laser range finder//Proceedings of IEEE International Conference on intelligent Robots and Systems, 2004.

[14] 陈森平,陈启买,吴志杰. 基于核函数的层次聚类算法. 暨南大学学报,2011,1(32):31-35.

[15] 段明秀,唐超琳. 一种基于密度的聚类算法实现. 吉首大学学报,2013,1(34):26-27.

[16] 马金亮,成新明. 基于计算智能的聚类算法. 计算机系统应用,2009,4:32-35.

[17] 刘军,艾力,马晓松. 一种改进的 DBSCAN 聚类算法的研究与应用. 交通与计算机,2008, 3(26):60-64.

[18] 冯少荣,肖文俊. DBSCAN 聚类算法的研究与改进. 中国矿业大学学报,2008, 1(27):105-111.

[19] Birant D, Kut A. ST-DBSCAN: an algorithm for clustering spatial-temporal data. Data & Knowledge Engineering,2007, 60: 208-221.

[20] Ferrari V, Marln-Jimnez M J, Zisserman A. Pose search: retrieving people using their pose//Proceedings of the 2009 IEEE Conference on Computer Vision and Pattern Recognition, 2009.

[21] Daubney B, Gibson D, Campbell N. Monocular 3D human pose estimation using sparse motion features//Proceedings of International Conference on Computer Vision, 2009.

[22] Wang Y, Qian G. Robust human pose recognition using unabled markers//Proceedings of Workshop on Applications of Computer Vision, 2008.

[23] Marcin E, Vittorio F. Better appearance models for pictorial structure//Proceedings of British Machine Vision Conference, 2009.

[24] Kohli P, Rihan J, Bray M. Simultaneous segmentation and pose estimation of humans using dynamic graph cuts. International Journals of Computer Vision, 2008, 79(3): 285-298.

[25] Okada R, Soatto S. Relevant feature selection for human pose estimation and localization in cluttered images//Proceedings of European Conference on Computer Vision, 2008.

[26] nlpr-web. http://www. ia. ac. cn/course/object-recognition. pdf[2013-10-3].

[27] Shotton J, Fitzgibbon A, Cook M, et al. Real-time human pose recognition in parts from single depth images//Proceedings of the 2011 IEEE Conference on Computer Vision and Pattern Recognition, 2011.

[28] Felzenszwalb P, Girshick R, McAllester D, et al. Object detection with discriminatively trained part based models. IEEE Transactions on Pattern Analysis and Machine Intelli-

gence, 2010, 32(9): 1627-1645.

[29] Felzenszwalb P, McAllester D, Ramanan D. A discriminatively trained, multiscale, deformable part model//Proceedings of the 2008 IEEE Conference on Computer Vision and Pattern Recognition, 2008: 1-8.

[30] Fischler M, Elschlager R. The representation and matching of pictorial structures. IEEE Transactions on Computers, 1973, 22(1): 67-92.

[31] Yang Y, Ramanan D. Articulated pose estimation with flexible mixture-of-parts//Proceedings of IEEE Conference on Computer Vision and Pattern Recognition, 2011.

[32] Yang Y, Ramanan D. Articulated human detection with flexible mixture of parts. IEEE Transactions on Pattern Analysis and Machine Intelligence, 2013, 35(12): 2878-2890.

[33] Felzenszwalb P, Huttenlocher D P. Distance transforms of sampled functions. Theory of Computing, 2012, 8: 415-428.

[34] Buil M D. Non-maxima supression. Technical Report, Graz, 2011.

[35] 韩崇昭,朱洪艳,段战胜. 多源信息融合. 北京:清华大学出版社,2010.

[36] 梁彩云. 数据层和决策层的信息融合算法研究及应用. 吉林大学硕士学位论文,2005.

[37] 鄂加强,左红艳,罗周全. 神经网络模糊推理智能信息融合及其工程应用. 北京:中国水利水电出版社,2012.

[38] 哈根,等. 神经网络设计. 戴葵,等译. 北京:机械工业出版社,2005.

[39] 黄钢,吴超仲,吕能超. 基于改进 DBSCAN 算法的激光雷达目标物检测方法. 交通信息与安全,2015,6(3):23-28.

[40] Liu G, Yan X P, Sun Y F. Driver pose estimation using a mixture-model//Proceedings of the 2th International Conference on Innovative Computing and Cloud Computing, 2013.

第六章　车路协同系统的信息融合

6.1 引　　言

车路协同技术是利用无线通信、传感探测等技术获取车路信息，通过车车、车路信息交互和共享，实现车辆与车辆，车辆与基础设施之间智能协调与配合，达到优化利用系统资源、提高道路交通安全、缓解交通拥堵的目标[1-4]。车路协同体系架构设计、数据交互与信息融合，以及系统集成验证是决定车路协同系统应用和推广的核心技术，正成为美国、欧洲和日本等发达国家当前研究和发展的重点[5]。具有代表性的车路协同计划包括美国的Ⅶ、IntelliDrive、CVHAS 等项目[6,7]，日本的 Smartway、AHS 等项目[8,9]，以及欧洲的 PreVENT、CVIS 等项目[10-12]。这些项目虽然侧重点各有不同，但都是以车路协同技术为基础。

车路协同系统主要由车载系统和路侧系统两个部分组成。车载系统通过车载传感器获取车辆行车状态及外部道路环境信息，路侧系统则通过部署在道路附近的传感装置获取道路交通流量、限速、天气、路面状态及障碍物等信息。车路协同的优势在于通过车路信息交互实现各自信息感知的优势互补，减少信息盲区，提高行车环境感知的能力。因此，研究车路信息融合理论与方法，建立车路之间信息共享的有效模式是车路协同系统应用实施的关键前提。本章首先对车路协同环境下多源信息感知的技术框架进行介绍，包括车路信息交互方式、通信协议技术标准、车载与路侧信息采集技术，以及车路协同环境下的信息融合。然后，给出车路协同系统中的两个典型应用示例。

6.2 车路信息协同感知技术框架

6.2.1 车路通信技术

车路协同系统中的通信网络包括广域有线通信网络、无线通信网络、短程无线通信网络和车车通信网络，如图 6.1 所示。作为网络构建的核心部分，专用短程通信技术(dedicated short range communication, DSRC)[13,14]具有大容量、高速率、低延时、范围合理等特点，可以完成在特定小区域内(通常为数十米)对高速运动下的移动目标的识别和双向通信，并能实时传输图像、语音和数据信息，实现车路信息交互。因此，车路通信主要采用 DSRC 技术。

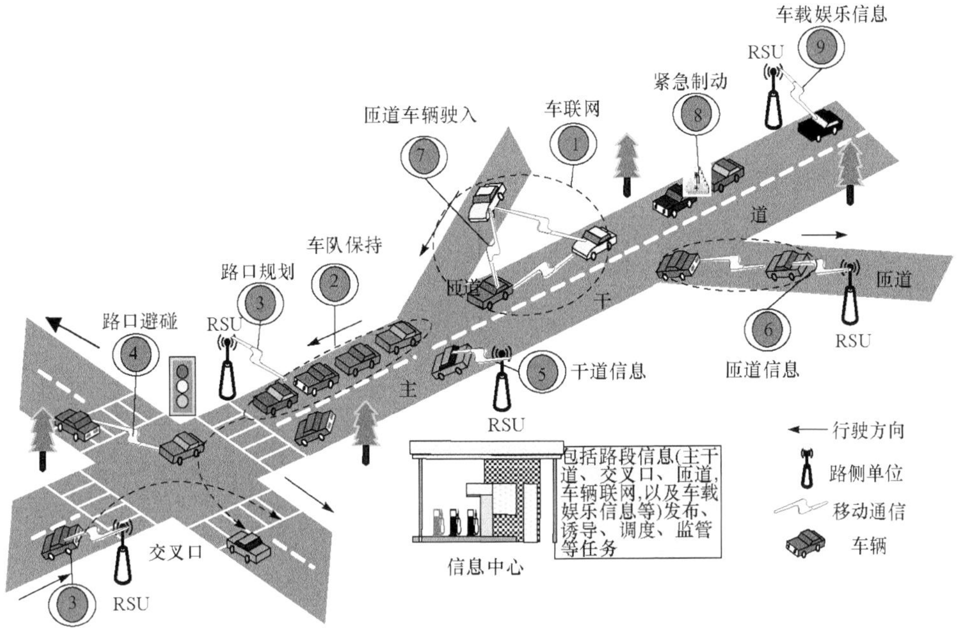

图 6.1　车路协同系统通信网信息结构

车路协同系统在智能交通中的应用主要面向交通安全和交通控制两个方面,各应用环境中的车辆与路侧基础设施之间的通信(vehicle-to-infrastructure communication,V2I)一般涉及两类信息,即静态信息和动态信息。静态信息通常由路侧提供,在所有的时间或者在一些比较长的时间(如几天)内适用。例如,“前方危险路段”就是一个典型的静态信息。车辆行驶到危险源附近时会接收到危险警示的消息广播,消息包含危险源地点及危险状态等内容。类似的静态信息还包括无交通信号控制的交叉口、陡峭的下坡路、路面有坑、前方减速、前方有落石、桥面结冰等。动态信息一般是短暂临时性的,其表达的状态具有实时性特点。车辆一般只接受一次静态信息,而动态信息则需要根据时间的变化周期性接收。例如,交叉路口信号灯就是一个典型的动态信息。一个信号灯的相位和时间(signal phase and timing,SPAT)广播给附近的车辆,让车辆在接近交叉口时预知信号灯的状态,减少车辆通过交叉口时的走停次数,提高交叉口通行效率。动态信息可以是车载传感器采集得到的车辆运动状态信息,也可以是路侧传感器采集得到的路面状态及道路环境变化等信息,如道路上各行驶车辆的位置与运动状态信息。车路协同系统中的信息融合主要关注的是动态信息之间的影响关系和融合机制,为不同智能交通应用提供准确、实时、可靠的决策依据。

6.2.2 车载信息系统

车载信息系统[15]的主要功能是为车辆行驶状态和环境感知提供信息数据源，包括从各类车载传感器和车载 CAN 总线获取原始数据，解算出各种感知需求的底层信息。同时，车载信息系统要具备短程无线通信功能，以满足车路协同感知和协同应用的信息交互需求。图 6.2 给出了车载信息系统的总体功能构成。

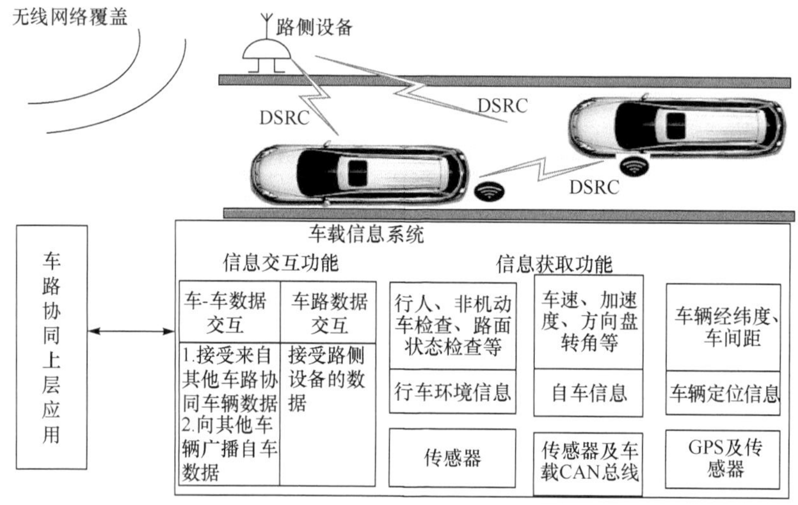

图 6.2 车载信息系统功能构成

其具体功能构成如下。

(1) 车辆运动状态参数获取

车辆运动状态获取的途径主要有两种：通过加装独立的传感器或通过车载 CAN 总线获取车辆 ECU(行车电脑)信息，主要包括车速、转速、油门踏板位置、刹车踏板位置等。此外，通过加装陀螺仪、方向盘转角传感器、加速度计等传感器可以分别获取一定精度的车身运动或动力学状态参数。

(2) 行车环境信息感知

行车环境信息主要是包括周边其他车辆运动信息、道路及路面信息、行人及非机动车信息等。周边其他车辆信息主要指识别和跟踪本车道和相邻车道上正在行驶的车辆，获取其相应的车速、相对位置及车距等信息。道路及路面信息多指道路交通状况或路面状态信息，即静态信息。这些信息可由车载雷达、视频等传感器获得，也可以由路侧雷达或视觉传感器采集提供。

(3) 车辆定位信息获取

定位信息的获取是车辆主动安全系统中的重要环节，包括绝对定位和相对定位。目前最常用的获取绝对定位信息的方法是通过 GPS 卫星或者北斗卫星获得车辆的经纬度信息，进而与电子地图匹配推算出车辆的地理位置。相对定位信息主要是车辆与同车道车辆的纵向车间距，与同向异车道车辆横向车间距，与对向车道车辆横向车间距等相对位置信息，这些信息通常需要通过车载雷达或机器视觉进行识别提取，相比绝对定位信息，这些信息在主动安全应用中更重要。

（4）车-路信息交互

车-路信息交互指路侧设备和车载设备之间进行的信息交互。车辆通过车载信息设备可以接收来自路测设备的交通状态信息、道路状态信息，以及交通管制信息，从而实现车路协同的主动安全应用。

（5）信息并行处理

车载信息系统会接受大量的数据，其数据主要是来自三个方面的。

① 自车 CAN 信号及传感器获取的数据。

② 其他车辆发送过来的车辆状态数据。

③ 路测设备发送的道路状况数据。

接受到如此多的数据，需要车载系统软件对数据进行并行处理，需具备如下功能。

① 对多元多路数据的并行接入和处理功能。

② 多粒度数据的发布和存储功能。

③ 简易的人机交互功能，以便人工对系统的干预。

6.2.3 路侧感知技术

智能路侧感知系统[15]的主要功能是面向车路协同应用的信息需求，在各类传感器获取原始信息的基础上，解算分析出各个典型车路协同应用所需的底层信息，通过车路通信发送给相关车路，并通过有线或无线网络把部分必要信息传送到控制中心。在必要情况下，智能路侧系统之间也可以直接通过有线或无线通信交互信息。智能路侧感知系统的功能构成如图 6.3 所示。

智能路侧感知系统主要提供以下三个方面的信息。

（1）交通流状态检测

道路交通流信息（包括流量、速度通行时间、车道占有率和车流密度等）是车路协同控制系统所需的重要参数，特别是对基于车路协同的交通控制。同时，利用车路通信交通流检测方法也出现了新的变化，路侧设备可以通过车路信息交互直接获取区域内车辆信息，从而实现交通流统计。

（2）车辆及行人检测

车辆和行人检测可以通过车载系统进行，也可以通过智能路侧设备进行。利用智能路侧设备进行车辆及行人检测的优势在于，路侧设备在安装、供电、计算能力等方面更容易得到满足。另一方面，路侧设备在信息感知范围、准确性及实时处理等方面具有优势，其获取的数据可用于交通状态整体分析。

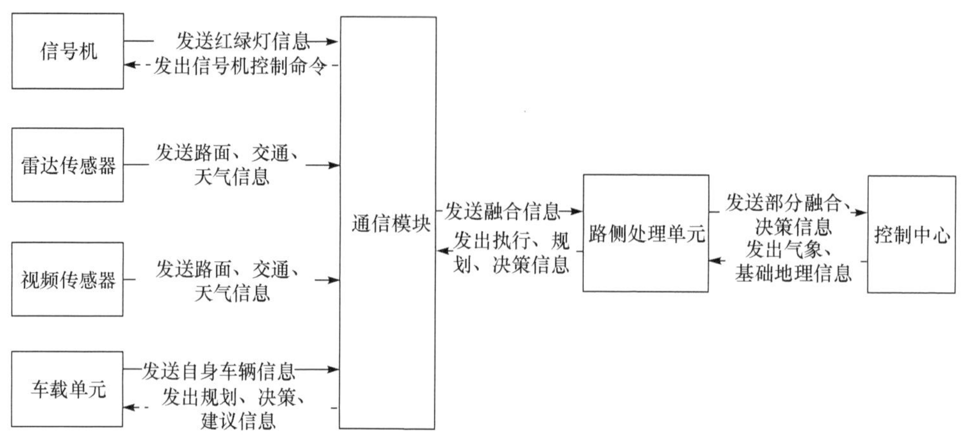

图 6.3　智能路侧感知系统功能构成

(3) 路面状态及环境检测

智能路侧设备可以将采集到的路面状态及气候环境等信息进行广播,实现车辆对此类静态信息的共享,车辆自身则避免了相关信息采集的负担。

6.2.4　车路协同下的信息融合

车路协同系统可以看作是由多种传感器构成的分布式传感器网络。其网络节点可以是车辆或路侧设备,每个传感器节点都通过自己的信息测量、采集和处理方式来感知和理解周围的环境。车路协同环境下的信息融合通常采用分布式融合方式。分布式融合就是通过各节点之间的通信,协调和协作来增强他们对本地环境感知能力,并且分布式融合能平衡信息处理的负载,减少系统单点故障的影响。

通过一个具体示例来说明分布式融合框架与融合思路。如图 6.4 所示的分布式融合框架,假设有一个监测目标 T(图右上角),以及目标周围的指定监测区域 A 和 B。红外传感器和视觉传感器分别监视区域 A 和 B,雷达传感器可以覆盖两个区域的重叠部分。每个区域分别设有一个局部融合中心,红外传感器与局部融合中心 A 采用无线连接,而视觉传感器通过有线连接到本地融合中心 B,雷达传感器通过无线方式与两个局部融合中心都建有连接。两个局部融合中心分别对采集得到传感器信息进行数据融合,各自得到目标的状态一个评估(即不再是原始的传感器信息,而是更高级别的状态抽象,进而节省网络数据传输带宽)。局部融合点产生评估结果发送至全局融合中心与其他相关信息实现进一步融合,最终得到一个可信的态势评估值。

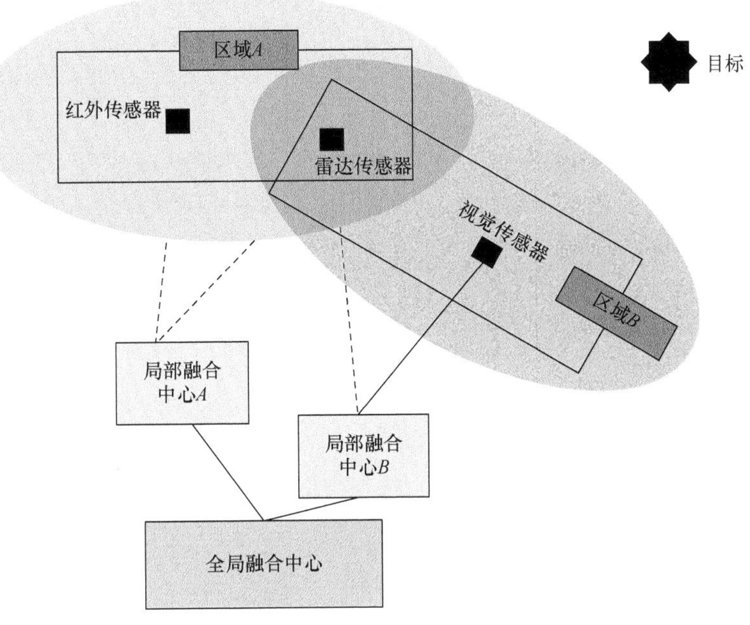

图 6.4　分布式融合框架

利用图 6.5 所示的贝叶斯网络(Bayesian network,BN)模型可以实现这一融合过程。该模型处理依赖传感器和融合中心之间节点的相互关系。一个区域的探

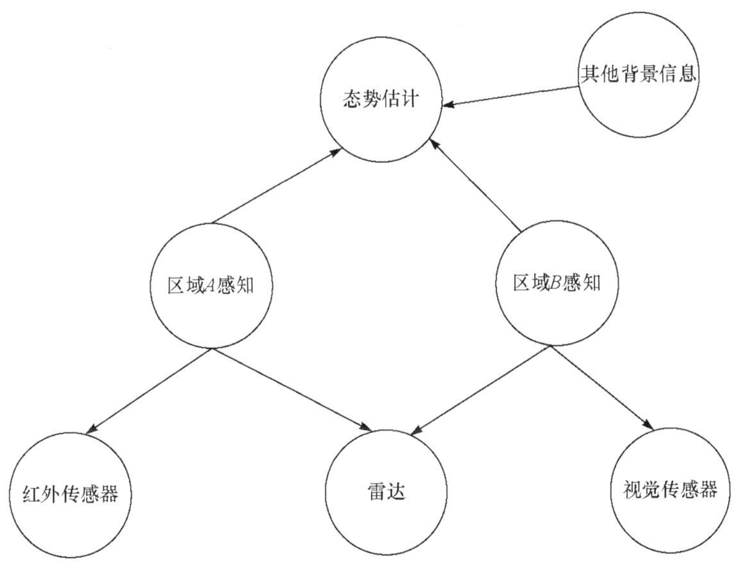

图 6.5　基于贝叶斯网络的态势融合估计

测活动将由覆盖这些区域的传感器和下半部分的 BN 模型来表达。例如，探测区域 A 将生成红外传感和雷达的报告。类似的，探测区域 B 将生成视觉传感器和雷达的报告。BN 模型上半部分结合区域 A 和 B 的评估结果，以及其他背景信息形成了目标的总体态势融合评估值。

三个融合中心分别只包含上面 BN 模型的一个片段，如图 6.6 所示。局部融合中心 A 和 B 的监测与评估活动基于他们的本地 BN 模型片段，并向全局融合中心发送评估结果。全局融合中心利用局部评估结果及其对应的 BN 模型片段计算最终的态势评估值。

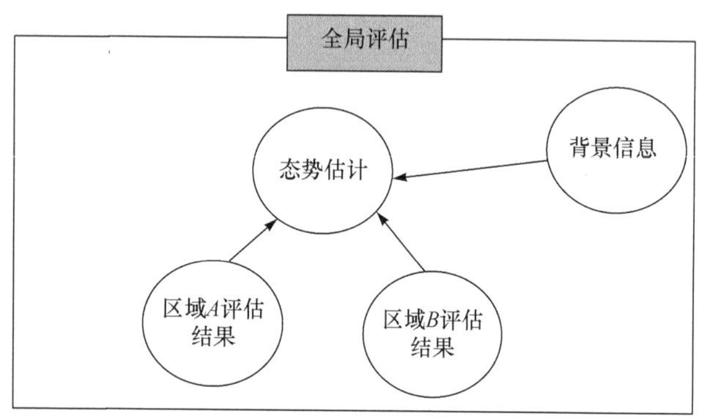

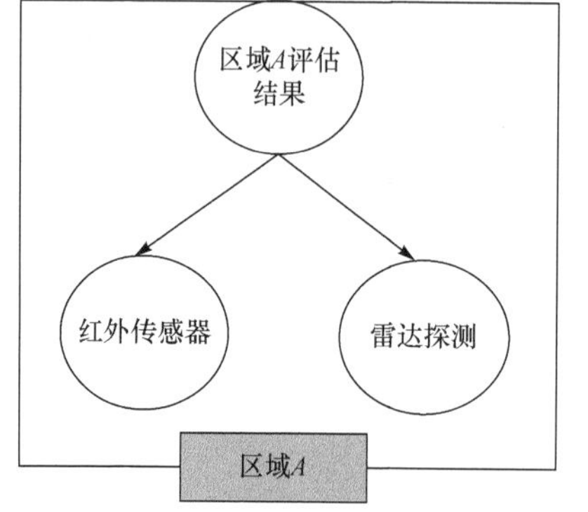

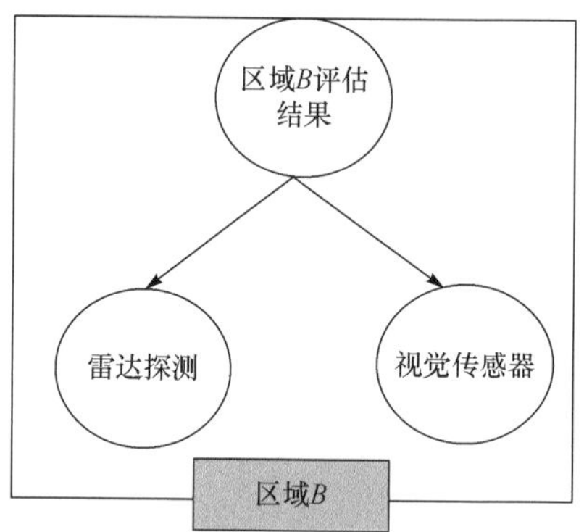

图 6.6 贝叶斯网局部融合模型

6.2.5 车路信息融合技术难点

车载与路侧信息感知技术的发展为车路协同应用奠定了基础，然而如何对车路信息进行有效的组合利用，实现车路信息之间的有机融合还面临诸多技术挑战，有如下值得深入探讨和研究的问题。

(1) 信息的不确定

车辆行驶时车辆状态与外部环境动态变化，在信息的获取、处理、描述和融合过程中存在很多不确定因素。信息在尺度/粒度、信息相容/相斥、完整/非完整测量、可观测性强/弱等特征上体现出较大差异。同时，信息融合的模型构建也具有不确定性，模型存在多变、非线性化等特征。如何减少这些非确定因素的影响，构建合适的信息组织形式及信息融合模型，动态适应行车环境的影响是车路协同感知中需要解决的问题。

（2）深层次信息融合

目前，行车状态与环境感知中的信息融合，主要集中在多种传感信息的特征级融合。例如，为了提高车辆识别准确性的车载视觉与雷达的数据融合。这些融合很少考虑不同信息因素之间的影响关系，缺乏信息之间的语义关联，难以体现车辆行驶过程中车辆、道路及环境之间的交互作用特性，未形成对道路环境与行车状态的深层次理解。

（3）分布式环境下的信息融合

车路分布式环境下协同感知的理论和方法还很缺乏。如何发挥车辆感知和道路感知各自的优势，构建有效的信息组织方式和融合模型，实现车路信息优势互补，减少环境噪声，以及局部不完整信息对车辆状态估计和跟踪的影响，是值得深入研究的问题。

（4）技术应用与推广

现有基于多信息的行车状态与环境感知研究大多没有考虑技术实施成本和市场适用性。提出的方法涉及较多专用传感器，如惯导系统、激光雷达、高精度差分定位及车辆状态专用测量仪等。这些传感设备存在价格昂贵、专业性过高、难以安装等问题，阻碍了技术的推广应用。如何基于现有成本低廉、部署方便的传感装置，如视觉摄像机、智能手机等，开展相应的信息融合方法研究，挖掘各类信息价值是车路协同系统推广实用需要面临的现实问题。

6.3　基于车路协同的车速自适应控制

6.3.1　路面状态感知

道路线形的复杂性，如陡坡、急弯、不规则的道路形状，是引发车辆追尾、碰撞、侧翻等交通事故的重要因素。车速变化直接体现了车辆运行工况和道路工况的内在适应性，在长陡坡、急弯，以及不规则道路上研究智能车速控制方法具有重要意义[16]。

为了实现复杂道路上对车速的自动调节，研究人员需要对相关道路几何参数进行估计。具体方法如下，根据道路线形设计，建立关于道路线形的直线、圆曲线、回旋线等动态模型，描述道路几何参数与车辆状态参数之间的关系，采用已有车载传感器数据，对车辆俯仰角、侧偏角、侧倾角，以及轮胎侧滑角等车内参数进行观测，进而对道路几何参数进行估计，将道路几何特征引入自车动力学与运动学模型中，实现复杂道路上的车速调节与控制。其中，道路参数估计主要采用 Kalman、Luenberger 等直接观测器，或者是基于比例-积分、模糊、滑模等方法构造的观测。然而，这些方法过分依赖于车内外工况数据的在线估计或观测算法，对算法的实时性要求较高，并且仅仅依靠车辆自身传感装置是很难对坡度、曲率、倾角等道路状态参数进行有效提取的[17-19]。

路侧传感器对道路状态感知具有先天优势，但是路侧系统提供的道路状态参数往往是静态信息，无法根据车辆实际运动位置反映路面状态参数的实时变化情况。若能将路侧传感器提供的信息与车载传感器采集到的信息进行融合，实现车路信息之间的优势互补，就能有效提高车辆对路面状态的感知能力，为实现实时可靠的车速自适应控制提供有效参数。

一个针对路面状态感知的车路信息融合框架如图 6.7 所示。该框架可以看作车路协同系统的一个具体实施方案，集成了车载 GPS、基于扩展卡尔曼滤波的 GPS/INS 定位单元、车辆状态传感器、位置增强装置、路侧标志与信号、无线通信单元，以及数字地图等功能。路侧设施可以向车辆提供详细道路属性信息，如高速、等级、摩擦和在匝道末端的交通信号等，以及基于事件的信息，如交通事故、车道关闭、绕道而行或施工区。此外，还可向车载系统提供 GPS 校正信号和地图更新信息。另一方面，车辆可以将自身状态信息，如速度、加速度、气囊开关和 ABS 开关等数据发送到路侧或附近其他车辆，为不同应用提供融合数据。

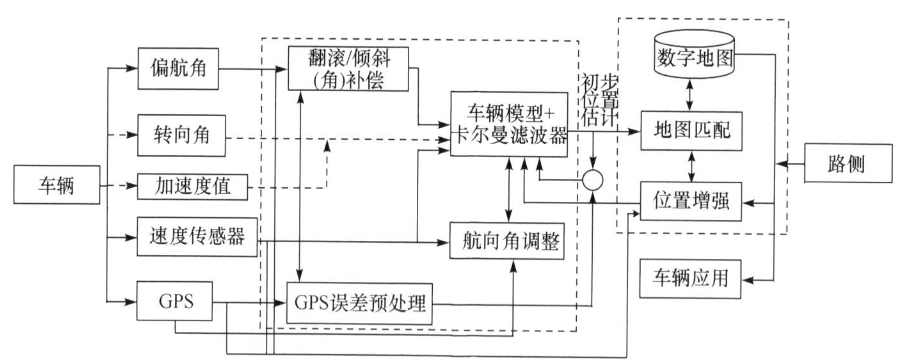

图 6.7　车路信息融合的路面状态感知

道路或车道线的曲率是实现安全车速控制的重要参数，这里基于该车路协同感知系统给出一个道路曲率实时估算方法。该方法利用路侧提供的数字地图信息实现了一种圆心搜索(CCS)算法完成不同道路片段的曲率参数提取。

图 6.8 简述了这个方法的基本原理。如图 6.8 所示，一个车辆以速度 V(CG 速度)经过一个弯道。这个弯道由数字地图中记录的几个节点 N_1、N_2 和 N_3 组成。

为了简化，我们考虑静态曲率，即 $R_1=R_2=R_3$，C 是曲率中心，R_V 表示车辆转向半径。进一步假设这辆车是准稳态，即速度 V 恒定并且转向中心与道路曲率中心 C 重合。因此，不考虑位置的误差，我们基于节点 N_1、N_2 和 N_3 的位置可以利用下面提出的 CCS 算法得到道路曲率半径和道路曲率。

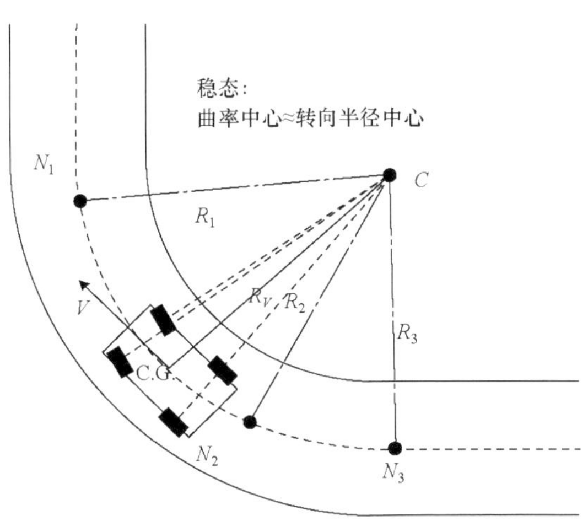

图 6.8 车路信息融合的路面状态感知

CCS 算法同样用图 6.8 说明，节点坐标 $N_1(x_1,y_1)$，$N_2(x_2,y_2)$，$N_3(x_3,y_3)$ 由地图数据库中获得。曲率中心 $C(x_0,y_0)$ 计算方法如下。

① 令 $m_1(X_{m1},y_{m1})$ 和 $m_2(x_{m2},y_{m2})$ 表示线段 N_1N_2 和 N_2N_3 的中点，则

$$m_1:\begin{cases}x_{m1}=\dfrac{x_1+x_2}{2}\\ y_{m1}=\dfrac{y_1+y_2}{2}\end{cases}\tag{6-1}$$

$$m_2:\begin{cases}x_{m2}=\dfrac{x_2+x_3}{2}\\ y_{m2}=\dfrac{y_2+y_3}{2}\end{cases}\tag{6-2}$$

② 令 s_1 和 s_2 表示线段 N_1N_2 和 N_2N_3 的斜率，即

$$s_1=\frac{y_2-y_1}{x_2-x_1}\tag{6-3}$$

$$s_2=\frac{y_3-y_2}{x_3-x_2}\tag{6-4}$$

③ 令 $s_1^{\perp}$ 和 $s_2^{\perp}$ 分别表示线段 m_1C 和 m_2C 的斜率，即

$$s_1^{\perp}=-\frac{1}{s_1}\tag{6-5}$$

$$s_2^{\perp}=-\frac{1}{s_2}\tag{6-6}$$

④ 线段 m_1C 和 m_2C 可以描述为

$$\overline{m_1C}: y-y_{m1}=s_1^{\perp}\times(x-x_{m1}) \tag{6-7}$$

$$\overline{m_2C}: y-y_{m2}=s_2^{\perp}\times(x-x_{m2}) \tag{6-8}$$

⑤ 经过线段 m_1C 和 m_2C 的曲率中心坐标 $C(x_0, y_0)$ 可以由式(6-7)和式(6-8)联立求得，即

$$x_0=\frac{(y_{m1}-y_{m2})-(s_1^{\perp}x_{m1}-s_2^{\perp}x_{m2})}{(s_2^{\perp}-s_1^{\perp})} \tag{6-9}$$

$$y_0=y_{m1}+s_1^{\perp}(y_{m1}-y_{m2}+s_2^{\perp}(x_{m2}-x_{m1})) \tag{6-10}$$

则道路曲率半径可以直接由曲率中心坐标 $C(x_0, y_0)$ 和任意节点坐标 $N_1(x_1, y_1)$，$N_2(x_2, y_2)$ 或 $N_3(x_3, y_3)$ 求得。

6.3.2　车速自适应控制[20]

1. 考虑道路几何特征的车辆运动模型

在弯道条件下，车辆横向动力学特性就显得尤为重要。由于横向动力学特性主要是通过控制车辆的前轮转角和横摆力矩共同实现的，因此需要联合横向与横摆两个自由度推导车辆的横向运动模型。

考虑常用的 3 自由度车辆运动模型，包括纵向运动(x 轴)、横向运动(y 轴)及横摆运动(z 轴)。设定车辆前后轴到车辆质心的距离分别为 a 与 b、车辆质量 m、横摆转动惯量 I_z、前后车轮的侧偏刚度分别为 C_f 和 C_r、车辆前轮转角 δ、横摆角速度 $\dot{\psi}$、车辆前后轮胎的纵向力分别为 F_{xf} 和 F_{xr}、车辆前后轮胎的横向力分别为 F_{yf} 和 F_{yr}。同时，假定车辆结构是刚性的，忽略与行驶动力学相关的垂向力影响及载荷作用，且不对刹车、油门、转向等执行机构建模(即控制输入直接施加于车辆系统)，则车辆横向(y 轴)上的合力 $\sum F_y$ 为

$$\sum F_y = F_{yr} + F_{xf}\sin\delta + F_{yf}\cos\delta \tag{6-11}$$

假设弯道行驶中的车辆仅受平衡状态(稳态转向)附近的小扰动，即前轮转角 δ 足够小，那么 $\cos\delta\approx 1$，$\mathrm{s1n}\delta\approx\delta$，则

$$\sum F_y =-(C_f+C_r)\frac{\dot{y}}{\dot{x}}-(aC_f-bC_r)\frac{\dot{\psi}}{\dot{x}}+(F_{xf}+C_f)\delta \tag{6-12}$$

解拉格朗日方程可以得到车辆横向运动模型，即

$$\ddot{y}=-d_2\frac{\dot{y}}{\dot{x}}-\left(\dot{x}+\frac{kd_3}{\dot{x}}\right)\dot{\psi}+\frac{F_{xf}+C_f}{m}\delta \tag{6-13}$$

其中，$d_2=\dfrac{C_f+C_r}{m}$；$d_3=\dfrac{aC_f-bC_r}{I_z}$；$k=\dfrac{I_z}{m}$。

接着，车辆 z 方向上的合力矩 $\sum M_z$ 为

$$\sum M_z = aF_{xf}\sin\delta + aF_{yf}\cos\delta - bF_{yr} \tag{6-14}$$

同样，令 $\cos\delta\approx 1$，$\sin\delta\approx\delta$，则

$$\sum M_z=-(a^2C_f+b^2C_r)\frac{\dot{\psi}}{\dot{x}}-(aC_f-bC_r)\frac{\dot{y}}{\dot{x}}+a(F_{xf}+C_f)\delta \tag{6-15}$$

得到车辆横摆运动模型，即

$$\ddot{\psi}=-d_4\frac{\dot{\psi}}{\dot{x}}-d_3\frac{\dot{y}}{\dot{x}}+\frac{a}{I_z}\left(\frac{F_{xf}+C_f}{m}\delta\right) \tag{6-16}$$

其中，$d_4=\dfrac{a^2C_f+b^2C_r}{I_z}$。

由于车辆横向与横摆运动不在同一个坐标系下，不能直接将道路曲率代入车辆横向运动模型中进行计算。目前，大部分学者都采用“预瞄控制”解决横向控制问题。预瞄控制假设在车前部安装前视预瞄传感器来可靠地提供前轮前方路面的输入信息，那么车辆控制系统就可以利用对前后轮的路面预测信息进行转向控制[21]。已有研究结果显示，利用安装在前保险杠上传感器测得的前轮前方 0.8～1m 的路面信息，可以使车辆获得满意的行驶性能。因此，引入车辆的横向偏差模型，将车辆的横向偏差设定为车载传感器预瞄点到道路中心线的垂直距离 y_s，如图 6.9 所示。

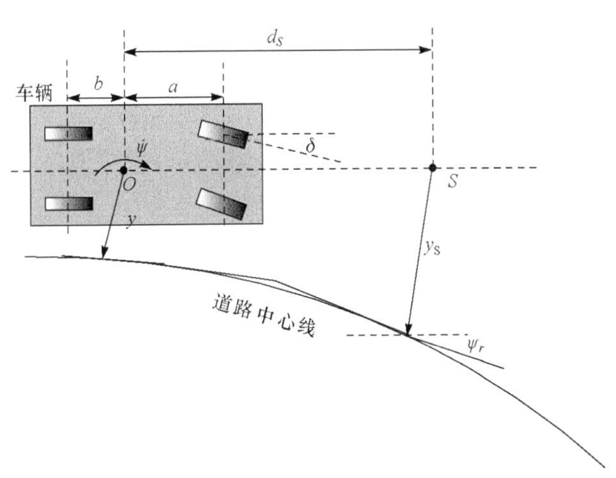

图 6.9　车辆预瞄示意图

定义道路中心线与车体纵轴之间的横摆角为 ψ_r，传感器预瞄点到车辆质心之间的水平距离为 d_s，那么 y_s，y，ψ_r 之间的近似关系为

$$\sin\psi_r=\frac{y_s-y}{d_s}\approx\psi_r \tag{6-17}$$

对式(6-17)两边分别求一阶导数和二阶导数，得

$$\begin{cases}\dot{y}_s=\dot{y}+d_s\dot{\psi}_r\\ \ddot{y}_s=\ddot{y}+d_s\ddot{\psi}_r\end{cases} \tag{6-18}$$

定义道路中心线的横摆角为 ψ_d，那么 ψ,ψ_r,ψ_d 之间的关系为

$$\psi=\psi_r+\psi_d \tag{6-19}$$

对式(6-19)两边分别求一阶导数和二阶导数，得

$$\begin{cases}\dot{\psi}_r=\dot{\psi}-\dot{\psi}_d\\ \ddot{\psi}_r=\ddot{\psi}-\ddot{\psi}_d\end{cases} \tag{6-20}$$

其中，$\dot{\psi}_{\rm d}=C\dot{x}$，$C$ 为道路曲率，满足 $C(l)=C_0+C_1 l$。

将式(6-20)代入式(6-18)，可得车辆横向偏差模型，即

$$\begin{cases}\dot{y}_s=\dot{y}+d_s(\dot{\psi}-\dot{\psi}_d)\\ \ddot{y}_s=\ddot{y}+d_s(\ddot{\psi}-\ddot{\psi}_d)\end{cases} \tag{6-21}$$

综上，联合车辆耦合动力学特性和道路几何特征建模，在纵向运动方面，不仅可以分析车辆加减速的稳态响应特性，而且可以分析由于坡度角变化引起的车速变化的瞬时响应特性。在横向运动方面，通过建立车辆横向偏差模型，不仅可以分析车辆过弯时的横向速度与横摆角速度稳态和瞬时响应特性，而且可以分析由曲率变化引起的车辆横向偏差变化特性，从而为车速自适应控制器设计提供有效的控制输入与解算依据。

2. 横向偏差自调节控制律设计

考察车速与横线偏差对弯道几何特征变化的瞬态响应特性，可以从能量耗散的角度建立评价函数[22,23]，即

$$z(x,u_2)=\lambda_1\left[\frac{\varphi x+\frac{1}{2}C_0x^2+\frac{1}{6}C_1x^3}{\dot{x}_1}\right]+\lambda_2\left[\frac{1}{2}(\ddot{x}_2+d_s(\ddot{x}_3-C\ddot{x}_1))^2\right]+\lambda_3\left[\frac{1}{2}(\dot{x}_1-v_d)^2\right] \tag{6-22}$$

其中，第一项为由弯道几何特征表示的弯道条件引起车速变化的激励费用；第二项为由弯道几何特征引起的车辆横向加速度与横摆角速度变化的补偿费用，用于抵消由弯道曲率引起的离心力和横摆力矩作用；第三项费用用于补偿具体弯道条件下的给定车速 v_d 与实时车速的差值；$\lambda_1,\lambda_2,\lambda_3$ 分别为每项的权重因子，主要用于平衡各项费用在评价函数中的比重。通过在线仿真对这 3 个权重因子进行调节，可以提高控制精度。

根据建立的评价函数 z，构建新的 Hamilton 函数为

$$H=z(x,u_2)+\lambda^{\rm T}(Ax+B_1C+B_2u_2) \tag{6-23}$$

由于 u_2 在车辆横向偏差模型中是标量，可以令 $z(x,u_2)=f(x)+g(x)u_2$，那么根据控制方程可得下式，即

$$\frac{\partial H}{\partial u_2}=\lambda_2L_gz(x,u_2)u_2+B_2^{\rm T}\lambda=0 \tag{6-24}$$

其中，$L_g z(x,u_2)$是评价函数 z 沿向量场 $g(x)$的 Lie 导数。

进一步，有

$$u_2=-\lambda_2 L_g z(x,u_2)B_2^{\mathrm{T}}\lambda$$

定义滑模面函数 s 为

$$s=B_2^{\mathrm{T}}Px$$

其中，P 为 4×4 正定矩阵。

采用滑模控制方法，设计横向偏差自调节控制律为

$$u_2=u_{\mathrm{eq}}+u_{\mathrm{sw}} \tag{6-25}$$

取 $\varepsilon_0>0$；$u_{\mathrm{eq}}=-(B_2^{\mathrm{T}}PB_2)^{-1}B_2^{\mathrm{T}}PAx$；$u_{\mathrm{sw}}=-(B_2^{\mathrm{T}}PB_2)^{-1}[\,|B_2^{\mathrm{T}}PB_2|\kappa+\varepsilon_0]\mathrm{sgn}(s)$。取 Lyapunov 函数为

$$V=\frac{1}{2}s^2 \tag{6-26}$$

代入式(6-25)，得

$$\begin{aligned}
\dot{V}&=s\dot{s}\\
&=s(B_2^{\mathrm{T}}P\dot{x})\\
&=s[B_2^{\mathrm{T}}P(Ax+B_1C+B_2u_2)]\\
&=s[B_2^{\mathrm{T}}PAx+B_2^{\mathrm{T}}PB_2u_2+B_2^{\mathrm{T}}PB_1C]\\
&=s\begin{pmatrix}B_2^{\mathrm{T}}PAx+B_2^{\mathrm{T}}PB_2\{-(B_2^{\mathrm{T}}PB_2)^{-1}B_2^{\mathrm{T}}PAx-(B_2^{\mathrm{T}}PB_2)^{-1}[\,|B_2^{\mathrm{T}}PB_2|\kappa+\varepsilon_0]\mathrm{sgn}(s)\}\\+B_2^{\mathrm{T}}PB_1C\end{pmatrix}\\
&=s\{-[\,|B_2^{\mathrm{T}}PB_2|\kappa+\varepsilon_0]\mathrm{sgn}(s)+B_2^{\mathrm{T}}PB_1C\}
\end{aligned} \tag{6-27}$$

取 $\kappa=1$，且 $B_1<0$，则

$$\dot{V}=-[\,|B_2^{\mathrm{T}}PB_2|\kappa+\varepsilon_0]\,|s|+B_2^{\mathrm{T}}PB_1C\leqslant-\varepsilon_0|s| \tag{6-28}$$

接着，为了求解偏差自调节控制律中的 P 矩阵，可以将控制律(6-25)改写为

$$u=-Kx+v \tag{6-29}$$

其中，$v=Kx+u_{\mathrm{eq}}+u_{\mathrm{sw}}$。

进一步，有

$$\dot{x}=\overline{A}x+B_1C+B_2u_2 \tag{6-30}$$

其中，$\overline{A}=A-B_2K$，通过设计 K 使得$\overline{A}$ 为 Hurwitz，则可保证闭环系统稳定。

取 Lyapunov 函数为

$$V=x^{\mathrm{T}}Px \tag{6-31}$$

则

$$\dot{V}=2x^{\mathrm{T}}P\dot{x}=2x^{\mathrm{T}}P(\overline{A}x+B_1C+B_2u_2)=2x^{\mathrm{T}}P\overline{A}x+2x^{\mathrm{T}}PB_2\left(v+\frac{I_z}{I_z+d_sa}B_1C\right) \tag{6-32}$$

由控制律式(6-26)的分析可知，存在 $t\geqslant t_0$，使得 $s=B^{\mathrm{T}}Px=0$ 成立，即 $s^{\mathrm{T}}=$

$x^{\mathrm{T}}PB=0$ 成立，则式(6-32)变为

$$\dot{V}=2x^{\mathrm{T}}P\bar{A}x=x^{\mathrm{T}}(P\bar{A}+\bar{A}^{\mathrm{T}}P)x \tag{6-33}$$

为保证 $\dot{V}<0$，需要

$$P\bar{A}+\bar{A}^{\mathrm{T}}P<0 \tag{6-34}$$

将 P^{-1} 分别乘以 $P\bar{A}+\bar{A}^{\mathrm{T}}P$ 的左右两边，得

$$\bar{A}P^{-1}+P^{-1}\bar{A}^{\mathrm{T}}<0 \tag{6-35}$$

取 $X=P^{-1}$，则

$$\bar{A}X+X\bar{A}^{\mathrm{T}}<0 \tag{6-36}$$

将 $\bar{A}=A-B_2K$ 代入式 (6-36)，得

$$(A-B_2K)X+X(A-B_2K)^{\mathrm{T}}<0 \tag{6-37}$$

再取 $L=KX$，则

$$AX-B_2L+XA^{\mathrm{T}}-L^{\mathrm{T}}B_2^{\mathrm{T}}<0 \tag{6-38}$$

即

$$AX+XA^{\mathrm{T}}<B_2L+L^{\mathrm{T}}B_2^{\mathrm{T}} \tag{6-39}$$

根据线性矩阵不等式 LMI 求解方法，若使用 P 为对称正定阵，则需要满足下式，即

$$P=P^{\mathrm{T}}>0 \text{ 或 } X=X^{\mathrm{T}} \tag{6-40}$$

为了使弯道条件下的纵横向最优控制器能够考虑车辆驾驶安全性和乘坐舒适性因素，采用限幅策略，按照表 6.1 给出的加速度方均根值的范围，取弯道横向加速度方均根极值为 $2\mathrm{m/s^{-2}}$，可以得到下式，即

$$\ddot{x}_2=\begin{cases}a_{\min}, & |\ddot{x}_2|\leqslant|a_{\min}|\\ a_{\max}, & |\ddot{x}_2|\geqslant|a_{\max}|\end{cases} \tag{6-41}$$

3. 弯道自主驾驶的车速最优控制仿真

为了测试设计的最优控制律，展开一系列仿真实验来验证控制律的有效性和稳定性。车辆系统参数如表 6.1 所示。

表 6.1 车辆系统参数

参数	值	参数	值
m/kg	2000	$k_D/\mathrm{N\cdot s^2\cdot m^{-2}}$	0.4
$I_z/\mathrm{kg\cdot m^2}$	3150	$k_L/\mathrm{N\cdot s^2\cdot m^{-2}}$	0.005
a/m	1.33	$g/\mathrm{m\cdot s^{-2}}$	9.8
b/m	1.26	d_s/m	2
$C_f/\mathrm{N\cdot rad^{-1}}$	80 000	λ_1	230
$C_r/\mathrm{N\cdot rad^{-1}}$	80 000	λ_2	220
μ	0.02	λ_3	8

首先需要建立弯道几何模型。假设计算的道路半径如式(6-42)所示，得到如图6.10所示的弯道曲率，即

$$R=\begin{cases}0, & 0\leqslant x<120\\ 200, & 120\leqslant x<120+25\pi\\ 400, & 120+25\pi\leqslant x<120+125\pi\\ 200, & 120+125\pi\leqslant x<120+150\pi\\ 0, & x\geqslant 120+150\pi\end{cases} \tag{6-42}$$

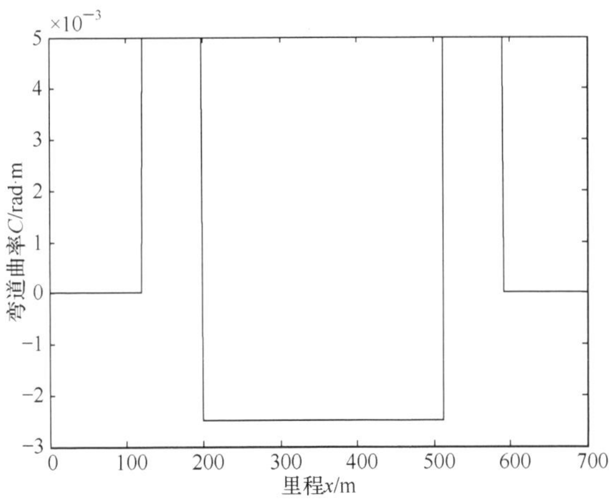

图6.10　道路曲率

开展弯道自主驾驶的纵横向最优控制仿真。假设车辆的初始速度 $v_d=90\text{km/h}$ (25m/s)，仿真历时30s，采样时刻设定为0.05s，选择定速巡航行驶(CSD)和自适应巡航行驶(ASCD)两种模式。CSD模式在车辆纵向运动方面采用基于能量耗散的控制方法对弯道车速进行控制，但其并未考虑弯道几何特征变化，而在横向运动方面仍然采用PID控制方法对转向机构进行纠偏控制，且利用弯道曲率对转向机构进行补偿控制，以保证车辆的稳态转向。ASCD模式在车辆纵向运动方面采用能量耗散控制方法对弯道车速进行控制，而在横向运动方面采用基于最优化设计的横向偏差自调节方法，根据曲率及其变化率自动对横向偏差进行调节，实现车辆过弯时的纵横向最优控制。因此，仿真结果主要包括弯道车速变化、弯道牵引力大小、能量消耗、横向偏差变化、前轮转角大小、横向运动变化等方面的分析。

(1) 弯道车速自适应变化分析

首先分析两种模式下弯道车速自适应变化的仿真结果,如图 6.11 所示。当车辆以初始车速驶入弯道,CSD 模式虽然采用能量耗散控制方法,但是并未考虑弯道几何特征变化,即能量存储函数中权重因子 λ_2 和 λ_3 为 0,但 λ_1 不为 0。这样,从图 6.11 可以看出,尽管 CSD 模式一开始在速度变化上出现较小突变(权重因子 λ_1 取值过大造成的),但是因为权重因子 λ_2 和 λ_3 为 0,车速仍然如 PID 控制一样,在整个弯道基本保持稳定。ASCD 模式考虑了道路几何特征的变化,仍然可以按照类似于驾驶员习惯的"先减速后加速"的自适应调控方式连续、平稳地驶过弯道。因此,如果选用的控制模式并未考虑道路几何特征,那么不管是采用能量耗散控制方法或是 PID 控制方法,都不能根据道路几何特征的变化自适应调节车速。

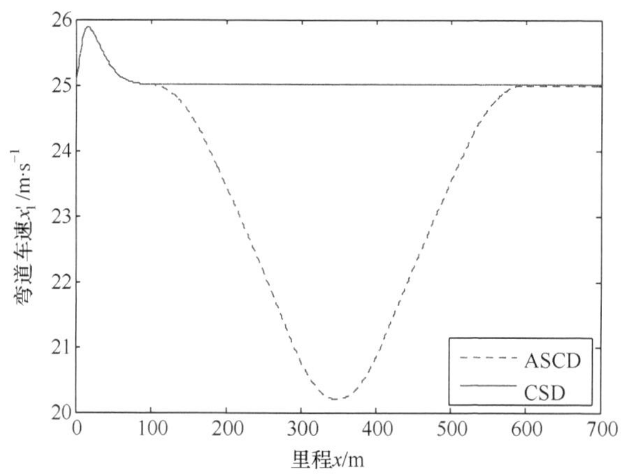

图 6.11　弯道纵向车速变化比较

(2) 弯道牵引力自调节分析

分析两种模式下车辆牵引力自调节的仿真结果,如图 6.12 所示。仍然根据所作的规定:当牵引力为负值时,可以看做是制动力在起作用,CSD 模式不用通过不断增加制动力的大小抵消由曲率变化引起的离心力作用,就能实现速度稳定行驶。但是如果车辆过弯速度太快,CSD 模式由于不能自动调节牵引力大小,且其控制车辆转向机构的方法并未考虑弯道曲率变化,就会很容易发生侧翻等危险行为。ASCD 模式由于考虑弯道曲率及其变化率,可以在整个弯道平稳、有效地调节牵引力大小。此外,由于还考虑了车辆驾驶安全性和舒适性约束,牵引力大小在整个过程中变化不会太大。特别地,在弯道曲率变化过大的两侧,都出现了设定的"限幅"策略,如图 6.12 所示。

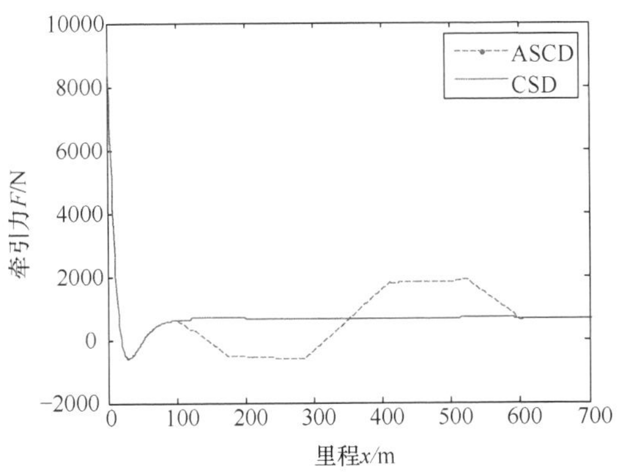

图 6.12　牵引力变化比较

(3) 弯道牵引力自调节分析

从能量耗散的角度分析两种模式下能量消耗的仿真结果，如图 6.13 所示。从表面来看，两种控制模式所用的牵引力大小似乎是一样的，但是按照$\sum|F|$计算(取单位时间)，CSD 模式使用 413 330 J 的能量，而 ASCD 模式使用 393 040J 的能量，在 ASCD 模式下，控制系统减少 4.9%的能量使用效率。由此可见，如果考虑道路几何特征变化，就可以减少车辆通过相应道路的能量消耗。

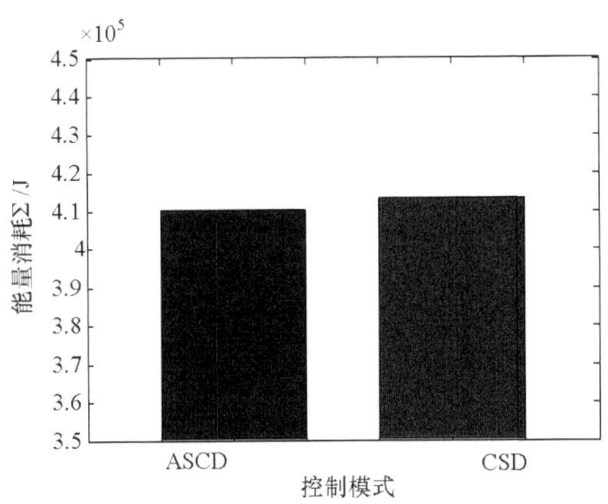

图 6.13　能量消耗比较

(4) 横向偏差自适应变化比较

分析两种模式下横向偏差自适应变化的仿真结果，如图 6.14 所示。由于车辆横向偏差模型设定为车载传感器预瞄点到道路中心线的垂直距离 y_s，而不是车辆质心位置到道路中心线的垂直距离 y。因此，车辆初始横向偏差不为 0。假设仿真中设定初始横向偏差为 0.2m，那么当车辆驶出弯道进入直道后，横向偏差最优调节是保持车辆的横向偏差不变。CSD 模式在车辆弯道行驶时，仅利用弯道曲率对转向机构进行补偿控制，因此只能将车辆的稳态转向响应保持在一定的横向偏差允许范围，如±0.8m。ASCD 模式在设计横向偏差的评价函数时，不仅考虑弯道曲率及其变化率，而且还加入终端误差指标，因此可以保持设定的初始横向偏差不变，实现车辆的横向偏差最优控制。

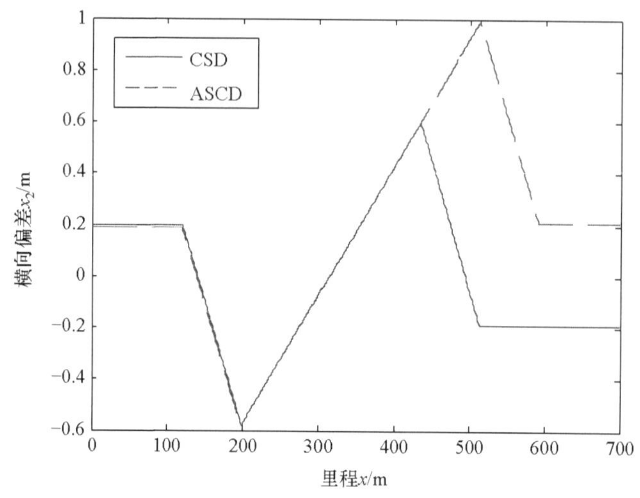

图 6.14　横向偏差变化比较

6.4　基于车路协同的车辆状态与轨迹跟踪

6.4.1　感知建模

如何对道路车辆运动状态信息(如位置、速度等)进行准确提取和跟踪是车路协同主动安全应用需要解决的关键问题。这里需要关注两个方面的问题。

① 如何基于分布式路侧传感网，设计多传感信息融合方法对车辆运动状态进行跟踪。

② 如何融合车载信息和路侧感知结果，进一步提高车辆状态，特别是车辆运动轨迹的跟踪效果。

1. 车辆运动多模型

车辆运动模型用来描述车辆状态信息随时间的演化过程，如位置、速度及方向等。要实现对目标车辆的精确跟踪和定位，关键在于如何有效的从观测中提取目标状态相关信息，并估计目标运动的状态轨迹。一个好的车辆运动模型有助于这种信息的提取，因为模型实际包含车辆运动的先验知识，有助于更好的跟踪车辆状态。但是，道路上行驶的车辆具有机动性，其运动模型在不同道路条件下是不同的，在进行车辆状态估计和跟踪时必须考虑其运动模型的多样性和动态特性。如何选择车辆运动模型，使其与实际车辆运动模型相匹配是首先需要解决的关键问题。

考虑车辆在二维平面内的运动场景，车辆在道路上行驶时通常可以由匀速直线运动和匀速转向运动来描述。设采样间隔为 T，在笛卡儿坐标系下车辆离散运动模型如下。

(1) 车辆匀速直线运动模型(CV model)[24]

$$\boldsymbol{x}_k=\begin{bmatrix}1 & 0 & T & 0\\ 0 & 1 & 0 & T\\ 0 & 0 & 1 & 0\\ 0 & 0 & 0 & 1\end{bmatrix}\begin{bmatrix}x_{k-1}\\ y_{k-1}\\ \dot{x}_{k-1}\\ \dot{y}_{k-1}\end{bmatrix}+\boldsymbol{q}_{k-1} \tag{6-43}$$

其中，车辆状态向量为 $\boldsymbol{x}_k=[x_k\quad y_k\quad \dot{x}_k\quad \dot{y}_k]$，$x_k$ 和 y_k 分别代表车辆运动纵横向位置坐标，$\dot{x}_k$ 和 $\dot{y}_k$ 是相应两个方向上的速度分量；$\boldsymbol{q}_{k-1}$ 是零均值且方差矩阵为 $\boldsymbol{Q}$ 的高斯白噪声。

(2) 车辆匀速转向运动模型(CT model)[24]

$$\boldsymbol{x}_k=\begin{bmatrix}1 & 0 & \sin(\dot{\psi}_{k-1}T)/\dot{\psi}_{k-1} & (\cos(\dot{\psi}_{k-1}T)-1)/\dot{\psi}_{k-1} & 0\\ 0 & 1 & (1-\cos(\dot{\psi}_{k-1}T))/\dot{\psi}_{k-1} & \sin(\dot{\psi}_{k-1}T)/\dot{\psi}_{k-1} & 0\\ 0 & 0 & \cos(\dot{\psi}_{k-1}T) & -\sin(\dot{\psi}_{k-1}T) & 0\\ 0 & 0 & \sin(\dot{\psi}_{k-1}T) & \cos(\dot{\psi}_{k-1}T) & 0\\ 0 & 0 & 0 & 0 & 1\end{bmatrix}\begin{bmatrix}x_{k-1}\\ y_{k-1}\\ \dot{x}_{k-1}\\ \dot{y}_{k-1}\\ \dot{\psi}_{k-1}\end{bmatrix}+\begin{bmatrix}0\\ 0\\ 0\\ 0\\ \upsilon_{k-1}\end{bmatrix} \tag{6-44}$$

其中，车辆状态向量为 $\boldsymbol{x}_k=[x_k\quad y_k\quad \dot{x}_k\quad \dot{y}_k]$，$x_k$ 和 y_k 分别代表车辆运动纵横向位置坐标，$\dot{x}_k$ 和 $\dot{y}_k$ 是相应两个方向上的速度分量；υ_k 是零均值且方差为 $\sigma_{\dot{\psi}}$ 的高斯白噪声。

CT 模型与 CV 模型相比状态量中多了一个参数 $\dot{\psi}_k$，代表车辆转向速率，即车辆横摆角速度(yaw rate)。方便起见，给两个模型编号，记 CV 模型为 Model 1，CT 模型为 Model 2。

2. 路侧传感网测量模式

在路侧部署多个传感器形成分布式传感网，不同位置的传感器测量方位和角度不同。单一传感器的测量会受到局部性和环境噪声的影响其感知能力有限，而利用路侧传感网可以对多个传感器进行数据融合，达到优势互补的效果，降低环境噪声对车辆状态估计的影响。分布式路侧传感网的示意图如图 6.15 所示。

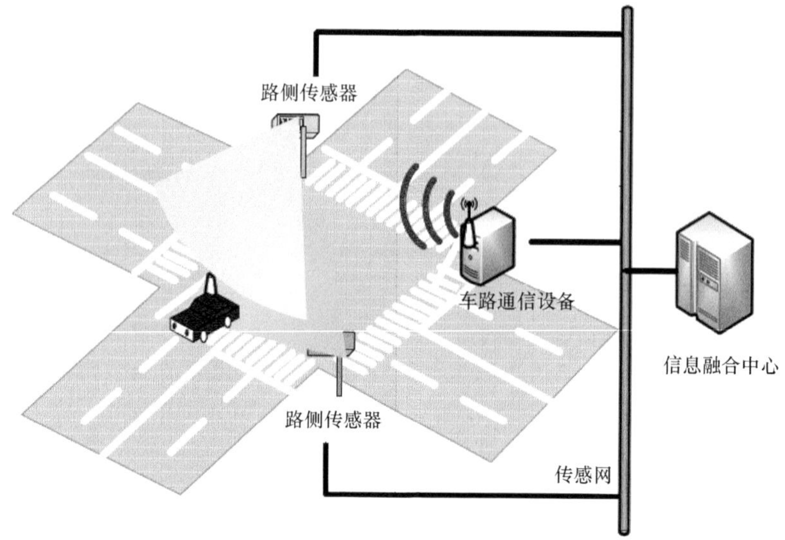

图 6.15　分布式路侧传感网

路侧传感器的选择可以是视觉传感器或激光雷达，无论选择哪种传感器，需要输出两个基本测量量，即距离（range）和方位角（azimuth）。这两个测量量是实现车辆目标状态检测和跟踪的基本要素。图 6.16 给出这两个测量量的定义。图中 $X_eO_eY_e$ 构成大地坐标系，$X_s^iO_s^iY_s^i$ 构成路侧传感器（编号为 i）自身的传感坐标系，其原点位置在大地坐标系中的坐标为(s_x^i, s_y^i)，目标车辆在大地坐标系中的位置坐标

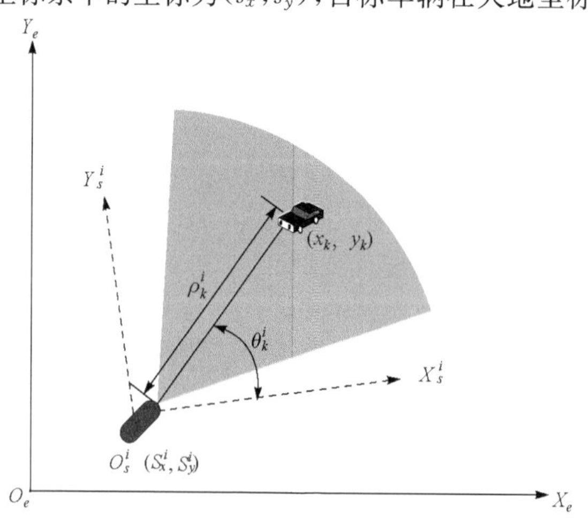

图 6.16　路侧传感器测量模式

为(x_k, y_k)。ρ_k^i 为目标车辆到传感器之间的欧氏距离，目标车辆与传感器坐标横轴之间的夹角即为检测到的方位角 θ_k^i。

由图中的关系可以为每个路侧传感器建立测量方程，即

$$z_k^i = \begin{bmatrix} \rho_k^i \\ \theta_k^i \end{bmatrix} = \begin{bmatrix} \sqrt{(x_k - s_x^i)^2 + (y_k - s_y^i)^2} \\ \arctan((y_k - s_y^i)/(x_k - s_x^i)) \end{bmatrix} + \boldsymbol{r}_k^i \tag{6-45}$$

其中，i 为传感器编号，设路侧传感网中部署有 N 个传感器，则有 $i \leqslant N$；$\boldsymbol{r}_k^i$ 是第 i 个传感器的零均值高斯测量误差。

由于激光雷达在测距与方位感知上具有较好的效果，研究选用激光雷达作为路侧传感器。

6.4.2　基于多模型的融合估计算法

1. 多模型融合思路

多模型(multiple model, MM)方法是一种强有力的自适应估计方法，非常适合结构或参数变化的系统[24]。针对车辆运动模型的多样性及不确定性，应用多模型方法对车辆运动状态进行估计是个很好的选择。

多模型基本思路是，假设车辆运动模型是由有限个运动模型构成的模型集(如 CV、CT 模型)，这里记为 $M=\{M^1, M^2, \cdots, M^n\}$，车辆在某一时刻的运动特性被认为可由其中某个可能的模型来描述；每一模型 M^j 都有一个先验概率 $\mu_0^j = P\{M_0^j\}$，不同时刻模型之间可以发生转移，该过程可以看作一阶马尔可夫过程，且转移概率为 $p_{ij} = P\{M_k^j | M_{k-1}^i\}$；每一模型有各自对应的滤波器，每次状态融合估计时各滤波器计算自己的滤波值，最后根据不同模型的概率值进行综合，得到最优估计结果。

在多模型估计方法中，交互式多模型算法(interacting multi model, IMM)由于其出色的计算性能得到了推广应用[25]。这里采用 IMM 交互式多模型方法实现车辆状态估计和跟踪。同时，考虑到车辆运动模型和测量模型的非线性特性，选择无迹卡尔曼滤波(unscented Kalman filter, UKF)作为 IMM 算法中的基本滤波器。

2. 基于路侧传感网的车辆状态融合估计算法

综合车辆运动的 CV 和 CT 模型，设计基于 IMM 的车辆运动状态融合估计算法，其中每个模型的基本滤波器采用 UKF 滤波器。算法过程可以分为交互(interaction)、滤波(filter1ng)、模型概率更新(model probability update)、估计融合(estimate fusion)。图 6.17 给出了算法流程，详细步骤描述如下。

(1) 交互

交互也可称作模型条件重初始化。假定第 i 个模型在当前时刻有效的条件下，与其匹配的滤波器的输入由上一时刻各滤波器的估计混合而成。设 $k-1$ 时刻的匹配模型为 j，而在 k 时刻的匹配模型是 i，则可计算混合概率为

$$\mu_{k-1|k-1}^{j|i}=\frac{1}{\hat{\mu}_{k|k-1}^{i}}\pi_{ji}\mu_{k-1}^{j},\quad i,j=1,2 \tag{6-46}$$

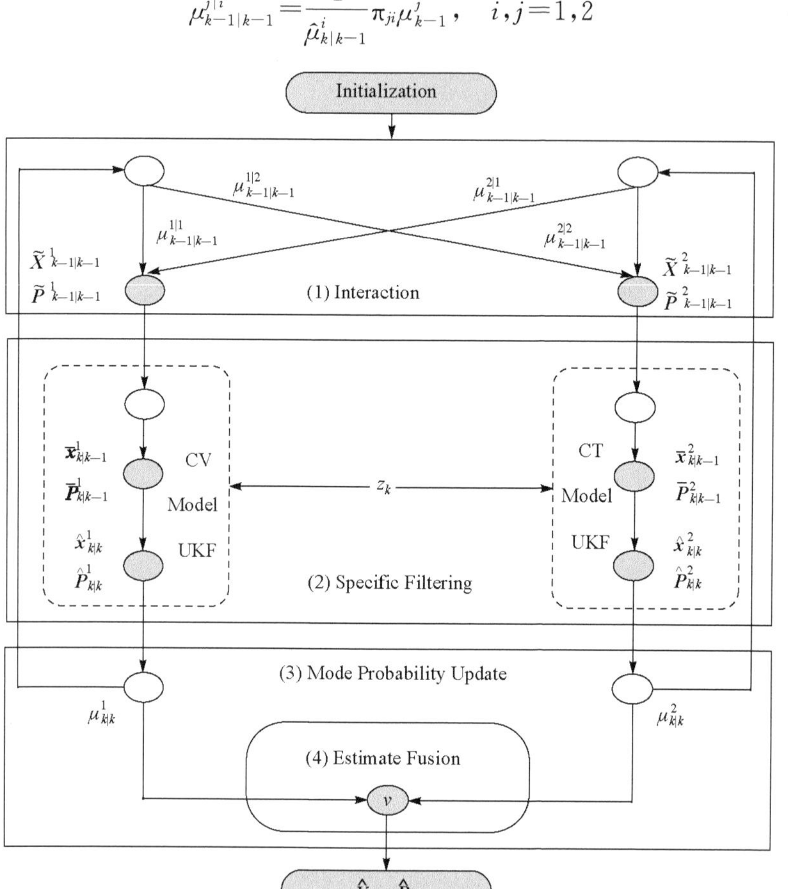

图 6.17 基于路侧传感网的车辆状态融合估计算法

其中，μ_{k-1}^{j} 是模型 j 在上一时刻的概率；π_{ji} 是模型的转移概率代表车辆运动模型从模型 j 迁移到模型 i 的概率，i 或 j 取值 1 时代表 CV 模型，取值 2 时代表 CT 模型；$\hat{\mu}_{k|k-1}^{i}$ 由下面公式确定，即

$$\hat{\mu}_{k|k-1}^{i}=\sum_{j=1}^{2}\pi_{ji}\mu_{k-1}^{j},\quad i=1,2 \tag{6-47}$$

由此，重初始化的状态与协方差混合估计分别为

$$\bar{\boldsymbol{x}}_{k-1|k-1}^{i} = \sum_{j=1}^{2} \hat{\boldsymbol{x}}_{k-1|k-1}^{j} \mu_{k-1|k-1}^{j|i}, \quad i = 1,2 \tag{6-48}$$

$$\begin{aligned}\widetilde{\boldsymbol{P}}_{k-1|k-1}^{i} = \sum_{j=1}^{2} \mu_{k-1|k-1}^{j|i} \times [\hat{\boldsymbol{P}}_{k-1|k-1}^{i} + (\hat{\boldsymbol{x}}_{k-1|k-1}^{i} - \bar{\boldsymbol{x}}_{k-1|k-1}^{i}) \\ \times (\hat{\boldsymbol{x}}_{k-1|k-1}^{i} - \bar{\boldsymbol{x}}_{k-1|k-1}^{i})^{\mathrm{T}}], \quad i=1,2\end{aligned} \tag{6-49}$$

(2) 滤波

在得到重初始化的状态与协方差的前提下，在获得新的测量值$\boldsymbol{z}_k$后，对每一模型进行状态估计更新。其滤波计算步骤和通常情况下的卡尔曼滤波过程一致，只是这里采用 UKF 滤波器，包括预测UKF_p和更新UKF_u，即

$$[\bar{\boldsymbol{x}}_{k|k-1}^{i}, \bar{\boldsymbol{P}}_{k|k-1}^{i}] = \mathrm{UKF}_p(\bar{\boldsymbol{x}}_{k-1|k-1}^{i}, \widetilde{\boldsymbol{P}}_{k-1|k-1}^{i}, \boldsymbol{f}_{k-1}^{i}, \boldsymbol{Q}_{k-1}^{i}), \quad i=1,2 \tag{6-50}$$

$$[\hat{\boldsymbol{x}}_{k|k}^{i}, \hat{\boldsymbol{P}}_{k|k}^{i}] = \mathrm{UKF}_u(\bar{\boldsymbol{x}}_{k|k-1}^{i}, \bar{\boldsymbol{P}}_{k|k-1}^{i}, \boldsymbol{z}_k, \boldsymbol{h}_k^{i}, \boldsymbol{R}_k^{i}), \quad i=1,2 \tag{6-51}$$

(3) 模型概率更新

首先计算每个模型的测量似然函数，即

$$\Lambda_k^i = \frac{\exp[-0.5\,(\boldsymbol{v}_k^i)^{\mathrm{T}}\,(\boldsymbol{S}_k^i)^{-1}(\boldsymbol{v}_k^i)]}{\sqrt{|2\pi S_k^i|}}, \quad i=1,2 \tag{6-52}$$

其中，$\boldsymbol{v}_k^i$和$\boldsymbol{S}_k^i$分别是模型i在 UKF 滤波更新中的测量残差及协方差。

模型i在k时刻的概率为

$$\mu_{k|k}^{i} = \frac{\mu_{k|k-1}^{i} \Lambda_k^i}{\sum_{j=1}^{2} \mu_{k|k-1}^{j} \Lambda_k^j}, \quad i = 1,2 \tag{6-53}$$

(4) 估计融合

算法最后一步是计算k时刻联合估计和联合估计误差协方差矩阵，即

$$\hat{\boldsymbol{x}}_{k|k} = \sum_{i=1}^{2} \mu_{k|k}^{i} \hat{\boldsymbol{x}}_{k|k}^{i} \tag{6-54}$$

$$\hat{\boldsymbol{P}}_{k|k} = \sum_{i=1}^{2} \mu_{k|k}^{i} [\hat{\boldsymbol{P}}_{k|k}^{i} + (\hat{\boldsymbol{x}}_{k|k}^{i} - \hat{\boldsymbol{x}}_{k|k})(\hat{\boldsymbol{x}}_{k|k}^{i} - \hat{\boldsymbol{x}}_{k|k})^{\mathrm{T}}] \tag{6-55}$$

3. 基于车路协同的车辆轨迹跟踪算法

车辆定位精度的提高一直是业内追逐的热点，因为车辆位置和运动轨迹是车辆主动安全应用中的关键因素，其重要性要比车辆其他状态量显得更为突出。目前，普通 GPS 定位系统很难提供高精度定位信息，其定位误差往往在 10m 以上，现有的组合导航技术虽然在一定程度上改善了定位效果，但其实施成本过高难以推广应用。若能利用车路协同信息融合技术，在局部道路范围内(如交叉口)提高车辆的定位精度，则会为车辆主动安全应用提供有利支撑。

之前，基于路侧传感网进行汽车运动状态跟踪时，估计的状态量主要是车辆位置、速度和转向速度。路侧雷达虽然对跟踪目标的距离和方位角测量比较敏感，但对目标的运动速度和转向速度并不能很好的感知。实际上，这两个状态量可以由车载传感器获取，这比通过路侧传感器获取要更直接也更准确。若能将车载传感获取的车辆运行速度和转向速度数据传递到路侧端进行信息融合，就能弥补路侧雷达感知的不足，进而利用两者数据优势共同提高车辆的定位精度。因此，提出基于车路协同的车辆轨迹跟踪算法，其基本思路是将车载传感获取的速度和转向速度数据作为 CV 和 CT 模型的输入，而不再是之前的状态估计量来处理。对上节的融合估计算法流程进行改进，就可可以得到车路协同的轨迹跟踪算法，图 6.18 给出了相应的算法过程。

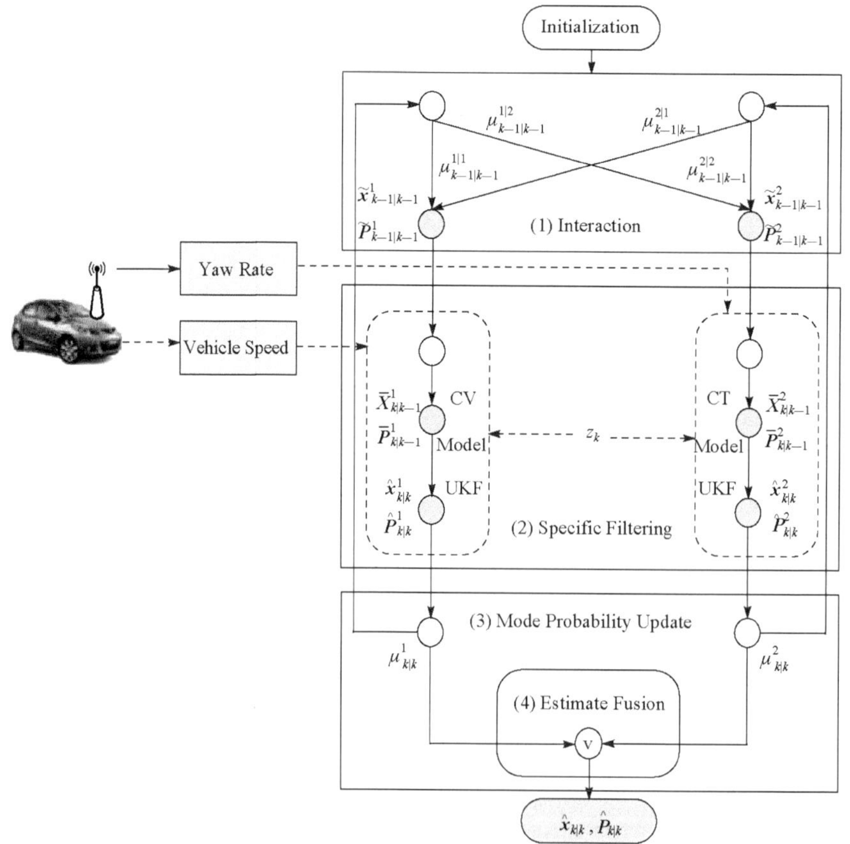

图 6.18　基于车路协同的车辆轨迹跟踪算法

6.4.3　仿真验证

1. 实验设计

采用路侧传感网对车辆进行状态跟踪实际包括两个方面，对运动车辆的识别以及对识别的目标进行运动参数提取和状态估计。我们关注后一步状态估计和跟踪方法的设计,而没有进行目标辨识方面的工作。因此,采用仿真的方式进行验证。仿真平台选择软件 PreScan(5.0 版),该软件是一个功能丰富的车辆安全辅助驾驶仿真软件,可以模拟车辆之间无线通信环境和通信协议,并提供了多种传感器模型。实验采用软件自带的雷达仿真功能模块构建路侧传感网,车路通信利用软件中的 C2I 功能模块实现。此外,软件可预先设定目标车辆的行驶路线和运动参数。

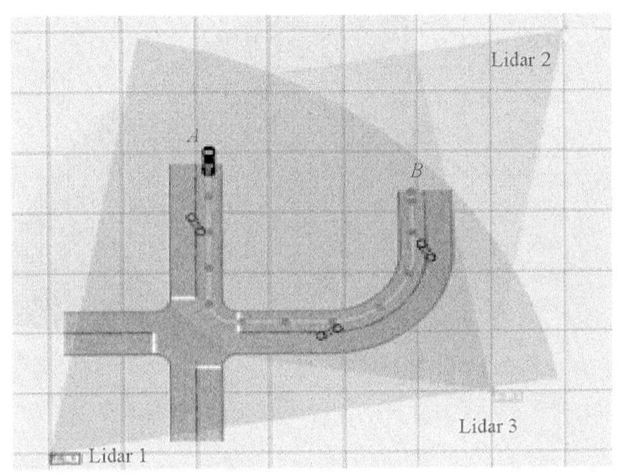

图 6.19　仿真场景

仿真场景如图 6.19 所示。该场景设定为某个交叉口路段,包括直线行驶和弯道行驶工况。路侧传感网由 3 个激光雷达(Lidar 1～3)构成,分别位于交叉不同方位以覆盖整个行驶区域。雷达扫描角度范围和分辨率分别设定为 70°和 0.2°,探测最大距离为 70m,采样率 20Hz,测距和方位角测量噪声分别为 0.05m 和 0.05rad。实验假定车辆从图中 A 点出发,途径交叉口并转向到达 B 点。由于不考虑车辆目标辨识的问题,实验仅采用一辆目标车辆作为状态跟踪的对象。车辆行驶全程的速度和加速度变化过程如图 6.20 所示。

算法中模型转移概率矩阵为

$$\pi_{ji}=\begin{bmatrix}0.9 & 0.1\\ 0.1 & 0.9\end{bmatrix}$$

其中,i 或 j 取值 1 时代表 CV 模型,对应 model 1;取值 2 时代表 CT 模型,对应 model 2。

model 1 的过程噪声方差 $q=0.01\text{m/s}$,model 2 的过程噪声方差 $\sigma_{\psi}=0.5\text{rad/s}$。

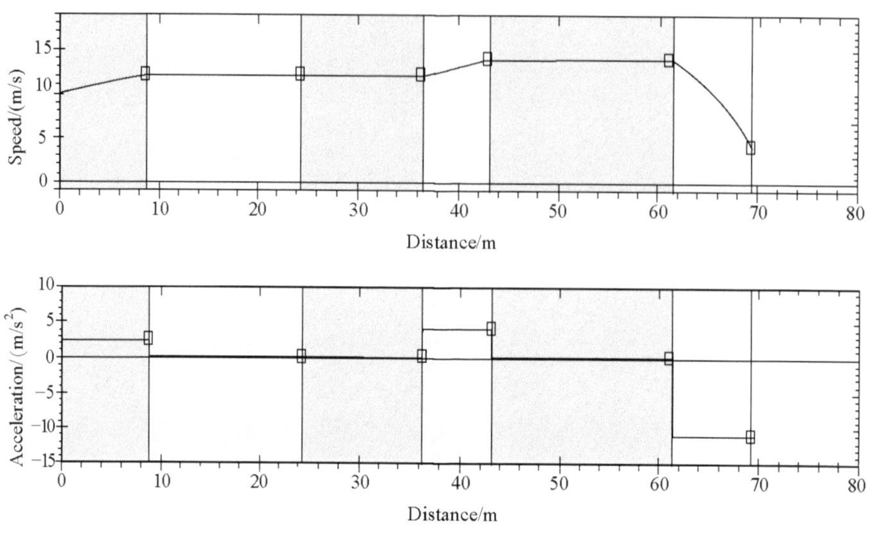

图 6.20 仿真车辆速度和加速度变化

2. 基于路侧传感器网的车辆状态估计结果

(1) 单模型跟踪结果

首先算法采用单一模型对车辆运动状态进行跟踪,再与采用多模型的情况进行比较。单一模型情况下车辆运动模型只考虑 model 1,滤波器仍然采用 UKF。图 6.21(a)给出了轨迹的跟踪结果,其中实线是车辆经过的真实轨迹,虚线是估计值。图 6.21(b)给出了速度绝对值的跟踪结果,其中实线是真实速度值曲线,虚线是估计值。

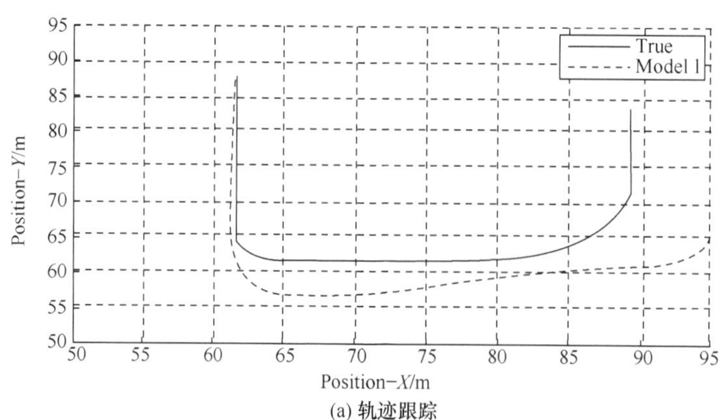

(a) 轨迹跟踪

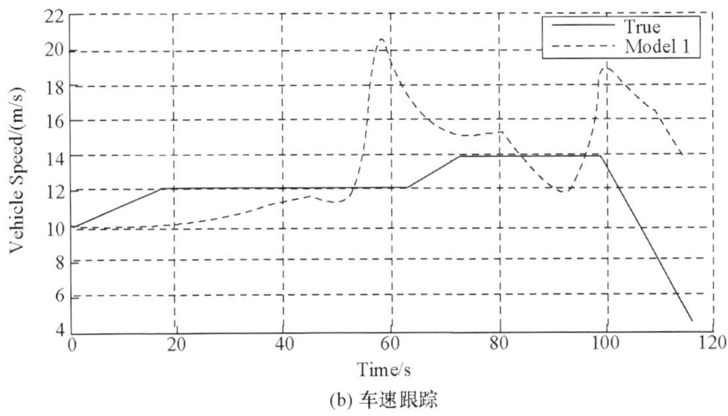

(b) 车速跟踪

图 6.21　单模型 model1 (CV)跟踪结果:位置与车速(3 Sensors)

(2) 多模型跟踪结果

联合 model 1(CV)和 model 2(CT),并使用上节给出的多模型融合估计算法对车辆运动状态进行跟踪,结果如图 6.22 所示。图 6.22(a)是轨迹的跟踪结果,

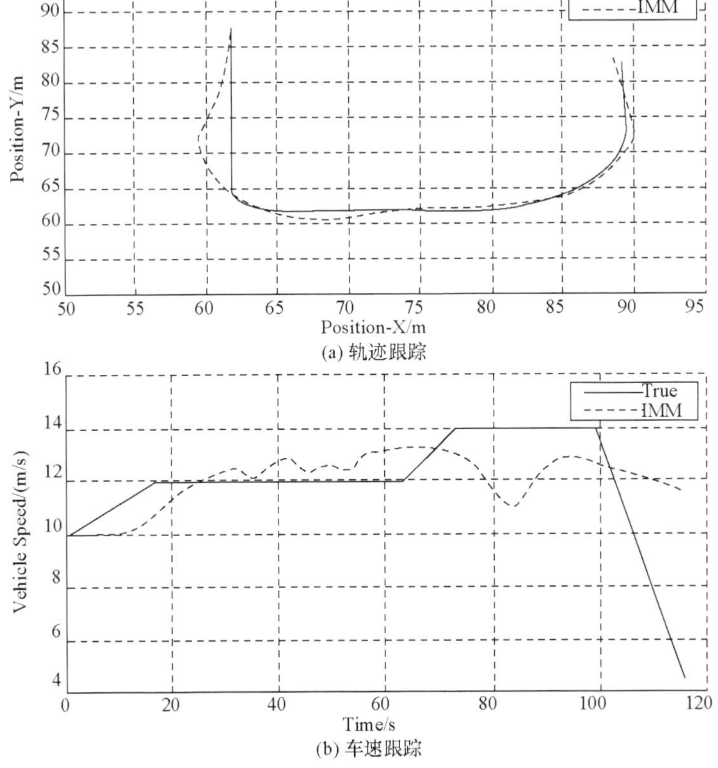

(a) 轨迹跟踪

(b) 车速跟踪

图 6.22　多模型跟踪结果:位置与车速(3 Sensors)

同样的图中实线是车辆经过的真实轨迹,虚线是估计值。图 6.22 (b)是速度绝对值跟踪结果,其中实线是真实速度值曲线,虚线是估计值。

对比图 6.21 与图 6.22 的结果可以看到,采用多模型的状态跟踪方法与使用单模型的跟踪方法相比,位置和速度值的估计精度都有大幅提高。对图 6.21 进一步分析还可以发现,位置和速度估计出现偏差较大的时段正是车辆行驶至交叉口并开始转向后的一段时间,这是由于 CV 模型并不能很好的刻画车辆转向这一运动趋势。利用下面公式计算估计结果的均方根误差(root mean square errors,RMSE)为

$$\mathrm{RMSE}=\frac{1}{n}\sum_{i=1}^{n}\sqrt{(\ell_i-r_i)^2} \tag{6-56}$$

其中,ℓ_i 和 r_i 分别代表采样点 $i(i=1,2,\cdots,n)$上的估计值和真实值。

计算得到采用单一 model 1(CV)模型进行估计时的位置误差为 $\text{RMSE-Position}_{\text{model-1}}=11.62\text{m}$,速度误差为$\text{RMSE-Speed}_{\text{model-1}}=14.87\text{m/s}$。相应的,多模型算法得到的位置误差为$\text{RMSE-Position}_{\text{IMM}}=1.53\text{m}$,速度误差为$\text{RMSE-Speed}_{\text{IMM}}=3.18\text{m/s}$。由多模型算法还可估计出车辆的转向速率,结果如图 6.23(a)所示,其对应误差为$\text{RMSE-Yaw}_{\text{IMM}}=0.67\text{rad/s}$。图 6.23 (b)描述了 CV 和 CT 模型概率

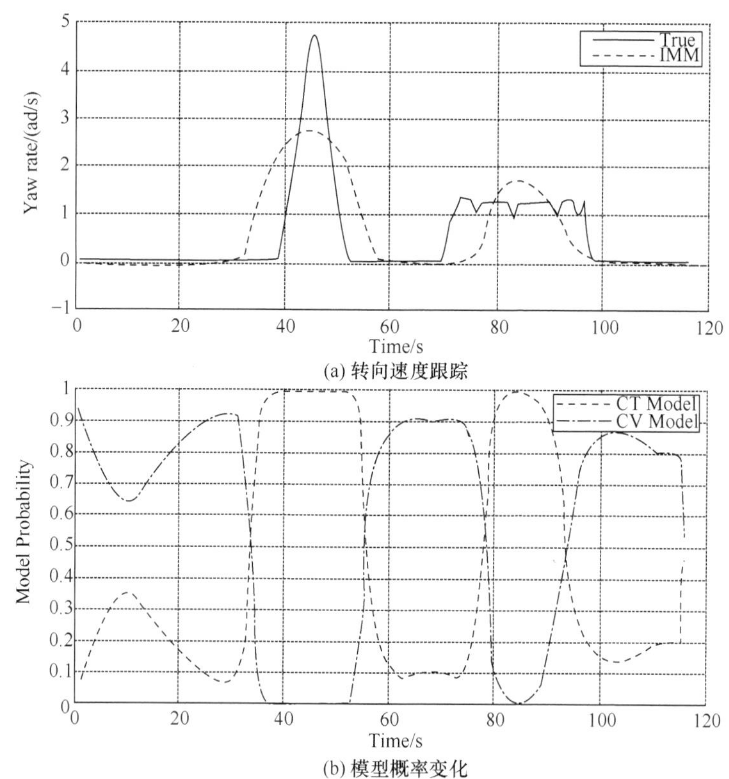

图 6.23　多模型跟踪结果:转向速度和模型概率(3 Sensors)

随时间的变化情况，在 40～55s 及 80～95s 两个时间段内，由于车辆转向操作，CT 模型在这两个时间段内的概率接近 1，这与实际情况是相符的。

(3) 减少传感器后的跟踪结果

以上实验都是在部署三个路侧传感雷达情况下进行的，为了分析雷达数目对车辆状态跟踪效果的影响，将实验场景中编号为 3 的雷达信号屏蔽，仍然采用多模型估计算法，重新实验并获取结果。图 6.24 分别给出了在减少一个雷达情况下车辆运动轨迹和速度的跟踪结果，其估计误差分别为

$$\text{RMSE-Position}_{\text{IMM}}(2\ \text{lidars})=8.26\text{m}$$

$$\text{RMSE-Speed}_{\text{IMM}}(2\ \text{lidars})=4.91\text{m/s}$$

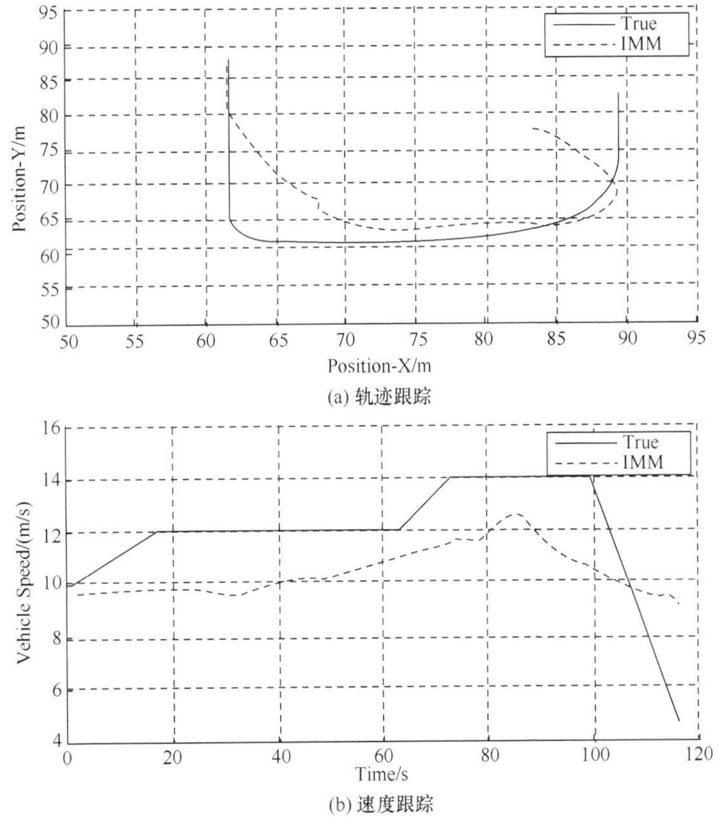

图 6.24　多模型跟踪结果：位置与车速(2 Sensors)

图 6.25 给出了对应的转向速率估计曲线及模型概率变化，且有$\text{RMSE-Yaw}_{\text{IMM}}(2\ \text{lidars})=1.09\text{rad/s}$。由于雷达观测角度的影响，在减少一个雷达后，跟踪误差主要集中在车辆进入交叉口并进行第一次转向的时段内，此时 CT 模型的概率也很低，与实际情况不太符合。因此，可以认为雷达传感器的部署对车辆运动状态跟踪

的效果有较大影响，部署多个传感器并覆盖不同的监测方位能显著提高车辆状态的估计精度。

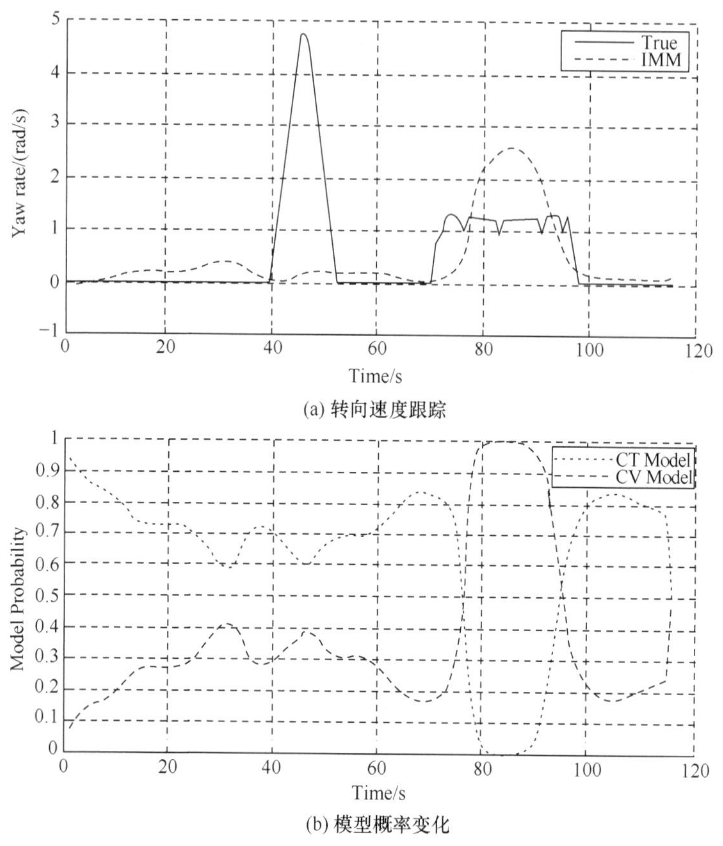

(a) 转向速度跟踪

(b) 模型概率变化

图 6.25　多模型跟踪结果：转向速度和模型概率(2 Sensors)

3. 基于车路协同的车辆轨迹跟踪结果

仍然采用与前面相同的仿真场景，实验中车载获取的速度和转向速度数据通过仿真软件的 C2I 模块传给路侧信息融合单元。轨迹跟踪结果如图 6.26(a)所示。模型概率变化如图 6.26 (b)所示。由此可知，跟踪轨迹更加接近真实轨迹，且模型概率的变化也更符合实际情况。计算位置误差 $\text{RMSE-Position}_{\text{IMM}}$(V2I)＝0.34m，与之前实验结果对比误差值显著减少，达到 35cm 范围内，能满足车辆轨迹预测、碰撞预警等主动安全的应用要求。进一步分析，跟踪效果还有提高的余地，由于算法只考虑车辆匀速运动模型，通常情况下这两个模型可以代表车辆运动的主要特征，特别是在城市路段。然而，车辆运动也存在加减速的情况，若能引入相应的模型，轨迹跟踪效果可以得到进一步的提升。

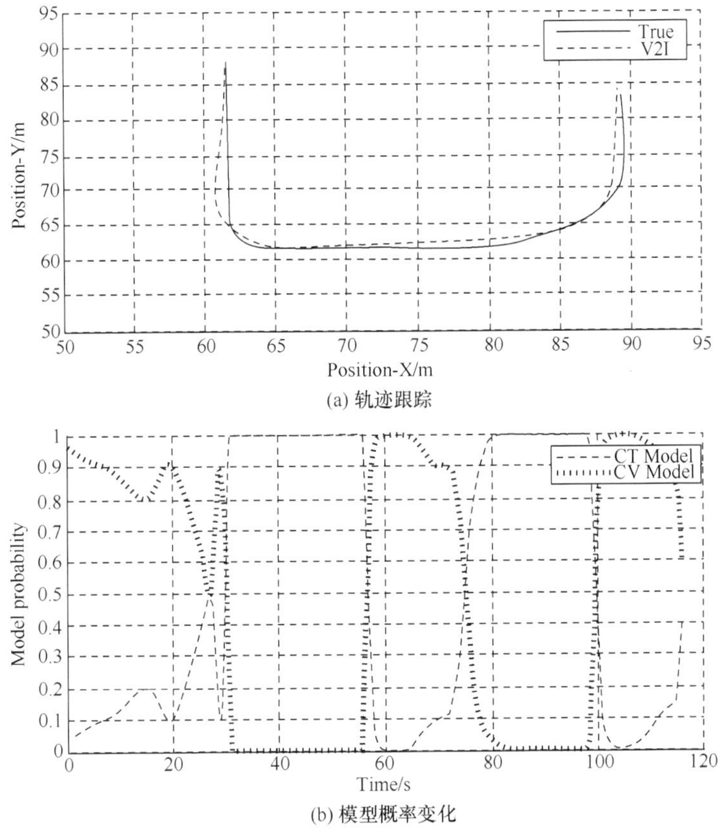

(a) 轨迹跟踪

(b) 模型概率变化

图 6.26 基于车路协同的轨迹跟踪结果

参考文献

[1] 王笑京,李斌,高海龙,等.第十届智能交通系统世界大会概况和我国发展方向的讨论.交通运输系统工程与信息,2004,4(2):9-16.

[2] 李清泉,熊炜,李宇光.智能道路系统的体系框架及其关键技术研究.交通运输系统工程与信息,2008,8(1):40-48.

[3] 易振国.车路协同实验测试系统及安全控制技术研究.吉林大学博士学位论文,2011.

[4] Toulminet G, Boussuge J, Laurgeau C. Comparative synthesis of the 3 main European projects dealing with cooperative systems (CVIS, SAFESPOT and COOPERS) and description of COOPERS demonstration site 4//IEEE International Conference on Intelligent Transportation Systems, 2008: 809-814.

[5] 张毅、姚丹亚.基于车路协同的智能交通系统体系框架.北京:电子工业出版社,2015.

[6] IntelliDrive. http://www.intellidriveusa.org/about/overview.php[2008-8-10].

[7] ITS Joint Program Office. Achieving the Vision: From VII to IntelliDrive Policy Whitep Paper, 2010.
[8] Smartway. http://www. smartway2007. jp/index_e. html[2006-6-2].
[9] Arinom. ITS Policy in Japan and Smartway. ITS Policy and Program Offiee, 2007
[10] eSafety. http://www. cvisproject. org/en/about_cvis/[2008-5-10].
[11] SAFESPOT Integrated Project. http://www. safespot-eu. org/pages/page. php[2006-8-2].
[12] CVIS project. http://www. cvisproject. org/en/about_cvis/[2008-5-5].
[13] Huang C L, Fallah Y P, Sengupta R, et al. Adaptive intervehicle communication control for cooperative safety systems. IEEE Network, 2010, 24(1): 6-13.
[14] Caveney D. Cooperative vehicular safety applications. IEEE Control Systems, 2010, 30(4): 38-53.
[15] 库峰. 面向车路协同的车载信息系统设计与实现. 武汉理工大学硕士学位论文, 2013.
[16] 李娟. 山区高速公路交通安全指标分析与安全评价研究. 重庆交通大学交通运输学院硕士学位论文, 2008.
[17]Mangan S, Wang J H. Development of a novel sensorless longitudinal road gradient estimation method based on vehicle CAN bus data. IEEE/ASME Transactions on Mechatronics, 2007, 12(3): 375-386.
[18] Lundquist C, Schön T B. Road geometry estimation and vehicle tracking using a single track modell. IEEE Intelligeng Vehicles Symposium, Eindhoven, The Netherlands, 2008-144-149.
[19] Sebsadji Y, Glaser S, Mammar S, et al. Road slope and vehicle dynamics estmation//American Contron Conference, Westin Seattle Hotel, Seattle, Washington, 2008: 4603-4608.
[20] 张蕊. 考虑道路几何特征的车速自适应控制方法研究. 武汉理工大学博士学位论文. 2014.
[21] Kumarawadu S, Lee T T. Neuroadaptive combined lateral and longitudinal control of highway vehicles using RBF networks. IEEE Transactions on Intelligent Transportation Systems, 2006, 7(4): 500-512.
[22] Zhang R, Yan X P, Ma J, et al. Design of intelligent vehicle speed adaption based on variable road geometry//Proceedings of the 2nd International Conference on Transportation Information and Safety, 2013: 1708-1714.
[23] Yan X P, Zhang R, Ma J, et al. Considering variable road geometry in adaptive vehicle speed control. Mathematical Problems in Engineering. 2013: 617879.
[24] Li X R, Jilkov V P. Survey of maneuvering target tracking—part I: dynamic models. IEEE Transaction on Aerospace and Electronic Systems, 2003, 29(4): 1333-1364.
[25] Blom H A P, Bar-Shalom Y. Interacting multiple model algorithm for systems with Markovian switching coefficients. IEEE Transaction on Automatic Control, 1988, 33 (8): 780-783.
[26] 孙光明, 吴青, 严新平, 等. 车辆监控调度系统中多通信模式的研究与实现. 武汉理工大学学报(信息与管理工程版), 2005, 3: 105-109.
[27] 张蕊, 严新平, 吴超仲. 车路协同环境下车辆自适应巡航控制研究//第六届中国智能交通年会暨第七届国际节能与新能源汽车创新发展论坛优秀论文集(上), 2011: 10.

第七章　驾驶疲劳识别系统的信息融合

7.1 引　　言

疲劳驾驶是导致严重道路交通事故的主要原因之一，特别是在高速驾驶的情况下[1]。因此，研制并开发驾驶疲劳识别系统，对驾驶员驾驶疲劳进行实时预警，对于减少因驾驶疲劳导致的道路交通事故具有十分重要的意义。

目前，驾驶疲劳识别的方法主要有驾驶员生理指标检测、驾驶员状态图像检测、驾驶行为及车辆行驶状态检测 3 种[2]。

(1) 驾驶员生理指标检测

利用生理传感器检测驾驶员的生理变化指标，如脑电[3,4]、眼电[5,6]、心电[7]、心率[8,9]、呼吸[10]、肌电[11,12]等。驾驶员生理指标变化虽然能准确反映驾驶疲劳状态，但由于绝大多数生理传感器侵入性太强，需要在人体贴入表面电极，不仅会引起驾驶员的不适[13]，而且会影响驾驶操作动作，不利于驾驶安全，对实时监测提出较高要求[14,15]。因此，非侵入型的生理状态分析被广泛研究。

(2) 驾驶员状态图像检测

驾驶员驾驶疲劳时经常伴随有瞌睡现象[16,17]，因此可以利用机器视觉技术监视驾驶员眨眼、瞳孔变化、打盹、打哈欠等瞌睡表情，对驾驶疲劳进行预警[18,19]。

(3) 疲劳驾驶行为及车辆行驶状态检测

驾驶员在疲劳状态下对车辆的控制能力会下降[20]，如对转向盘的操控[21]、踩油门[22]和刹车力度的控制，以及车本身的速度[23]、侧加速、侧位移控制等[24,25]。

疲劳时驾驶员倾向于相对简单的操作策略，可以用转向转角的功率谱密度函数、手握转向盘压力变化等参数识别驾驶疲劳。驾驶能力特别是车辆的横向位置与反应时间具有很好的相关关系，可将反应时作为驾驶疲劳的客观评判标准，研究疲劳驾驶状态下的驾驶行为能力特征，用于监测驾驶疲劳。

疲劳驾驶时，由于注意力分散、反应迟钝，车辆可能偏离车道。因此，有研究者在车辆的前端安装摄像头，用来测量车辆偏离车道线的时间和程度，并向驾驶员报警[26]。

通过驾驶行为检测驾驶疲劳的方法的最大优势是信号容易提取，数据处理过程相对简单[27,28]，且由于驾驶行为直接影响车辆行驶的安全状态，因此能有效避免事故的发生[29]。主要问题存在于如下方面。

① 受驾驶员驾驶习惯、道路环境等因素的影响，驾驶行为同疲劳之间的相关

性不易确定，并且评价驾驶疲劳的指标阈值难以确定[30]。

② 当车辆低速行驶时，这些驾驶行为参数很难准确反映驾驶员的疲劳状态。

由于不同方法都存在各自优缺点，本章采取信息融合的方式，利用驾驶车辆的横向操作特征和纵向操作特征识别驾驶员的驾驶疲劳状态[31]。

7.2　驾驶疲劳试验设计

在武汉理工大学智能交通系统研究中心自行开发的驾驶模拟器上，开展了疲劳驾驶时的驾驶行为采集试验，实时采集被试驾驶员(以下简称被试)的驾驶行为及车辆状态数据。试验采用长时间连续驾驶的方式，使被试经历从正常驾驶状态到驾驶疲劳状态过程，并通过测试被试的反应时间来判断驾驶员的状态。

7.2.1　道路场景设计

由于高速公路是最容易导致驾驶员疲劳的道路场景，因此试验选取高速公路作为仿真试验场景[32]。

根据仿真场景道路路线设计参数的要求，并结合正交试验设计中对平曲线半径、坡率的要求，建立设计车速为 100km/h，双向 4 车道，路基宽度 26m 的高速公路场景，全长 58km，车道宽 3.75m，硬路肩宽 3m，环状道路，包括基本形、卵形、S 形等道路基本线形的交通场景。线形分布及试验现场照片分别如图 7.1 和图 7.2 所示。

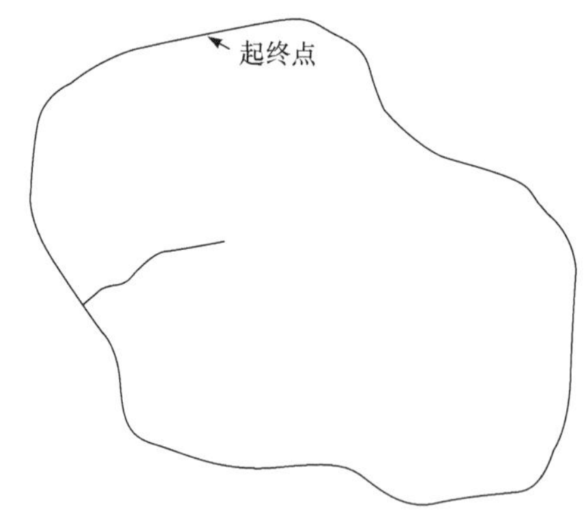

图 7.1　试验道路线形分布

图 7.2　试验现场照片

7.2.2　试验设计

为获得被试在不同生理状态下的驾驶操作行为数据，将试验分为 4 个阶段进行，每个阶段连续驾驶 1.5～2h，整个试验过程持续约 6h。试验从上午开始，要求被试在试验进行前一天夜晚充分休息，保证睡眠时间 8h 以上。试验具体安排如下。

① 准备阶段(试验阶段 0)。正式开展试验之前，利用反应时测试程序测试被试的简单反应时 T_0，然后请被试上驾驶模拟器进行 10～20min 的模拟驾驶适应性训练。

② 试验阶段 1。被试在试验场景道路上进行 90min 的连续驾驶，完成后测试简单反应时 T_1。

③ 试验阶段 2。被试继续在试验场景道路上进行 90min 的连续驾驶，完成后测试简单反应时 T_2。

④ 试验阶段 3。休息 10min 后，在试验道路场景上进行 120min 的连续驾驶，完成后测试简单反应时 T_3。

为满足试验开展需要，本试验招募了 15 名志愿者，要求年龄在 25～45 岁之间，身体健康，具有 3 年及以上驾龄，且年行驶里程 1000km 以上。

由于 1 名被试在试验中途感到不适，退出试验，试验共取得 14 组有效数据。

7.2.3　试验数据采集

由于疲劳驾驶时对驾驶员影响最大的驾驶行为是转向、档位和油门操作，而这些操作又可影响车辆的车速和在车道中的位置，因此试验采集及后期数据处理主要考察如下数据对象[33]。

① 转向。转向角幅值，并根据转向角幅值及转向时间计算转向角速度和角加速度。

② 挡位。档位位置，并根据换挡时的时间信息计算完成每次换挡操作的时间。

③ 油门。驾驶员踩油门踏板的力度。

④ 车速。车辆行驶的实时车速，并根据车速和时间信息计算加速度。

⑤ 车道偏离位置。采集车辆中点到车道中心线的垂直距离，并记录车辆所在车道。

试验数据采集完成后，根据模拟器校验试验结果对车速值进行校验处理，以供后期数据处理使用[34]。

7.2.4　试验数据预处理

数据分析时以行驶完试验道路场景一整圈为单位进行分组处理。由于试验道路一圈全长 58km，按平均 90km/h 速度计算，每组试验的试验阶段 1 和试验阶段 2 各取 2 圈数据，试验阶段 3 可取 3 圈数据，共 7 圈数据进行处理，其中 1～7 圈数据分别定义为圈 1～圈 7。

1. 利用反应时变化划分驾驶员不同状态数据

为区分驾驶员状态，在每个试验阶段结束后测试并记录被试的简单反应时和选择反应时。

随着试验的开展，被试的简单反应时和选择反应时都呈上升趋势，如图 7.3 所示。

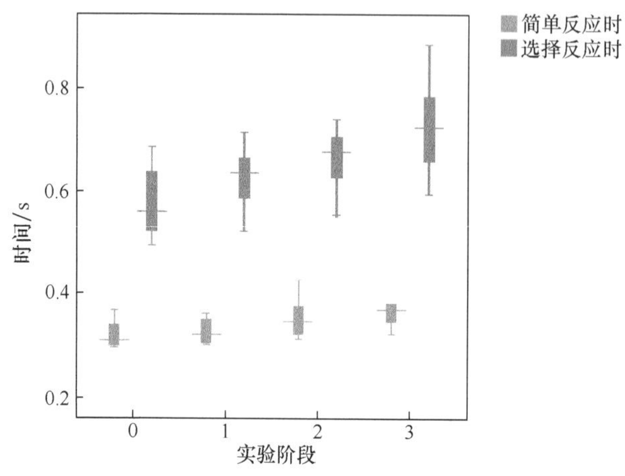

图 7.3　驾驶模拟试验各阶段反应时变化

对不同试验阶段 14 名被试的反应时进行方差分析，结果如表 7.1 所示。方差分析显示，4 个阶段被试的简单反应时差异显著(简单反应时 $F=5.032, p=0.004<0.05$，选择反应时 $F=12.994, p=0.000<0.05$)，且阶段 0 同阶段 3 简单反应时和选择反应时差异显著(简单反应时 $p=0.001<0.05$，选择反应时 $p=0.000<0.05$)，且试验阶段 3 比阶段 0 人均简单反应时下降 18.45%，选择反应时下降 26.44%，根据人在疲劳时的简单反应时平均缩短 11%～18%可知，试验阶段 3 为驾驶员驾驶疲劳阶段。因此，可将所采集的驾驶行为数据中圈 1～圈 4 数据视为正常行驶时的数据，圈 5～圈 7 数据视为驾驶疲劳时的数据，且随着试验行驶圈数的增加，被试的疲劳程度是逐渐上升的。

表 7.1　14 名被试反应时方差分析结果

	试验阶段	人数 N	均值	标准差	自由度 f	F 值	p 值
简单反应时/s	0	14	0.325	0.036	3	5.032	0.004
	1	14	0.332	0.033			
	2	14	0.356	0.040			
	3	14	0.385	0.066			

续表

	试验阶段	人数 N	均值	标准差	自由度 f	F 值	p 值
选择反应时/s	0	14	0.575	0.061	3	12.994	0.000
	1	14	0.626	0.060			
	2	14	0.666	0.055			
	3	14	0.725	0.082			

2. 根据道路线形对试验数据进行分组

为反映在不同道路线形上的驾驶疲劳行为特征，试验选取各被试在 5 种不同道路线形组合上的行驶数据进行分析。这 5 组线形组合(简称 LD1、LD2、LD3、LD4、LD5)如表 7.2 所示。

表 7.2　5 种线形组合描述

路段编号	起点里程/m	终点里程/m	平曲线		竖曲线(坡率)	
			基本组合形式	半径/m	前坡率/%	后坡率/%
LD1	600	3 200	直—缓—圆—缓—直	1 200	−2.96	2.42
LD2	3 200	5 400	直—缓—圆—缓—直	1 000	0	0
LD3	5 400	7 800	直—缓—圆—缓—直	1 300	−2.21	−2.21
LD4	14 000	16 600	直—缓—圆—缓—直	2 000	1.25	−3.57
LD5	16 600	19 400	直线	∞	0	0

为数据处理方便，每个路段各取 512 个数据点(每 5m 1 个数据点，共 2560m 长路段数据，路段长度不够的往后顺延取足 512 个数据点)进行分析，以下分析均基于这 14 名被试行驶在这 5 个路段上各圈的数据进行。

7.3　纵向操作特征与驾驶疲劳

纵向操作行为指驾驶员操纵车辆沿道路方向行驶的操作行为，主要表现为驾驶过程中的油门、刹车、换挡等操作动作，以及操纵车辆所表现出的速度和加速度等[35]。由于试验采用相对单调的高速公路场景，驾驶员刹车、换挡等操作较少发生，因此疲劳驾驶时的纵向操作特征主要从被试控制车辆的车速、加速度两组数据中提取。

7.3.1 车速分析

1. 车速数据直观分析

为获得被试疲劳驾驶时的车速变化特征，可以利用式(7-1)计算各组车速残差，即

$$\delta_i = v_i - \bar{v} = v_i - \frac{1}{n}\sum_{k=1}^{n} v_k \tag{7-1}$$

其中，v_i为车速观测值。

对不同被试在各路段上的车速残差分析可知，正常驾驶时车速波动较驾驶疲劳时大，但车速在 5 个路段(LD1～LD5)上均未表现出一致的变化趋势，且与路段线形无明显相关。

2. 车速统计特征分析

为证明直观分析结论，对车速特征进行统计分析，可以得出以下结论。

① 随着试验的进行，被试在 1～7 圈分别通过 5 个路段的车速均值变化规律并不明显。表 7.3 列出了 5 个路段上 14 个被试驾驶员通过车速的均值及超速人数，可以得出，总体上疲劳驾驶时(5～7 圈)，车速偏高，且随着疲劳程度的上升，超速人数比率从 37.1%增加到 60%，且这一变化趋势同具体所在路段的道路线形无关。

表 7.3 1～7 圈车速均值及超速情况统计

	路段	圈 1	圈 2	圈 3	圈 4	圈 5	圈 6	圈 7
车速均值/(km·h^{-1})	LD1	83.74	86.38	94.31	94.72	103.80	103.30	109.00
	LD2	97.58	97.20	98.81	97.20	104.90	104.60	106.60
	LD3	100.90	95.59	99.63	99.74	106.50	105.60	102.70
	LD4	99.82	103.70	102.10	102.30	100.20	106.60	104.40
	LD5	102.30	101.30	101.00	101.30	109.30	103.30	108.40
超速人数	LD1	1	2	5	4	5	7	11
	LD2	7	6	6	8	8	7	9
	LD3	7	5	5	8	8	8	6
	LD4	5	9	7	7	6	8	7
	LD5	6	7	7	8	10	8	9
超速人数比率/%		37.1%	41.4%	42.9%	50%	52.9%	54.3%	60%

② 车速标准差反映被试对车速的控制能力，车速越平稳，标准差越小。对 5 个路段上的车速标准差进行方差分析结果如表 7.4 所示。可以看出，14 名被试者

各圈行驶在 5 个路段上的车速标准差在 $\alpha=0.05$ 水平上无显著差异(全部 $p>0.05$),车速标准差表现出的规律同所在路段线形无关。

表 7.4　5 个路段各圈车速标准差的方差分析结果

	圈 1	圈 2	圈 3	圈 4	圈 5	圈 6	圈 7
自由度 f	4	4	4	4	4	4	4
F 值	0.617	0.682	0.776	0.652	1.429	1.311	1.408
p 值	0.652	0.607	0.545	0.627	0.234	0.275	0.241

模拟试验后通过对被试的问询可知,由于试验道路路况良好且没有其他车辆对被试进行干扰,试验初始阶段大部分被试为避免驾驶过于单调会有意识地增加一些驾驶行为(如换挡、加减油门等)来使自己保持清醒;当疲劳驾驶时则会减少其他操作动作,长时间保持同一驾驶行为行驶,这正好与试验分析得到的车速标准差随着疲劳程度的上升而减小的结果相符。同时,这一分析结果同具体行驶路段无关,即疲劳驾驶时车速标准差表现出的特征同所在道路线形无关。因此,车速标准差是一个可以反映是否驾驶疲劳的特征量。

7.3.2　加速度分析

1. 加速度数据直观分析

加速度变化的快慢和大小都直接影响车速变化的平缓,因此加速度是反映车速变化平缓程度的一项重要指标,同时加速度也是反映驾驶员对车辆纵向控制能力的指标之一。

分析被试 1～7 圈加速度变化可知,加速度的变化范围随时间逐步减小,且加减速变化率逐步变快,因此可以考虑采用频域分析方法分析加速度特征。

2. 加速度统计特征分析

将所有统计数据分为正常(1～4 圈)和疲劳(5～7 圈)两类,利用 SPSS 对上述统计量作 t 检验,检验结果如表 7.5～表 7.7 所示。

表 7.5　两种状态下加速度绝对均值 t 检验结果

	LD1	LD2	LD3	LD4	LD5
t 值	5.281	5.653	5.452	5.169	3.550
自由度 f	96	96	96	96	96
p 值	0.000	0.000	0.000	0.000	0.001

表 7.6 两种状态下加速度标准差 t 检验结果

	LD1	LD2	LD3	LD4	LD5
t 值	4.921	4.335	4.490	3.331	3.752
自由度 f	96	96	96	96	96
p 值	0.000	0.000	0.000	0.002	0.000

表 7.7 两种状态下加速度极差 t 检验结果

	LD1	LD2	LD3	LD4	LD5
t 值	4.394	3.275	3.892	4.436	2.902
自由度 f	96	96	96	96	96
p 值	0.000	0.001	0.000	0.000	0.005

可以看出，除路段 5 上的加速度极差未通过 t 检验($p=0.005$)，其他统计量在两种状态下均在 $\alpha=0.005$ 水平上存在显著性差异。因此，加速度的绝对均值、标准差同被试的疲劳状态相关。为考查加速度绝对均值和标准差是否同所在道路的线形相关，对 5 个路段的加速度绝对均值和标准差作方差分析，结果如表 7.8 所示。

表 7.8 5 个路段上 14 被试者各圈行驶时的加速度均值和标准差方差分析结果

		圈 1	圈 2	圈 3	圈 4	圈 5	圈 6	圈 7
均值	自由度 f	4	4	4	4	4	4	4
	F 值	14.342	11.915	7.603	8.546	23.898	55.029	77.456
	p 值	0.000	0.000	0.000	0.000	0.000	0.000	0.000
标准差	自由度 f	4	4	4	4	4	4	4
	F 值	9.246	6.627	9.240	14.315	17.654	28.028	20.681
	p 值	0.000	0.000	0.000	0.000	0.000	0.000	0.000

从表 7.8 可以看出，加速度的绝对均值和标准差在不同路段上的值存在显著性差异，即不同路段线形对加速度绝对均值和标准差影响显著(来自不同正态总体)。对加速度绝对均值和标准差进行进一步多重比较得知，差异主要来自路段 LD1 和路段 LD4，对照 LD1 和 LD4 的线形描述(表 7.2)可知，这两个路段是 5 个路段中纵坡变化最大的两路段(5.38%和 4.82%)，是保持车速相对困难的两路段，因此不同道路线形变化特别是纵坡坡率的变化对于加速度的绝对均值和标准差影响显著。因此，这两项指标不适宜作为驾驶疲劳的特征指标。

3. 加速度频谱特征分析

利用快速傅里叶变换(FFT)能够迅速分解加速度变化序列中的频率成分，显示不同状态下的加速度特征。对不同被试 1～7 圈加速度信号依次进行 FFT 变换，可以得到各状态下的频谱图。分析所有加速度频谱得到疲劳状态下加速度频谱特征，可以归为以下 3 类。

① 加速度频谱从最初的低频信号（0～1Hz）为主，逐渐转变为以高频信号（3～4Hz）为主，且低频信号消失。

② 加速度频谱表现为低频信号和高频信号同时存在，但低频信号频带明显变窄，幅值明显减小。

③ 加速度频谱的幅值随着疲劳程度的上升而减小，进而表现为能量值迅速降低。

加速度低频信号代表加速平缓，高频信号代表加速频繁，疲劳时加速度频谱从低频转变为高频说明疲劳时被试对车速的控制能力下降，加速忽快忽慢，车速起伏变化快。加速度频谱中高频和低频信号同时存在表明，车辆在行驶过程中车速一会变化平缓，一会变化快速，车速同样表现不稳定。加速度幅值减小代表驾驶疲劳时车速趋于恒定，不变化。对所有被试在所有 5 个路段上的加速度所表现出的 3 类频谱特征，出现的次数统计如表 7.9 所示。

表 7.9　驾驶疲劳时加速度频谱特征统计

特征类别	LD1	LD2	LD3	LD4	LD5	合计
①类特征	7	18	11	6	6	48
②类特征	19	16	23	18	4	80
③类特征	14	4	4	15	30	67
未确定特征	2	4	4	3	2	15

4. 加速度小波特征分析

从频谱分析可以看出，加速度随着疲劳程度的加深呈逐步下降的趋势。为进一步分析不同状态下的能量分布情况，利用具有多尺度多分辨的小波分析方法提取加速度在不同状态的小波特征。

为满足实时监测的需要，选择结构相对简单，运算速度快的 haar 小波基函数。haar 函数是具有紧支光滑的正交小波基，对于信号的局部分析能力很强，适合分析加速度特征。综合考虑分辨率和信噪比因素，分析时选择 5 尺度的小波分解。

通过小波分析可知，被试在最后 3 圈（圈 5～7）时的加速度波动成分主要体现在尺度 1、2 的高频部分（cd1 和 cd2）中。特别是，尺度 1 的高频部分（cd1）。而前 4 圈的加速度信号波动成分体现地相对分散，尺度 1、2、3 的高频部分均有不同程度体现。为反映这一规律，由式(7-2)计算不同尺度系数的归一化能量 p_1（1=1,2,…,6），并将 14 名被试的计算平均值列于表 7.10 中，即

$$p_i = E_i / E, \quad i = 1, 2, \cdots, 6 \tag{7-2}$$

其中，E_i 为 i 尺度上的小波能量，$E = \sum_{i=1}^{6} E_i$。

表 7.10 加速度不同尺度小波归一化能量计算结果

路段	圈数	cd1	cd2	cd3	cd4	cd5	ca5
LD1	圈 1	0.389	0.202	0.135	0.131	0.040	0.101
	圈 2	0.432	0.204	0.139	0.081	0.039	0.102
	圈 3	0.493	0.147	0.109	0.085	0.044	0.119
	圈 4	0.522	0.147	0.113	0.068	0.043	0.104
	圈 5	0.739	0.135	0.047	0.026	0.019	0.032
	圈 6	0.795	0.116	0.028	0.014	0.025	0.019
	圈 7	0.813	0.105	0.029	0.013	0.007	0.031
LD2	圈 1	0.524	0.126	0.075	0.064	0.052	0.156
	圈 2	0.554	0.159	0.086	0.057	0.034	0.107
	圈 3	0.590	0.141	0.077	0.072	0.039	0.079
	圈 4	0.617	0.155	0.082	0.037	0.016	0.089
	圈 5	0.823	0.125	0.019	0.011	0.006	0.014
	圈 6	0.859	0.109	0.016	0.007	0.001	0.005
	圈 7	0.868	0.099	0.016	0.006	0.002	0.006
LD3	圈 1	0.493	0.136	0.091	0.082	0.061	0.135
	圈 2	0.517	0.119	0.108	0.084	0.055	0.114
	圈 3	0.632	0.148	0.060	0.023	0.026	0.109
	圈 4	0.714	0.094	0.042	0.043	0.020	0.084
	圈 5	0.841	0.090	0.027	0.009	0.007	0.022
	圈 6	0.876	0.084	0.022	0.006	0.002	0.008
	圈 7	0.882	0.078	0.019	0.006	0.002	0.010
LD4	圈 1	0.440	0.146	0.115	0.092	0.069	0.136
	圈 2	0.492	0.152	0.083	0.076	0.055	0.139
	圈 3	0.557	0.116	0.080	0.096	0.049	0.099
	圈 4	0.625	0.122	0.080	0.062	0.031	0.077
	圈 5	0.768	0.110	0.047	0.020	0.010	0.042
	圈 6	0.844	0.105	0.028	0.009	0.002	0.010
	圈 7	0.852	0.093	0.028	0.008	0.003	0.013

续表

路段	圈数	cd1	cd2	cd3	cd4	cd5	ca5
LD5	圈 1	0.448	0.174	0.120	0.107	0.076	0.073
	圈 2	0.493	0.180	0.116	0.098	0.057	0.053
	圈 3	0.525	0.188	0.107	0.060	0.048	0.071
	圈 4	0.570	0.180	0.106	0.053	0.047	0.042
	圈 5	0.712	0.149	0.058	0.029	0.026	0.022
	圈 6	0.777	0.114	0.053	0.02	0.014	0.013
	圈 7	0.829	0.085	0.038	0.015	0.007	0.023

表 7.10 可以看出，随着疲劳程度的加深 cd1 尺度上的归一化能量逐渐增加，对两种状态(正常和疲劳)下 cd1 尺度归一化能量作 t 检验，可知两种状态存在显著差异($p=0.000$)。另外，对 5 个路段上的 cd1 尺度归一化能量作方差分析结果如表 7.11 所示。

表 7.11　5 个路段各圈加速度 cd1 尺度归一化能量的方差分析结果

	圈 1	圈 2	圈 3	圈 4	圈 5	圈 6	圈 7
自由度 f	4	4	4	4	4	4	4
F 值	1.248	0.901	1.124	1.223	1.686	1.432	0.979
p 值	0.300	0.469	0.353	0.247	0.164	0.206	0.425

表 7.11 表明加速度的小波分解 cd1 尺度的归一化能量在 5 个路段上不存在显著性差异，即该指标可作为驾驶疲劳的特征指标。

利用式(7-3)计算各加速度序列的小波熵，可以得到不同路段上的加速度小波熵谱，即

$$S_w = -\sum_{i=1}^{6} p_j \log p_j \tag{7-3}$$

对所有路段前 4 圈小波熵和后 3 圈小波熵作 t 检验，两种状态下小波熵存在显著性差异($p=0.000<0.005$)。对 5 个路段上的小波熵进行方差分析结果如表 7.12所示。

表 7.12　5 个路段各圈加速度小波熵的方差分析结果

	圈 1	圈 2	圈 3	圈 4	圈 5	圈 6	圈 7
自由度 f	4	4	4	4	4	4	4
F 值	2.272	1.596	1.684	1.572	1.062	1.950	1.903
p 值	0.071	0.186	0.168	0.193	0.383	0.113	0.121

表 7.12 显示,加速度小波熵在 5 个路段上不存在显著差异,因此加速度小波熵可作为驾驶疲劳的特征指标。

上述工作提取了反映驾驶疲劳的 3 个特异性指标,即车速标准差、加速度小波分解的 cd1 尺度归一化能量,以及加速度小波熵,通过分析可知这 3 项指标全部与道路线形无关。

7.4 横向操作特征与驾驶疲劳

横向操作行为一般指驾驶员驾驶车辆保持车道的操作行为,主要由转向操作完成,具体表现为车辆在车道中的行驶轨迹。由于试验过程中要求被试尽量保持车道行驶,避免换道,因此疲劳驾驶时的横向操作特征主要从行驶过程中的转向角数据中提取并分析。

7.4.1 横向操作数据说明

试验采集的转向角幅值是取值为[−1,1]的归一化数据,由于只关心转向角的变化规律,并不关心具体转向角值的大小。为计算方便,未将此数据转化为[−4π,4π]的实际转向角值。同时,利用式(7-4)计算转向角速度作为驾驶疲劳的原始数据进行特征分析,即

$$\omega(i)=\frac{\Delta\theta_i}{\Delta t_i}=\frac{\theta(i)-\theta(i-1)}{t(i)-t(i-1)} \tag{7-4}$$

其中,$\theta(i)$为 $t(i)$时刻转向角幅值。

转向角正负分别代表顺时针转向角(为正)和逆时针转向角(为负)。

7.4.2 转向角幅值分析

1. 转向角幅值直观分析

转向角幅值变化的大小和快慢直接影响车辆行驶的横向平稳性。通过分析可知,后 3~4 圈时,转向角频率大体上有增加趋势且转向角幅值也有增加的趋势,但这些趋势需要通过分析证明。

2. 转向角幅值的统计分析

由于仅考虑每次转向角的大小而忽略其方向,因此转向角幅值统计分析中取幅值绝对值的平均值。表 7.13 为 5 个路段上各圈 14 名被试转向角幅值均值的统计结果。

表 7.13　5 路段各圈转向角幅值统计结果

		圈 1	圈 2	圈 3	圈 4	圈 5	圈 6	圈 7
LD1	均值	0.080	0.080	0.086	0.094	0.099	0.112	0.137
	标准差	0.137	0.145	0.150	0.154	0.171	0.193	0.225
LD2	均值	0.096	0.098	0.101	0.111	0.130	0.136	0.141
	标准差	0.147	0.157	0.168	0.180	0.193	0.206	0.213
LD3	均值	0.065	0.069	0.080	0.089	0.107	0.124	0.140
	标准差	0.121	0.134	0.140	0.156	0.173	0.201	0.214
LD4	均值	0.064	0.073	0.081	0.083	0.089	0.102	0.122
	标准差	0.113	0.128	0.140	0.146	0.165	0.180	0.200
LD5	均值	0.035	0.041	0.046	0.062	0.072	0.091	0.117
	标准差	0.084	0.094	0.106	0.120	0.132	0.158	0.189

表 7.13 结果显示，随着试验的开展，被试疲劳程度的加重，5 个路段上转向角幅值的绝对均值和标准差均增加。

为判断 5 个路段各圈转向角的绝对均值和标准差是否来自同一正态分布总体，分别对这 5 个路段上各圈转向角的绝对均值和标准差作方差分析，结果如表 7.14和表 7.15 所示。

表 7.14　5 个路段上 14 被试各圈行驶时的转向角绝对均值方差分析结果

	圈 1	圈 2	圈 3	圈 4	圈 5	圈 6	圈 7
自由度 f	4	4	4	4	4	4	4
F 值	18.252	11.756	6.205	3.498	2.343	3.784	1.036
p 值	0.000	0.000	0.000	0.012	0.065	0.008	0.396

表 7.15　5 个路段上 14 被试各圈行驶时的转向角标准差方差分析结果

	圈 1	圈 2	圈 3	圈 4	圈 5	圈 6	圈 7
自由度 f	4	4	4	4	4	4	4
F 值	10.196	9.291	5.848	4.289	3.762	4.626	1.679
p 值	0.000	0.000	0.000	0.004	0.008	0.02	0.166

表 7.14 和表 7.15 显示，除在圈 7 时 5 个路段的绝对均值和标准差不存在显著性差异（p 值分别为 0.396 和 0.166），其他各圈在这 5 个路段上都存在显著性差异，即道路线形不同是造成转向角各圈绝对均值和标准差存在显著性差别的原因，因此这两项指标不适合作为驾驶疲劳的特征指标。

3. 转向角幅值的频谱分析

为考察转向角变化的频率情况，利用傅里叶变换将转向角幅值转换到频域进行频谱分析。

通过傅里叶变换可知，转向角信号主要集中在低频部分，且随着疲劳程度的加深，频谱的幅值有变大的趋势，低频部分峰值带宽也有增加趋势。高速公路上的转向操作的频率和幅度都较小，所以主要以低频信号为主，但当疲劳驾驶时，由于驾驶员对转向的操控能力下降，每次转向操作的幅度偏大，因此经常需要调整转向，所以转向频谱的幅值偏大，且出现较高频信号。

计算 14 名被试在 5 个路段上各圈的能量值可知，从圈 1～圈 7 转向角的幅值能量呈递增趋势。对 5 个路段正常（前 4 圈）和疲劳（后 3 圈）两种状态的能量值作 t 检验同样发现，两种状态下的能量值存在显著性差异。t 检验结果如表 7.16 所示。

表 7.16　两种状态下转向角幅度能量值 t 检验结果

	LD1	LD2	LD3	LD4	LD5
t 值	−2.764	−16.391	−15.954	−15.524	−14.355
自由度 f	96	96	96	96	96
p 值	0.007	0.000	0.000	0.000	0.000

为考察 5 个路段上的转向角能量是否存在差异，对 5 个路段上行驶到各圈时的转向角能量进行方差分析，结果如表 7.17 所示。

表 7.17　5 个路段上 14 被试各圈行驶时的转向角能量方差分析结果

	圈 1	圈 2	圈 3	圈 4	圈 5	圈 6	圈 7
自由度 f	4	4	4	4	4	4	4
F 值	10.477	9.319	6.597	1.725	2.343	3.340	0.596
p 值	0.000	0.000	0.000	0.155	0.064	0.015	0.667

在表 7.17 中，圈 4、5、7 的方差分析结果拒绝零假设，即 5 个路段转向角能量不存在显著差异，但其他各圈差异显著（$\alpha=0.05$）。结果表明，道路线形是影响转向角能量的显著因素，因此该指标不适合作为驾驶疲劳的特征指标。

4. 转向角幅值的小波分析

为进一步寻找转向角幅值的频率分布规律，对转向角信号进行小波分析。采用适合于实时检测环境的 haar 小波对转向角幅值进行 5 尺度分解。

为进一步分析不同尺度小波分解的能量分布情况，计算所有尺度下的小波系数能量发现，所有5个路段上大部分被试(BS9在LD1和LD2，BS13在LD3例外)的转向角小波分解的尺度1高频部分(cd1)能量从圈1～圈7呈递增趋势，而低频部分能量逐渐减小。

对5个路段正常(前4圈)和疲劳(后3圈)两种状态的cd1尺度能量作t检验发现，两种状态下cd1尺度能量分布存在显著性差异。t检验结果如表7.18所示。

表7.18　两种状态下转向角幅值cd1尺度能量t检验结果

	LD1	LD2	LD3	LD4	LD5
t值	−3.575	−5.524	−4.876	−4.354	−5.568
自由度f	96	96	96	96	96
p值	0.001	0.000	0.000	0.000	0.000

对5个路段上的转向角幅值cd1尺度能量进行方差分析，结果表明5个路段上的转向角能量存在显著差异(p值分别为0.010，0.005，0.006，0.009，0.011，0.016，0.008)，因此不能将转向角幅值cd1尺度能量作为驾驶疲劳的特征值。

考察转向角幅值低频部分ca5尺度的能量情况可知，5个路段上的转向角小波分解的ca5尺度上的能量占总能量的比值从圈1～圈7是减小的。利用方差分析不同路段上的ca5尺度的能量比是否来自同一正态分布总体，结果如表7.19所示。

表7.19　5个路段14被试各圈行驶时的转向角幅值ca5尺度能量比方差分析结果

	圈1	圈2	圈3	圈4	圈5	圈6	圈7
自由度f	4	4	4	4	4	4	4
F值	0.072	0.417	0.455	0.321	1.945	1.195	0.471
p值	0.990	0.790	0.768	0.863	0.114	0.321	0.757

从表7.19可以看出，各圈行驶时的转向角幅值小波分解的ca5尺度上的能量比在5个路段间不存在显著性差异($p>0.05$)，这说明该指标不受道路线形影响，可以作为驾驶疲劳监测的特征指标。

为考察不同尺度转向角序列的复杂程度，利用式(7-5)计算小波熵，可以得到不同路段小波熵变化，即

$$S_w = -\sum_{i=1}^{6} p_j \log p_j \tag{7-5}$$

其中，$p_i = E_i/E(i=1,2,\cdots,6)$，为$i$尺度上小波能量同总能量的比值。

对5个路段正常(前4圈)和疲劳(后3圈)两种状态的小波熵作t检验，结果表明两种状态下小波熵存在显著差异，如表7.20所示。

表 7.20 两种状态下转向角幅值小波熵 t 检验结果

	LD1	LD2	LD3	LD4	LD5
t 值	4.781	4.655	5.980	4.892	6.295
自由度 f	96	96	96	96	96
p 值	0.000	0.000	0.000	0.000	0.000

对 5 个路段上的转向角幅值的小波熵进行方差分析，结果如表 7.21 所示。

表 7.21 5 个路段上 14 被试各圈行驶时的转向角幅值小波熵方差分析结果

	圈 1	圈 2	圈 3	圈 4	圈 5	圈 6	圈 7
自由度 f	4	4	4	4	4	4	4
F 值	1.293	0.887	1.288	1.253	1.727	1.017	0.667
p 值	0.282	0.477	0.284	0.297	0.155	0.405	0.617

表 7.21 表明，5 个路段上的转向角能量没有显著性差异($\alpha=0.05$)，不同道路线形上各圈的小波熵来自同一正态分布总体。因此，道路线形不影响驾驶疲劳时转向角幅值的小波熵变化特征，可将转向角幅值的小波熵作为驾驶疲劳的特征指标。

7.4.3 转向角速度分析

1. 转向角速度直观分析

转向角速度是转向缓急的直接体现，这里的转向角速度采用归一化的转向角幅值除以时间得到(式(7-5))，因此无单位。转向角速度正负分别代表顺时针转向角速度(为正)和逆时针转向角速度(为负)。

直观分析可知，14 名被试从圈 1～圈 7 的转向角速度的一个普遍规律，即当被试疲劳时其转向角速度有变大(变快)的趋势。

2. 转向角速度的统计分析

对 14 名被试在 5 个路段上 7 圈的转向角速度做统计分析，结果如表 7.22 所示。

表 7.22 5 路段各圈转向角速度统计结果

		圈 1	圈 2	圈 3	圈 4	圈 5	圈 6	圈 7
LD1	均值	0.156	0.185	0.237	0.260	0.314	0.384	0.479
	标准差	0.329	0.404	0.453	0.522	0.633	0.725	0.910
LD2	均值	0.173	0.213	0.252	0.298	0.356	0.411	0.485
	标准差	0.348	0.429	0.502	0.561	0.682	0.742	0.847

续表

		圈 1	圈 2	圈 3	圈 4	圈 5	圈 6	圈 7
LD3	均值	0.146	0.199	0.223	0.262	0.332	0.402	0.454
	标准差	0.344	0.431	0.476	0.526	0.665	0.761	0.832
LD4	均值	0.143	0.178	0.206	0.237	0.265	0.310	0.327
	标准差	0.330	0.392	0.427	0.475	0.542	0.593	0.615
LD5	均值	0.102	0.123	0.151	0.194	0.243	0.264	0.373
	标准差	0.287	0.341	0.402	0.468	0.532	0.575	0.729

从表 7.22 可以看出，5 个路段上从圈 1 到圈 7 的转向角速度均值和标准差都逐渐增大，这反映了疲劳驾驶时被试的转向操作幅度变大，速度变快。

对 5 个路段的转向角速度和标准差进行方差分析，结果如表 7.23 所示。从表中看出，转向角速度各圈的标准差在 5 个路段上不存在显著性差异（$\alpha=0.05$），道路线形对转向角速度标准差的影响不显著，因此可将转向角速度标准差作为驾驶疲劳的特征指标。

表 7.23　5 个路段 14 名被试各圈行驶时的转向角速度均值和标准差方差分析结果

		圈 1	圈 2	圈 3	圈 4	圈 5	圈 6	圈 7
均值	自由度 f	4	4	4	4	4	4	4
	F 值	2.734	3.466	2.314	1.773	1.619	2.107	2.017
	p 值	0.034	0.013	0.067	0.145	0.180	0.090	0.102
标准差	自由度 f	4	4	4	4	4	4	4
	F 值	0.234	0.462	0.365	0.217	0.314	0.112	0.479
	p 值	0.918	0.763	0.833	0.928	0.868	0.978	0.751

3. 转向角速度的频谱分析

为进一步分析转向角速度的频率变化情况，利用 FFT 变换对所有被试在 5 个路段上的转向角速度进行频谱分析。

对正常（圈 1～圈 4）和疲劳（圈 5～圈 7）两种状态时所有被试转向角速度做 t 检验可知，两种状态转向角速度能量存在显著性差异（5 个路段上 p 值全部为 $0.000<0.05$）。对各圈行驶时 14 被试的转向角速度在 5 个路段上能量做方差分析，结果如表 7.24 所示。

表 7.24　5 个路段上 14 名被试各圈行驶时的转向角速度能量方差分析结果

	圈 1	圈 2	圈 3	圈 4	圈 5	圈 6	圈 7
自由度 f	4	4	4	4	4	4	4
F 值	0.928	0.663	1.508	1.345	1.792	1.479	1.241
p 值	0.453	0.620	0.210	0.263	0.141	0.219	0.321

表 7.24 中得到的每一圈行驶时各个路段上的转向角速度能量不存在显著性差异，即 14 个被试的转向角速度能量来自同一正态分布总体，与线形没有显著关系，因此转向角速度能量可作为驾驶疲劳的一项特征指标。

4. 转向角速度的小波分析

为进一步分析转向角速度的频率分布情况，对所有转向角速度进行小波分析，采用适合于实时检测环境的 haar 小波对转向角幅值进行 5 尺度分解。

计算各尺度小波能量发现，角速度的能量主要集中在 cd1 尺度，且 cd1 尺度能量从圈 1～圈 7 呈增大趋势，cd1 尺度能量方差分析结果如表 7.25 所示。

表 7.25　5 个路段 14 名被试各圈行驶时转向角速度 cd1 尺度能量方差分析结果

	圈 1	圈 2	圈 3	圈 4	圈 5	圈 6	圈 7
自由度 f	4	4	4	4	4	4	4
F 值	9.611	9.326	10.547	10.525	11.951	9.317	13.963
p 值	0.000	0.000	0.000	0.000	0.000	0.000	0.000

从表 7.25 可以看出，5 个路段上 cd1 尺度的能量间存在显著性差异，虽然两种状态间能量差异不显著($p=0.000$)，由于不同路段线形造成能量差异较大不利于后期疲劳状态识别，因此该指标不适宜用作驾驶疲劳特征指标。

从上述分析可以，与驾驶员横向操作相关的驾驶疲劳特征指标有转向角小波熵、转向角小波分解的 ca5 尺度的归一化能量、转向角速度的标准差和转向角速度的能量。

7.5　基于信息融合的驾驶疲劳行为识别

在对驾驶疲劳时的横向和纵向驾驶行为特征分析后得到与驾驶疲劳相关的 7 项原始特征指标，分别是转向角小波分解的 ca5 尺度归一化能量(记为 x_1)、转向角小波熵(记为 x_2)、转向角速度能量(记为 x_3)、转向角速度标准差(记为 x_4)、车速标准差(记为 x_5)、加速度小波分解的 cd1 尺度归一化能量(记为 x_6)及加速度熵(记为 x_7)。由于个体差异性，无法通过对上述指标设定阈值的方法实现对驾驶疲劳的识别，因此采用模式识别中的聚类和神经网络方法分别对驾驶疲劳状态进行识别，在分析比较两种识别方法的识别准确率的基础上提出最优识别方法并进行验证。

为叙述方便起见，作如下定义。

① 特征向量 $\boldsymbol{X}$。驾驶疲劳的 7 项驾驶行为原始特征指标构成驾驶疲劳识别的特征向量 $\boldsymbol{X}$，即 $\boldsymbol{X}=\{x_1,x_2,x_3,x_4,x_5,x_6,x_7\}$。

② 状态集 $\boldsymbol{A}$。被试的状态集包括正常和疲劳两种状态，即 $\boldsymbol{A}=\{a_1,a_2\}$，$a_1,a_2$ 分别代表正常和疲劳状态。

用于驾驶疲劳识别的特征样本集采用模拟试验中 14 名被试行驶在 5 个路段上共 7 圈的特征数据，共 14×5×7＝490 例样本，其中正常状态样本 280 例(1～4 圈)，疲劳状态样本 210 例(5～7 圈)。

7.5.1 基于主成分分析的驾驶疲劳特征提取

主成分分析方法(principal component analysis，PCA)是一种把原来多个指标化为少数几个互不相关(或相互独立)的综合指标的一种统计方法，可以达到数据化简、解释变量间的关系和进行统计解释的目的，为进一步分析总体的性质和数据的统计特征提供一些重要信息。PCA 方法[36,37]本质上讲是最小均方误差意义上的将高维数据投影到低维空间的线性投影方法。

1. 驾驶疲劳特征主成分的求解步骤

采用 PCA 方法对驾驶疲劳的特征向量进行降维处理，提取主要特征信息，求解步骤如下。

① 为消除不同特征变量量纲的影响，首先对样本原始数据利用式(7-6)进行归一化处理得到标准化样本数据 $\boldsymbol{Y}=(y_{ij})_{n\times p}$，即

$$y_{ij}=\frac{x_{ij}}{\sum_{j=1}^{n}x_{ij}} \tag{7-6}$$

其中，n 为样本数量，取 $n=490$；p 为特征向量维数，取 $p=7$。

② 根据式(7-7)计算标准化样本数据 $\boldsymbol{Y}$ 的 p 个特征的相关系数矩阵 $\boldsymbol{R}=(r_{ij})_{p\times p}$，即

$$r_{ij}=\frac{\sum_{k=1}^{n}(y_{ki}-\overline{y_i})(y_{kj}-\overline{y_j})}{\sqrt{(y_{ki}-\overline{y_i})^2}\sqrt{(y_{kj}-\overline{y_j})^2}},\quad i=1,2,\cdots,n,\quad j=1,2,\cdots,p \tag{7-7}$$

通过计算得到，驾驶疲劳特征相关系数矩阵为

$$R=\begin{bmatrix} 1.000 & 0.505 & -0.613 & -0.669 & 0.341 & -0.330 & 0.431 \\ 0.505 & 1.000 & -0.610 & -0.625 & 0.607 & -0.582 & 0.696 \\ -0.613 & -0.610 & 1.000 & 0.729 & -0.422 & 0.463 & -0.574 \\ -0.669 & -0.625 & 0.729 & 1.000 & -0.417 & 0.439 & -0.564 \\ 0.341 & 0.607 & -0.422 & -0.417 & 1.000 & -0.686 & 0.698 \\ -0.330 & -0.582 & 0.463 & 0.439 & -0.686 & 1.000 & -0.855 \\ 0.431 & 0.696 & -0.574 & -0.564 & 0.698 & -0.855 & 1.000 \end{bmatrix}$$

③ 求相关系数矩阵 $\boldsymbol{R}$ 的特征值 $\lambda_1 \geqslant \lambda_2 \geqslant \cdots \geqslant \lambda_p$，并求出对应的正交化单位特征向量，即

$$\boldsymbol{\alpha}_1=\begin{bmatrix} \alpha_{11} \\ \alpha_{21} \\ \vdots \\ \alpha_{p1} \end{bmatrix}, \quad \boldsymbol{\alpha}_2=\begin{bmatrix} \alpha_{12} \\ \alpha_{22} \\ \vdots \\ \alpha_{p2} \end{bmatrix}, \quad \cdots, \quad \boldsymbol{\alpha}_p=\begin{bmatrix} \alpha_{1p} \\ \alpha_{2p} \\ \vdots \\ \alpha_{pp} \end{bmatrix}$$

通过计算可以得到，驾驶疲劳特征相关系数矩阵 $\boldsymbol{R}$ 的特征值为 $\lambda=(4.408, 1.107, 0.403, 0.386, 0.310, 0.258, 0.124)$，对应的特征向量为

$$\boldsymbol{\alpha}=(\boldsymbol{\alpha}_1, \boldsymbol{\alpha}_2, \cdots, \boldsymbol{\alpha}_7)$$

$$=\begin{bmatrix} 0.839 & 0.018 & 0.051 & 0.449 & -0.282 & 0.092 & 0.051 \\ 0.687 & -0.533 & -0.421 & -0.191 & -0.125 & 0.113 & -0.001 \\ -0.793 & 0.366 & -0.300 & 0.023 & -0.278 & -0.259 & -0.011 \\ -0.798 & 0.422 & -0.117 & -0.013 & -0.043 & 0.409 & -0.023 \\ 0.753 & 0.429 & -0.319 & 0.182 & 0.333 & -0.043 & -0.007 \\ -0.792 & -0.469 & -0.077 & 0.297 & 0.095 & -0.003 & -0.219 \\ 0.877 & 0.323 & 0.106 & -0.159 & -0.123 & -0.004 & -0.271 \end{bmatrix}$$

④ 根据 $\dfrac{\lambda_i}{\mathrm{tr}(V)}=\dfrac{\lambda_i}{\sum\limits_{j=1}^{p}\lambda_j}$ 分别计算 p 个成分的贡献率和累计贡献率，并根据累积贡献率确定主成分（一般取累积贡献率 $\geqslant 0.85$）。表 7.26 为驾驶疲劳行为特征 7 个成分的贡献率和累计贡献率。

表 7.26 各成分贡献率及累计贡献率

成分编号	1	2	3	4	5	6	7
贡献率	0.630	0.158	0.058	0.055	0.044	0.037	0.018
累积贡献率	0.630	0.788	0.846	0.901	0.945	0.982	1.000

从表 7.26 知道，前 4 个主成分的累积贡献率已经达到 90%以上，可以满足特征 y 提取的要求，所以取前 4 个主成分作为特征提取的指标。

2. 驾驶疲劳特征主成分的贡献率及主成分的意义

从前面的分析可知，驾驶疲劳特征的 4 个主成分构成特征提取的特征向量 $\boldsymbol{Z}$，因此由前 4 个特征值对应的特征向量如下。

$$
\begin{aligned}
\hat{y}_1 &= 0.8392x_1+0.6873x_2-0.7939x_3-0.7982x_4+0.7533x_5-0.7924x_6+0.8773x_7\\
\hat{y}_2 &= 0.0185x_1-0.5338x_2+0.3664x_3+0.4226x_4+0.4291x_5-0.4696x_6+0.3239x_7\\
\hat{y}_3 &= 0.0510x_1-0.4212x_2-0.3000x_3-0.1179x_4-0.3191x_5-0.0777x_6+0.1062x_7\\
\hat{y}_4 &= 0.4495x_1-0.1912x_2+0.0230x_3-0.0135x_4+0.1820x_5+0.2971x_6-0.1595x_7
\end{aligned}
\tag{7-8}
$$

第 1 个主成分 $\hat{y}_1$ 是特征 $x_1 \sim x_7$ 的线形组合，其中 x_1，x_2，x_5，x_7 前的系数为正，而 x_3，x_4，x_6 前的系数为负，这正好反映了前面对 7 个特征的分析：x_1，x_2，x_5，x_7 是驾驶疲劳时特征值减小的特征量，x_3，x_4，x_6 相反，是特征值增加的特征量，因此当 $x_1 \sim x_7$ 同增同减时，$\hat{y}_1$ 正好反映了是趋于正常异或是趋于疲劳的状态。

7.5.2　基于聚类分析的驾驶疲劳行为

聚类是一种非监督学习方法，是把相似的对象通过静态分类的方法分成不同的组别或者更多的子集，这样让在同一个子集中的成员对象都有相似的一些属性，常见的包括坐标系中更加短的空间距离等[38]。

由于驾驶疲劳的识别中，无法确定地把某个具体的特征归属于正常或疲劳状态，因此采用模糊聚类方法，分别计算某项特征相对正常或疲劳状态的隶属度，然后采用最大隶属度原则确定状态分类[39]。本节采用 k 均值模糊聚类算法，算法步骤如下。

① 确定用于模糊聚类分析的特征向量 $\boldsymbol{X}$。

② 设定聚类数目 $c=2$（正常和疲劳两类），参数 $b=2$（一般情况下的设定值）。

③ 初始化聚类中心 $\boldsymbol{M}=\{m_1, m_2\}=\{x_1, x_2\}$。

④ 从 $x_k(k=3,4,\cdots)$ 开始利用式(7-9)分别计算对两类聚类中心 m_1 和 m_2 的隶属度函数 μ_1 和 μ_2，即

$$
\begin{gathered}
\mu_1(x_k)=\frac{1/\|x_k-m_1\|^2}{(1/\|x_k-m_1\|^2)+(1/\|x_k-m_2\|^2)}\\
\mu_2(x_k)=1-\mu_1(x_k)
\end{gathered}
\tag{7-9}
$$

⑤ 如果 $\mu_1(x_k) \geqslant \mu_2(x_k)$，则用 x_k 和 $\mu_1(x_k)$ 去更新聚类中心 m_1；反之，用 x_k 和 $\mu_2(x_k)$ 去更新聚类中心 m_2，即

$$m'_j=\frac{\sum_{k=1}^{n}\mu_j(x_k)x_k}{\sum_{k=1}^{n}\mu_j(x_k)},\quad j=1,2 \tag{7-10}$$

⑥ 如果$|m_1-m_1'|\geqslant 10^{-5}$或者$|m_2-m_2'|\geqslant 10^{-5}$，则返回④继续更新聚类中心；否则，结束迭代过程，得到两类状态的聚类中心$\boldsymbol{M}=\{m_1,m_2\}$。

⑦ 利用式(7-9)计算各样本分别相对于两类的隶属度值。

⑧ 采用最大隶属度原则，确定样本所属状态。

1. 驾驶疲劳行为单特征的聚类分析

针对驾驶疲劳7个特征指标分别进行模糊k均值聚类分析。如表7.27所示为7个特征指标分别对应的聚类中心。

表7.27　7个单特征模糊聚类的聚类中心

状态	聚类中心	x_1	x_2	x_3	x_4	x_5	x_6	x_7
a_1	m_1	0.092	0.680	0.964	0.409	10.900	0.429	0.634
a_2	m_2	0.029	0.580	5.996	0.845	2.160	0.837	0.219

根据各个聚类中心，利用式(7-9)计算490个样本的相对于两种状态的隶属度值，并根据最大隶属度原则确定样本所属状态。将样本实际状态与识别状态对比，可以得到7个特征分别采用k均值模糊聚类算法对于不同状态识别的准确率，如表7.28所示。

表7.28　单特征k均值模糊聚类识别准确率

识别正确项	x_1	x_2	x_3	x_4	x_5	x_6	x_7
样本总数	388	343	368	382	328	392	408
正常状态	187	215	255	245	120	201	218
疲劳状态	201	128	113	137	208	191	190
总成功率/%	79.18	70.00	75.10	77.96	66.94	80.00	83.27
正常状态成功率/%	66.79	76.79	91.07	87.50	42.86	71.79	77.86
疲劳状态成功率/%	95.71	60.95	53.81	65.24	99.05	90.95	90.48

从表7.28可以看出，7个特征对于被试状态的识别效果基本都在70%以上(x_5例外)。特征x_7的识别效果最好，达到了83.27%，x_3和x_5分别对于正常状态和疲劳状态的识别率，达到了91.07%和99.05%。

2. 驾驶疲劳组合特征的聚类分析

(1) 驾驶疲劳特征指标全组合的聚类分析

为提高驾驶疲劳识别准确率，考虑采用多特征组合对被试状态进行识别。

首先考虑 7 个特征指标的全组合，即利用特征向量 $\boldsymbol{X}=[x_1\ x_2\ x_3\ x_4\ x_5\ x_6\ x_7]$ 对状态进行识别。计算特征向量 $\boldsymbol{X}$ 的聚类中心可得下式，即

$$\boldsymbol{M}=\begin{bmatrix} m_1 \\ m_2 \end{bmatrix}=\begin{bmatrix} 0.082 & 0.664 & 0.954 & 0.431 & 9.890 & 0.451 & 0.632 \\ 0.041 & 0.629 & 3.072 & 0.634 & 1.971 & 0.760 & 0.303 \end{bmatrix}$$

由式(7-9)计算 490 个样本对两类聚类中心的隶属度，并根据最大隶属度原则确定样本分类。将特征向量 $\boldsymbol{X}$ 确定的样本状态同实际观察状态进行对比，可得 7 个特征组合共准确识别样本 351 例，准确率为 71.63%，其中对于正常状态正确识别 143 例，准确率 51.07%，疲劳状态正确识别 208 例，准确率 99.05%。这一识别结果同表 7.28 对比可知，用 k 均值模糊聚类方法组合 7 个特征指标识别对驾驶疲劳的识别准确率并没有得到提高，且总识别准确率和对于正常状态的识别率还偏低，因此 7 个特征指标的全组合并不是驾驶疲劳识别的最优组合。

(2) 驾驶疲劳特征指标两两组合的聚类分析

驾驶疲劳行为的单特征聚类分析结果(表 7.28)可以看到，x_3 对于正常状态的识别效果很好，达到了 91.07%，而 x_5 对于疲劳状态的识别准确率更是达到了接近理想的 99.05%，因此考虑将相对于正常状态识别准确率较高的 x_3 和 x_4 与相对于疲劳状态识别准确率较高的 x_1，x_5，x_7 分别两两组合构成驾驶疲劳状态识别的特征向量($z_1 \sim z_6$)。

表 7.29 为组合特征向量 $z_1 \sim z_6$ 的聚类中心。

表 7.29　组合特征向量 z1～z6 的聚类中心

状态	聚类中心	z_1 x_3+x_1	z_2 x_3+x_5	z_3 x_3+x_7	z_4 x_4+x_1	z_5 x_4+x_5	z_6 x_4+x_7
a_1	m_1	0.964	0.955	0.961	0.408	0.430	0.405
		0.067	9.920	0.490	0.070	10.943	0.592
a_2	m_2	5.996	3.064	5.989	0.843	0.620	0.759
		0.028	1.979	0.253	0.028	2.162	0.223

根据表 7.29 所示聚类中心，利用式(7-9)计算分别使用 6 个组合特征向量后，490 个样本的相对于两种状态的隶属度值，并根据最大隶属度原则确定样本所属状态。将样本实际状态与识别状态对比，可以得到 6 个组合特征对于不同状态识别的准确率，如表 7.30 所示。

表 7.30 组合特征 k 均值模糊聚类识别准确率

识别正确项	z_1 x_3+x_1	z_2 x_3+x_5	z_3 x_3+x_7	z_4 x_4+x_1	z_5 x_4+x_5	z_6 x_4+x_7
样本总数	368	349	368	382	328	414
正常状态	255	141	255	244	120	232
疲劳状态	113	208	113	138	208	182
总成功率	75.10	71.22	75.10	77.96	66.94	84.49
正常状态成功率/%	91.07	50.36	91.07	87.14	42.86	82.86
疲劳状态成功率/%	53.81	99.05	53.81	65.71	99.05	86.67

图 7.4 为 6 个组合特征向量分别对 490 个样本进行 k 均值模糊聚类的结果。

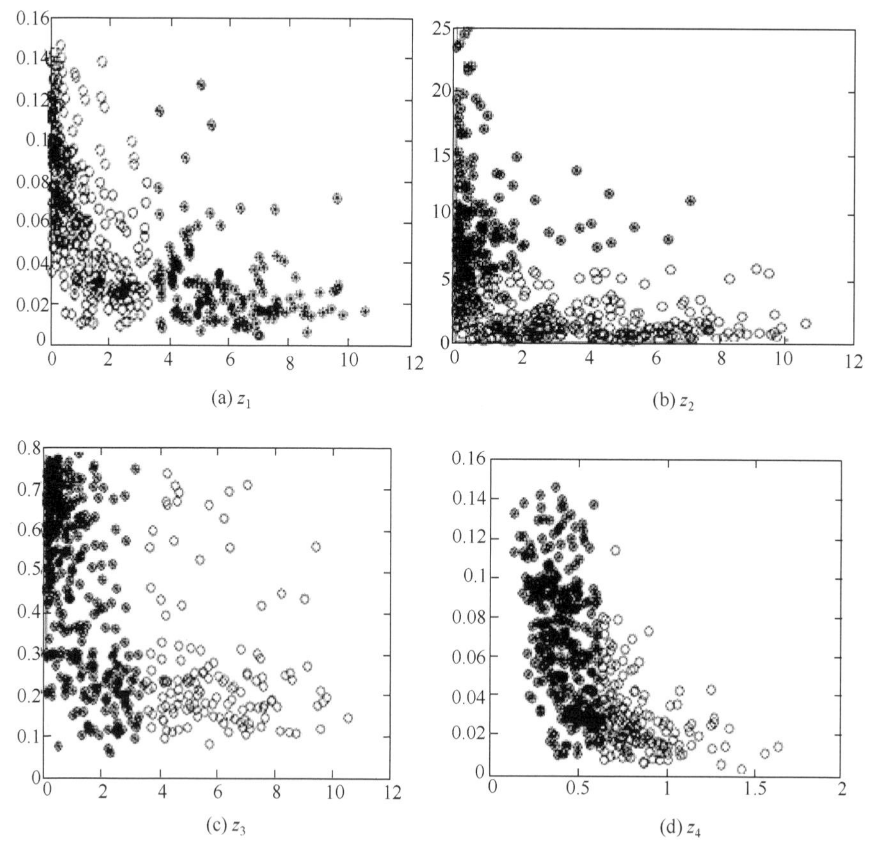

(a) z_1　(b) z_2

(c) z_3　(d) z_4

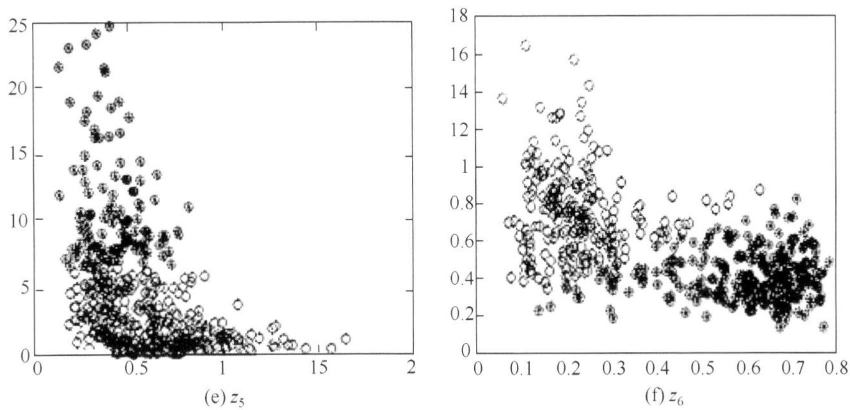

(e) z_5　(f) z_6

图 7.4　6 个组合向量对 490 样本聚类结果

图 7.4 中 6 个组合向量对 490 个样本聚类效果较好，两分类间界限较明显。从表 7.30 知道，6 个组合特征向量识别驾驶疲劳的准确率除了 z_6 外，其他相对单一特征识别结果没有明显提升，甚至比单一特征识别效果还差。组合特征向量 z_6 的识别准确率得到提高，达到 84.49%。

7.5.3　基于 PCA 主成分的驾驶疲劳分析

从上述分析可知，驾驶疲劳特征向量的简单组合对于提高驾驶疲劳的识别准确率没有明显提高，因此决定采用 PCA 主成分对驾驶疲劳状态进行识别。

由 7.5.1 节分析可知，驾驶疲劳特征由 4 个主成分表示，如式(7-8)所示。分别根据前 1～4 个主成分构成驾驶疲劳识别的特征向量 $\boldsymbol{Z}_1,\boldsymbol{Z}_2,\boldsymbol{Z}_3,\boldsymbol{Z}_4$，进行驾驶疲劳识别，识别结果如表 7.31 所示。

表 7.31　基于 PCA 主成分驾驶疲劳聚类分析结果

识别正确项	Z_1	Z_2	Z_3	Z_4
	$\hat{y}_1$	$\hat{y}_1+\hat{y}_2$	$\hat{y}_1+\hat{y}_2+\hat{y}_3$	$\hat{y}_1+\hat{y}_2+\hat{y}_3+\hat{y}_4$
样本总数	420	402	393	393
正常状态	215	195	186	186
疲劳状态	205	207	207	207
总成功率/%	85.71	82.04	80.20	80.20
正常状态成功率/%	76.79	69.64	66.43	66.43
疲劳状态成功率/%	97.62	98.57	98.57	98.57

从表 7.31 可以看出，第一主成分 $\hat{y}_1$ 对于驾驶疲劳的整体识别率有所提高，对于正常和疲劳状态的识别准确率较其他特征识别结果均衡；其他几个主成分组合的识别结果虽然总体识别率均大于 80%，但对于正常状态的识别率普遍偏低（均小于 70%），识别误报率高。

7.5.4 基于神经网络算法的驾驶疲劳识别

上述聚类分析方法完全根据输入样本特征向量间距离的统计关系来确定正常和疲劳驾驶两种状态分类的聚类中心，并通过计算样本特征向量与各分类聚类中心的距离比较来确定样本所属类别，聚类分析之前不需要事先对样本状态进行分类，聚类过程中也不需要对过程参数进行干预和调整，是一种无监督学习方法。然而，在样本状态分类已知的情况下，让学习系统根据已知的样本状态分类与分类器输出的状态分类进行比较并调整系统参数，采用一种有监督的学习方法可能对提高分类器的准确率和效率更有帮助。因此，采用有监督的神经网络算法对驾驶疲劳进行识别。

由于前馈型神经网络通过简单非线性处理的复合映射获得复杂的非线性处理能力，是一种学习型网络，其分类能力和模式识别能力一般强于其他类型的神经网络，而且前馈型神经网络具有结构简单易于编程实现的特点。因此，采用前馈型神经网络对驾驶行为进行状态分类，而前馈型神经网络中最常见的是 BP 神经网络和 RBF 神经网络[40,41]。

建立驾驶疲劳识别的神经网络时，采用全部 490 例试验样本中的 400 例（235 例正常状态，165 例疲劳状态）用于建立和训练驾驶疲劳状态分类的神经网络，90 例（其中正常和疲劳状态各 45 例）用于测试网络可靠性。

1. 驾驶疲劳识别的 BP 神经网络算法分析

样本状态设置为 0 或者 1，0 代表正常状态，1 代表疲劳状态，则训练样本期望输出 $\boldsymbol{T}$ 为值为 0、1 的向量，疲劳驾驶识别 BP 网络训练及测试样本格式如表 7.32 所示。

表 7.32 驾驶疲劳识别神经网络训练及测试样本输入格式

样本编号	x_1	x_2	x_3	x_4	x_5	x_6	x_7	状态
1	0.030	0.555	1.660	0.696	1.171	0.895	0.290	0
2	0.022	0.581	6.396	1.002	1.272	0.942	0.109	1
⋮	⋮	⋮	⋮	⋮	⋮	⋮	⋮	⋮

因此，所设计的 BP 神经网络为“7-15-1”的网络结构，设置网络的隐含层神经元的传递函数为 tansig（Tan-Sigmoid，双曲正切 S 型传递函数），输出层神经元的

传递函数为 logsig(Log-Sigmoid,对数 S 型传递函数),分别采用动量梯度下降算法和 Levenberg-Marquardt 算法训练 BP 网络,目标误差 $E=0.05$。

图 7.5 为 BP 神经网络训练 400 例驾驶行为样本的训练效果。图 7.5(a)为采用引入动量项 $\alpha=0.05$ 的梯度下降学习算法的训练效果图,网络在训练到 923 次后最小均方误差达到目标误差。图 7.5(b)为采用 Levenberg-Marquardt 算法的 BP 网络训练效果图,网络在训练到 7 次后最小均方误差达到目标值。可以看出,采用 Levenberg-Marquardt 学习算法的 BP 网络收敛速度要明显快于采用梯度下降学习算法的 BP 网络。

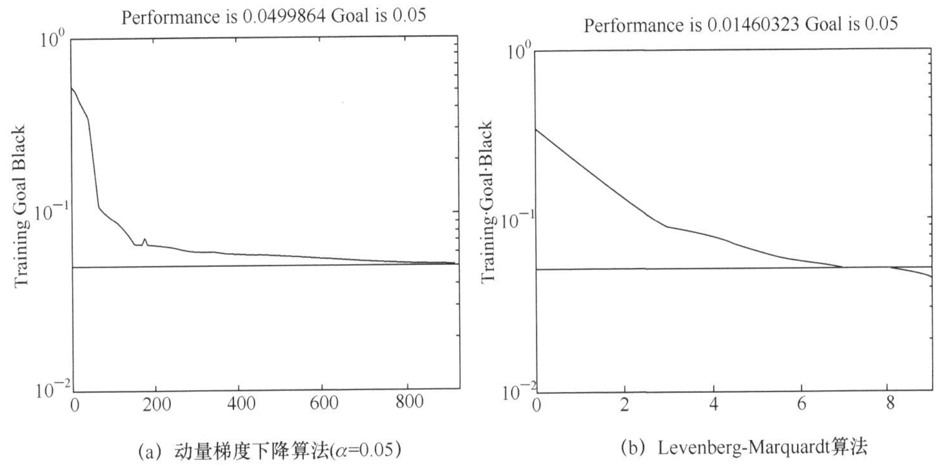

(a) 动量梯度下降算法(α=0.05)　　(b) Levenberg-Marquardt算法

图 7.5　采用特征向量 $\boldsymbol{X}$ 的 BP 神经网络训练效果

采用两种学习算法的 BP 网络分别对 90 例测试样本的仿真结果如表 7.33 所示。

表 7.33　BP 网络中 90 例测试样本仿真结果(特征向量 $\boldsymbol{X}$)

		总样本	正常样本	疲劳样本
样本总数		90	45	45
动量梯度下降算法	正确识别数	85	44	41
	识别正确率/%	94.44	97.78	91.11
Levenberg-Marquardt 算法	正确识别数	84	43	41
	识别正确率/%	93.33	95.56	91.11

可以看出,利用特征向量 $\boldsymbol{X}$ 建立的 BP 网络不论是采用动量梯度下降学习算法,还是采用 Levenberg-Marquardt 学习算法对于驾驶疲劳的识别效果都很好,准确率达到 90%以上,且对于正常和疲劳两种状态的识别效果比较均衡,但 Levenberg-Marquardt 学习算法的 BP 网络的收敛速度明显比动量梯度算法快。

为降低特征向量维数提高 BP 神经网络效率，考虑采用 PCA 主成分作为 BP 神经网络的特征向量 **Z**，设计结构为“4-9-1”BP 神经网络。与上面相同网络的隐含层神经元的传递函数为 tansig，输出层神经元的传递函数为 logsig，分别采用动量梯度下降算法和 Levenberg-Marquardt 算法训练 BP 网络，目标误差 $E=0.05$。

图 7.6 为采用 PCA 主成分作为输入特征向量的 BP 神经网络训练 400 例驾驶行为样本的训练效果。图 7.6(a)为采用引入动量项 $\alpha=0.05$ 的梯度下降学习算法的训练效果图，网络在训练到 10 000 次后仍未达到最小均方误差目标，网络没有收敛。图 7.6(b)为采用 Levenberg-Marquardt 算法的 BP 网络训练效果图，网络在训练到 133 次后最小均方误差达到目标值，采用 Levenberg-Marquardt 学习算法的 BP 网络收敛速度要明显快于采用梯度下降学习算法的 BP 网络，但通过多次训练发现采用 Levenberg-Marquardt 算法的 BP 网络的收敛过程并不平滑，有抖动现象。

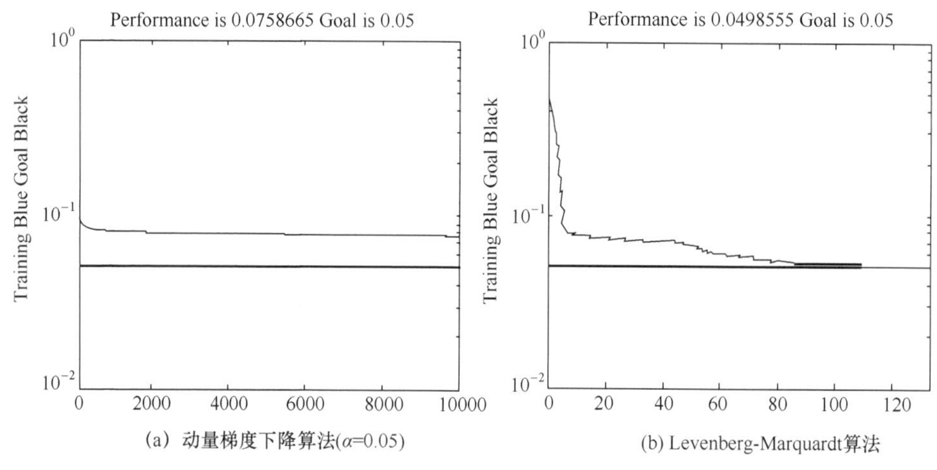

图 7.6　采用特征向量 **Z** 的 BP 神经网络训练效果

表 7.34 为以 PCA 主成分 **Z** 为特征向量，采用 Levenberg-Marquardt 学习算法的 BP 网络对 90 例测试样本仿真结果。可以看出，采用 PCA 主成分为特征向量的 BP 神经网络对于驾驶疲劳识别的效果不错，识别率达到了 92.22%，对于正常样本识别的准确率尤佳，达到了 97.78%。

表 7.34　BP 网络中 90 例测试样本仿真结果(特征向量 Z)

	总样本	正常样本	疲劳样本
样本总数	90	45	45
正确识别数	83	44	39
识别正确率/%	92.22	97.78	86.67

多次用 Levenberg-Marquardt 学习算法的 BP 网络训练基于 PCA 主成分 **Z** 的驾驶疲劳特征样本发现，该网络很不稳定，收敛速度差异较大(从 57 次到 629 次)，并且 15 次训练中还有 2 次未收敛，这是因为 BP 网络结构造成它容易陷入局部极小值，15 次训练的结果如表 7.35 所示。

表 7.35　BP 网络对 490 例特征样本训练 15 次的结果(特征向量 Z)

次数	达到收敛次数	均方误差	正确识别总样本数	正确识别正常样本数	正确识别疲劳样本数
1	133	0.049 86	83	44	39
2	73	0.049 80	80	42	38
3	110	0.049 91	81	42	39
4	155	0.049 89	82	43	39
5	64	0.048 73	82	43	39
6	未收敛				
7	169	0.049 20	81	43	38
8	未收敛				
9	61	0.049 25	82	43	39
10	624	0.049 93	78	44	34
11	189	0.049 87	83	43	40
12	57	0.049 73	82	43	39
13	329	0.049 78	82	42	40
14	124	0.049 93	82	43	39
15	109	0.049 89	82	43	39

2. 驾驶疲劳识别的 RBF 神经网络算法分析

将驾驶疲劳的特征向量 **X** 作为 RBF 网络的输入样本数据，驾驶疲劳 RBF 网络训练及测试样本格式如表 7.36 所示。

设置 RBF 网络目标误差 $\varepsilon=0.001$，RBF 网络训练 400 例驾驶行为样本的训练效果如图 7.7 所示。可以看出，网络收敛过程很平滑，在训练到 394 次后最小均方误差达到最小。

对 90 例样本的仿真效果如表 7.36 所示。可以看出，利用特征向量 **X** 训练的 RBF 网络对于驾驶疲劳的识别效果一般，准确率在 70%以上，且对于正常和疲劳两种状态的识别效果比较均衡。

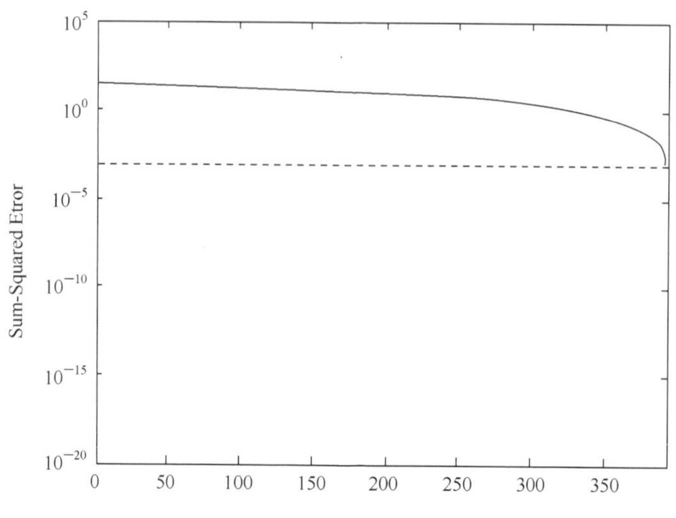

图 7.7　400 例驾驶行为样本的训练效果

表 7.36　RBF 网络中 90 例测试样本仿真结果

	总样本	正常样本	疲劳样本
样本总数	90	45	45
正确识别数	65	33	32
识别正确率/%	72.22	73.33	71.11

分析 RBF 网络的输出结果发现，网络输出值十分分散，且距离目标值[0,1]距离较远(图 7.8)，采用 0.5 为阈值将两种状态分离的效果不是很理想(表 7.36)。

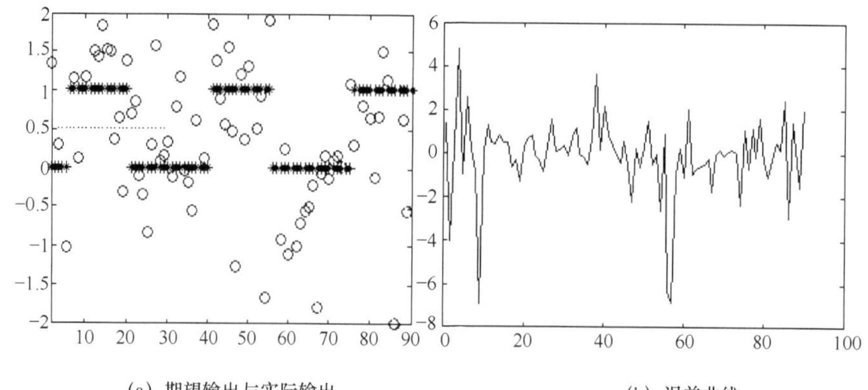

(a) 期望输出与实际输出　　(b) 误差曲线

图 7.8　90 例测试样本的期望输出与实际输出

* 期望输出，o 实际输出

为提高 RBF 网络的模式分类能力，考虑采用将竞争单元引入 RBF 网络的输出层构成的概率神经网络(PNN)。PNN 通过接收 RBF 输出的距离向量，计算每个模式出现的概率，通过竞争传递函数为概率最大的元素对应输出 1(一类模式)，否则输出 0(其他模式)。表 7.37 为 90 例测试样本在 PNN 网络中的仿真结果。

表 7.37 PNN 网络中 90 例测试样本仿真结果(特征向量 *X*)

	总样本	正常样本	疲劳样本
样本总数	90	45	45
正确识别数	80	43	37
识别正确率/%	88.89	95.56	82.22

可以看出，PNN 网络对于 90 例测试样本的分类效果要明显好于 RBF 网络，识别准确率达到了 88.89%，特别对于正常状态识别正确率提升很高，达到 95.56%。

为降低特征向量维数，提高 PNN 网络的识别效率，考虑采用 PCA 主成分 **Z** 作为驾驶疲劳识别的特征向量。图 7.9 为 90 例测试样本在 PNN 网络中的识别结果。可以看出，PNN 网络对于测试样本的识别分类效果很好。具体识别结果如表 7.38所示。

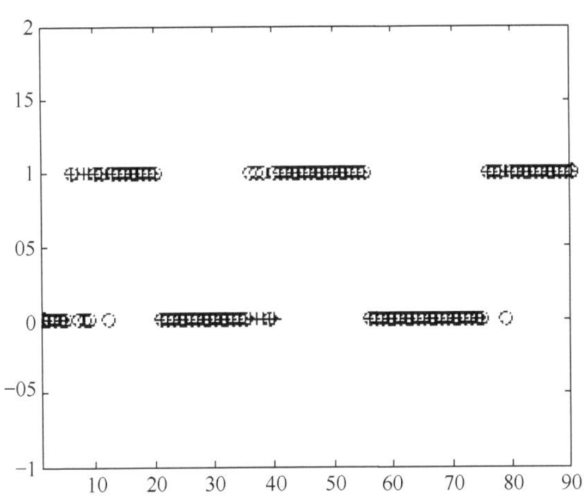

图 7.9 90 例测试样本的期望输出与实际输出

*期望输出，o 实际输出

表 7.38　PNN 网络中 90 例测试样本仿真结果(特征向量 Z)

	总样本	正常样本	疲劳样本
样本总数	90	45	45
正确识别数	82	42	40
识别正确率/%	91.11	93.33	88.89

7.5.5　驾驶疲劳识别效果分析

分别采取聚类和神经网络算法对驾驶疲劳状态进行识别,从两种方法的识别效果可以得出如下结果。

在驾驶疲劳的聚类分析中,单特征的聚类算法对驾驶疲劳的总体识别准确率不高,转向角小波分解的 ca5 尺度归一化能量(x_1)、转向角小波熵(x_2)、转向角速度能量(x_3)、转向角速度标准差(x_4)、车速标准差(x_5)、加速度小波分解的 cd1 尺度归一化能量(x_6),以及加速度熵(x_7)对全部状态识别的准确率分别为 79.18%、70.00%、75.10%、77.96%、66.94%、80.00%、83.27%。在所有特征中,加速度熵对于疲劳和正常两种状态的识别率最高为 83.27%,反映加速度熵在疲劳时表现特征的个体差异性最小,加速度信号在疲劳时的频域成分主要集中在 cd1 尺度;车速标准差对疲劳状态的识别率最高为 99.05%,但对于正常状态的识别率也是最低的,仅为 42.86%,这主要是由于车速标准差疲劳时表现出趋小的特征,而高速公路路况好,正常状态情况下车速变化也很小,因此造成误判。转向角速度能量值对于正常状态的识别率最高为 91.07%,同时其对于疲劳状态的识别率也是最低的,仅为 53.81%,这是因为疲劳时转向角速度能量表现出趋大的特征,反映疲劳驾驶时转向操作中猛打转向盘的操作较多,但也不排除极度疲劳时一段时间不打转向,然后又猛打方向的情况,如果所取数据正好为未打转向时的数据就会造成误判。从分析中还可以看出,个体差异性是造成驾驶疲劳聚类算法识别准确率不高的主要原因。

对于两两组合特征的聚类分析结果表明,采用分别对正常和疲劳状态识别准确率高的两项特征组合而成的特征向量进行聚类的效果不好,不会比单一特征的识别率高,反而会造成一类状态识别效果较差的特征影响对该类状态识别效果好的特征的识别准确率,形成"拖后腿"的现象,如对疲劳状态识别效率好的 x_1(识别率 79.18%)与对正常状态识别较好的 x_4(识别率 77.96%)的组合的识别率也仅为 77.96%。

基于 PCA 主成分的聚类分析结果说明第一主成分的聚类算法的识别效果最好为 85.71%,主要原因在于组成第一组成分的各特征线形组合系数前的正负号与疲劳时该项特征的变化规律一致,第一主成分较好地反映了疲劳驾驶时驾驶行为变化特征。同时,启用其他主成分的识别效果没有仅使用第一主成分的识别效果好。

BP 神经网络用于识别疲劳驾驶的效果很好,识别率达到 90%以上,且基于 PCA 主成分的 BP 神经网络对于两种状态的识别准确率更均衡,但基于梯度下降的学习算法的收敛速度太慢,即使加入并调整动量系数也存在无法收敛的情况,而采用 Levenberg-Marquardt 算法的 BP 神经网络的收敛速度也极不稳定,且存在少数不收敛情况。

RBF 神经网络学习训练的收敛速度较快,但最后的输出值较分散,分类效果不好,识别率为 70%左右。但引入竞争单元后的 PNN 网络显示了其在模式分类方面的较大优势,识别效果很好,识别准确率达到了 80%以上,采用主成分 $\boldsymbol{Z}$ 为特征向量的 PNN 网络的识别准确率更是达到了 90%左右。

综合以上分析知,基于有监督学习的神经网络算法总体识别准确率比无监督学习的聚类算法高,但聚类算法简单执行效率高,比较适合实时在线检测环境;三层 BP 神经网络识别准确率最高,但收敛速度和容易陷入极小值是其主要缺点,不太适合于实时检测,概率神经网络 PNN 在模式分类方面的能力明显优于 RBF 网络,识别准确率较高;主成分分析能有效提取驾驶疲劳特征,对于特征降维、提高算法效率作用明显,且总体识别准确率较高。因此,可以考虑基于 PCA 第一主成分的聚类算法和基于 PCA 主成分的 PNN 神经网络用于驾驶疲劳的检测,在算法效率允许的情况下,优选 PNN 神经网络算法。

参考文献

[1] 李都厚,刘群,袁伟,等. 疲劳驾驶与交通事故关系. 交通运输工程学报,2010,2:104-109.

[2] 毛喆. 机动车疲劳驾驶行为识别方法研究. 武汉理工大学博士学位论文,2009.

[3] Saroj K L, Ashley C. Reproducibiliity of the spectral components of the electroence-phalogram during driver fat1gue. International Journal of Psychophysiology, 2005, 55:137-143.

[4] Gurudath N,Riley, H B. Drowsy driving detection by EEG analysis using wavelet transform and K-means clustering//International Conference on Future Networks and Communications (FNC '14)/The 11th International Conference on Mobile Systems and Pervasive Computing/Affiliated Workshops, 2014: 400-409.

[5] Balasubramanian V, Adalarasu K, Gupta A. EEG based analysis of cognitive fatigue during simulated driving. International Journal of industrial and Systems Engineering,2011, 7(2): 135-149.

[6] 王福旺,王宏,罗旭. 基于 EEG 与 EOG 信号的疲劳驾驶状态综合分析. 东北大学学报(自然科学版),2014,2:175-178.

[7] 吴群. 基于心电信号的驾驶疲劳检测方法研究. 浙江大学博士学位论文,2008.

[8] 杨渝书, 姚振强, 李增勇, 等. 心电图时频域指标在驾驶疲劳评价中的有效性研究. 机械设

计与制造，2002,(5):94-95.

[9] Ye N,Sun Y, Yang D. Noninvasive heart rate variability detection device for fatigue driving detection system//The 2nd International Conference on Computer-Aided Design, Manufacturing, Modeling and Simulation,2013:194-198.

[10] 祝宇虹,刘海平,查富生,等. 基于呼吸信号的驾驶员疲劳状态实时监测系统. 江南大学学报(自然科学版),2014,1:55-59.

[11] Katsis C D,Ntouvas N E, Bafas C G, et al. Assessment of muscle fatigue during driving using surface EMG//Proceedings of the IASTED International Conference on Biomedical Engineering,2004:259-262.

[12] 付荣荣,王宏,张扬,等. 基于可穿戴传感器的驾驶疲劳肌心电信号分析. 汽车工程,2013,12:1143-1148.

[13] 牛清宁,周志强,金立生,等. 基于眼动特征的疲劳驾驶检测方法. 哈尔滨工程大学学报,2015,3:394-398.

[14] Orazio T D, Leo M, Guaragnella C, et al. Avisual approach for driver inattention detection. Pattern Recognition,2007,40:2341-2355.

[15] 马乐,吴斌,王蒙. 基于 MBLBP 与 Haar 特征提取的驾驶疲劳检测. 北京师范大学学报(自然科学版),2011,3:237-241.

[16] Feng J, Guiming H. Real-time eye detection and tracking under various light conditions. Data Science Journal, 2007,6(29):636-640.

[17] Dinges D F, Grace R. PERCLOS: a valid psychophysiological measure of alertness as assessed by psychomotor vigilance. Federal Highway Administration, Office of Motor Carriers,1998:26-29.

[18] 侯志强，韩崇昭. 视觉跟踪技术综述. 自动化学报，2006,32(4):603-618.

[19] Anneke H, Rainer G, Acacia A. Technologies for the monitoring and prevention of driver fatigue//Proceedings of the First international Driving Symposium on Human Factors in Driver assessment, Training and Vehicle Design, 2001:81-86.

[20] Lois E K, Hohu L B, Michael H S. New understanding of irresistible sleep. Mayo Clin Pro, 2001,76:180-185.

[21] Takei Y, Furukawa Y. Estimate of driver's fatigue through steering motion systems//IEEE International Conference on Man and Cybernetics, 2005,2:1765- 1770.

[22] Joanne L, Harbluk Y, Ian N, et al. An on-road assessment of cognitive distraction: impacts on drivers' visual behavior and braking performance. Accident Analysis and Prevention, 2007,39:372-379.

[23] Mao Z, Yan X P, Zhang H, Wu C Z. Driving simulator validation for drivers' speed behavior//Proceedings of International Conference on Transportation Engineering. Chengdu, China. July, 2009:2887-2892.

[24] 毛喆,严新平,吴超仲等. 疲劳驾驶时的车速变化特征. 北京工业大学学报,2011,8:1175-1183.

[25] He Y, Yan X P, Wu C Z, et al. Effects of driver's unsafe acceleration behaviors on passengers comfort//International Conference of Transportation. Information and Safety, 2013.

[26] Morris D M, Pilcher J J, Switzer F S. Lane heading difference: an innovative model for drowsy driving detection using retrospective analysis around curves. Accident Analysis and Prevention, 2015, 80:117-124.

[27] Thomas A D, et al. The development of a naturalistic data collection system to perform critical incident analysis: an investigation of safety and fatigue issues in long-haul trucking. Accident Analysis and Prevention, 2006, 38:1127-1136.

[28] Linda N B, Jon T, Amit P, et al. Driver performance in the moments surrounding a microsleep. Transportation Research Part F: Traffic Psychology and Behaviour, 2008, 11: 126-136.

[29] 李力. 驾驶行为智能分析的研究与发展. 自动化学报，2007,33(10):1014-1022.

[30] 严新平,张晖,吴超仲,等. 道路交通驾驶行为研究进展及其展望. 交通信息与安全,2013, 1:45-51.

[31] 吴超仲,张晖,毛喆,等. 基于驾驶操作行为的驾驶员疲劳状态识别模型研究. 中国安全科学学报,2007,4:162-165,177.

[32] 王伟,吴超仲,严新平,等. 汽车驾驶模拟器动力学仿真建模. 武汉理工大学学报(信息与管理工程版),2005,1:135-138.

[33] 刘东波. 驾驶行为研究仿真实验平台构建及应用. 吉林大学硕士学位论文,2009.

[34] 毛喆,严新平,张晖,等. 驾驶模拟器校验实验方法的研究. 武汉理工大学学报,2010,1:74-77,93.

[35] 吴超仲,严新平,马晓凤. 考虑驾驶员性格特性的跟驰模型. 交通运输工程与信息学报, 2007,4:18-22.

[36] 许文竹，徐立鸿. 结合主成分分析和聚类的关键帧提取. 计算机工程与应用，2009,45(15):9-12.

[37] Kun L H, Yang I C. Incorporating PCA and fuzzy-ART techniques into achieve organism classification based on codon usage consideration. Computers in Biology and Medicine, 2008, 38(8):886-893.

[38] Guh Y Y, Yang M S, Po R W, et al. Establishing performance evaluation structures by fuzzy relation-based cluster analysis. Computers and Mathematics with Applications, 2008, 56(2): 572-582.

[39] Lange O, Hurdal M, Foo S. A comparison between neural and fuzzy cluster analysis techniques for functional MRI. Biomedical Signal Processing and Control, 2006, 1(3):243-252.

[40] 王航平，王淼，王兰州，等. 基于 RBF 神经网络分析的微弱电信号预报. 浙江大学学报(工学版)，2008. 42(12):2127-2131.

[41] Juan I M M. Analysis of the errors in the modelling of manipulators with Gaussian RBF neural networks. Neurocomputing, 2009, 72(7-9):1969-1978.

第八章　水上交通系统风险识别的信息融合

8.1　引　言

水上交通系统风险是指船舶在航行过程中的一种潜在的不安全状态，一定条件下发生后，会造成人员伤亡、财产损失和环境破坏。近年来，随着水路运输的大力发展，水上交通事故频发，因此对水上交通系统风险进行正确识别，从而为风险防范和控制提供指导意见显得尤为重要。

在风险识别过程中，可以按不同的方法对风险进行分类，最常见的是来源、性质、领域、状态、影响范围、发生概率、损失程度等。此外，考虑到水上交通系统是一个由多因素(如人、船舶、环境、管理等)决定的复杂系统，因此在风险识别时，常涉及多源信息融合的问题，需要对来自多个信息源的信息进行关联、相关和综合，然后进行多级别、多方面、多层次的处理，从而获得更加具有参考价值的信息。近几十年来，人们提出多种信息融合的方法及模型，有些也被应用到水上交通系统的风险识别中，且取得了较好的成果[1]。

本章首先概述水上交通系统的构成，对水上交通事故的类型与分级进行了分析。然后，分别从通航风险识别、海上船舶避碰两个方面对信息融合技术在水上交通系统风险识别中的应用进行介绍。

8.2　水上交通系统风险概述

8.2.1　水上交通系统构成

船舶、货物、船员、船公司、海事主管机关、航道、港口等要素构成了水上交通系统，各要素间相互作用，相互依赖，共同影响水上交通安全，当某一要素失去控制时就有可能造成水上交通事故[2]。

水上交通系统安全管理对象的范围很广，如图 8.1 所示[3,4]。直接管理对象包括人、船、环境。与人有关的管理对象是操船者和管理者的技能和水平，保证技能的是证书，培养技能的是教育培训机构，证书和教育培训机构的质量保证来源于法律、法规和国际公约。从这个意义上讲，职业技能、发证制度、教育体系、法律、法规、条约等都是安全管理的对象。与船有关的管理对象是船舶性能、船体强度等，这些取决于设计能力和设计标准，其背后也是国际公约。与环境有关的管理对象范围更广，直接对象有人工疏浚的航道、港湾，间接对象还包括交通、设施、情报、法规等与船舶航行安全有关的其他条件。

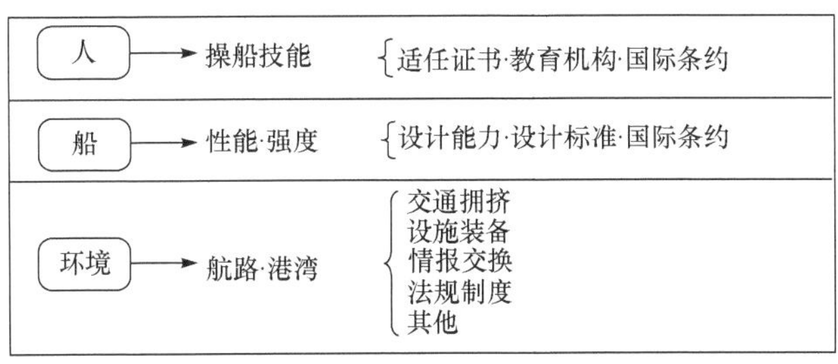

图 8.1　安全管理的对象

1. 船舶与货物

船舶主要由船体系统、操纵系统、导航系统(罗经、雷达、GPS 等)、通信系统、动力系统、货物运输系统和安全应急系统构成。船舶种类主要有集装箱船、杂货船、干散货船(矿砂船、散粮船)、油船、散装液体/化学品船、液化气体船、滚装船、客船、各类高速船等。船舶的大小常用总吨(gross tonnage,GT)表示。目前,习惯上将 10 000GT 以上的船舶称为大型船舶,将 100 000GT 以上的船舶称为超大型船舶,油轮甚至达到 50 万载重吨(DWT)。在船舶速度方面,集装箱船和客船在 20 节(1kn＝1.852 千米/小时)左右,高速船速度可达 45kn,大型油轮在 10kn 左右,其他船舶一般为 10～16kn。船舶性能中与安全有关的方面主要包括抗沉性、稳性、强度、浮性、航向稳定性、旋回性和停船性(冲程)等。

货物属于物,在安全理论中属于侧重点不同的要素。货物性质包括重量和硬度;易移动或滚动;忌热、忌湿、忌压、忌倒置、忌气味、忌污染性;扬尘污染、挥发气体;易破碎易腐烂;贵重性;危险性等。这些性质涉及货运质量和人、船、货的安全及海洋环境保护,需通过合理配载、衬垫、隔票、堆装、绑固、隔离、防盗、通风、冷藏等措施来保证。

2. 船员

船员是在船上任职和专门从事船上工作的乘员总称。海船船员又称为海员。船员是船舶营运系统中最能动的因素,在船公司管理规章体系和航次任务确定后,船员的素质和行为直接关系到能否安全、优质、经济、高效地完成航次任务。船员在保证船舶航行安全、防止船舶海洋污染上承担主要责任,由此受到国际海事组织(IMO)、船旗国(flag state)和港口国(port state)的共同关注,并通过 STCW 公约及有关规则,对船员技术素质和行为实施管辖。SOLAS74 公约要求船舶持有船旗国签发的船舶最低安全配员证书,以保证航行安全,防止污染。配员包括船员适任证书要求和人数要求，使船员能按一定的组织和分工行使职责。船长、高级船员和负有值班责任的普通船员必须按 STCW 公约要求持有船员适任证书和有关专业证书，所有船员都必须通过基本安全训练。

3. 航行环境

航行环境是指船舶航行所处的自然的和人工的背景，包括航道和港口。

航道由航路、航标、气象和海洋环境组成。航路是船舶从始发港驶达目的港的路线。在港口附近表现为自然河道和指定水道，在大洋上表现为以气象和海洋环境为基础的大圆航线和恒向线航线。航标是人为设置的向船舶提供定位、导航信息的地理位置参照物。航标分为近程的视听类和中、远程的无线电类。视听类航标数量最多，包括灯塔、灯桩、灯浮、导灯、陆标、浮标、立标、导标、电光指示标等。灯标容易熄灭，浮标常有移位，雾号传播距离仅 1～2 海里(1n mile＝1.852km)，且易受天气影响。气象和海洋环境属于航海环境学范畴，指气象和海洋对船舶航行的单独影响和综合影响。

港口是航路的起讫点，是海陆运输的连接点。海港是指沿海港口及河流入海处附近，以靠泊海船为主的港口，包括该港区范围内的水域和通海航道。常用的港口种类有海港、河港、商港、军港、渔港、避风港、开放港口和非开放港口等。港口的水深、岸线总长、泊位数、吞吐量、管理能力、服务种类和质量等是港口能力的重要标志。港口规模取决于水道、附近的陆路交通和经济规模。港口的兴衰也影响到港口城市的经济发展。

4. 船公司

船公司是指船舶所有人、经营人和管理人。船公司是“人-机-环境-控制(管理)”系统中管理要素的重要组成部分。海上事故的 80％是人为因素造成，这是国际海事界公认的统计分析结论。人为因素责任主要在于船公司的岸上管理和船上管理。公司在其范围内，直接把握着人、机、环境三大要素的宏观控制。人员如何选择、培训和调配，船舶如何使用、维护和修理，航线选择、是否鼓励规避恶劣环境等都取决于公司。因此，船公司是船舶安全管理的重要环节。

8.2.2 水上交通事故类型与分级

1. 事故分类

我国《水上交通事故统计办法》将船舶交通事故按照致损原因分为九类，并在相应条款中对于分类类别进行了说明。

(1) 碰撞事故

碰撞事故是指两艘以上船舶之间发生撞击造成损害的事故。碰撞事故可能造成人员伤亡、船舶受损、船舶沉船等后果。碰撞事故的等级按照人员伤亡或者直接经济损失确定。

(2) 搁浅事故

搁浅事故是指船舶搁置在浅滩上,造成停航或者损害的事故。搁浅事故等级按照搁浅造成的停航时间确定:停航在 24 小时以上 7 日以内,确定为一般事故;停航在 7 日以上 30 日以内,确定为大事故;停航在 30 日以上,确定为重大事故。

(3) 触礁事故

触礁事故是指船舶触碰礁石,或者搁置在礁石上,造成损害的事故。触礁事故的等级参照搁浅事故等级的计算方法确定。

(4) 触损事故

触损事故是指船舶触碰岸壁、码头、航标、桥墩、浮动设施、钻井平台等水上水下建筑物或者沉船、沉物、木桩、鱼栅等碍航物并造成损害的事故。触损事故可能造成船舶本身和岸壁、码头、航标、桥墩、钻井平台、浮动设施等水上水下建筑物的损失。

(5) 浪损事故

浪损事故是指船舶因其他船舶兴波冲击造成损害的事故,也有人称之为非接触性碰撞,因此浪损事故的损害计算方法可以参照碰撞事故的计算方法。

(6) 火灾、爆炸事故

火灾、爆炸事故是指船舶因自然或人为因素致使船舶失火或爆炸造成损害的事故。同样,火灾、爆炸事故可能造成重大人员伤亡、船舶损失等伤害。

(7) 风灾事故

风灾事故是指船舶遭受较强风暴袭击造成损失的事故。

(8) 自沉事故

自沉事故是指船舶因超载、积载或装载不当、操作不当、船体漏水等原因或者不明原因造成船舶沉没、倾覆、全损的事故,但其他事故造成的船舶沉没不属于自沉事故。

(9) 其他引起人员伤亡、直接经济损失的水上交通事故

除以上事故种类,其他引起人员伤亡、直接经济损失的水上交通事故归为第 9 类。例如,船舶因外来原因使舱内进水、失去浮力,导致船舶沉没;船舶因外来原因造成严重损害,推定为船舶全损的;由于船舶机务事故导致的水上交通事故等。

船舶污染事故(非因交通事故引起)、船员工伤、船员或旅客失足落水及船员、旅客自杀或他杀事故不作为水上交通事故论处。

2. 事故分级

国际海事组织为便于将事故信息向其报告,对于海事作了一定划分。1997 年 11 月通过的 A. 890(20)决议《海事调查章程》(Code for the Investigation of Marine Casualties and Incidents)中对于海事分级作了规定并给出了特别重大事故、重大事故、大事故、海事事件等定义。

(1) 特别重大事故(very serious casualty)

特别重大事故指船舶发生事故,致使船舶全损、人员死亡或者严重污染。严重污染是由受影响的沿岸国或者船旗国对某一污染事故进行了评估,发现该事故对环境造成了极其有害的影响,或者不采取防污措施将会造成这种影响。

(2) 重大事故(serious casualty)

重大事故指船舶发生事故,性质不如特别重大事故程度严重恶劣,包括火灾、爆炸、碰撞、搁浅、恶劣天气损害、冰损、船体裂缝或者怀疑船体有缺陷等,并导致如下后果,如主机无法启动、大范围的舱室受损、船体结构受损、船体水下渗透等,致使船舶不适航,或者造成污染或者发生的故障需要拖带或者岸上援助。

(3) 大事故(less serious casualty)

大事故指船舶发生事故,但性质不如特别重大事故或重大事故恶劣,进行事故报告的目的是为了记录有关海事的有用信息,包括一般事故。

(4) 海事事件(marine incident)

海事事件指船舶操作引起的,或与船舶操作相关的事件并且这类事件已使船舶或任何人员受到威胁,或可能造成对船舶结构或环境的严重损害。进行事故报告的目的是为了记录有关海事的有用信息。

我国《水上交通事故统计办法》规定:水上交通事故按照人员伤亡、直接经济损失或者水域环境污染等情况,分为小事故、一般事故、较大事故、重大事故和特别重大事故。具体分级标准参照如表 8.1 所示。

表 8.1 水上交通事故分级标准表

分级标准	特大事故	重大事故	较大事故	一般事故	小事故
人员伤亡	30 人以上死亡(含失踪),或者 100 人以上重伤	10 人以上 30 人以下死亡(含失踪),或者 50 人以上 100 人以下重伤	3 人以上 10 人以下死亡(含失踪),或者 10 人以上 50 人以下重伤	1 人以上 3 人以下死亡(含失踪),或者 1 人以上 10 人以下重伤	未达到一般事故等级的事故

续表

分级标准	特大事故	重大事故	较大事故	一般事故	小事故
环境污染	船舶溢油 1000 吨以上	船舶溢油 500 吨以上 1000 吨以下	船舶溢油 100 吨以上 500 吨以下	船舶溢油 1 吨以上 100 吨以下	未达到一般事故等级的事故
直接经济损失	1 亿元以上	5000 万元以上 1 亿元以下	1000 万元以上 5000 万元以下	100 万元以上 1000 万元以下	未达到一般事故等级的事故

8.3　不确定条件下的通航风险识别方法

水上交通系统是一个复杂的大系统，涉及来自人、船、环境、管理等多个子系统的信息。因此，识别关键风险要素从而为选择具有针对性的风险控制方案提供参考意见具有相当的难度。本节选择层次分析法（AHP）作为风险识别的主要手段，将整个水上交通系统分为若干子系统、子模块逐级进行研究，从而达到识别主要风险要素的目的。此外，考虑到研究对象的不确定性和数据的不完整性，利用专家调查法搜集数据，运用离散模糊集理论处理专家判断的结果，将定性的评价转化为定量的数据，从而用于关键风险要素的识别之中[5,6]。

8.3.1　通航系统风险因素的层次模型

参考已有研究成果和专家调查的意见，本节将通航系统风险组成分为人、船舶、环境和管理 4 个子系统，并对其分别进行了不同层级的划分，最后筛选出 14 个风险因素，如图 8.2 所示。

1. 人的因素

人是船舶航行安全的主体，在水上交通安全事故中，人因是导致事故最主要的直接因素。船员的年龄结构、文化程度及船员培训、持证情况、船员属性、船员个人性格与心理状态等，都直接影响船员的行为，对事故起决定性作用。同时，其他的人员，如引航员、管理人员、码头工人等，也会在履行各自职责时出现差错或过失，从而导致事故的发生。

本模型中人的因素主要考虑船员，包括船员适任状态、年龄及遵守相关法律法规等风险因素。

① 船员适任状态，包含船员的文化程度、船员培训、持证情况等，反映船员的专业技术水平。

② 船员年龄，一定程度上反映出船员的资历与经验水平。

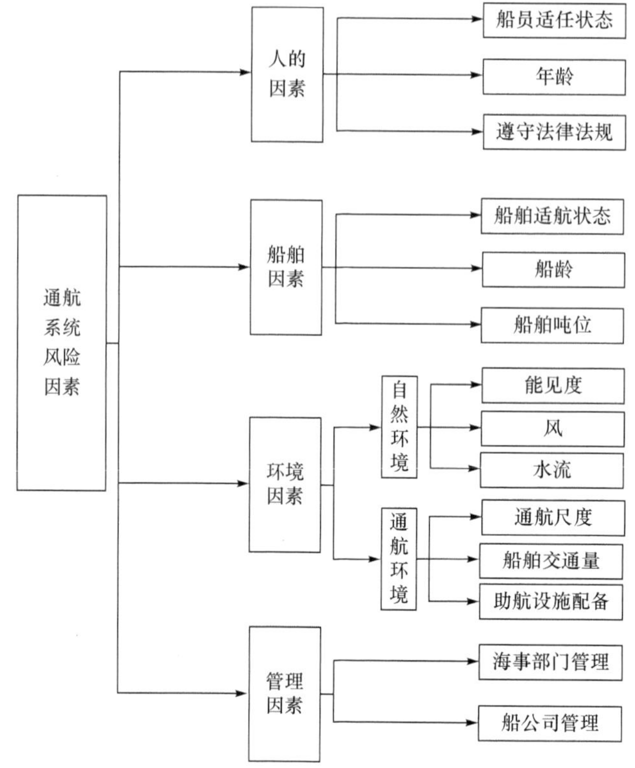

图 8.2　通航系统风险因素的 AHP 模型[7]

③ 遵守法律法规,反映出船员遵守相关法律法规的程度。

2. 船舶因素

船舶因素是另一个可能影响水上交通安全的直接因素。船舶因素包括船龄、船舶结构、船舶吨位、船舶类型、船舶载重与船舶自身技术缺陷等。

本模型中船舶因素包括船舶适航状态、船龄及船舶吨位等风险因素。

① 船舶适航状态,反映出船舶结构、船体保养、船舶载重等因素作用下船舶适合于航行的状态。

② 船龄,一定程度上反映出船舶的保养、维护及装备的状态。

③ 船舶吨位,反映出船舶的大小和尺度。

3. 环境因素

除不可抗力外,环境因素较少成为事故的直接因素,但常常是造成人为失误的主要诱导因素。例如,枯水季节长江的通航环境较为恶劣,通航尺度受限,往往是造成水上交通安全事故的原因之一[8,9]。

本研究将环境因素分为自然环境和通航环境，从而进一步筛选水上交通的风险因素。

(1) 自然环境

在本模型中，自然环境考虑能见度、风及水流等风险因素。

① 能见度，主要受雾、雪、雨等恶劣天气的影响，一定程度上影响驾驶员的视觉瞭望。

② 风，大风情况下会加大船舶操纵的难度，增加发生搁浅、碰撞等事故的概率。

③ 水流，如同大风的情况，水流一定程度上也会影响船舶的操纵性能，从而有可能导致水上交通安全事故。

(2) 通航环境

本模型中的通航环境考虑了通航尺度、船舶交通量及助航设施配备等风险因素。

① 通航尺度，包含航道宽度、深度、曲率半径等。

② 船舶交通量，反映出船舶的通航密度。

③ 助航设施配备，反映出助航设施的完善程度。

4. 管理因素

管理因素虽不会是造成水上交通安全事故的直接因素，但直接影响着人为因素、船舶因素，以及部分环境因素。因此，可以认为水上交通安全事故的发生在一定程度上是由于管理不当而间接造成的。

管理因素包括海事部门管理和船公司管理等风险因素。

① 海事部门管理，包含各级海事机关和航道部门的管理。

② 船公司管理，包含船东和营运部门的管理。

8.3.2 基于模糊层次分析法的通航风险识别

1. 模糊层次分析法的步骤

本节运用的模糊层次分析法(fuzzy-AHP)是在已建 AHP 模型的基础上，运用离散模糊集处理专家判断的数据，通过构建判断矩阵计算各风险因素的权重，并根据效用分析的结果提出具有针对性的最优风险控制方案。具体包含以下步骤。

① 定义成对比较的专家判断术语(linguistic terms)，建立各术语的离散模糊集，通过归一化处理得到各判断术语的加权值。

② 将专家成对比较的结果通过离散模糊集的加权值转化为两两比较的数值。

③ 通过各层级的判断矩阵计算相应的权重，并进行一致性检验。

④ 计算各风险因素对于总目标的合成权重，并对其进行排序。

⑤ 基于风险因素的排序结果，对具有代表性的风险要素提出风险控制方案。

2. 离散模糊集

离散模糊集为模糊集合的一种，目前较常应用于主观判断数据的量化转换。

(1) 专家判断术语的定义

以 7 个专家判断术语的离散模糊集为例，将两两比对的结果分为同等重要(equally)、稍微重要(slightly)、一般重要(moderately)、重要(fairly)、十分重要(strongly)、非常重要(very strongly)和极端重要(extremely)，如表 8.2 所示。

表 8.2　离散模糊集示例

判断术语	y_1	y_2	y_3	y_4	y_5	y_6	y_7
equally(EQ)	x_{EQ1}	x_{EQ2}	x_{EQ3}	x_{EQ4}	x_{EQ5}	x_{EQ6}	x_{EQ7}
slightly(SL)	x_{SL1}	x_{SL2}	x_{SL3}	x_{SL4}	x_{SL5}	x_{SL6}	x_{SL7}
moderately(MO)	x_{MO1}	x_{MO2}	x_{MO3}	x_{MO4}	x_{MO5}	x_{MO6}	x_{MO7}
fairly(FA)	x_{FA1}	x_{FA2}	x_{FA3}	x_{FA4}	x_{FA5}	x_{FA6}	x_{FA7}
strongly(ST)	x_{ST1}	x_{ST2}	x_{ST3}	x_{ST4}	x_{ST5}	x_{ST6}	x_{ST7}
very strongly(VS)	x_{VS1}	x_{VS2}	x_{VS3}	x_{VS4}	x_{VS5}	x_{VS6}	x_{VS7}
extremely(EX)	x_{EX1}	x_{EX2}	x_{EX3}	x_{EX4}	x_{EX5}	x_{EX6}	x_{EX7}

$y_1 \sim y_7$ 代表该模糊集中的 7 个离散隶属函数，从 y_1(最不重要)渐进至 y_7(最为重要)；x 代表每一个判断术语在各离散隶属函数下的隶属度。由此，判断术语 X 在该离散模糊集中的初始值 $k_X{}'$ 可以由下式得出，即

$$k_X{}' = \sum_{i=1}^{n}\left\{\left[\frac{x_i}{\sum_{i=1}^{n} x_i}\right] \times y_i\right\} \tag{8-1}$$

其中，x_i 为判断术语 X 在离散隶属函数 i 下的隶属度；n 为定义的离散隶属函数的个数，$n=7$。

(2) 判断术语的加权值计算

为进一步得到应用于 AHP 中的判断术语加权值，需要对式(8-1)中的 $k_X{}'$ 进行归一化处理得到判断术语 X 的加权值 k_X，即

$$k_X = \frac{k_X{}'}{\max(k_1{}', k_2{}', \cdots, k_m{}')}, \quad X=1,2,\cdots,m \tag{8-2}$$

其中，m 为定义的判断术语的个数，$m=7$。

3. 层次分析法

(1) 专家判断结果的处理

在建立判断术语集的基础上，专家可以根据相应的标准给出两两比对重要性的结果，即对各判断术语的置信度 β，如(0.5EQ，0.5SL)代表同等重要的置信度为50%，稍微重要的置信度为50%。

各专家的综合判断结果(置信度)可以用下式求得，即

$$\beta = \sum_{i=1}^{l} \beta_i \times C_i \tag{8-3}$$

其中，β_i 代表第 i 个专家的判断结果；C_i 为第 i 个专家的标准化权重；l 为专家的个数。

根据式(8-1)、式(8-2)得出的加权值结果和式(8-3)的综合专家意见的方法，可以将专家判断的结果量化为两两比对的相对重要性指标 N_I，即

$$N_I = \sum_{X=1}^{m} \beta_X \times k_X \tag{8-4}$$

其中，β_X 代表专家对判断术语 X 的综合置信度；k_X 为判断术语 X 的加权值；m 为定义的判断术语的个数。

(2) AHP 判断矩阵

假设 AHP 模型中某层级具有 n 个因素，用 a_{ij} 表示第 i 个因素相对于第 j 个因素的重要性比较结果，则该层级的判断矩阵 A 可以表示为一个 $n \times n$ 的矩阵，即

$$A=(a_{ij})=\begin{bmatrix} 1 & a_{12} & \cdots & a_{1n} \\ 1/a_{12} & 1 & \cdots & a_{2n} \\ \vdots & \vdots & & \vdots \\ 1/a_{1n} & 1/a_{2n} & \cdots & 1 \end{bmatrix} \tag{8-5}$$

因素 k 在该层级中的权重 w_k 可以通过下式进行计算，即

$$w_k = \frac{1}{n}\sum_{j=1}^{n} \frac{a_{kj}}{\sum_{i=1}^{n} a_{ij}}, \quad k = 1,2,\cdots,n \tag{8-6}$$

(3) 一致性检验

判断矩阵 A 需要进行一致性检验方可保证专家判断的数据和计算得出的权重具有一定的可信度和应用价值，如果达不到一致性检验的要求，则有必要重新收集专家判断的数据或调整建立的成对比较离散模糊集。

一致性检验的步骤如下。

① 计算判断矩阵的特征值，取最大的特征值 λ_{max}。

② 计算一致性指标 CI(consistency index)，即

$$\mathrm{CI}=\frac{\lambda_{\max}-n}{n-1} \tag{8-7}$$

③ 查找相应的随机一致性指标 RI(random index)，如表 8-3 所示。

④ 计算一致性比例 CR(consistency ratio)，即

$$\mathrm{CR}=\frac{\mathrm{CI}}{\mathrm{RI}} \tag{8-8}$$

当 CR<0.1 时，认为判断矩阵的一致性可以接受，其计算得出的各因素权重可以使用；反之，则需要重新搜集数据或调整成对比较离散模糊集，直至所得的判断矩阵满足一致性检验的要求。

随机一致性指标 RI 一般采用随机构造成对比较矩阵计算平均值的方法求得，目前运用较为普遍的 RI 取值如表 8.3 所示。

表 8.3 随机一致性指标 RI 取值表

n	1	2	3	4	5	6	7	8	9	10
RI	0	0	0.58	0.90	1.12	1.24	1.32	1.41	1.45	1.49

(4) 合成权重的计算

假设 AHP 模型中的因素 k_n 处于目标层(top goal)之下的第 n 层，如图 8.3 所示。

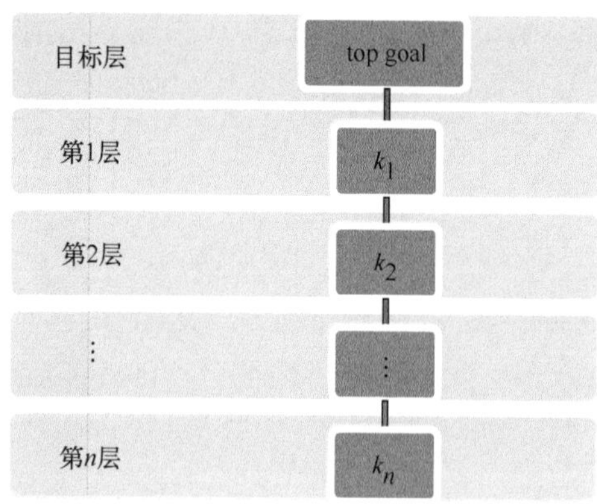

图 8.3 AHP 模型中的因素层级示意图

因素 k_n 相对于目标层的合成权重 W_{kn} 可以通过下式计算，即

$$W_{kn}=w_{k1}\times w_{k2}\times\cdots\times w_{kn} \tag{8-9}$$

其中，$w_{k1},w_{k2},\cdots,w_{kn}$ 分别为因素 $k_1,k_2,\cdots,k_n$ 在各自层级的相对权重，可通过式(8-6)求得。

8.3.3　枯水期长江通航风险识别案例研究

本节以枯水期长江的通航风险作为对象进行案例研究，通过已建通航风险因素的 AHP 模型（图 8-2），以专家座谈的方式针对模型中各因子对于枯水期长江通航风险的重要性进行对比评价，运用模糊层次分析法识别枯水期长江通航风险的关键因素[10]。考虑到本案例中 3 位专家均具有相当的资历，对各专家赋予相同的权重，即式（8-3）中涉及的专家标准化权重$(C_1, C_2, C_3) = (0.34, 0.33, 0.33)$。

1. 成对比较的离散模糊集

在两两比对中采取 7 个判断术语，即同等重要（equally）、稍微重要（slightly）、一般重要（moderately）、重要（fairly）、十分重要（strongly）、非常重要（very strongly）和极端重要（extremely），相应的成对比较离散模糊集定义如表 8.4 所示。

表 8.4　成对比较离散模糊集

判断术语	0	1/6	1/3	1/2	2/3	5/6	1
equally(EQ)	0	0	0	0	0	0.25	1
slightly(SL)	0	0	0	0	0.75	1	0.25
moderately(MO)	0	0	0	0.75	1	0.25	0
fairly(FA)	0	0	0.5	1	0.5	0	0
strongly(ST)	0	0.25	1	0.75	0	0	0
very strongly(VS)	0.25	1	0.75	0	0	0	0
extremely(EX)	1	0.25	0	0	0	0	0

根据式（8-1），可以求得各判断术语的初始值，即

$$k'_{\mathrm{EQ}} = \left(\frac{0.25}{0.25+1}\right)\times\frac{5}{6} + \left(\frac{1}{0.25+1}\right)\times 1 = 0.967$$

$$k'_{\mathrm{SL}} = \left(\frac{0.75}{0.75+1+0.25}\right)\times\frac{2}{3} + \left(\frac{1}{0.75+1+0.25}\right)\times\frac{5}{6} + \left(\frac{0.25}{0.75+1+0.25}\right)\times 1$$
$$= 0.792$$

$$k'_{\mathrm{MO}} = \left(\frac{0.75}{0.75+1+0.25}\right)\times\frac{1}{2} + \left(\frac{1}{0.75+1+0.25}\right)\times\frac{2}{3} + \left(\frac{0.25}{0.75+1+0.25}\right)\times\frac{5}{6}$$
$$= 0.625$$

$$k'_{FA}=\left(\frac{0.5}{0.5+1+0.5}\right)\times\frac{1}{3}+\left(\frac{1}{0.5+1+0.5}\right)\times\frac{1}{2}+\left(\frac{0.5}{0.5+1+0.5}\right)\times\frac{2}{3}$$
$$=0.500$$

$$k'_{ST}=\left(\frac{0.25}{0.25+1+0.75}\right)\times\frac{1}{6}+\left(\frac{1}{0.25+1+0.75}\right)\times\frac{1}{3}+\left(\frac{0.75}{0.25+1+0.75}\right)\times\frac{1}{2}$$
$$=0.375$$

$$k'_{VS}=\left(\frac{0.25}{0.25+1+0.75}\right)\times 0+\left(\frac{1}{0.25+1+0.75}\right)\times\frac{1}{6}+\left(\frac{0.75}{0.25+1+0.75}\right)\times\frac{1}{3}$$
$$=0.208$$

$$k'_{EX}=\left(\frac{1}{1+0.25}\right)\times 0+\left(\frac{0.25}{1+0.25}\right)\times\frac{1}{6}=0.033$$

由式(8-2)可以通过归一化处理进一步得到各判断术语的加权值，计算结果如表 8.5 所示。

表 8.5 成对比较判断术语的加权值

k_{EQ}	k_{SL}	k_{MO}	k_{FA}	k_{ST}	k_{VS}	k_{EX}
1	0.82	0.65	0.52	0.39	0.22	0.03

2. 各层级的权重计算

(1) 目标层

AHP 模型中目标层下有 4 个因素，分别为人、船、环境和管理。通过式(8-3)综合专家调查得到的成对比较结果如表 8.6 所示。

表 8.6 目标层的专家调查结果

	管理	环境	船	人
管理	1EQ	0.5FA 0.5ST	0.5SL 0.5MO	0.33ST 0.67VS
环境		1EQ	0.67EQ 0.33SL	0.5MO 0.5FA
船			1EQ	0.5FA 0.5ST
人				1EQ

通过表 8-4 的结果、式(8-4)和式(8-5)，可以得到本层级的判断矩阵，即

$$
\begin{array}{c} \\ 管理 \\ 环境 \\ 船 \\ 人 \end{array}
\begin{array}{c} \begin{array}{cccc} 管理 & 环境 & 船 & 人 \end{array} \\
\begin{bmatrix} 1.000 & 0.455 & 0.735 & 0.276 \\ 2.198 & 1.000 & 0.941 & 0.585 \\ 1.361 & 1.063 & 1.000 & 0.455 \\ 3.622 & 1.709 & 2.198 & 1.000 \end{bmatrix} \end{array}
$$

由式(8-6)可以得到本层级各因素的权重,如表 8.7 所示。

表 8.7 目标层的因素权重

因素	管理	环境	船	人
权重	0.12	0.24	0.21	0.43
排序	4	2	3	1

运用式(8-7)和式(8-8),对判断矩阵进行一致性检验为

$$
CR=\frac{\frac{4.027-4}{4-1}}{0.9}=0.010<0.1
$$

因此,可以认为本层级的判断矩阵具有良好的一致性,各因素的权重具有一定的可信性。

(2) 人的因素层

AHP 模型中人的因素层级有 3 个风险因素,分别为船员年龄、船员适任和遵守法律法规,它们通过专家调查得到的两两比对数据,如表 8.8 所示。

表 8.8 人的因素层的专家调查结果

	年龄	适任	法律法规
年龄	1EQ	0.5FA 0.5ST	0.33ST 0.67VS
适任		1EQ	0.33EQ 0.67SL
法律法规			1EQ

于是,本层级的判断矩阵为

$$\begin{array}{c} \\ \text{年龄} \\ \text{适任} \\ \text{法律法规} \end{array}\begin{array}{c} \begin{array}{ccc} \text{年龄} & \text{适任} & \text{法律法规} \end{array} \\ \begin{bmatrix} 1.000 & 0.455 & 0.276 \\ 2.198 & 1.000 & 0.879 \\ 3.622 & 1.137 & 1.000 \end{bmatrix} \end{array}$$

各因素的权重如表 8.9 所示。

表 8.9 人的因素层的因素权重

风险因素	年龄	适任	法律法规
权重	0.15	0.37	0.48
排序	3	2	1

本层级的判断矩阵同样表现出较好的一致性，即

$$CR=\frac{\frac{3.015-3}{3-1}}{0.58}=0.013<0.1$$

(3) 船舶因素层

本层包括 3 个风险因素，分别为船舶吨位、船龄和船舶适航。专家调查的成对比较结果如表 8.10 所示。

表 8.10 船舶因素层的专家调查结果

	船舶吨位	船龄	船舶适航
船舶吨位	1EQ	0.67EQ 0.33SL	0.5SL 0.5MO
船龄		1EQ	0.33SL 0.67MO
船舶适航			1EQ

由此，本层级的判断矩阵为

$$\begin{array}{c} \\ \text{船舶吨位} \\ \text{船龄} \\ \text{船舶适航} \end{array}\begin{array}{c} \begin{array}{ccc} \text{船舶吨位} & \text{船龄} & \text{船舶适航} \end{array} \\ \begin{bmatrix} 1.000 & 0.941 & 0.735 \\ 1.063 & 1.000 & 0.706 \\ 1.361 & 1.416 & 1.000 \end{bmatrix} \end{array}$$

本层各因素的权重如表 8.11 所示。

表 8.11　船舶因素层的因素权重

风险因素	船舶吨位	船龄	船舶适航
权重	0.29	0.30	0.41
排序	3	2	1

判断矩阵一致性良好，即

$$\mathrm{CR}=\frac{\dfrac{3.001-3}{3-1}}{0.58}=0.001<0.1$$

(4) 环境因素层

本层分为自然环境和通航环境两个部分，包括风、流、能见度和交通量、助航设施、通航尺度。根据 AHP 的理论与方法，需要逐级进行两两对比和权重计算。

① 自然环境和通航环境。

通过专家调查得到自然环境相对于通航环境的重要性比较结果为(0.5FA，0.5ST)，由此计算得出两者在本层级的权重为(自然环境 0.31，通航环境 0.69)。

② 自然环境层。

本层专家调查结果如表 8.12 所示。

表 8.12　自然环境层的专家调查结果

	流	风	能见度
流	1EQ	0.67MO 0.33FA	0.5FA 0.5ST
风		1EQ	0.67SL 0.33MO
能见度			1EQ

本层的判断矩阵为

$$\begin{array}{c} \\ 流 \\ 风 \\ 能见度 \end{array}\begin{array}{c} \begin{array}{ccc} 流 & 风 & 能见度 \end{array} \\ \begin{bmatrix} 1.000 & 0.607 & 0.455 \\ 1.647 & 1.000 & 0.764 \\ 2.198 & 1.309 & 1.000 \end{bmatrix} \end{array}$$

本层各因素的权重如表 8.13 所示。

表 8.13　自然环境层的因素权重

风险因素	流	风	能见度
权重	0.21	0.34	0.45
排序	3	2	1

判断矩阵一致性检验为

$$CR=\frac{\frac{3.001-3}{3-1}}{0.58}=0.001<0.1$$

因此，可以认为求得的各因素权重具有一定的可信性。

③ 通航环境层。

本层专家调查结果如表 8.14 所示。

表 8.14　通航环境层的专家调查结果

	交通量	助航设施	通航尺度
交通量	1EQ	0.67ST 0.33VS	0.5VS 0.5EX
助航设施		1EQ	0.33FA 0.67ST
通航尺度			1EQ

由此，可以得到本层的判断矩阵为

$$\begin{array}{c} \\ 交通量 \\ 助航设施 \\ 通航尺度 \end{array}\begin{array}{c} \begin{array}{ccc} 交通量 & 助航设施 & 通航尺度 \end{array} \\ \left[\begin{array}{ccc} 1.000 & 0.334 & 0.125 \\ 2.995 & 1.000 & 0.433 \\ 8.000 & 2.310 & 1.000 \end{array}\right] \end{array}$$

本层各因素的权重如表 8.15 所示。

表 8.15　通航环境层的因素权重

风险因素	交通量	助航设施	通航尺度
权重	0.09	0.26	0.65
排序	3	2	1

判断矩阵体现出良好的一致性，一致性检验结果为

$$CR=\frac{\frac{3.002-3}{3-1}}{0.58}=0.002<0.1$$

(5) 管理因素层

本层包括海事部门管理和船公司管理 2 个风险因素，通过专家调查得到海事部门管理相对于船公司管理的重要性比较结果为(0.5EQ，0.5*SL*)，由此计算得出两者在本层级的权重为(海事部门管理 0.48，船公司管理 0.52)。

3. 通航风险要素的识别

将各层级的权重运用式(8-9)计算出 14 个风险因素的合成权重，结果如表 8.16 所示。

表 8.16　风险因素的合成权重

隶属层级		风险因素	合成权重	排序
人的因素		年龄	0.064906	6
		船员适任	0.160881	2
		遵守法律法规	0.206675	1
船舶因素		船舶吨位	0.059641	8
		船龄	0.0613	7
		船舶适航	0.083921	4
环境因素	自然环境	流	0.015353	13
		风	0.02545	12
		能见度	0.033529	11
	通航环境	交通量	0.013899	14
		助航设施	0.043673	10
		通航尺度	0.105796	3
管理因素		海事部门管理	0.059543	9
		船公司管理	0.065432	5

通过上表中的排序可以看出，遵守法律法规、船员适任、通航尺度，以及船舶适航这 4 个风险因素被辨认为枯水期长江通航风险的关键要素，其总贡献率达到了 55%以上。

8.4 面向避碰规则的船舶智能避碰算法

8.4.1 国际海上避碰规则

《国际海上避碰规则》(COLREG)是为确保船舶航行安全,预防和减少船舶碰撞,规定在公海和连接于公海的一切通航水域共同遵守的海上交通规则。

该规则规定凡船舶及水上飞机在公海及与其相连可以通航海船的水域,除在港口、河流实施地方性的规则外,都应遵守该规则。规则主要包括有关定义、号灯及标记、驾驶及航行规则等。规则对船舶悬挂的号灯、号型及发出的号声,在航船舶自应悬挂的号灯的位置和颜色,锚泊的船舶悬挂号灯的位置和颜色,失去控制的船舶使用的号灯和号型,船舶在雾中航行的驾驶规则等,都作了详细的规定。我国于 1957 年同意接受《国际海上避撞规则》。

1972 年《国际海上避碰规则公约》(简称《规则》)自 1977 年 7 月 15 日生效以来,国际海事组织(IMO)于 1981 年、1987 年、1989 年、1993 年、2001 年和 2007 年分别对《规则》进行了修正。

《规则》作为一个重要的规范,其地位和作用已毋庸置疑。《规则》的双重性质,即兼有技术规范与法律规范的性质,已经得到航运界及海事界的肯定与承认。作为一种技术规范,《规则》的作用主要在于指导驾驶人员如何采取避让行动来避免发生碰撞事故;作为一种法律规范,《规则》的主要作用在于约束船舶的行为及作为判断碰撞责任的主要依据。

8.4.2 两船会遇避碰[11]

1. 船舶避碰分步决策和操纵模型

针对两条船舶的避碰问题,首先建立一种动态的分步决策和操纵模型(decision and maneuvering process,DMP)。DMP 是一个迭代的决策过程,两条船舶根据对方的行动特点实时地进行碰撞风险评价,并采取相应的行动。两条船舶的避碰决策过程如图 8.4 所示。

如图 8.4 所示,两条船舶行动决策可以看作是一个紧密耦合系统,二者之间的行动会产生相互影响,每条船舶都会根据对方的行动做出自己认为最有效的避让决策。船舶的决策过程共分为 6 个步骤,其中步骤 1 为初始条件评估,只有当存在碰撞风险时才会继续进行接下来的决策。步骤 5 和 6 为可能的两种结果,一种结果是避碰行动结束,碰撞被成功避免;另一种结果是发生碰撞事故。步骤 2～4 则是一个闭环的迭代系统,两条船舶实时评估会遇态势,以同步的方式做出各自认为最有效的避让决策和行动。

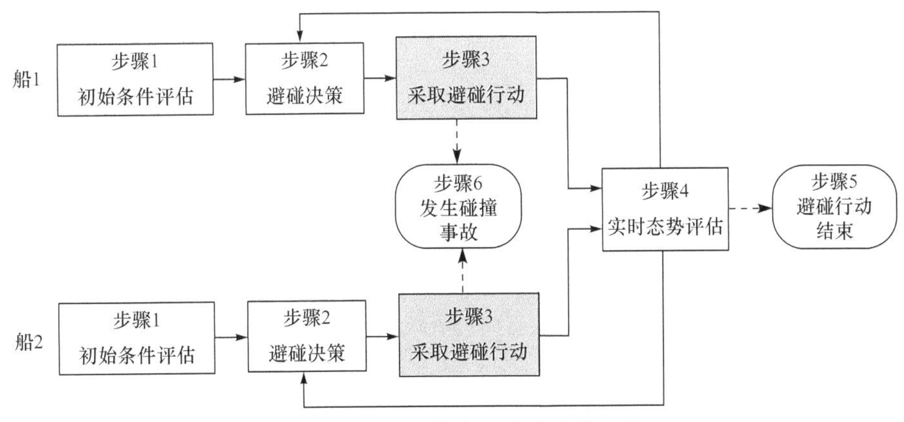

图 8.4　两条船舶实时避让决策过程

从图 8.4 可以看出，船舶避让决策是在时间维度内进行的。为了实现将时间和空间维度相结合的目的，将决策过程划分为若干离散的时间点。如图 8.5 所示，在时刻 T_{i-1}，船舶进行态势评估，并采取避让行动决策并执行（步骤 2～4），则 T_i 时刻的船舶态势即为 T_{i-1} 时刻的决策产生的结果。显然，当两个时刻之间的差别足够小时，避碰决策可以无限地接近实时同步决策过程。

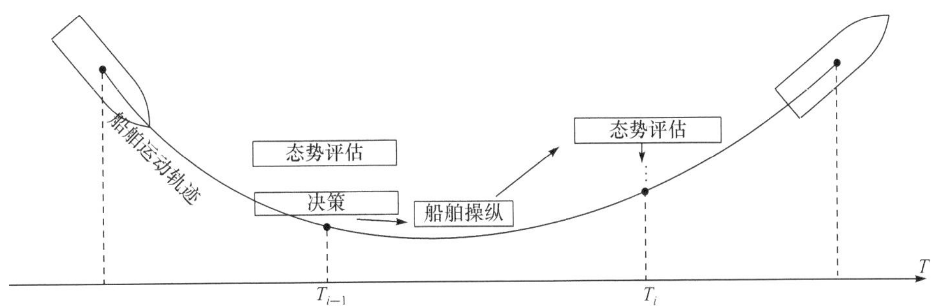

图 8.5　基于船舶运动轨迹的状态转移

2. 交叉取证方法

在 DMP 决策框架下，两条船舶的行动都会对对方的决策产生影响，并通过不断监控对方的行为来采取措施进行响应。因此，可以采用交叉取证的方法对双方决策行动的效果进行定量分析。图 8.6 所示为两条船舶交叉取证的具体进程。

由图 8.6 可知，两条船舶的交叉取证是在同步的条件下进行，而在实际情况下，AIS 数据是采用自组织时分多址（self-organized TDMA）的方式发射，即每条船舶以自组织和竞争的方式获得时间片段，并在该时间片段内发送数据，这就造成了不同船舶之间 AIS 数据的不同步。另外，受自然环境等因素的影响，AIS 数据还可能产生丢包现象。因此，在交叉取证研究之前需要对 AIS 数据进行修复和预测。

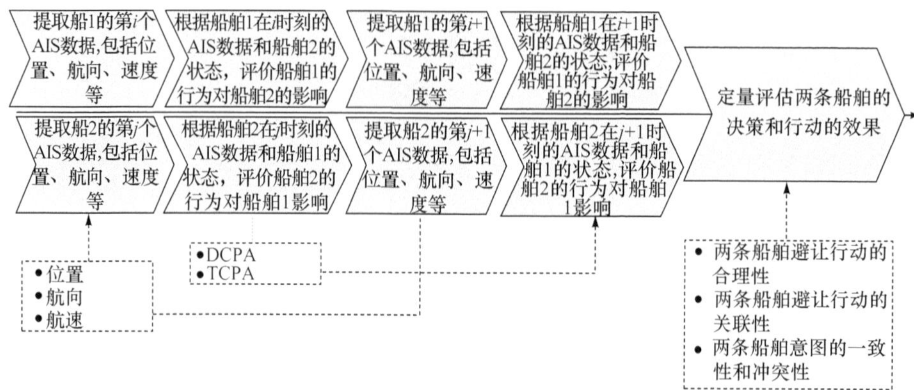

图 8.6　两条船舶交叉取证过程

3. 两船决策交叉分析

两条船舶交叉评价方法如图 8.7 所示，是评价船舶 2 的避碰决策，主要通过船舶在相邻两个时刻的实际位置或预测位置的两两比较实现(用不同的颜色表示)。

图 8.7　船舶决策效果评价时的相对位置预测和比较

从图 8.7 可以看出，两条船舶相对位置的比较有以下两种类型：第一种类型为相同时刻两条船舶真实位置之间的比较。例如，在 T_j 时刻，船舶 2 的 AIS 数据表示为 $A_j^2=\{X_j^2,Y_j^2,C_j^2,S_j^2\}$，对应相同时刻的船舶 1 的 AIS 数据可以利用以上介绍的插值方法获得，记为 $\widetilde{A}_j^1=\{\widetilde{X}_j^1,\widetilde{Y}_j^1,\widetilde{C}_j^1,\widetilde{S}_j^1\}$。此时，从船舶 2 角度的二者相对位置比较可以记为 $\langle A_j^2,\widetilde{A}_j^1\rangle$。$T_j$ 时刻两条船舶之间的比较与之相同，记为 $\langle A_{j+1}^2,\widetilde{A}_{j+1}^1\rangle$。

第二种类型则为预测 AIS 信息与真实或虚拟的 AIS 数据之间的比较。定义在获取 $\widetilde{A}_j^1$ 数据条件下的 T_{j+1} 时刻的预测 AIS 数据为 $P_{j+1|j}^1=\{X_{j+1|j}^1,Y_{j+1|j}^1,\widetilde{C}_j^1,\widetilde{S}_j^1\}$，其中预测的位置信息($X_{j+1|j}^1,Y_{j+1|j}^1$)为假设船舶在 T_j 时刻保向保速运动得到

的位置，可以将此类信息称为伪 AIS 信息。在获得伪 AIS 数据后，可以通过比较 $\langle A_{j+1}^2, P_{j+1|j}^1\rangle$ 获得船舶 2 在 T_{j+1} 时刻的先验信息。

4. 避碰决策定量分析方法

在实际的避碰操作过程中，两条船舶的会让意图是以实时的方式相互影响。因此，以下将提出两种船舶避碰决策效果定量评价方法，即先验知识的量化和后验知识的量化，进而通过先验知识和后验知识的比较来评价船舶避让效果。

(1) 先验知识定量分析

采用证据理论来对先验和后验知识进行定量分析。首先，定义识别框架为 $\Theta=\{P,\mathrm{NP}\}$，其中 P 为操纵行为是有利于船舶避碰；NP 为不利于船舶避碰。在此识别框架下，Θ 的幂集为 $2^{\Theta}=\{\{P\},\{\mathrm{NP}\},\{P,\mathrm{NP}\},\varnothing\}$，按照证据理论的要求，需要为幂集的每个元素赋[0,1]之间的任意值(BPA)，且满足以下两个条件，即

$$m(P)+m(\mathrm{NP})+m(P,\mathrm{NP})=1$$
$$m(\varnothing)=0 \tag{8-10}$$

其中，$m(P)$为决策有利于船舶避碰的概率；$m(\mathrm{NP})$为决策不利于船舶避碰的概率；$m(P,\mathrm{NP})$表示无法确定决策是否有利于船舶避碰的概率。

为了判断船舶的决策是否有利于避碰，可以从时间和空间两个维度内进行评价。假设 A_i^r 和 A_j^s 分别表示任意时刻两条船舶的 AIS 数据，定义 $D(\langle A_i^r, A_j^s\rangle)$为该时刻两条船舶之间的距离，$\mathrm{DCPA}(\langle A_i^r, A_j^s\rangle)$为两条船舶的最近会遇距离，$\mathrm{TCPA}(\langle A_i^r, A_j^s\rangle)$为两条船舶的最近会遇时间。如果两条船舶处于逐渐远离的趋势，$\mathrm{DCPA}(\langle A_i^r, A_j^s\rangle)$和 $\mathrm{TCPA}(\langle A_i^r, A_j^s\rangle)$将被赋一个足够大的值 M(如 2^{10})。在此基础上，分别做以下两种定义。

定义 8.1　定义空间接近因子为 $D(\langle A_i^r, A_j^s\rangle)$和 $\mathrm{DCPA}(\langle A_i^r, A_j^s\rangle)$的加权平均值，即

$$\mathrm{CI}(\langle A_i^r, A_j^s\rangle)=\lambda D(\langle A_i^r, A_j^s\rangle)+(1-\lambda)\mathrm{DCPA}(\langle A_i^r, A_j^s\rangle) \tag{8-11}$$

其中，$0\leqslant\lambda\leqslant1$，表示二者之间的权重分配。

定义 8.2　在给定一组 AIS 数据$\langle A_j^2, A_j^1\rangle$和$\langle A_{j+1}^2, P_{j+1|J}^1\rangle$的条件下，定义船舶 2 的操纵决策在时间区间$[T_j, T_{j+1}]$内的先验时间增益为

$$\mathrm{PriG}_S^2([T_j, T_{j+1}])=\frac{\mathrm{CI}(\langle A_{j+1}^2, P_{j+1|j}^1\rangle)}{\mathrm{CI}(\langle A_j^2, \widetilde{A}_j^s\rangle)} \tag{8-12}$$

先验空间增益为

$$\mathrm{PriG}_T^2([T_j, T_{j+1}])=\frac{\mathrm{TCPA}(\langle A_{j+1}^2, P_{j+1|j}^1\rangle)}{\mathrm{TCPA}(\langle A_j^2, \widetilde{A}_j^s\rangle)} \tag{8-13}$$

先验时间和空间增益可以很好地反映出船舶操纵的避让效果，二者的值越大，表明避让效果越好。因此，可以根据这两个参数的数值来为证据理论框架下的各

个 BPA 赋值。

在 BPA 赋值时，另一个需要考虑的问题是船舶的行动是否遵守国际海上避碰规则的要求。国际海上避碰规则针对船舶会遇情况规定了让路船和直航船，并要求让路船尽早地采取最有效的避让措施，而直航船则只需要保持航向和航速不变。因此，在对先验知识定量分析时，应该将遵守避碰规则和违反避碰规则的船舶加以区别对待。综合考虑以上因素，分别为遵守避碰规则和违反避碰规则两种情况设置 BPA 函数。利用模糊集的思想，引入以下基准函数，即

$$f_0(x,\alpha,\beta)=\begin{cases}1-\mathrm{e}^{-\left(\frac{x-\alpha}{\beta}\right)^2}, & \alpha\leqslant x\\ 0, & x<\alpha\end{cases} \tag{8-14}$$

在以上基准函数条件下，分别为遵守避碰规则(a)和违反避碰规则(b)设定以下 BPA 赋值函数。

① 图 8.8(a)中的 $m(\{P\})$ 曲线，$f_1(x)=f_0(1.5\times x,0.6,0.7)$。

② 图 8.8(a)中的 $m(\{\mathrm{NP}\})$ 曲线，$f_2(x)=f_0(2-1.15\times x,0.6,0.7)$。

③ 图 8.8(a)中的 $m(\{\mathrm{NP},P\})$ 曲线，$f_3(x)=1-f_1(x)-f_2(x)$。

④ 图 8.8(b)中的 $m(\{P\})$ 曲线，$f_4(x)=f_0(1.5\times x,0.6,2)$。

⑤ 图 8.8(b)中的 $m(\{\mathrm{NP}\})$ 曲线，$f_5(x)=f_0(4-1.5\times x,0.6,1.7)$。

⑥ 图 8.8(b)中的 $m(\{\mathrm{NP},P\})$ 曲线，$f_6(x)=1-f_4(x)-f_5(x)$。

各个赋值曲线如图 8.8 所示。赋值曲线根据经验选取，但是应该遵循以下基本规律，即时间/空间增益越大，则 $m(\{P\})$ 越大，$m(\{\mathrm{NP}\})$ 越小。另外，在同样的时间/空间增益条件下，遵守避碰规则和违反避碰规则两种情况下的赋值函数应当有所区别。如图 8.8 所示，如果想让 $m(\{P\})$ 达到 0.6，在遵守避碰规则条件下只需要时间/空间增益值达到 0.85 左右，而违反避碰规则情况下则需要达到 1.65 左右。也就是说，在相同的时间/空间增益情况下，遵守避碰规则的评价结果优于违反避碰规则的评价结果。

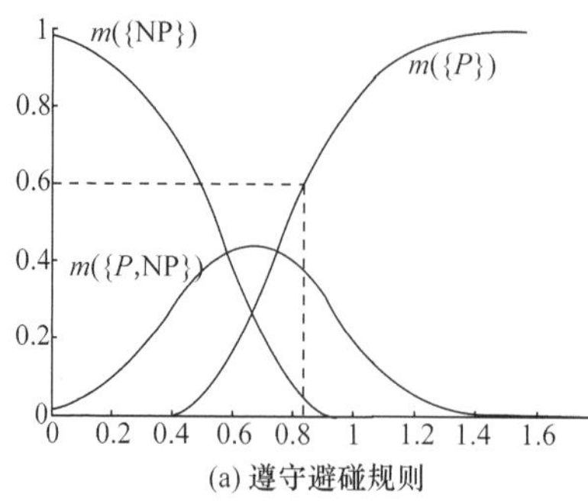

(a) 遵守避碰规则

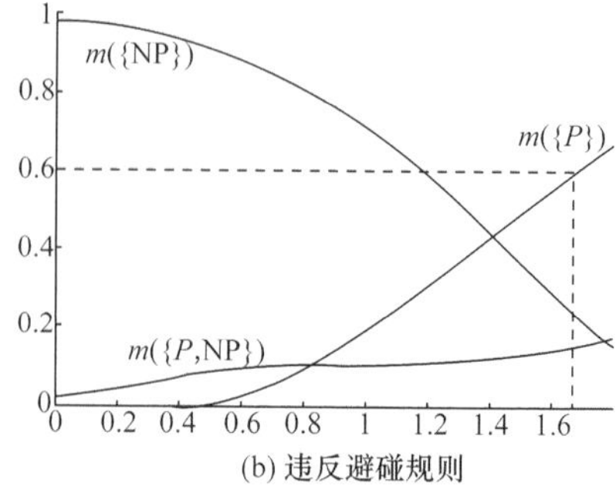

(b) 违反避碰规则

图 8.8 BPA 赋值函数

(2) 后验知识定量分析

后验知识的定量分析与先验知识分析方法类似，唯一的不同之处是船舶 1 的伪 AIS 数据 $P^1_{j+1|j}$ 被 T_{j+1} 时刻的 $\widetilde{A}^1_{j+1}$ 取代，用于比较的一对 AIS 数据变为 $\langle A^2_j, \widetilde{A}^1_j\rangle$。在这种情况下，同样对后验的时间和空间增益作如下定义。

定义 8.3　在给定一组 AIS 数据 $\langle A^2_j, \widetilde{A}^1_j\rangle$ 和 $\langle A^2_{j+1}, \widetilde{A}^1_{j+1}\rangle$ 的条件下，定义船舶 2 的操纵决策在时间区间 $[T_j, T_{j+1}]$ 内的后验时间增益为

$$\text{PostG}^2_S([T_j, T_{j+1}]) = \frac{\text{CI}(\langle A^2_{j+1}, \widetilde{A}^1_{j+1}\rangle)}{\text{CI}(\langle A^2_j, \widetilde{A}^1_j\rangle)} \tag{8-15}$$

后验空间增益为

$$\text{PostG}^2_T([T_j, T_{j+1}]) = \frac{\text{TCPA}(\langle A^2_{j+1}, \widetilde{A}^1_{j+1}\rangle)}{\text{TCPA}(\langle A^2_j, \widetilde{A}^1_j\rangle)} \tag{8-16}$$

基于后验时间/空间增益的 BPA 赋值采用相同的方式，基于图 8.8 中的相应曲线进行赋值。

(3) 先验和后验知识差异分析

在实际的船舶避碰操纵中，由于船舶通常需要进行转向操作，因此 $\widetilde{A}^1_{j+1}$ 和 $P^1_{j+1|j}$ 一般是不相同的，这就会造成先验知识和后验知识之间产生差异，而这种差异可以在很大程度上反映本船对他船避让意图理解的局限性程度，这种局限性会对操船人员下一阶段的决策产生影响。

为了描述这种差异性，将先验知识和后验知识分别看作是一个证据体，并定义两个证据之间的距离来量测二者之间的差异：

定义 8.4　令 $E^{j+1}_2 = [m^{j+1}_2(\{P\}), m^{j+1}_2(\{\text{NP}\}), m^{j+1}_2(\{\text{NP}, P\})]$ 为船舶 2 在 T_{j+1} 时刻时的先验量测信息，$\hat{E}^{j+1}_2 = [\hat{m}^{j+1}_2(\{P\}), \hat{m}^{j+1}_2(\{\text{NP}\}), \hat{m}^{j+1}_2(\{\text{NP}, P\})]$ 为对应的后验量测信息，将 E^{j+1}_2 和 $\hat{E}^{j+1}_2$ 之间的距离定义为

$$D^{j+1}_2 = \left(\frac{1}{2}(E^{j+1}_2 - \hat{E}^{j+1}_2)\boldsymbol{D}(E^{j+1}_2 - \hat{E}^{j+1}_2)^{\text{T}}\right)^{\frac{1}{2}} \tag{8-17}$$

其中，$\boldsymbol{D} \triangleq \begin{bmatrix} 1 & 0 & 1/2 \\ 0 & 1 & 1/2 \\ 1/2 & 1/2 & 1 \end{bmatrix}$。

二者之间的距离越大，表明先验知识和后验知识的差别越大，对下一时刻的决策影响也越大。

(4) 先验和后验知识融合

先验知识和后验知识的融合流程如图 8.9 所示。图 8.9 中的先验证据体和后验证据体都可以通过时间增益和空间增益获得的 BPA 赋值函数利用证据融合得到。例如，如果将船舶 2 在 T_{j+1} 时刻的先验空间增益定义为

$$E_{2,S}^{j+1}=[m_{2,S}^{j+1}(\{P\}),m_{2,S}^{j+1}(\{\mathrm{NP}\}),m_{2,S}^{j+1}(\{\mathrm{NP},P\})]$$

相应的时间增益定义为

$$E_{2,T}^{j+1}=[m_{2,T}^{j+1}(\{P\}),m_{2,T}^{j+1}(\{\mathrm{NP}\}),m_{2,T}^{j+1}(\{\mathrm{NP},P\})]$$

那么船舶 2 的先验证据体可以通过融合两个证据获得，即

$$E_{2}^{j+1}=E_{2,S}^{j+1}\oplus E_{2,T}^{j+1} \tag{8-18}$$

后验知识的证据体可以采用相同的方法获得。

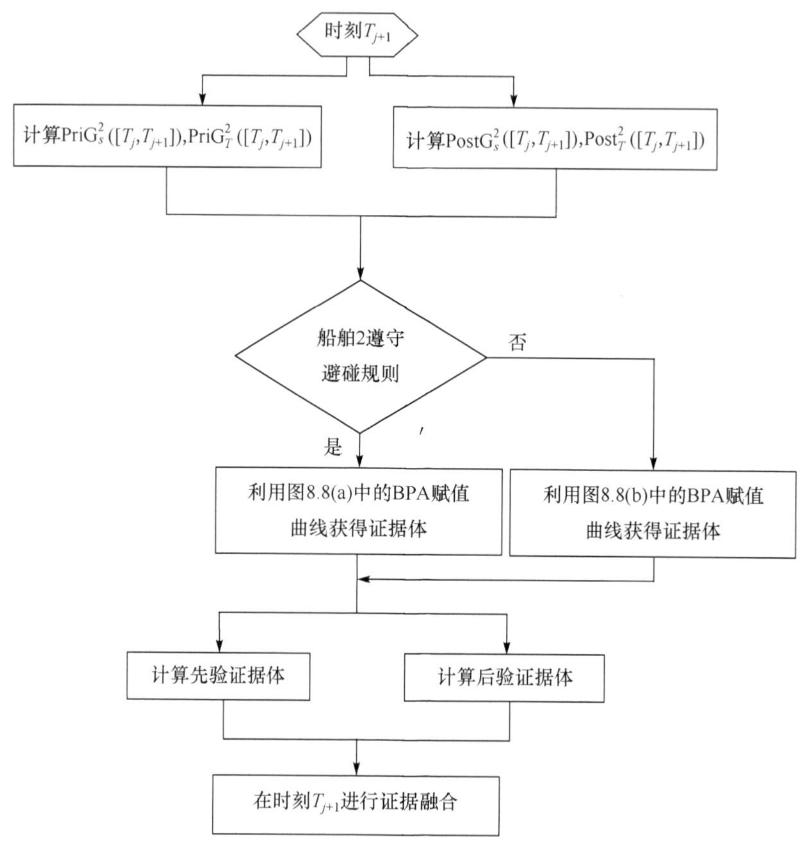

图 8.9 先验知识和后验知识融合流程图

8.4.3 多船会遇避碰[12]

1. 船舶转向时 DCPA 算法

船舶避碰航线规划算法的一个重要目标是让本船以足够远的距离通过所有目标船舶，即本船的避让决策应当能使与周围所有船舶的 DCPA 足够大。然而，在船舶发生转向的情况下，无法根据传统的方法计算与他船的 DCPA，因此需要对算

法进行重新设计。假设两条船舶的初始位置分别为 $\boldsymbol{P}_1=(x_1,y_1)$ 和 $\boldsymbol{P}_2=(x_2,y_2)$，速度分别用向量表示为 $\boldsymbol{V}_1=(v_{x1},v_{y1})$ 和 $\boldsymbol{V}_2=(v_{x2},v_{y2})$，经过时间 t 后，两条船舶的位置可以分别表示为

$$\boldsymbol{P}_1(t)=(x_1+v_{x1}t,y_1+v_{y1}t) \tag{8-19}$$

$$\boldsymbol{P}_2(t)=(x_2+v_{x2}t,y_2+v_{y2}t) \tag{8-20}$$

进一步，两条船舶在 t 时刻的距离可以用以下方式表示，即

$$D(t)=\sqrt{At^2+Bt+C} \tag{8-21}$$

其中，$A=(v_{x1}-v_{x2})^2+(v_{y1}-v_{y2})^2$；$B=2[(x_1-x_2)(v_{x1}-v_{x2})+(y_1-y_2)(v_{y1}-v_{y2})]$；$C=(x_1-x_2)^2+(y_1-y_2)^2$。

式(8-21)的最小值即为两条船舶之间的 DCPA 值。从式(8-21)可以看出，该方程是关于时间 t 的二次方程，且满足 $A\geqslant 0$，因此在区间 $[0,t_0]$ 内，两条船舶之间的 DCPA 有以下几种可能，即

$$\text{DCPA}(0,t_0)=\begin{cases}D(0), & -B/2A\leqslant 0\\ D(-B/2A), & 0<-B/2A<t_0\\ D(t_0), & t_0<-B/2A\end{cases} \tag{8-22}$$

当一条船舶做出转向避让决策时，需要首先对决策是否有效进行评价，而最简单有效的方式是计算本船与所有目标船的 DCPA 值，当且仅当所有的 DCPA 值在可接受范围内，即可认为该决策是有效的。两条船舶在转向条件下的 DCPA 计算方法如图 8.10 所示，其主要思想是首先根据式(8-22)得到两条船舶的两个连续转向点之间 DCPA 值，然后两条船舶规划航线之间的 DCPA 值为其中的最小值，即

$$\text{DCPA}_{12}=\min_{i=0}^{4}\text{DCPA}_{12}(t_i,t_{i+1}) \tag{8-23}$$

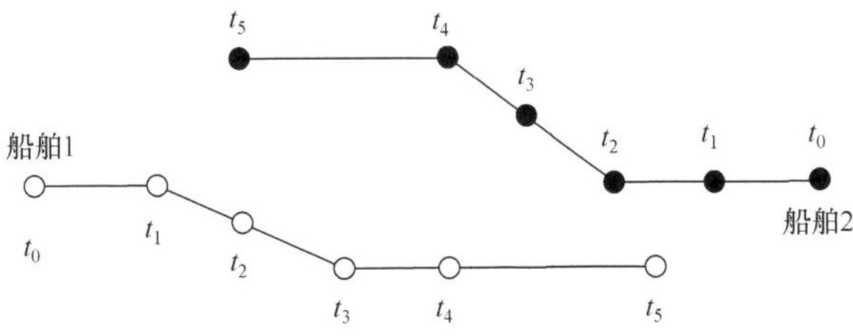

图 8.10　两条船舶转向时的 DCPA 示意图

以上模型可以用于判断本船的规划航线是否能够有效避免碰撞。在多船会遇情况下，本船可以逐步计算与目标船的 DCPA，并最终确定规划航线的有效性。在避碰过程中，船舶还可能进行加速或减速操作，可以将本船的速度进行替换，并直接利用式(8-22)计算 DCPA 的值。

2. 让路船避让决策

在让路船做避让决策之前，首先需要判断本船为让路船还是直航船。本节利用目前被大量研究者广泛接受的方式来指定船舶的责任。如图 8.11 所示，假设本船位于坐标原点，并且将本船航向转换为 0°，则可以根据目标船与本船的舷角，两条船舶的会遇可以分为对遇（目标船位于区域 F）、交叉相遇（目标船位于区域 A、B 和 E）和追越（目标船位于区域 C 和 D）三种局面。当目标船位于区域 F、A 或 B，并且两船存在碰撞风险时，本船为让路船，否则本船为直航船。

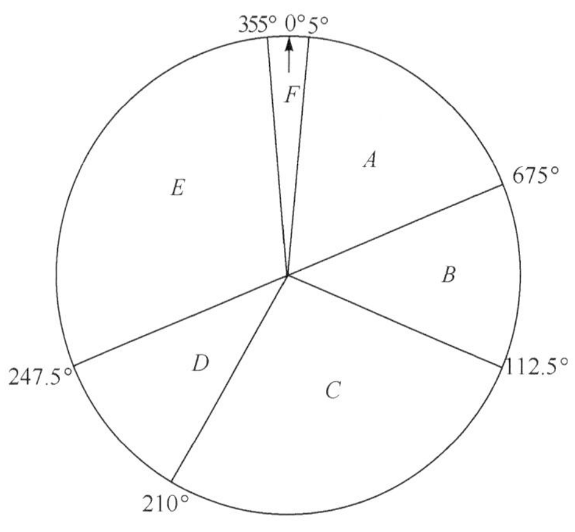

图 8.11　会遇局面分解图

在实际情况下，船舶通常不是位于坐标原点，因此很难通过这种方式来判断两船之间的位置关系。因此，首先需要利用坐标平移和旋转算法，将本船的位置转移到坐标原点，并将本船的航向转换为 0°，其他所有目标船的位置坐标和航向也按照相同的方式进行转换。当目标船位于区域 F 或 A 时，本船可以采用转向的方式避免碰撞；当目标船位于区域 B 时，由于交叉角度较小，采取变速的方式避免碰撞则更加有效。国际海上避碰规则针对让路船的责任要求主要在第十六条中体现，即须给它船让路的船舶，应尽可能及早地采取大幅度的行动，宽裕地让清他船。

以上针对让路船规定仅仅是定性地表述，没有给出十分具体的避让建议。船舶驾驶员只能根据经验采取避让措施。对于让路船来说，应当尽可能采取措施从直航船的船尾穿过，因此当目标船处于 F 或 A 时，可以采取向右转向，以左舷对左舷的方式来避免碰撞；当目标船位于区域 B 时，本船只有减小自身速度才有利于从目标船船尾穿过。

按照以上的思路，让路船的避让决策过程如图 8.12 所示。在决策开始之前，本船首先收集周围所有本船应该让路的船舶。在实际情况下，可以通过船用 ARPA 系统和 AIS 系统等获取周围船舶数据，这些系统受本身性能和自然环境等因素的影响,其监控范围也会有所不同。由于现代船用雷达通常有 3n mile 和 5n mile 两个量程,本节将本船船舶的监控范围设为 5n mile。在实际的避碰决策中,可以根据船舶监控系统性能的不同做出适当的调整。

当获取需要让路的船舶信息后,就可以进入本船的避让决策程序。本船为了能够避免碰撞事故,需要将其与各个目标船之间的 DCPA 控制在一定范围,这一要求受到水域的特点、交通繁忙程度、自然环境等因素的影响而有所区别,这里将 DCPA 的最低要求设为 800m,在实际应用中可以根据具体情况作适当的调整。

由图 8.12 可知,让路船的避碰决策可以分为两个阶段。第一阶段为减速决策,当有目标船位于区域 B 时,本船需要采取减速措施来避免碰撞。其基本思路是在每次循环中都将船舶的速度降低 10%,并判断减速后是否可以避免碰撞,直到成功避免碰撞为止。通过这一阶段的计算,可以获得船舶的速度降低程度。如果区域 B 中没有船舶,则船舶将保持在初始速度下航行。

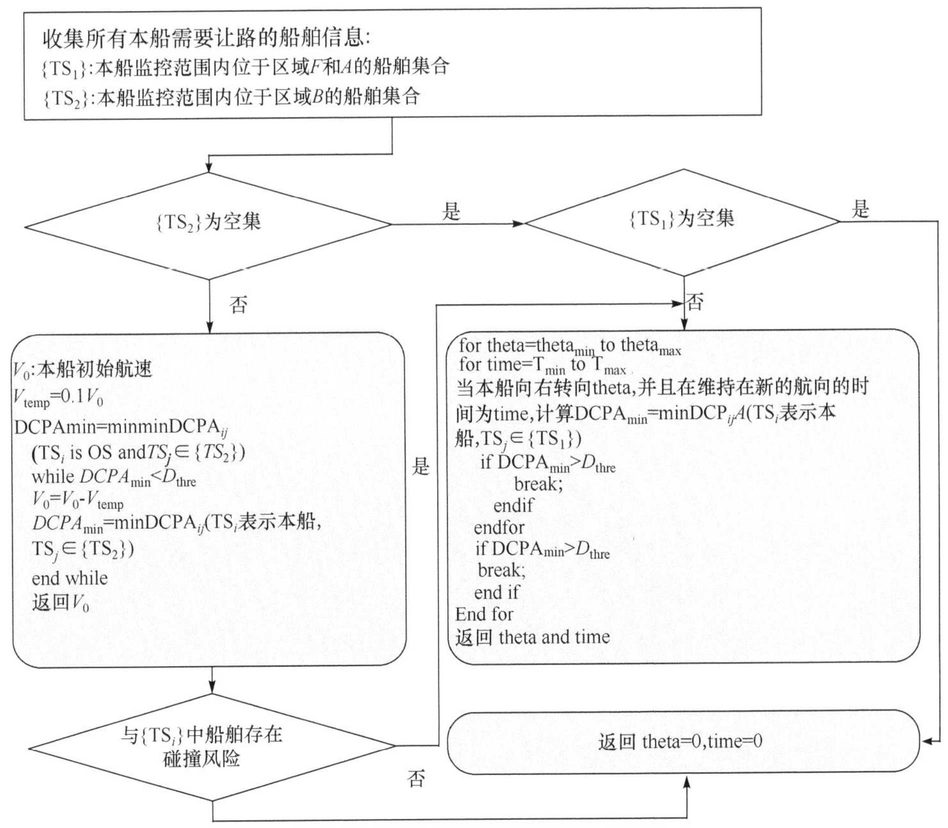

图 8.12 让路船避碰决策过程

当第一阶段结束后,如果船舶速度发生变化,则本船与区域 F 和 A 中的船舶碰撞风险也会发生变化，因此在进入第二阶段决策之前，需要判断本船是否与集合$\{TS_1\}$中的船舶存在碰撞风险。如果没有碰撞风险，则决策过程结束；如果存在碰撞风险，则需要采取转向操作。

船舶的转向操作由两个参数共同确定，即转向角度 theta 和船舶保持在新航向上航行的时间 time。对于转向角度来说，一方面根据避碰规则的要求，船舶需要采取大幅度的行动，而另一方面转向角度过大会使船舶严重偏离初始航线。基于以上考虑，将船舶的转向幅度限定在 $theta_{min}$ 和 $theta_{max}$ 之间。对于参数 time 来说，同样有两方面的限制：一方面，如果这个时间太短，会给船舶操纵增加很大的难度，而且其他船舶也很难判断本船的会让意图；另一方面，如果时间太长，则会导致船舶严重偏离初始航线，影响避让行动的效率。因此，该参数同样被限定在 T_{min} 和 T_{max} 之间。在以上决策中，通过逐步增加这两个参数的值，并判断是否存在碰撞风险，直到能够与所有目标船安全会让为止。

经过以上两步决策后，可以为本船规划出一条安全的航线。该航线由三个参数表示，即船舶的速度，转向幅度和在新航向上航行的时间。在以上决策完成后，将本船的会让意图以广播的形式通知周围船舶，以便周围船舶做出响应。当本船在新的航向上航行 time 时间后，则会返回初始航向继续航行，此时本船完成了一次避让操纵决策和执行过程。

3. 直航船避让决策

在多船会遇的局面下，可以预见，如果所有的让路船都主动采取正确的措施，则可以成功地避免碰撞事故的发生。然而，在有些情况下，由于人为失误、监控系统故障等原因，让路船没有及时采取避让措施。在这种情况下，直航船应当采取积极的应对措施避免碰撞。

国际海上避碰规则的第十七条针对存在让路船违反规则时直航船的责任有具体的描述。

① 两船中的一船应给另一船让路时，另一船应保持航向和航速。

② 当保持航向和航速的船一经发现规定的让路船显然没有遵照本规则条款采取适当行动时，该船即可独自采取操纵行动，以免碰撞。

③ 当规定保持航向和航速的船发觉本船不论由于何种原因逼近到单凭让路船的行动不能避免碰撞时，也应采取最有助于避碰的行动。

④ 在交叉相遇的局面下，机动船按照②采取行动以避免与另一艘机动船碰撞时，如当时环境许可，不应对在本船左舷的船采取向左转向。

⑤ 本条并不解除让路船的让路义务。

从以上规则可以看出，针对直航船同样也没有十分明确的避让建议，但是需要引起注意的是，对于直航船来说，应当尽量避免对左舷的船舶采取向左转向。从

图 8.11的会遇局面划分来看，让路船在大多数情况下均是位于直航船的左舷。因此，当对直航船做转向避碰决策设计时，仅考虑向右转向。

当直航船通过变速来避免与让路船碰撞时，首先需要确定船舶加速还是减速对避免碰撞更加有利。根据让路船的避碰决策可知，在避让过程中让路船采取的措施是尽可能地从直航船的船尾穿过，形成左舷对左舷的会遇局面。为了避免与让路船的行动发生冲突，直航船的行动应当有利于从让路船的船首通过。从图 8.13 可以看出，如果船舶 1 不采取避让行动，船舶 2 只有采取加速才有利于从船舶 1 的船首通过。根据以上分析，规定直航船在避碰决策中只可能采取向右转向，或者加速(或者二者相结合)的方式避免与让路船的碰撞。

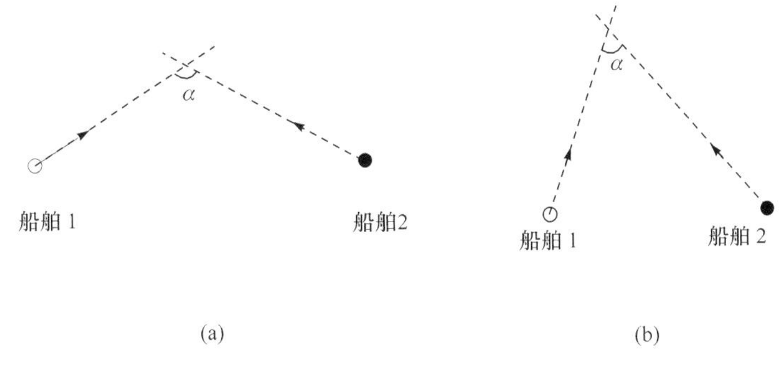

图 8.13　两船会遇条件下的交叉角度

直航船避碰决策遇到的另外一个问题是在特定的会遇条件下，如何判断采取转向，还是变速对避免碰撞更加有效。国际避碰规则没有对此进行具体的规定，船舶驾驶员也只能根据各自的经验做出决策。然而，通过比较图 8.13 中的两种会遇情况可以得到一些有益的结论。在图 8.13(a)中，两条船舶的交叉角度(α)较大，此时如果让路船采取避让行动，则向右转向的避让效果要远远好于变速。相应地，对于船舶 2 来说，向右转向的避让效果也要好于加速。对于图 8.13(b)的会遇局面来说，交叉角度(α)较小，对于船舶 1 来说，减速是最有效的避让措施。因此，对于船舶 2 来说，加速则是避免碰撞的最有效的措施。以上的分析表明，可以根据两条船舶的交叉角度(α)来判断直航船应该采取何种避让措施。

直航船的避碰决策过程如图 8.14 所示。从图 8.14 可以发现，直航船的避碰决策过程与让路船较为类似，同样采取两阶段决策的方式。本船首先根据交叉角度(α)，将目标船分为两个集合{TS_1}和{TS_2}，对于集合{TS_2}中的船舶采取加速的方式进行避让。在每次循环中，船舶的速度被增加 10%，直到成功避让{TS_2}中的所有船舶。需要指出的是，船舶受推进器性能的影响，速度不能无限制地增加。船舶可以根据其实际的推进其性能来设定最大允许航速。这里将船舶的最大航速设置为 25kn。如果船舶航速增加到 25kn 后仍然无法避免碰撞，则会进一步考虑转向操作。在转向决策中，同样采用逐步增加转向角度和船舶在新航向上航行时间来判断是否存在碰撞风险。

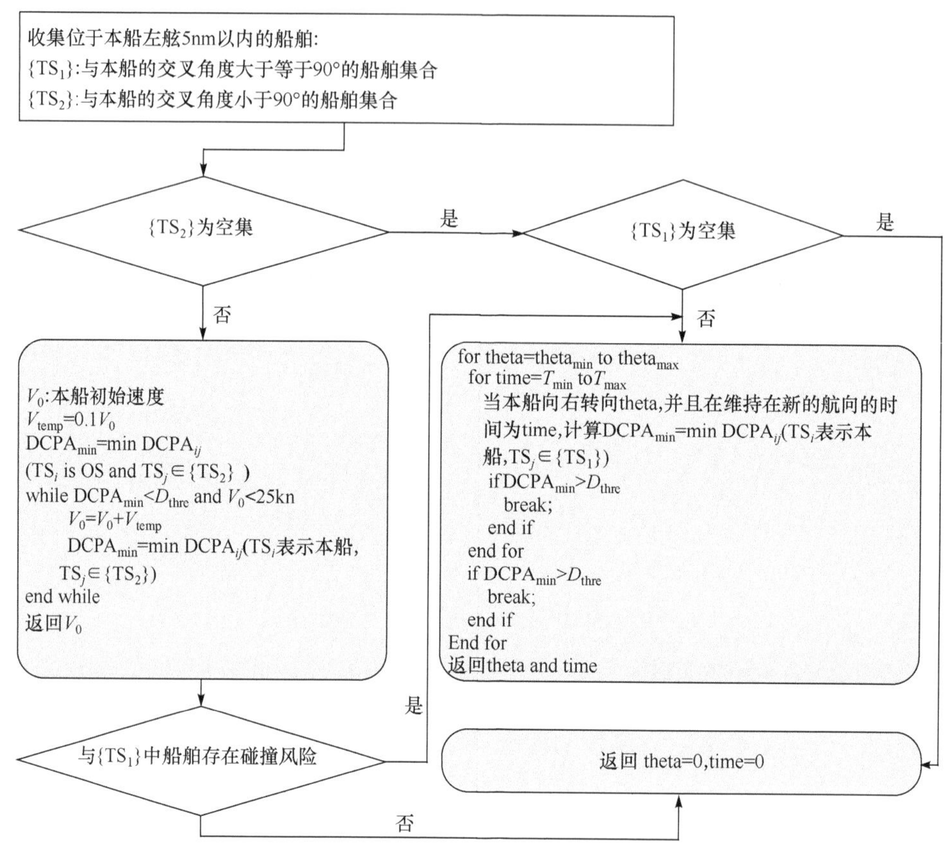

图 8.14　直航船避碰决策过程

4. 船舶避碰航线规划

本节在以上针对直航船和让路船的避碰决策基础上，提出一种分布式的实时决策程序，该程序可以单独地适用于任何航行船舶，并且可以对他船不遵守避碰规则的情况进行积极响应，使船舶的避碰决策具有更高的可靠性。船舶的避碰决策过程如图 8.15 所示。

由图 8.15 可知，本船的航线规划过程是一个闭环的系统，船舶从航行时就开始运行该程序，直到到达目的地结束。在船舶航行过程中，需要实时地对周围船舶状态进行监视，并据此对碰撞危险进行评价，从而做出决策。航线规划决策可能会出现三种结果：第一种结果是在没有碰撞风险，或者本船为直航船的条件下，船舶保持原来的航向和速度航行；第二种结果是启动让路船的航线规划程序。出现这一结果的条件是目标船进入到本船周围一定范围内，本船需要采取措施对其进行避让。尽管国际海上避碰规则规定让路船应当尽早采取措施，但是没有量化的表达，船舶驾驶员只能根据主观判断采取避让行动。为了安全，将让路船采取行动的条件设为目标船进入本船 3n mile 范围内。此外，让路船采取行动的条件还受到具体水域的限制。因此，在实际应用中该参数也可以作适当的调整。第三种结果则是当发现应该给本船让路的船舶没有采取行动，本船则启动直航船的航线规划程序。这里同样考虑给直航船足够的空间进行避让，假设让路船与本船距离达到 2n mile 且没采取避让措施，本船则会启动直航船航线规划程序。当出现后两种结果时，本船可以按照规划的航线航行，同时将本船的意图以广播的形式通知周围船舶。另外，需要说明的是，不同船舶对于采取行动的条件会有所差别。

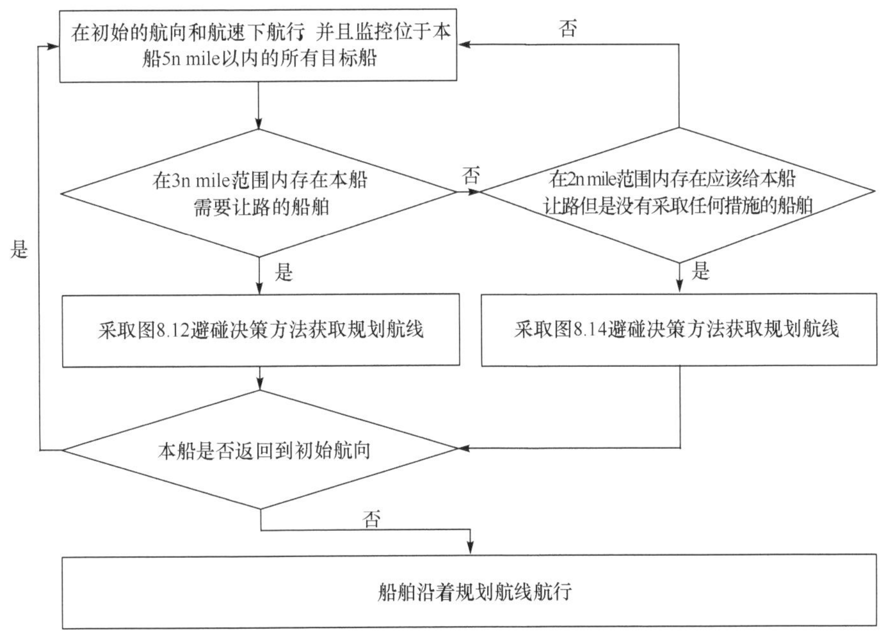

图 8.15　船舶航线规划过程

8.4.4　船舶智能避碰算法实例

1. 两船会遇避碰仿真研究

(1) 船舶会遇态势构建

基于上面提出的模型，本节对一种两船会遇下的避碰决策问题进行案例研究。船舶 A 在上行航道中航行，船舶 B 在下行航道中航行，并准备穿过船舶 A 的航线，进入上行航道。按照避碰规则的要求，船舶 B 应当为让路船，船舶 A 为直航船，而且船舶 B 应当从船 A 的尾部穿过，从而达到成功避让的目的，即按照图 8.16(a)的方式相互避让。在图 8.16(b)中，船舶 A 违反了避碰规则，采取向左转向的操作，此时船舶 B 根据 A 的行动做出了响应，增加了向左转向的幅度，也成功地避免了碰撞。在图 8.16(c)中，船舶 A 同样违反了避碰规则，而此时船舶 B 没有采取有效的应对措施，仍然按照原来的决策采取行动，最终造成碰撞事故的发生。

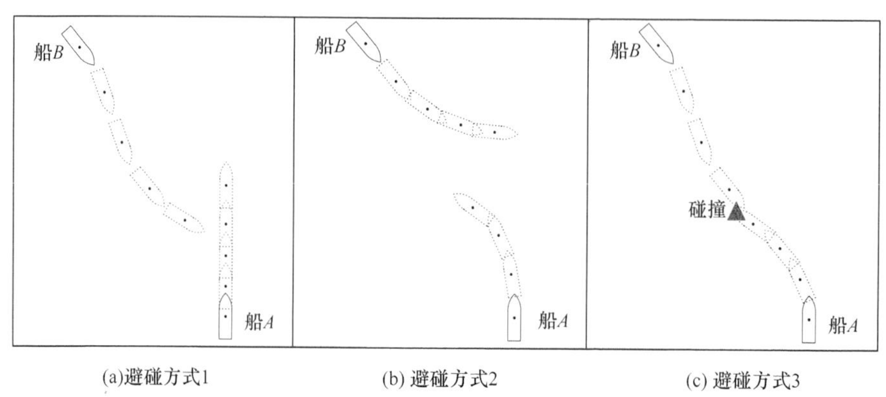

图 8.16 两条船舶在三种会让意图下的避碰效果

对以上三种会遇和避碰操纵情况进行仿真实现，假设船舶 A 的初始位置位于坐标原点(0,0)，航速为 20kn，船舶 B 的初始位置为(－400,693)，航速为 10kn。仿真得到的两条船舶的运动轨迹如图 8.17 所示，图中用不同的颜色标出不同时刻两艘船舶的位置。在以上仿真中，当两艘船舶避碰行动结束(TCPA 为无穷大)或者发生碰撞时，仿真就会终止。三种情况下的仿真结束时间分别为 35s、60s 和 30s。

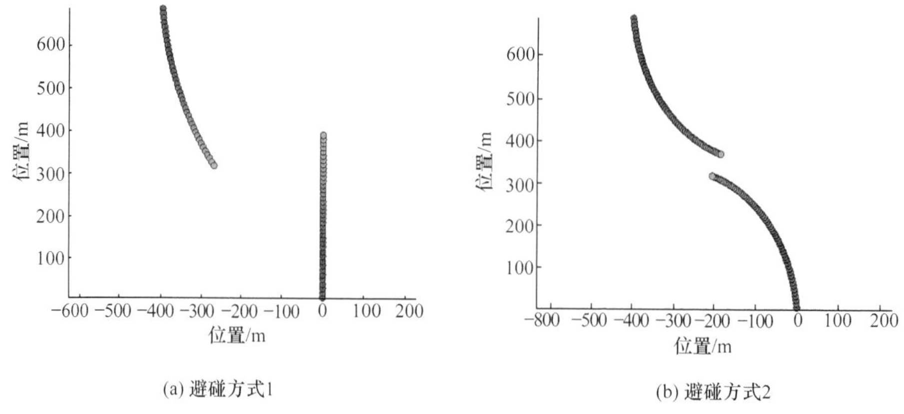

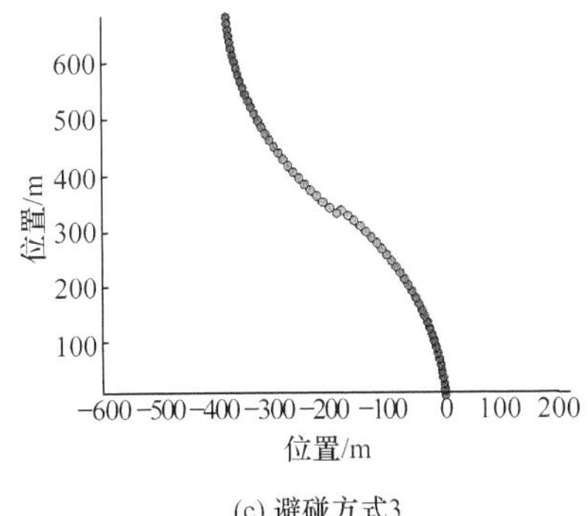

(c) 避碰方式3

图 8.17 三种情况的船舶轨迹仿真结果

通过以上仿真，可以得到两艘船舶在任意时刻的位置、航向和速度信息。在实际情况中，受到甚高频带宽等因素的影响，无法获取实时的 AIS 信息。根据国际电信联盟（ITU）的规定，AIS 信息的发射周期应当与船舶的运动态势有关，且 A 台和 B 台的要求也有所区别。表 8.17 所列为 ITU 对 A 台和 B 台 AIS 信号的发射周期要求。

表 8.17 ITU 关于 *A* 台和 *B* 台 AIS 信号周期要求

A 台 AIS	信号周期/s	B 台 AIS	信号周期/s
抛锚、停泊或速度≤3kn	180	航行速度≤2kn	180
抛锚、停泊或速度>3kn	10	辅助导航	180
航行速度 0～14kn	10	航行速度 2～14kn	30
航行速度 0～14kn 并改变航向	31/3		
航行速度 14～23kn	6	航行速度 14～23kn	15
航行速度 14～23kn 并改变航向	2		
航行速度>23kn	2	航行速度>23kn	5
航行速度>23kn 并改变航向	2		

假设两艘船舶均装备的是 A 台 AIS 设备，根据两艘船舶的速度，可以得到 A 船在直线航行时的信号周期为 6s，转向时则为 2s；B 船在直线航行时信号周期为 10s，转向时信号周期约为 3.33s。此外，考虑 AIS 发射的数据可能受自然环境等因素的影响而丢失，假设信号丢失的概率为 0.2。为了得到其他时刻的 AIS 数据，可以采用三次样条插值的方法得到虚拟 AIS 数据。

另外，AIS 数据中的船舶位置是以经度和纬度的形式发送，而本章的研究是在平面坐标系中进行。因此，可以采用以下方法将船舶的经纬度信息转换成平面坐

标系下的坐标，即

$$\begin{cases}X=K\ln\left[\tan\left(\dfrac{\pi}{4}+\dfrac{B}{2}\right)\left(\dfrac{1-e\sin B}{1+e\sin B}\right)^{\frac{e'}{2}}\right]\\Y=K(L-L_0)\end{cases}\tag{8-24}$$

其中，$e=\sqrt{0.006693423}$为地球的第一离心率；$e'=\sqrt{(a/b)^2-1}$为地球的第二离心率，a 和 b 分别为地球的长半轴和短半轴长度；$K=N_{B_0}\cos B_0=\dfrac{a^2/b}{\sqrt{1+e'^2\cos^2 B_0}}$。

由于仿真中可以直接获取船舶在平面坐标系下的位置，因此不再需要转换，仅在模型的实际应用时需要利用这种转换方式。

(2) 避碰决策定量分析

在以上船舶轨迹仿真的基础上，可以对三种条件下的避碰决策进行定量分析，接下来将分别对空间评价、时间评价，以及时空证据融合等结果进行仿真和分析。

① 空间评价结果。

在空间评价之前，首先需要确定式(8-11)中的权重参数 λ。该参数反映空间增益中对 DCPA 和两船距离考虑的重要程度。由于 DCPA 是评价碰撞风险时的重要参数之一，因此将 λ 设为 0.2，即参数 DCPA 将在空间评价中发挥主要作用。

为了进行空间评价分析，首先需要计算先验和后验空间增益，然后利用判断船舶是否遵守避碰规则的要求，以确定采用图 8.18 中的何种曲线对 BPA 进行赋值。以船舶 B 为研究对象，得到的三种情况下的先验空间增益如图 8.18 所示。可以看出，在条件图 8.18(a)情况下，两条船舶均遵守避碰规则的要求，$m(P)$、$m(\text{NP})$ 和 $m(P,\text{NP})$都处于较为稳定的状态，且 $m(P)$处于 0.8 左右，$m(\text{NP})$在 0.15 左右。这一规律反映了船舶 B 的决策对于避免碰撞十分有利。

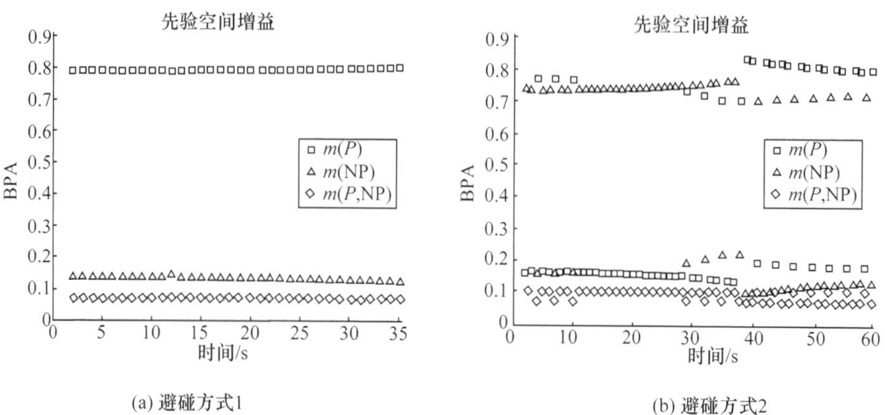

(a) 避碰方式1　　(b) 避碰方式2

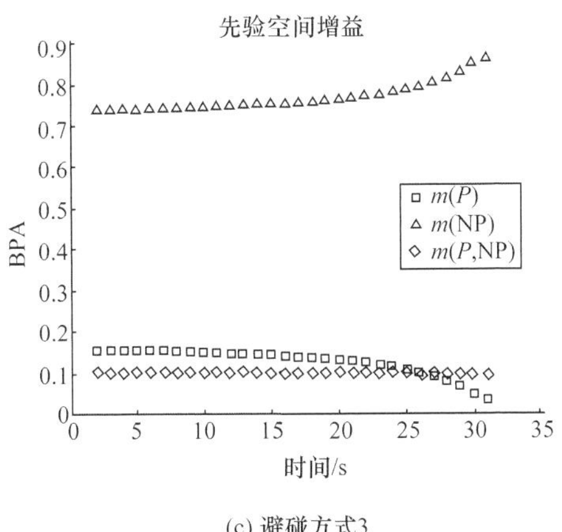

(c) 避碰方式3

图 8.18　三种避碰决策条件下的空间增益 BPA 变化规律

对于第二种避碰决策来说，$m(P)$和$m(\mathrm{NP})$随着时间的变化发生较为明显的波动。在这种避让形势下，船舶 B 违反了避碰规则的要求，尽管船舶 A 采取了应对措施，但是在避让过程中，两条船的角色经常发生变化，往往出现船舶 B 在上一时刻被定义为让路船，而到下一时刻则被定义为直航船。出现这种现象的原因是两条船舶误解了对方的避让意图，并各自采取应对措施，从而进入避让意图相互冲突的恶性循环。尽管成功避免了碰撞事故的发生，但是$m(P)$在 0.85～0.15，$m(\mathrm{NP})$在 0.8～0.1 有明显的震荡，说明船舶 B 的避让效果有很大的不确定性。因此，在实际操作中应当尽量避免这种避碰方式。

在第三种避碰决策中，尽管两条船舶都采取了避让措施，仍然发生了碰撞事故。从图 8.18(c)可以看出，$m(P)$一直处于较低的水平，且有逐渐下降的趋势，在发生碰撞的时刻趋近于 0，而$m(\mathrm{NP})$一直处于很高的水平，而且由开始的 0.72 上升到 0.85。这说明船舶 B 的避让行动是十分不合理的，因此最终导致碰撞事故的发生。

② 时间评价结果。

时间评价方法与空间评价方法类似，首先需要计算先验/后验时间增益，然后利用同样的方法计算时间增益的 BPA，计算结果如图 8.19 所示。

由图 8.19(a)可知，先验时间增益的变化规律与先验空间增益有所不同，尽管在避碰行动初期$m(P)$和$m(\mathrm{NP})$有很大的差距，且$m(P)$明显大于$m(\mathrm{NP})$，但是它们的变化规律是$m(P)$逐渐减小，而$m(\mathrm{NP})$则逐渐变大，导致二者之间的差距逐渐缩小。这说明从整体上看，船舶 B 的决策是合理的，但是随着时间的推移，在时间维度内的避让效果正在逐渐减弱。

从图 8.19(b)可以看出，时间增益的$m(P)$和$m(\mathrm{NP})$同样处于不断震荡的状

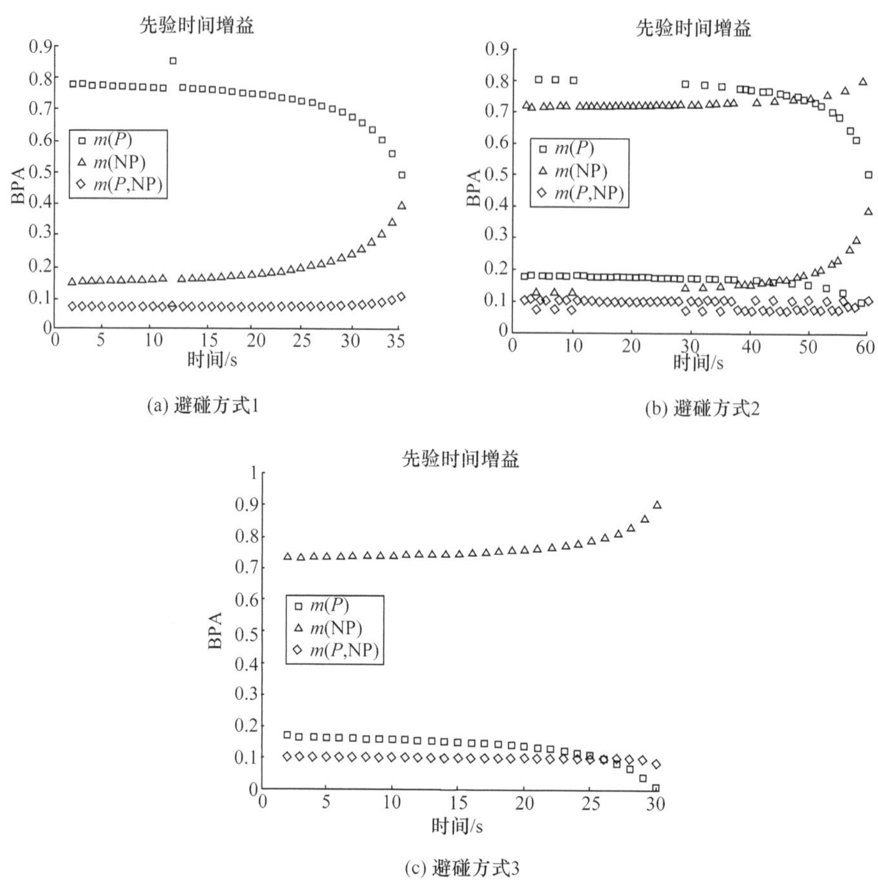

(a) 避碰方式1　　(b) 避碰方式2　　(c) 避碰方式3

图 8.19　三种避碰决策条件下的时间增益 BPA 变化规律

态，而且 $m(P)$ 的上限和下限均处于不断下降的趋势；相反，$m(\mathrm{NP})$ 的上下限则不断上升。这种现象同样表明随着时间的推移，船舶 B 时间增益对避让效果的影响力越来越小。$m(P)$ 的下限一直处于较低的水平(0.2 以内)，显示了船舶 B 的避让决策不够合理。通过比较图 8.18(c)和图 8.19(c)可以看出，时间增益和空间增益的三个 BPA 值 $m(P)$，$m(\mathrm{NP})$ 和 $m(P,\mathrm{NP})$ 处于相同的水平，而且变化规律也较为类似，说明船舶 B 的决策对避免碰撞没有起到积极的作用。后验时间增益和空间增益可以利用相同的方法获得。

③ 时空信息融合评价结果。

将空间增益和时间增益看做是两个证据体，利用式(8-18)证据融合的方法进行融合处理，可以得到空间时间增益融合的 BPA 值变化规律，如图 8.20 所示。

通过将图 8.20 和图 8.18、图 8.19 比较，可以发现融合后的结果具有以下特征。

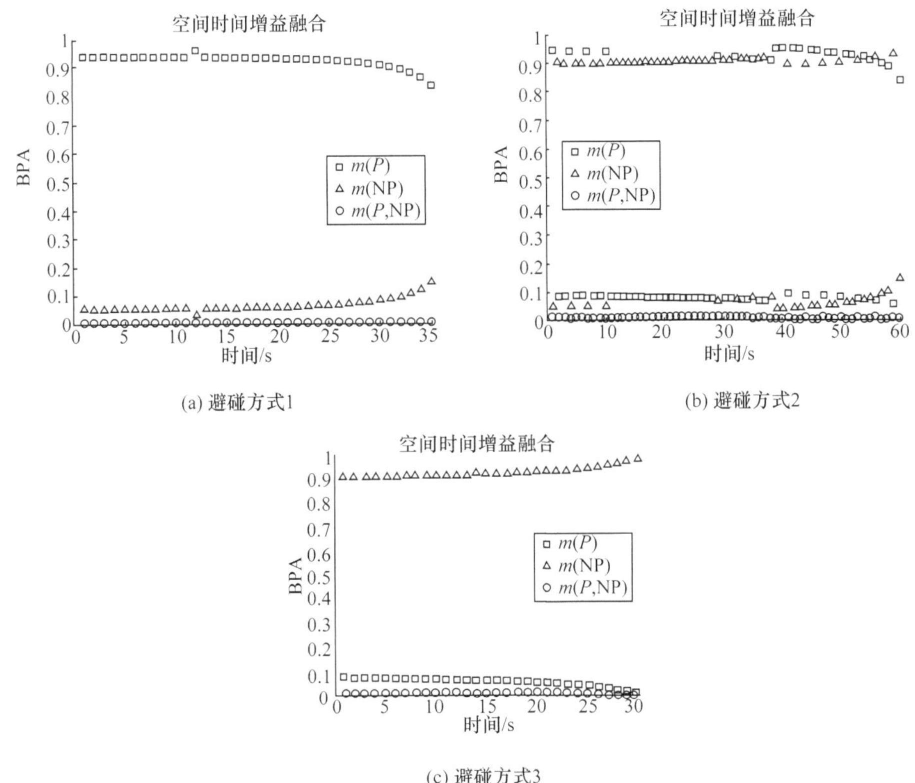

(a) 避碰方式1

(b) 避碰方式2

(c) 避碰方式3

图 8.20 三种避碰决策条件下的时间空间增益 BPA 融合结果

① 融合后的结果保留了先验空间和时间增益的主要特征，即融合后 $m(P)$、$m(\mathrm{NP})$ 和 $m(P,\mathrm{NP})$ 的震荡、增加或降低的趋势和时间/空间增益保持一致。

② 融合后的结果变化规律趋于稳定，同时导致 $m(P)$ 和 $m(\mathrm{NP})$ 之间的差别变得更加明显。这一现象说明融合后的数据在可靠性方面有了进一步的提高。

③ 融合后 $m(P,\mathrm{NP})$ 的值进一步减小，说明通过时间和空间增益的融合，可以进一步降低对避碰决策效果定量评价的不确定性。

2. 多船会遇避碰仿真研究[13]

本节针对以上提出的分布式航线规划方法进行仿真分析，研究在假设每条船舶都独自采用提出的避碰决策程序的条件下，船舶之间的会让效果。然后，进一步分析存在违反避碰规则的情况下，提出的方法是否能够成功避免碰撞事故。

在仿真开始前，首先对多船会遇的场景进行设计，每条船舶的初始位置、航向、航速等数据如表 8.18 所示。船舶的初始会遇态势及其相对位置关系如图 8.21

所示。

从表 8.18 可以看出，船舶 S_4 处于最为不利的局面，按照避碰规则的规定，应该给所有的船舶让路；S_2 则处于最为有利的局面，不需要给任何船舶让路，只需要保持初始的航向和速度航行，但是如果让路船没有及时采取行动，S_2 仍然需要采取避让行动进行响应。

表 8.18　多船会遇态势设置

船舶	初始位置/n mile	航速/kn	航向/(°)	需要让路船舶
S_1	(0,0)	10	0	S_2,S_3,S_5
S_2	(2,2)	10	240	
S_3	(1,−1)	15	325	S_2
S_4	(0,−0.5)	17	0	S_1,S_2,S_3,S_5
S_5	(0,1.5)	10	180	S_1,S_4

由图 8.21 可知，多船会遇的场景包含对遇、交叉相遇和追越三种会遇局面。S_4 的航速大于 S_1，因此处于正在追越 S_1 的状态。在交叉相遇局面中，既有大角度的交叉相遇局面（如 S_1 和 S_2），又有小角度交叉相遇局面（如 S_1 和 S_3，S_2 和 S_3 等）。不同船舶的避碰操纵方式和难度将会有较大的区别。

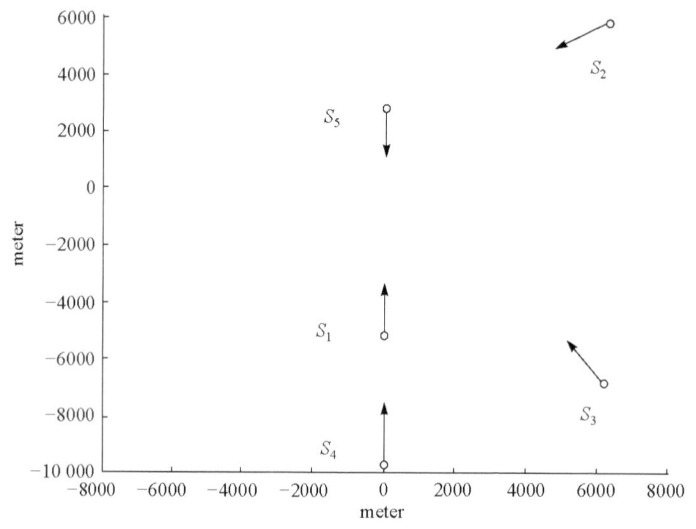

图 8.21　船舶初始会遇态势

在本案例中，假设所有让路船都按照避碰规则的要求及时采取措施进行避让，并且将决策结果通知周围船舶。可以预见在这种情况下，直航船的决策程序将不会被激活。对于每条船舶来说，一旦有本船需要让路的船舶进入到本船的行动范围内，则会采取避让措施避免与监控范围内所有船舶的近距离相遇。

这种情况下每条船舶的规划航线及其在某些特定时刻的相对位置关系如图 8.22 所示。从图 8.22 可以直观地看出，五条船舶成功地避让过对方，没有发生碰撞事故，并且其中 S_2 和 S_5 没有采取任何避让措施，S_1、S_3 和 S_4 均采取了转向避让措施，而且 S_1 一共进行了两次避让。

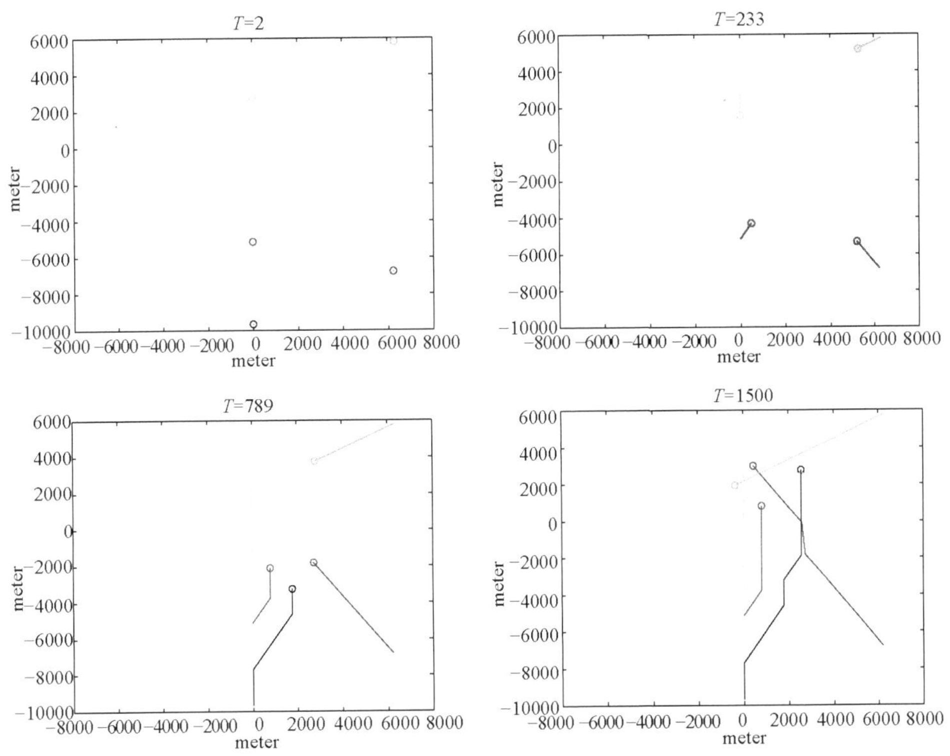

图 8.22　案例中各船舶的规划航线与避让效果

虽然 S_2 和 S_5 都没有采取避让措施，但是原因有所不同。对于 S_2 来说，相对于任何其他船舶都是直航船，因此不承担任何避让责任。对于 S_5 来说，则与 S_1 和 S_4 形成对遇局面，按照避碰规则的要求，应该给这两条船舶让路。但是，由于 S_1 和 S_4 在更早的时刻已经采取避让行动，并且成功地避免了碰撞，因此 S_5 没有必要采取避让措施。这一现象表明，本节提出的避让决策可以避免船舶在避碰过程中的一些不必要的操作，从而提升避碰决策的效率。本案例中每条船舶的避碰决策时刻及其规划航线的具体参数如表 8.19 所示。

表 8.19　案例中各个船舶的避碰决策

船舶	行动时刻 T	转向角度/(°)	在新航向上航行时间/s	航速变化量/%
S_1	2	30	389	0
S_2				
S_3	788	30	227	0
S_4	233	30	406	0
	789	30	180	0
S_5				

由表 8.19 可见，所有的船舶均采取转向的方式来避免碰撞，且转向角度均为 30°，规划航线的区别则体现在新航向上的航行时间不同。这一结果表明，在大多数的情况下，转向 30°对于避碰行动来说已经足够大。另外，需要引起注意的是，S_4 在避让过程中采取了两次避让操纵。在时刻 $T=233$ 时，S_4 处于追越 S_1 的状态，按照避碰规则的要求应该采取避让措施。此时，S_4 在避让决策中同时还考虑了与 S_3 处于交叉相遇的局面且存在碰撞危险，因此如果 S_3 保持初始的航向和速度航行，第一次决策行动可以成功地避免与这两条船舶的碰撞。然而，在时刻 $T=789$ 时，S_4 进行了第二次转向操作。造成这一结果的原因可以通过分析 S_3 的决策得到：当 $T=788$ 时，S_3 发现 S_2 进入到本船的行动领域，因此采取向右转向来避免碰撞，该操作与 S_4 的第一个避碰行动产生了冲突，导致这两艘船舶重新存在碰撞风险。因此，在下一时刻，S_4 针对这一情况进行响应，从而做出第二次避碰决策。这一现象表明，在多船会遇情况下，采用分布式的船舶避碰决策时，不同船舶之间的行动可能会产生冲突。例如，如果 S_4 没有及时掌握 S_3 的避让行动，很可能无法在短时间内做出响应，从而形成紧迫局面，甚至会发生碰撞事故。因此，在多船会遇的船舶独立采取避让措施的情况下，船舶之间的通信和相互协调就变得十分重要。

参考文献

[1] 严新平. 水上交通安全导论. 北京：人民交通出版社，2010.

[2] 吴兆麟. 海上交通工程. 大连：大连海事大学出版社，2006.

[3] 肖贵平，朱晓宁. 交通安全工程. 北京：中国铁道出版社，2007.

[4] 严新平. 长江水运风险评价与安全控制技术. 北京：人民交通出版社，2016.

[5] Anderson D, Sweeney D, Williams T. An Introduction to Management Science: Quantitative Approaches to Decision Making. Melissa: Accuna, 2003.

[6] 张笛，张金奋，严新平. 基于模糊规则库和证据推理的内河通航风险评价. 中国航海，2014，37(1)：71-75.

[7] 张笛，万程鹏，严新平. 基于事故特征分析的长江碍航风险研究. 中国航海，2013，36(2)：

94-99.

[8] 张笛,严新平,张金奋,等. 基于模糊层次分析法的枯水期长江通航风险评价研究. 交通信息与安全,2013,31:82-85.

[9] Zhang D, Yan X P, Yang Z, et al. An accident data-based approach for congestion risk assessment of inland waterways: a Yangtze river case//Proceedings of the Institution of Mechanical Engineers, Part O: Journal of Risk and Reliability, 2014, 228(2): 176-188.

[10] Zhang D, Yan X P, Yang Z, et al. Incorporation of formal safety assessment and Bayesian network in navigational risk estimation of Yangtze river. Reliability Engineering and System Safety, 2013, 118: 93-105.

[11] Zhang D, Yan X P, Chen X, et al. A novel approach for assistance with anti-collisiondecision making based on the international regulationsfor preventing collisions at sea//Proceedings of the Institution of Mechanical Engineers, Part M: Journal of Engineering for the Maritime Environment, 2012, 226(3): 250-259.

[12] Zhang J, Zhang D, Yan X, P, et al. A distributed anti-collision decision support formulation in multi-ship encounter situations under COLREGs. Ocean Engineering, 2015, 105: 336-348.

[13] 张金奋. 船舶风险评价与避碰决策方法研究. 武汉理工大学博士学位论文,2013.